# Handbuch
# Begleiteter Umgang

## Pädagogische, psychologische und rechtliche Aspekte

**Herausgegeben und bearbeitet von:**
Dr. Werner Dürbeck

**Autorinnen und Autoren:**
Dr. Janna Beckmann, DIJuF e.V., Heidelberg
Katja Burschik, Karlsruhe
Odete Cortiço, Verband binationaler Familien und Partnerschaften, München
Markus Dietrich, Caritasverband Offenbach e.V.
Anja Federle, Kinderschutz-Zentrum Ulm/Neu-Ulm
Martina Gartenhof, Stadtjugendamt München
Sonja Kroggel, Kinderschutz-Zentrum Ulm/Neu-Ulm
Katharina Lohse, DIJuF e.V., Heidelberg
Vera Mayer, Jugendamt Regensburg
Bettina Müller, Kinderschutz-Zentrum Ulm/Neu-Ulm
Dr. Anita Plattner; Sachverständigenring München
Alexandra Schreiner-Hirsch, DKSB LV Bayern
Guy Walther, stellv. Datenschutzbeauftragter der Stadt Frankfurt a. M.

4. völlig neu bearbeitete Auflage

Reguvis

**Bibliografische Information der Deutschen Nationalbibliothek**
Die Deutsche Nationalbibliothek verzeichnet diese Publikation in der Deutschen Nationalbibliografie; detaillierte bibliografische Daten sind im Internet über http://dnb.d-nb.de abrufbar.

Reguvis Fachmedien GmbH
Amsterdamer Str. 192
50735 Köln
**www.reguvis.de**

Beratung und Bestellung:
Tel.: +49 (0) 221 97668-229
Fax: +49 (0) 221 97668-236
E-Mail: familie-betreuung@reguvis.de

ISBN (Print): 978-3-8462-1348-3
ISBN (E-Book): 978-3-8462-1349-0



Herstellung: Günter Fabritius
Lektorat: Uschi Schmitz-Justen/Dorothea Venator
Satz: Cicero Computer GmbH, Bonn
Druck und buchbinderische Verarbeitung: Plump Druck & Medien GmbH, Rheinbreitbach

Printed in Germany

# Handbuch
# Begleiteter Umgang

# Vorwort

Fünf Jahre nach Erscheinen der 3. Auflage beginnt für das Handbuch Begleiteter Umgang eine neue Epoche. Die bisherigen Herausgeberinnen Frau Dr. Monika Klinkhammer und Frau Susanne Prinz sind auf eigenen Wunsch ausgeschieden und an ihre Stelle bin ich auf Wunsch des Verlages als neuer Herausgeber getreten. Gemeinsam mit dem Verlag ist die Entscheidung getroffen worden, sowohl in personeller als auch in thematischer Hinsicht mit der vorliegenden 4. Auflage einen vollständigen Neuanfang zu wagen. Beibehalten wurde allerdings das bewährte Konzept einer interdisziplinären Herangehensweise an den begleiteten Umgang durch die Beteiligung von Juristen, Psychologen und Pädagogen.

In juristischer Hinsicht sollen dabei drei Kapitel die rechtlichen Grundlagen des begleiteten Umgangs darstellen. Der zivilrechtliche Teil wurde dabei von mir selbst verfasst und für den nicht minder bedeutsamen jugendhilferechtlichen Teil konnten mit *Katharina Lohse* und *Jana Beckmann* vom DIJuF namhafte Expertinnen dieser Materie gewonnen werden. Für den in allen Rechtsmaterien immer bedeutsameren Datenschutz hat mit *Guy Walther* – u.a. Kommentator des SGB VIII im Wiesner/Wapler und im Hauptamt im Bereich Datenschutz für die Stadt Frankfurt am Main tätig – ein absoluter Kenner der Materie die Bezüge und die Bedeutung für den begleiteten Umgang hergestellt.

Die übrigen Teile des Werkes sind von Psychologen und Pädagogen verfasst, die über langjährige und breite praktische Erfahrung auf dem Gebiet des begleiteten Umgangs verfügen. Hervorzuheben ist der Beitrag von *Martina Gartenhof*, in dem dem Leser neue Forschungsergebnisse rund um begleiteten Umgang zugänglich gemacht werden.

Im Übrigen richtet sich die Neuauflage des Werkes an alle in der Praxis tätigen Akteurinnen und Akteure des begleiteten Umgangs, also insbesondere Familienrichter, Mitarbeiter der öffentlichen und freien Jugendhilfeträger sowie berufsmäßig oder ehrenamtlich tätige Umgangsbegleiter. Auch im familiengerichtlichen Umgangsverfahren tätigen Sachverständigen, Verfahrensbeiständen und Rechtsanwälten soll es den Zugang zu dieser rechtlich und tatsächlich nicht einfachen Materie erleichtern.

Darmstadt, im Januar 2023

*Dr. Werner Dürbeck*

**Hinweis:** Geschlechtergerechte Sprache ist dem Herausgeber und den Autorinnen und Autoren sowie dem Verlag ein Anliegen. Wir haben es jeder Autorin und jedem Autor überlassen, dieses Anliegen in ihrer bzw. seiner Weise umzusetzen. Im Falle der Verwendung der ausschließlich weiblichen oder männlichen Form, geschieht dies der besseren Lesbarkeit halber, angesprochen sind stets Angehörige aller Geschlechtszugehörigkeiten.

Ebenso haben wir es jeder Autorin und jedem Autor überlassen, für den Begriff des begleiteten/Begleiteten Umgangs die Groß- oder Kleinschreibung zu verwenden.

# Inhaltsverzeichnis

## Kapitel 2
## Rechtliche Grundlagen

## C Datenschutz und begleiteter Umgang



## Kapitel 3
## Psychologische Aspekte des Begleiteten Umgangs

# B Begleiteter Umgang bei hochstrittigen Elternpaaren

# C Begleiteter Umgang mit psychisch kranken Eltern und ihren Kindern



# D Familien mit Migrationsbiografie – Das Dilemma der Kulturalisierung

## E Trauma und Begleiteter Umgang

# F Umgangsverweigerung

## G Das Ulmer Konzept „Kind im Zentrum“ – Beratung von Trennungskindern und deren Eltern im Begleiteten Umgang



# Anhang

## A Anhang I: Muster und Arbeitshilfen

# Verzeichnis der Autorinnen und Autoren

## Dr. Werner Dürbeck (zugleich Herausgeber)

Werner Dürbeck studierte Rechtswissenschaft an der Freien Universität Berlin und der Ludwig-Maximilians-Universität München und promovierte 1994 bei Prof. Dr. Wolfgang Fikentscher in München. Seit 1996 ist er als Richter im Land Hessen tätig. Nach erstinstanzlicher Tätigkeit an verschiedenen Amtsgerichten – vorwiegend in den Bereichen Straf- und Familienrecht – in der Zeit von 2012 bis 2020 war er Mitglied des 5. Familiensenates des Oberlandesgerichts Frankfurt am Main und ist seit dem 1.1.2021 Vorsitzender Richter des in Darmstadt ansässigen 6. Familiensenates. Werner Dürbeck ist Autor zahlreicher Publikationen mit Schwerpunkten im Sorge- und Umgangsrecht, Vormundschaftsrecht, Jugendhilferecht, Gewaltschutz, Ehewohnungsrecht sowie dem Kosten- und Verfahrensrecht. In der Zeit von 2018 bis 2021 war Mitglied der Redaktion der Zeitschrift ZKJ (Reguvis Fachmedien) und ist seit dem 1.1.2022 Schriftleiter der Zeitschrift NZFam (C. H. Beck Verlag). Zudem ist er in der Fortbildung von Richtern, Rechtsanwälten und Jugendämtern, vor allem im Bereich des Kindschaftsrechts, tätig.

*Bearbeiter von Kapitel 1 und Kapitel 2 A*

## Dr. Jana Beckmann

Janna Beckmann ist seit 2012 als Volljuristin im Deutschen Institut für Jugendhilfe und Familienrecht (DIJuF) tätig und leitet dort den Bereich Forschung. Ihre Arbeitsschwerpunkte liegen im Kinderschutz und den Jugendhilfeleistungen. Sie ist in unterschiedlichen Gremien tätig, u.a. im Fachausschuss Jugendhilferecht des AFET (Bundesverband der Erziehungshilfe e.V.). Zudem publiziert sie regelmäßig zu kinder- und jugendhilferechtlichen Fragen, zuletzt u.a. zum KJSG und im Frankfurter Kommentar (Wunsch- und Wahlrecht, Tagesbetreuung, Inobhutnahme).

*Bearbeiterin von Kapitel 2 B (zusammen mit Katharina Lohse)*

## Katja Burschik

Katja Burschik, Jg. 1974, ist selbständig als Sachverständige und Supervisorin tätig, seit 2007 in Zusammenarbeit mit dem Deutschen Kinderschutzbund (DKSB), seit 2021 Mitarbeiterin im DKSB LV Baden-Württemberg. Sie studierte Pädagogik, Sozialpsychologie und Ethnologie an der Universität Göttingen. Katja Burschik ist Systemisch-lösungsorientierte psychologische Sachverständige mit DGSF-Zertifikaten als Systemische Sachverständige, Familientherapeutin, Systemische Mediatorin, Systemische Supervisorin, Systemische Coachin; weitere Qualifizierungen: Entwicklungspsychologische Beraterin (0-3, 4-10), Zertifikat zum Geschichtenergänzungsverfahren zur Bindung, Kinderschutzfachkraft/insoweit erfahrene Fachkraft nach § 8a SGB VIII (ISA).

*Bearbeiterin von Kapitel 4 (zusammen mit Alexandra Schreiner-Hirsch)*

## Odete Cortiço

Odete Cortiço studierte Angewandte Mathematik/Computerwissenschaft an der Universität Lissabon und bildete sich als systemische Beraterin, Business Health Coach, Heilpraktikerin für Psychotherapie nach dem HeilprG und als Systemische Einzel-, Paar- und Familientherapeutin in München aus. Sie lebt seit 2005 in München. Bis 2016 arbeitete sie in Lissabon und München als Führungskraft in der IT-Branche, zuletzt zuständig für die Beziehungen mit internationalen Partnern, Change-Management, Team- und Mitarbeiter-Coaching. 2017 entschied sie sich, ihrer Leidenschaft nachzugehen und ergriff einen neuen beruflichen Weg. 2017/2018 war sie beim Frauentherapiezentrum München in der Tagesstätte *EigenSinn* beschäftigt. Seit 2018 arbeitet sie beim Verband binationaler Familien und Partnerschaften in der Regionalstelle München als Paar- und Familientherapeutin, mit Schwerpunkt Begleiteter Umgang mit Elternberatung.

*Bearbeiterin von Kapitel 5 D*

## Markus Dietrich

Markus Dietrich, Jg. 1963, ist Diplom-Pädagoge und systemischer Familientherapeut (DGSF). Er verfügt über berufliche Erfahrung in der offenen Jugendarbeit, der Schulsozialarbeit sowie der Leitung einer vollstationären Einrichtung für unbegleitete minderjährige Flüchtlinge und eine vieljährige Praxis im Bereich Erziehungsberatung mit dem Schwerpunkt Hochstrittigkeit. Markus Dietrich ist seit mehreren Jahren als Supervisor und Berater in hochstrittigen Elternkonflikten in eigener Praxis tätig und tritt als Dozent an Fort- und Weiterbildungsinstituten in Erscheinung.

*Bearbeiter von Kapitel 5 B*

## Anja Federle

Anja Federle studierte Sozialpädagogik an der Berufsakademie Stuttgart. Sie ist systemische Therapeutin und Kinderschutzfachkraft. Seit 2015 ist Anja Federle beim Kinderschutzbund Ulm/Neu-Ulm tätig und war an der Entwicklung des Konzepts „Kind im Zentrum" beteiligt. Schwerpunkt ihrer Tätigkeit ist der Arbeitsbereich Trennung und Scheidung, vor allem Begleiteter Umgang.

*Bearbeiterin von Kapitel 5 F (zusammen mit Sonja Kroggel), 5 G (zusammen mit Sonja Kroggel und Bettina Müller)*

## Martina Gartenhof

Martina Gartenhof, Master of Social Work, Gesundheitspädagogin, Dipl.-Sozialarbeiterin, verfügt über langjährige Berufserfahrung im öffentlichen Gesundheitswesen Rheinland-Pfalz sowie als Bezirkssozialarbeiterin im ASD und Sozialbürgerhaus Nord in München. Seit 2009 ist sie in der Fachsteuerung im Stadtjugendamt München für den Bereich Trennung, Scheidung und Umgang tätig. Sie tritt als Referentin für Fachveranstaltungen und Fortbildungen in Erscheinung und ist im Vorstand des Bayerischen Familienrechtstages e.V.

*Bearbeiterin von Kapitel 1*

## Sonja Kroggel

Sonja Kroggel ist staatlich anerkannte Heilpädagogin sowie systemische Therapeutin (Kassler Institut), Traumapädagogin und Traumafachberaterin (WISL) und Kinderschutzfachkraft. Sie arbeitete viele Jahre bei der Stadt Karlsruhe in der Betreuung von Schulkindern sowie der Leitung einer Heilpädagogischen Tagesgruppe und anschließend sechs Jahre in der ambulanten Jugendhilfe bei einem freien Träger. Seit 2016 ist Sonja Kroggel beim Kinderschutzbund Ulm/Neu-Ulm tätig und war an der Entwicklung des Konzepts „Kind im Zentrum" beteiligt. Gemeinsam mit Bettina Müller leitet sie die Psychologische Beratungsstelle und das Kinderschutz-Zentrum Ulm/Neu-Ulm. Schwerpunkte sind die Beratung und Begleitung von Kindern und Jugendlichen sowie Eltern und Familien aufgrund von Gewaltproblematiken und traumatischen Erfahrungen. Sonja Kroggel ist auch in der Prävention tätig, u.a. mit Fortbildungen und Beratung von Fachkräften.

*Bearbeiterin von Kapitel 5 F (zusammen mit Anja Federle), 5 G (zusammen mit Anja Federle und Bettina Müller)*

## Katharina Lohse

Katharina Lohse studierte Rechtswissenschaften an der Humboldt-Universität zu Berlin und der Université Paris-Panthéon-Assas und ist Fachliche Leiterin im Deutschen Institut für Jugendhilfe und Familienrecht (DIJuF). Nach dem Referendariat und einigen Jahren als Rechtsanwältin in Berlin ist sie seit 2013 im DIJuF tätig, wo seit Beginn ihre Arbeitsschwerpunkte im Kinder- und Jugendhilfe- sowie Kindschaftsrecht liegen. Katharina Lohse ist in zahlreichen Gremien der Kinder- und Jugendhilfe und des Familienrechts aktiv, u.a. im Vorstand des Bundesforum Vormundschaft und Pflegschaft, im Fachbeirat des AFET und in der Arbeitsgruppe „Hilfen" im Nationalen Rat gegen sexuelle Gewalt an Kindern und Jugendlichen. Sie publiziert regelmäßig zu kinder- und jugendhilfe- und familienrechtlichen Fragen, zuletzt in Werken zur Vormundschaft (Sozialpädagogischer Auftrag – Rechtliche Rahmung – Ausgestaltung in der Praxis) und zum neuen Kinder- und Jugendstärkungsgesetz, die sie beide auch mit herausgegeben hat.

*Bearbeiterin von Kapitel 2 B (zusammen mit Jana Beckmann)*

## Vera Mayer

Vera Mayer studierte nach Abschluss der Hochschulreife auf dem zweiten Bildungsweg von 1994 bis 1998 an der Fachhochschule Regensburg Soziale Arbeit und arbeitet seit Oktober 1998 im Fachbereich Spezialisierte Dienste Pflegekinderdienst zunächst am Kreisjugendamt Regensburg und ab März 2000 beim Amt für Jugend und Familie der Stadt Regensburg.

*Bearbeiterin von Kapitel 5 A*

## Bettina Müller

Bettina Müller studierte Psychologie an der Eberhardt Karls Universität in Tübingen. Sie ist Psychologische Psychotherapeutin (tiefenpsychologischen orientiert), systemische Familientherapeutin (IfW Weinheim), Entwicklungspsychologische Beraterin und Traumatherapeutin (WISL). Nach fünfjähriger Tätigkeit in der Fachklinik Freudenholm-Ruhleben bei Plön ist sie seit 2003 beim Kinderschutzbund Ulm/Neu-Ulm tätig und war an der Entwicklung des Konzepts „Kind im Zentrum" beteiligt. Bettina Müller leitet gemeinsam mit Sonja Kroggel die Psychologische Beratungsstelle und das Kinderschutz-Zentrum Ulm/Neu-Ulm. Schwerpunkte sind ist die Beratung und therapeutische Arbeit mit Eltern und Familien aufgrund von Gewaltproblematiken und traumatischen Erfahrungen sowie Beratung von Fachkräften als insoweit erfahrene Fachkraft. Bettina Müller ist zudem als Referentin für Fortbildungen und in der Elternarbeit zu Themen wie sexualisierte Gewalt, Kindeswohlgefährdung, Schutzkonzepten etc. tätig.

*Bearbeiterin von Kapitel 3, 5 E, sowie 5 G (zusammen Anja Federle und Sonja Kroggel)*

### Dr. Anita Plattner

Dipl.-Psych. Dr. Anita Plattner absolvierte Studium, Ausbildung und Promotion an der Klinik für Psychiatrie und Psychotherapie, LMU München. Sie ist seit 2003 als Sachverständige für Sorge- und Umgangsrechtsfragen tätig. Die Einschätzung der Erziehungsfähigkeit psychisch kranker Eltern und geeigneter Lösungsmöglichkeiten ist ihr Arbeitsschwerpunkt im Rahmen der familienpsychologischen Begutachtung. Anita Plattner leitet die von ihr konzipierte interdisziplinäre Fortbildungsreihe „Erziehungsfähigkeit psychisch kranker Eltern" (www.sachverstaendigenring.de/fortbildungen.html) und tritt über das Bundesgebiet hinaus als Referentin auf Fachveranstaltungen zu diesem Thema in Erscheinung. Sie ist Autorin des Fachbuchs „Erziehungsfähigkeit psychisch kranker Eltern" (2. Aufl. 2019) sowie weiterer Aufsätze und Beiträge zu diesem Thema. Darüber hinaus ist sie Mitglied beim Deutschen Familiengerichtstag.

*Bearbeiterin von Kapitel 5 C*

### Alexandra Schreiner-Hirsch

Alexandra Schreiner-Hirsch studierte 1990 Soziale Arbeit an der Kath. Stiftungsfachhochschule in München. Seit 2018 bzw. 2019 ist sie als Pädagogische Leitung und Fachberaterin im Begleiteten Umgang beim DKSB Landesverband Bayern tätig. Schwerpunkte ihrer Tätigkeit sind die Schulung, Fortbildung, Beratung und Unterstützung der haupt- und ehrenamtlichen Mitarbeiter*innen der DKSB-Orts- und Kreisverbände in Bayern, die im begleiteten Umgang tätig sind. Alexandra Schreiner-Hirsch ist Autorin unter anderem des Werkes „Mit der Familie auf Lebenskurs" sowie weiterer Beiträge in Pädagogischen Fachzeitschriften und tritt im deutschsprachigen Raum als Referentin auf Fachveranstaltungen zu den Themen „Kommunikation" und „Sozio- emotionale Kompetenzen stärken" in Erscheinung. Darüber hinaus ist sie Mitglied in der DKSB-Bundesarbeitsgemeinschaft BU, dem Arbeitskreis BU in München sowie dem Interdisziplinären Arbeitskreis in München.

*Bearbeiterin von Kapitel 4 (zusammen mit Katja Burschik)*

### Guy Walther

Guy Walther ist Dipl. Sozialpädagoge (FH) und stellvertretender Datenschutzbeauftragter der Stadt Frankfurt am Main und war viele Jahre im Jugend- und Sozialamt der Stadt Frankfurt am Main tätig. Guy Walther ist Autor zahlreicher Veröffentlichungen zum Datenschutzrecht, Kinder- und Jugendhilferecht sowie zum Betreuungs- und Unterbringungsrecht.

*Bearbeiter von Kapitel 2 C*

# Abkürzungen

| | |
|---|---|
| a.A. | anderer Ansicht |
| a.F. | alte Fassung |
| AFET | Bundesverband der Erziehungshilfe e.V. |
| AG | Amtsgericht |
| ASD | Allgemeiner Sozialdienst |
| BeckOK-FamFG | Beck-sche Online-Kommentare (siehe Literaturverzeichnis *Hahne/Schlögel/Schlünder*) |
| BGB | Bürgerliches Gesetzbuch |
| BGBl. | Bundesgesetzblatt |
| BGH | Bundesgerichtshof |
| BGHZ | Entscheidungssammlung des BGH in Zivilsachen |
| BMFSFJ | Bundesministerium für Familie, Senioren, Frauen und Jugend |
| BMJ/BMJV | Bundesministerium der Justiz/und für Verbraucherschutz |
| BT-Drucks. | Bundestagsdrucksache |
| BVerfG | Bundesverfassungsgericht |
| DIJuF | Deutsches Institut für Jugendhilfe und Familienrecht e.V. |
| DSM V | Diagnostic and Statistical Manual of Mental Disorders (5. Auflage) |
| et al. | et altera (und andere) |
| EuGH | Gerichtshof der Europäischen Gemeinschaften |
| FamFG | Gesetz über das Verfahren in Familiensachen und in den Angelegenheiten der freiwilligen Gerichtsbarkeit |
| FamFR | Familienrecht und Familienverfahrensrecht (Zeitschrift) |
| FamGKG | Gesetz über Gerichtskosten in Familiensachen |
| FamRZ | Zeitschrift für das gesamte Familienrecht |
| FF | Forum Familien- und Erbrecht (Zeitschrift) |
| FK-SGB VIII | Frankfurter Kommentar zum SGB VIII (siehe Literatur *Münder/Meysen*) |
| FPR | Familie Partnerschaft Recht (Zeitschrift) |
| FuR | Familie und Recht (Zeitschrift) |
| GG | Grundgesetz |
| GNotKG | Gerichts- und Notarkostengesetz |
| h.M. | herrschende Meinung |
| ICD-10 | Internationale Klassifikation psychischer Störungen, 10. Revision (International Classification of Diseases) |
| IntFamRVG | Internationales Familienrechtsverfahrensgesetz |
| JAmt | Das Jugendamt |
| jurisPK-SGB VIII | Juris PraxisKommentar SGB VII (siehe Literaturverzeichnis *Luthe/Nellissen*) |
| KG | Kammergericht |
| KindRG | Gesetz zur Reform des Kindschaftsrechts |
| KJHG | Kinder- und Jugendhilfegesetz |

| | |
|---|---|
| KJSG | Gesetz zur Stärkung von Kindern und Jugendlichen (Kinder- und Jugendstärkungsgesetz) |
| LG | Landgericht |
| LPK-SGB VIII | Lehr- und Praxiskommentar zum SGB VIII (siehe Literaturverzeichnis *Kunkel/Kepert/Pattar)* |
| LS | Leitsatz |
| MDR | Monatsschrift für Deutsches Recht |
| m.E. | meines Erachtens |
| MüKoBGB | Münchener Kommentar um BGB (siehe Literaturverzeichnis *Münchener Kommentar*) |
| m.w.N. | mit weiteren Nachweisen |
| NDV | Nachrichtendienst des Deutschen Vereins für öffentliche und private Fürsorge |
| NJW | Neue Juristische Wochenschrift |
| NJWE-FER | NJW-Entscheidungsdienst Familien- und Erbrecht |
| NJW-RR | NJW-Rechtsprechungsreport |
| NZFam | Neue Zeitschrift für Familienrecht |
| OLG(e) | Oberlandesgericht(e) |
| Rn. | Randnummer |
| SGB | Sozialgesetzbuch |
| SGb | Die Sozialgerichtsbarkeit (Zeitschrift) |
| SRa | Sozialrecht aktuell (Zeitschrift) |
| StGB | Strafgesetzbuch |
| StPO | Strafprozessordnung |
| StV | Strafverteidiger (Zeitschrift) |
| VBVG | Vormünder- und Betreuervergütungsgesetz |
| VPK | Bundesverband privater Träger der freien Kinder-, Jugend- und Sozialhilfe e. V. |
| VwGO | Verwaltungsgerichtsordnung |
| ZfF | Zeitschrift für das Fürsorgewesen |
| ZFSH/SGB | Zeitschrift für die sozialrechtliche Praxis |
| ZJJ | Zeitschrift für Jugendkriminalrecht und Jugendhilfe |
| ZKJ | Zeitschrift für Kindschaftsrecht und Jugendhilfe |
| ZPO | Zivilprozessordnung |

# Einführung und Überblick

*Werner Dürbeck*

**Übersicht** Seite



## I. Einleitung

Der begleitete Umgang stellt inzwischen in der Praxis ein etabliertes Instrument der Kinder- und Jugendhilfe dar. Gelingt es nicht, ihn außergerichtlich zu etablieren, muss das Familiengericht angerufen werden, das bei einer gerichtlichen Regelung von begleitetem Umgang für ein Kind im Regelfall auf die Umsetzung durch die Jugendämter angewiesen ist. Nicht vergessen werden darf, dass sich die Notwendigkeit der Begleitung von Umgangskontakten auch bei Erwachsenen stellen kann, die unter rechtlicher Betreuung stehen.[1] Gleichwohl will sich dieses Werk ausschließlich dem begleiteten Umgang mit Kindern widmen.

Im Kontext des begleiteten Umgangs steht in rechtlicher und auch sozialwissenschaftlicher Hinsicht das **Kindeswohl** im Zentrum aller Überlegungen. Mögen auch die Grundrechte der Umgangsberechtigten, insbesondere der rechtlichen Eltern aus Art. 6 Abs. 2 Satz 1 GG, betroffen und in alle Abwägungsprozesse miteinzubeziehen sein, müssen von allen am begleiteten Umgang Beteiligten Entscheidungen getroffen werden, die letztlich dem Kindeswohl gerecht werden müssen.

Gleichzeitig zeichnet sich der begleitete Umgang auch durch seine **Vielseitigkeit** aus. Auf **Kindesseite** können Minderjährige betroffen sein, deren Eltern sich getrennt haben. Nicht weniger häufig sind Kinder betroffen, die von ihren beiden Herkunftseltern getrennt leben und sich in einer Pflegefamilie oder einem Heim bzw. einer sonstigen betreuten Einrichtung aufhalten. Diese Differenzierung allein veranschaulicht die unterschiedliche Ausgangs- und Interessenlage des begleiteten Umgangs.

Eine weitere wichtige Unterscheidung besteht in der Frage, ob die Begleitung des Umgangs **außergerichtlich** stattfinden soll oder im Kontext eines **vor dem Familiengericht** geführten Umgangsverfahrens angeordnet werden soll. Daran schließen sich Fragen wie der Finanzierung der Kosten der Umgangsbegleitung, der Freiwilligkeit der Teilnahme der Beteiligten an der Vorbereitung, Durchführung und Nachbereitung der Umgänge an.

1 Vgl. den Fall von BGH v. 22.6.2022 – XII ZB 422/20, FamRZ 2022, 1562.

Schließlich stellt sich auch die Frage, inwieweit die **Kooperation** aller am begleiteten Umgang beteiligten Institutionen und Personen für seine Durchführung und sein Gelingen notwendig ist.

## II. Außergerichtlicher Bereich

Unabhängig davon, ob es sich bei dem betreffenden Fall um einen elterlichen Trennungskonflikt oder ein von den Eltern getrenntes Kind handelt, erscheint es immer wünschenswert, dass die Beteiligten (zunächst) eine Regelung des begleiteten Umgangs anstreben, die eine Anrufung des Familiengerichts vermeidet. Gelingt zwischen den Eltern bzw. den sonstigen Beteiligten in der Umgangsfrage keine Einigung, kommt zunächst dem **Jugendamt** zentrale Bedeutung zu.

Es hat als staatlicher Träger der Kinder- und Jugendhilfe zunächst **beratend** tätig zu werden, wie dies § 18 Abs. 3 SGB VIII vorsieht, und zwar sowohl gegenüber dem Umgangsberechtigten als auch gegenüber der Person bzw. den Personen (z.B. Pflegeeltern), gegen die sich das Umgangsrecht richtet. Da das Jugendamt – anders als das Familiengericht – nicht befugt ist, den (begleiteten) Umgang zwangsweise gegen den Willen eines Beteiligten durchzusetzen, gilt im außergerichtlichen Bereich uneingeschränkt das Prinzip der **Freiwilligkeit**.

**Verweigert** also etwa der betreuende oder der um Umgang nachsuchende **Elternteil** auch nach entsprechender Beratung die Durchführung begleiteter Umgänge, wird das Jugendamt von der Bewilligung begleiteten Umgangs absehen und die Beteiligten auf die Einleitung eines familiengerichtlichen Verfahrens verweisen.

Eine **Verweigerungshaltung des Kindes** muss dagegen nicht zwingend der Durchführung des begleiteten Umgangs entgegenstehen, kann dieser doch auch darauf ausgerichtet sein, mit professioneller Unterstützung des Umgangsbegleiters innere Widerstände des Kindes zu überwinden.

Besteht dagegen Einvernehmen an der Notwendigkeit der Umgangsbegleitung und hält das Jugendamt den Fall für „geeignet“, so wird es diesen zu **bewilligen** und auch zu **finanzieren** haben. Eine Heranziehung der Eltern bzw. sonstigen Beteiligten zu den Kosten der Umgangsbegleitung ist im Kinder- und Jugendhilferecht nicht vorgesehen.[2]

Führt das Jugendamt den begleiteten Umgang selbst durch einen seiner Mitarbeiter durch – was in der Praxis vorbehaltlich regionaler Besonderheiten eher die Ausnahme ist –, so beschränkt sich das Bedürfnis nach **Kooperation und Kommunikation** im idealen Fall auf die Eltern, das Kind und den betreffenden **Jugendamtsmitarbeiter**, also einen überschaubaren Personenkreis. Unerlässlich ist auch in einer solchen Konstellation die Bereitschaft der Beteiligten zu Vor- und Nachgesprächen, die in Trennungskonfliktfällen auch der psychologischen und sozialpädagogischen Beratung dienen, soweit nicht der begleitete Umgang lediglich zu Überwachungszwecken (etwa bei Entführungs- oder Gewaltgefahr) durchgeführt wird.

2 Wiesner/Wapler/*Dürbeck*, § 18 SGB VIII Rn. 44.

Beauftragt das Jugendamt dagegen einen **freien Träger der Jugendhilfe** mit der Durchführung der Umgangsbegleitung, wird das Kooperations- und Kommunikationsbedürfnis bereits erhöht. Der zuständige Mitarbeiter des freien Jugendhilfeträgers wird dem Jugendamt über den Verlauf der Umgänge zu berichten haben und – im Beispielsfall – die Eltern werden sowohl Gespräche mit dem Umgangsbegleiter als auch dem zuständigen Mitarbeiter des Allgemeinen Sozialen Dienstes (auch) darüber zu führen haben, ob Umgänge künftig unbegleitet oder weiterhin begleitet stattfinden oder gänzlich unterbleiben sollen.

Handelt es sich aber z.B. um einen **Pflege- oder Heimkinderfall**, potenziert sich das Kommunikations- und Kooperationsbedürfnis schon um ein Vielfaches. In einer solchen Konstellation sind rein tatsächlich nicht nur das Jugendamt, die umgangsbegleitende Institution und das Kind beteiligt, sondern auch die Pflegepersonen und gegebenenfalls der Vormund und Ergänzungspfleger des Kindes. Auf Seiten des Jugendamtes sind in einer solchen Konstellation häufig drei verschiedene Mitarbeiter aus den Bereichen des Allgemeinen Sozialen Dienstes, des Pflegekinderdienstes und der Amtsvormundschaft bzw. Amtspflegschaft involviert, was schon innerhalb des Jugendamts einen erheblichen Abstimmungsbedarf mit sich bringt.

Die Vielzahl der beteiligten Personen erschwert dabei nicht nur den Entscheidungsprozess über das „Ob" und „Wie" des begleiteten Umgangs, sondern auch dessen tatsächliche Vor- und Nachbereitung. So wird sich die Kindeswohldienlichkeit des Umgangs in einem solchen Fall kaum allein aus den Berichten und Eindrücken der umgangsbegleitenden Person beurteilen lassen, weil Kinder häufig – zum Teil auch pathologische – Reaktionen erst nach Rückkehr in die Obhut der Pflegepersonen zeigen, was deren Miteinbeziehung in die Beurteilung des Ergebnisses der Umgangskontakte bedingt. Ohne ausreichende Kommunikation und Kooperation aller Beteiligten werden sich hier kaum Lösungen finden lassen, die die Anrufung des Familiengerichts vermeiden können.

# III. Gerichtliche Regelung des begleiteten Umgangs

## 1. Freiwilligkeit und Beteiligte

Wird dagegen beim **Familiengericht** ein Umgangsverfahren eingeleitet, so verändern sich die Verhältnisse in Bezug auf den begleiteten Umgang grundlegend.

Dies betrifft zum einen das Erfordernis der **Freiwilligkeit**. Während die Bereitschaft des Umgangsberechtigten, sich auf die Begleitung der Umgänge einzulassen, im Regelfall unerlässlich ist,[3] stellt sich dies bei den Personen, die den Umgang gewähren müssen (z.B. betreuender Elternteil, Vormund, Pflegeeltern), anders dar. Verweigert etwa die das Kind betreuende Mutter die Teilnahme des Kindes an den (begleiteten) Umgängen, kann und muss dieser unter Umständen vom Familiengericht gleichwohl auch gegen ihren Willen angeordnet und auch durch Ordnungsmittel (Ordnungsgeld bzw. Ordnungshaft) durchgesetzt werden – ein Umstand, der gerade für sozialwissenschaftlich ausgebildete Vertreter der öffentlichen und freien Jugendhilfeträger schwer verständlich ist, basiert doch der begleitete Umgang aus sozialwissenschaftlichem Verständnis auf dem Prinzip der Freiwilligkeit.

3 Vgl. Staudinger/*Dürbeck*, § 1684 BGB Rn. 340.

## 2. Bewilligungsvoraussetzungen

Ein weiterer gewichtiger Unterschied besteht in den rechtlichen **Anordnungsvoraussetzungen**. Während das Jugendamt im außergerichtlichen Bereich Umgangsbegleitung schon dann gewähren kann, wenn der Fall aus seiner Sicht „geeignet" ist, kann das Familiengericht begleitete Umgänge von längerer Dauer nur bei Vorliegen einer Kindeswohlgefährdung anordnen (siehe hier *Dürbeck*, Kapitel 2 A, Seite 65). Um diese Frage aufzuklären, muss es im Regelfall einen Verfahrensbeistand als „Anwalt des Kindes" bestellen und nicht selten ein familienpsychologisches Sachverständigengutachten einholen. Bei Umgangsbegleitung von kürzerer Dauer genügt dagegen, dass diese aus Sicht des Kindeswohls erforderlich (§ 1684 Abs. 4 Satz 1 BGB) ist.

Gelangt das Familiengericht zum Ergebnis, dass Umgangsbegleitung von kürzerer Dauer (§ 1684 Abs. 4 Satz 1 BGB) erforderlich bzw. von längerer Dauer zur Abwehr einer Kindeswohlgefährdung geboten ist, so stehen sich nunmehr – anders als im außergerichtlichen Bereich – noch mehr Beteiligte gegenüber: der Familienrichter, die Eltern und deren Anwälte, das Kind und sein Verfahrensbeistand, das Jugendamt und die potenzielle umgangsbegleitende Institution eines freien Trägers. Im Einzelfall kann sogar noch ein sogenannter Umgangspfleger (§ 1684 Abs. 3 Satz 3 BGB) hinzukommen, wenn mit Verstößen der Eltern gegen ihre Wohlverhaltenspflicht zu rechnen ist. Bei fremduntergebrachten Kindern kommen gegebenenfalls die Pflegeltern und der Vormund/Pfleger hinzu (siehe oben II.).

## 3. Konkreter Verfahrensablauf beim Familiengericht

Im gerichtlichen Verfahren muss das Jugendamt auf Anfrage des Familiengerichts zunächst seine Mitwirkungsbereitschaft zur Bewilligung des begleiteten Umgangs nach Maßgabe von § 18 Abs. 3 SGB VIII erklären. Tut es dies, schließt sich das jugendhilferechtliche Bewilligungsverfahren nach dem SGB VIII an (siehe hier *Lohse/Beckmann,* Kapitel 2 B, Seite 100 ff.). Danach wird es regelmäßig einen freien Träger der Jugendhilfe benennen, der die Umgangsbegleitung übernehmen soll. Das Familiengericht kann in dieser Situation sein Umgangsverfahren noch nicht abschließen, weil es die konkreten Termine und den Umgangsort in seinen Beschluss aufnehmen muss. Anschließend werden die am Umgang beteiligten Personen (Eltern, Pflegeeltern, Vormund, Heimbetreuer) vom freien Träger konsultiert und es werden Termine – entsprechend dem vom Familiengericht erteilten zeitlichen Rahmen (Dauer des begleiteten Umgangs an sich und Dauer der einzelnen Termine) – mit den Beteiligten abgestimmt. Gelingt eine Terminabsprache, ist es von essenzieller Bedeutung, dass die Termine dem Familiengericht mitgeteilt werden, damit dieses einen entsprechenden Beschluss fassen kann. Das familiengerichtliche Verfahren ist damit in erster Instanz beendet.

Erst dann ist mit der Durchführung der begleiteten Umgänge entsprechend den Vorgaben des gerichtlichen Beschlusses zu beginnen. Wird der begleitete Umgang sodann von einem Träger der freien Jugendhilfe durchgeführt, erstattet dieser Berichte über dessen Verlauf nicht gegenüber dem Familiengericht, sondern gegenüber dem Jugendamt. Das Jugendamt entscheidet sodann in eigener Zuständigkeit, ob Veranlassung besteht, das Familiengericht über das Ergebnis des begleiteten Umgangs zu informieren. Auch die Finanzierung nicht ehrenamtlich tätiger Umgangsbegleiter läuft ausschließlich über das Jugendamt und nicht über die Justizkasse.

## 4. Kooperation und Kommunikation

Die vorbezeichneten Abläufe zeigen, dass es sich bei dem in einem familiengerichtlichen Umgangsverfahren anzuordnenden begleiteten Umgang um einen komplexen Vorgang handelt, der gerade für nicht familien- und jugendhilferechtlich geschulte Akteure schwer verständlich ist. Schon für die Vorbereitung der gerichtlichen Anordnung bedarf es einer umfassenden Kooperation und Kommunikation aller Beteiligten. Ohne diese kann die im deutschen Recht komplizierte Regelung des begleitenden Umgangs de facto kaum umgesetzt werden.

# Kapitel 1 Aktuelle Forschung zum begleiteten Umgang

**„Begleiteter Umgang (BU) und Auswirkungen auf die Eltern-Kind-Beziehung – eine Analyse der bestehenden Standards und Angebote mit unterschiedlichen Fallvignetten"**

*Martina Gartenhof*

**Übersicht** Seite



## I. Einleitung

Bereits seit mehreren Jahren sind die unterschiedlichen Angebote und Standards zum begleiteten Umgang bundesweit in der Diskussion und müssen neu definiert werden. Der bisherige Forschungsüberblick zum begleiteten Umgang wird von *Kindler/Walter/Friedrich-*

*Bäker* im Handbuch „Begleiteter Umgang" als unzureichend beschrieben. Bisher liegen kaum empirische Untersuchungen zur Bedeutung und Wirksamkeit des begleiteten Umgangs (im Folgenden auch: BU) vor.[1]

Für den deutschsprachigen Raum können drei Studien als erste Evaluationen herangezogen werden. So wurden von *Stephan* und *Wolf* durch den Kinderschutzbund in Rheinland-Pfalz in einer Stichprobe die Eltern, die nur eine Beratung erhielten, mit den Eltern, bei denen ein begleiteter Umgang durchgeführt wurde, verglichen.[2] Die Studie von *Gajewski*, durchgeführt vom Deutschen Kinderschutzbund in Neustadt-Bad Dürkheim, untersuchte die Faktoren für einen erfolgreichen begleiteten Umgang, d.h. unter welchen Voraussetzungen das Ziel eines eigenständigen, unbegleiteten Umgangs erreicht werden konnte.[3] In der Studie von *Buchholz* und *Vergho* wurden in bayerischen Erziehungsberatungsstellen die Bewertungen der Eltern mit den Bewertungen der Berater:innen über den Verlauf des begleiteten Umgangs verglichen.[4]

Aufgrund der jahrelangen Praxiserfahrung in der Bezirkssozialarbeit für die Beratung und Mitwirkung in Sorgerechts- und Umgangsfällen als auch seit mehr als zehn Jahren für den Bereich Trennung/Scheidung/Umgang als Fachsteuerung im Stadtjugendamt München zuständig, möchte ich mit der vorliegenden Studie einen empirischen Beitrag zur weiteren Entwicklung von Qualitätsstandards und der Wirksamkeit von unterschiedlichen Konzepten für den begleiteten Umgang leisten.

Dieses Forschungsprojekt nimmt sich anhand einer **qualitativen und vergleichenden Fallstudie** vor, die bestehenden Angebote zum begleiteten Umgang unter Berücksichtigung unterschiedlicher Fallkategorien und deren Auswirkungen auf die Eltern-Kind-Beziehung näher zu untersuchen. Das Forschungsfeld wird zunächst begrenzt auf Eltern im Trennungs- und Scheidungskontext. Ausgenommen sind die Themen Kindeswohlgefährdung durch sexuellen Missbrauch oder Gewalt und die Fälle von Fremdunterbringung der Kinder in Heimen und Pflegefamilien. Im ersten Forschungsteil werden im Erhebungszeitraum von 2021 bis 2022 die bestehenden Einrichtungen in München untersucht und beschrieben. Die Ergebnisse sollen analysiert werden im Hinblick auf die Bedeutung der unterschiedlichen Angebote und deren Auswirkungen bei unterschiedlichen Fallkategorien als Problemursache. Daher werden Erkenntnisse darüber gewonnen, wie die Einrichtungen die unterschiedlichen Standards einschätzen und welche Bedeutung sie für die Eltern-Kind-Beziehung darstellen. In einem zweiten Schritt werden 2022 diese Ergebnisse durch eine bundesweite Auswahl von Einrichtungen weiter ergänzt und verglichen.

Für die Untersuchung und Beantwortung der zentralen Forschungsfragen wird neben der Auseinandersetzung mit der Theorie vor allem auf die bereits in der Praxis vorhandenen Konzepte und Modelle eingegangen. Die umfangreichen Theoriehintergründe als auch Handlungsrichtlinien zur Trennungs- und Scheidungsforschung werden als Grundlagenwissen herangezogen. Auch die theoretischen Grundlagen bei High-Conflict-Fällen[5], bei

1 Vgl. Klinkhammer/Prinz, 2017.
2 Vgl. Stephan/Wolf, 2002.
3 Vgl. Gajewski, 2004.
4 Vgl. Buchholz/Vergho, 2005.
5 Vgl. Alberstötter, 2004.

häuslicher Gewalt[6] und Kindeswohlgefährdung[7] sind Gegenstand des Forschungshintergrundes. Im Rahmen dieser ersten Forschungsdarstellung wird nicht explizit die Theorie ausgeführt bzw. auf die Theoriehintergründe eingegangen. Sie sind aber im Abschluss des Dissertationsvorhabens die wesentliche Grundlage und werden darin ausführlich behandelt. Eine erste Definition wird mit den unterschiedlichen Begrifflichkeiten bereits schwierig und auch die Sichtung der Fachliteratur macht deutlich, dass Rahmenbedingungen neu definiert und Konzepte im Hinblick auf praxistaugliche Angebote für Trennungs- und Scheidungseltern erstellt werden müssen.

Als **Erhebungsinstrument** werden Informationen über die Qualität und die Wirkungsweise der Einrichtungen, die begleiteten Umgang zur Verfügung stellen, im Rahmen eines leitfadengestützten Interviews einen ersten Überblick über die breite Angebotspalette aufzeigen. Die inhaltliche Ausarbeitung der Fragen zum Interview basiert sowohl auf den gewonnenen Erkenntnissen aus der ausführlichen Theorieaufarbeitung als auch auf der Beschäftigung zum Forschungsthema auf Fachtagungen.

Folgende **Forschungsfragen** sind im leitfadengestützten Interview die Grundlage des Forschungsprojektes:

- Wann wird ein begleiteter Umgang in der Praxis eingeleitet?
- Welche Gründe gibt es für einen begleiteten Umgang?
- Wie lange dauert ein begleiteter Umgang und wann ist er beendet oder zu beenden?
- Welche unterschiedlichen Formen werden in den Einrichtungen angeboten?
- Welche Fallkonstellationen/Fallkategorien werden mit welchen Interventionen gekoppelt?
- Welche Fallkonstellationen/Fallkategorien werden ausgeschlossen?
- Welche Erwartungen haben die Eltern?
- Welche Angebote werden von den Eltern angenommen?
- Welche Effekte sind bei den Kindern zu beobachten?
- Wie ist der Kindeswille versus Kindeswohl zu sehen?

Das Forschungsprojekt wird inhaltlich begleitet von *Prof. Dr. Sabine Walper*, Forschungsdirektorin am Deutschen Jugendinstitut (DJI), und wurde über das Promotionsstudium an der Ludwig-Maximilian-Universität (LMU) auf den Weg gebracht.

# II. Ausgangslage und Forschungsinteresse

Sowohl die rechtlichen Grundlagen als auch die Definition von begleitetem Umgang werden als Ausgangslage herangezogen. Die wenigen oder nur unzureichenden statistischen Daten zu Umgangsverfahren bei Trennung und Scheidung in Deutschland sollen nicht unerwähnt bleiben, können jedoch keine Erkenntnisse über die Bedarfslage belegen. Aus-

6 Vgl. Kavemann/Kreyssig, 2006.
7 Vgl. Ziegenhain/Fegert, 2008.

schlaggebend für das Forschungsinteresse sind die Erkenntnisse aus den in den letzten Jahren 2018 und 2021 stattgefundenen Fachtagen zum begleiteten Umgang.

## 1. Rechtliche Grundlagen

Mit der Kindschaftsrechtsreform (1998) sind die Bestimmungen zum Umgangsrecht zwischen Kind und Eltern entscheidend entwickelt worden. Mit der Gesetzgebung im FamFG (2009) wurde das Umgangsrecht mit dem Beschleunigungsgebot nach § 155 FamFG[8] zusätzlich geregelt. Die Durchführung des begleiteten Umgangs kann in verschiedene rechtliche Grundlagen eingebettet sein.

Gemäß § 1684 Abs. 1 BGB[9] hat das Kind grundsätzlich ein **Recht auf Umgang** mit beiden Elternteilen und jeder Elternteil ist zum Umgang mit dem Kind verpflichtet und berechtigt. Somit beinhaltet und bestimmt dieses Umgangsrecht, dass Eltern und Kinder, auch wenn sie getrennt voneinander leben (etwa aufgrund von Trennung und Scheidung, von getrennten Haushalten und Partnerschaften oder Fremdunterbringung des Kindes), das Recht und die Pflicht auf Umgang haben. Die in § 1684 Abs. 2 Satz 1 BGB[10] enthaltende Wohlverhaltensklausel richtet sich an beide Elternteile und soll verhindern, dass Kinder durch den Konflikt ihrer Eltern über die Besuchsregelung in Loyalitätskonflikte gebracht werden. Nach § 1684 Abs. 2 Satz 3 und 4 BGB[11] kann durch richterliche Anordnung ein begleiteter Umgang geregelt werden. Das Familiengericht kann insbesondere anordnen, dass der Umgang nur stattfinden darf, wenn ein mitwirkungsbereiter Dritter anwesend ist. Dritter kann auch ein Träger der Jugendhilfe oder ein Verein sein, dieser bestimmt dann jeweils, welche Einzelperson die Aufgabe wahrnimmt.[12]

In § 1864 BGB wird das Recht des Kindes auf Umgang mit jedem Elternteil begründet bzw. dass jeder Elternteil zum Umgang mit dem Kind verpflichtet und berechtigt ist. Dem **Kindeswillen** kommt abhängig vom Alter und von der individuellen Entwicklungsreife eine hohe Bedeutung zu. Eine Pflicht des Kindes zum Umgang besteht jedoch nach der Gesetzesformulierung nicht. Somit kann gegen den beachtlichen Willen des Kindes kein Umgang angeordnet werden.[13]

Die Anordnung begleiteter Umgänge setzt voraus, dass ein mitwirkungsbereiter Dritter zur Verfügung steht.[14] Als **mitwirkungsbereite Dritte** kommen Privatpersonen wie z.B. Angehörige aus dem Familien- oder Freundeskreis in Betracht. In der Regel ist damit jedoch die Jugendhilfe gem. § 18 Abs. 3 SGB VIII[15] gemeint. Die gesetzliche Grundlage nach § 18 Abs. 3 SGB VIII bestätigt die Beratung und konkrete Unterstützung bei der Ausübung des Umgangsrechts und bestätigt somit das Recht des Kindes auf Umgang mit seinem nicht betreuenden Elternteil. Von Seiten der Eltern besteht ein Rechtsanspruch auf diese Jugend-

8 Vgl. § 155 FamFG.
9 Vgl. § 1684 Abs. 1 BGB.
10 Vgl. § 1684 Abs. 2 Satz 1 BGB.
11 Vgl. § 1684 Abs. 2 Satz 3 und 4 BGB.
12 Vgl. Büte, 2005.
13 Vgl. Dettenborn, 2001.
14 Vgl. Münder, 2017.
15 Vgl. § 18 Abs. 3 SGB VIII.

hilfeleistung, sofern dies dem Wohl des Kindes dienlich ist und die Hilfeleistung als geeignet angesehen wird.

Sowohl ein freier Träger der Jugendhilfe als auch direkt das Jugendamt sind damit als mitwirkungsbereite Dritte gemeint. Freie Träger und andere von der Jugendhilfe beauftragte Umgangsbegleitpersonen unterliegen dem SGB VIII und müssen eine geeignete Qualifizierung und als Tätige der Jugendhilfe ein erweitertes Führungszeugnis vorweisen.

Aufgrund der unterschiedlichen gesetzlichen Grundlagen ist der begleitete Umgang gleichzeitig eine Einschränkung bzw. Beschränkung des Umgangsrechts und ein sinnvolles Unterstützungs- und Hilfsangebot für Kinder und Eltern durch die Jugendhilfe.

## 2. Definition begleiteter Umgang

Der begleitete Umgang ist ein Begriff aus dem deutschen Familienrecht und eine Leistung (Maßnahme) der kommunalen Kinder- und Jugendhilfe. Dabei begleitet eine dritte Person den Eltern-Kind-Kontakt. Als oberste Prämisse gilt, dass das Kindeswohl durch den Umgang nicht gefährdet wird.

Im Sommer 2007 hat eine Fachkommission im Auftrag des Bundesministeriums für Familie, Senioren, Frauen und Jugend „Deutsche Standards zum Begleiteten Umgang" erarbeitet und 2008 veröffentlicht. Durch das Staatsinstitut für Frühpädagogik wurden Anleitungen erstellt, die sowohl den Familienrichtern als auch Anwälten für Familienrecht und Trägern der Jugendhilfe als Handlungsleitlinie und Orientierung für Entscheidungen dienen.[16]

Im Wesentlichen können drei **unterschiedliche Modelle** zum begleiteten Umgang skizziert werden:

- Beim **beaufsichtigten Modell** steht als primäres Ziel der Schutz des Kindes im Vordergrund, z.B. für Familien, in denen Kindeswohlgefährdung, sexueller Missbrauch, Sucht, psychische Erkrankung oder häusliche Gewalt vermutet oder bestätigt ist, ebenfalls bei Gefahr der Kindesentführung.
- Beim **begleiteten Modell** ist das Kriterium ein Risiko, das das Kind indirekt betrifft, z.B. bei mangelnder elterlicher Kompetenz, in Fällen mit hohem Konfliktniveau der Eltern, geringer familiärer Gewalt zwischen Erwachsenen.
- Beim **unterstützenden Modell** liegt der Fokus auf der Ausgestaltung des Umgangs und der Optimierung des Eltern-Kind-Kontaktes, der Verbesserung der Qualität der Beziehung zwischen Eltern und Kind, auf Hilfen bei der Überwindung von Übergangsschwierigkeiten, auch zur Kontaktanbahnung.

Weiterhin gibt es noch **Begrifflichkeiten** wie betreuter Umgang, beschützter Umgang, kontrollierter Umgang, betreute Umgangsanbahnung und betreute Übergabe. Eine ausführliche Definition wurde im Handbuch „Begleiteter Umgang von Kindern" von *Fthenakis*[17] vorgenommen. Eine Trennschärfe kann nicht immer deutlich benannt werden

16 Vgl. Fthenakis, 2008.
17 Vgl. Fthenakis, 2008.

und es bedarf in jedem Einzelfall einer klaren Diagnostik und eines Clearings, welche Unterstützung für Kinder und Eltern erforderlich ist. Gleichzeitig sind die unterschiedlichen Formen bei unterschiedlichen Konfliktlagen der Eltern als geeignete Maßnahme einsetzbar oder kontraindiziert. Vielfach sind die bestehenden Angebote auf den jeweiligen Einzelfall ausgerichtet.

Die Standards zum begleiteten Umgang sind bundesweit in der Diskussion und müssen neu definiert und mit neuen Angeboten auf die Bedarfe der Kinder und Eltern ausgebaut werden.

## 3. Statistische Daten – Destatis und Staatsministerium der Justiz

Innerhalb der letzten 25 Jahre wurden rund 35 % aller geschlossenen Ehen geschieden. Dabei sinkt die **Scheidungsrate** tendenziell seit 2005, dennoch ist sie noch immer deutlich höher als in den 2000er-Jahren.[18] Nach dem Statistischen Bundesamt[19] wurden in Deutschland im Jahr 2020 rund 143.801 Ehen geschieden. Dabei waren 72.138 Ehescheidungen mit minderjährigen Kindern und insgesamt 119.106 minderjährige Kinder von der Scheidung der Eltern betroffen.

Im Jahr 2017 gab es in Bayern insgesamt 7.456 **Umgangsverfahren** (erster und zweiter Instanz).[20] Dem Staatministerium der Justiz liegt statistisches Material nur zu der Frage vor, in wie vielen gerichtlichen Verfahren ein Umgangsrecht zu regeln war. Weitere Details werden in der Statistik nicht erfasst. Insbesondere können zu inhaltlichen Fragestellungen wie der konkreten Ausgestaltung des Umgangs oder der Gründe für Umgangsverweigerung keine Angaben gemacht werden. Zahlen zum begleiteten Umgang, zur Umgangspflegschaft oder zur Befristung einer Umgangseinschränkung liegen nicht vor.

## 4. Fachtage zum begleiteten Umgang 2018 und 2021

Der **Fachtag „Indikationen und Kontraindikationen für den Begleiteten Umgang"** im Dezember 2018 beim Deutschen Jugendinstitut in München stellt die wesentliche **Grundlage des Forschungsinteresses** dar.[21] Als Referentin im Fachtag wurde die Sichtweise der Jugendhilfe erörtert und bereits ein erhöhter Bedarf an BU in München benannt. Für die Jugendhilfe gilt BU als Unterstützungsangebot zur Umsetzung des Rechts des Kindes auf Umgang und gleichzeitig als eine Hilfestellung für umgangsberechtigte Eltern. Die Familiengerichte hingegen gehen von einer Maßnahme aus, die lediglich die Anwesenheit eines mitwirkungsbereiten Dritten beinhaltet und damit das Recht auf Umgang gewährleistet.

Bereits als Ausblick und Verbesserungen wurden in diesem Fachtag folgende **Anregungen** aufgenommen:

- Diagnostik für eine bessere Zuordnung der BU-Maßnahme und der vor Ort vorliegenden Angebote,

18 Siehe Destatis, 2005.
19 Siehe Destatis, 2021.
20 Siehe Staatsministerium der Justiz Bayern 2017.
21 Siehe DJI-Deutsches Jugendinstitut, 2018.

- Standardisierung der bestehenden BU-Konzepte,
- Qualifizierung der BU-Beratungsstellen mit BU-Fachkräften,
- interdisziplinäre Fortbildung,
- Vernetzung der verschiedenen Professionen.

Der **Fachtag „Begleiteter Umgang 2021"** im April 2021 als Online-Fachtag, durchgeführt vom Kinderschutzbund des Landesverbandes Bayern e.V. in Kooperation mit der Hans-Seidl-Stiftung,[22] zählt als weiterer Meilenstein zum Forschungsprojekt. Hier wurde ebenfalls die Bedarfslage für den begleiteten Umgang dargestellt. Neue Konzepte von Einrichtungen als Best-Practice-Modelle mit dem Kind im Fokus wurden vorgestellt. Gleichzeitig konnte das Forschungsprojekt angekündigt und Akquise für die Teilnahme als Interviewpartner:in betrieben werden.

Als erstes Ergebnis haben sich bereits bundesweit 15 Einrichtungen für die Teilnahme am Forschungsprojekt gemeldet.

## II. Forschungsdesign und erste Teilstudie

Nach dem oben dargestellten Forschungsdesign wurde ein **Leitfaden mit Praxisfragen** zum Experteninterview erstellt. Nach Erstellung des Leitfadens wurde in einem Probeinterview der Testlauf mit einer langjährig tätigen Einrichtungsleitung durchgeführt und im Hinblick auf Praxistauglichkeit geprüft und angepasst.[23] Für den ersten Forschungsabschnitt wurden zunächst die bestehenden Einrichtungen in München interviewt. Insgesamt sieben Einrichtungen wurden hinsichtlich des Expertenstatus ausgewählt. Teilweise sind die Interviewpartner:innen langjährig tätige pädagogische Fachkräfte und mit der spezifischen Fragestellung sehr vertraut, teilweise sind neue Angebote mit erfahrenen Fachkräften auch bereit zum Interview.

Die bestehenden Angebote in München dürfen benannt werden und sind im nachfolgenden Kapitel nochmals mit den speziellen Angeboten und Konzepten aufgeführt. Mit Einverständniserklärung der Einrichtungen können sowohl die transkribierten Interviews als auch die vorliegenden statistischen Daten für das Forschungsprojekt verwendet werden. Die erhobenen Daten werden pseudonymisiert verschriftlicht und ausgewertet, sodass keine Rückführung von Inhalten auf Einzelpersonen möglich sein wird.

Nach der Auswertung der Interviews und der vorliegenden statistischen Daten liegen erste Erkenntnisse der Münchner Einrichtungen vor.[24]

22 Siehe Kinderschutzbund-Bayern, 2021.
23 Vgl. Mayring, 2010.
24 Vgl. Kuckartz, 2008.

## 1. BU-Einrichtung in München

In München wird der begleitete Umgang nicht durch das Jugendamt selbst, d.h. durch die Bezirkssozialarbeit durchgeführt, sondern ist auf die freien Träger der Jugendhilfe ausgelagert. Die Einrichtungen in München sind unterschiedlich konzipiert und haben unterschiedliche Standards zur Durchführung des begleiteten Umgangs.

Die erste allgemeine Unterscheidung teilt sich in Angebote für den begleiteten Umgang in Verbindung mit **Beratung der Eltern** und Angebote für den begleiteten Umgang ohne Beratungsauftrag. Der Familien-Notruf München e.V., IETE – Intakte Elternschaft trotz Trennung und Scheidung, Verband binationaler Familien und Partnerschaften, sind BU-Einrichtungen in Verbindung mit Beratung. Der betreute Umgang beim Verein für Fraueninteressen ist ein Angebot ohne Elternberatung.

Eine weitere Unterscheidung besteht in den Konzepten zu den unterschiedlichen Zielgruppen und den vorgegebenen Ausschlusskriterien für bestimmte Fallkonstellationen. Das spezialisierte **Angebot bei häuslicher Gewalt** ist bei MIM – Münchner Informationszentrum für Männer e.V. in Kooperation mit der Beratungsstelle Frauenhilfe als beaufsichtigter Umgang angesiedelt. Darüber hinaus gibt es ein niederschwelliges Angebot zur Umgangsbegleitung in Form eines Umgangs-Cafés beim Verein für Jugendpflege und Jugendhilfe e.V.

Aufgrund der Bedarfsmeldung im Jahr 2017, dass zu lange Wartezeiten bei den bereits vorhandenen Einrichtungen bestehen und die Umsetzung der gesetzlichen Grundlagen nach dem FamFG im beschleunigten Umgangsverfahren und dem in München vorliegenden Leitfaden[25] und Sonderleitfaden[26] zum Münchener Modell in der Praxis nicht erfolgen kann, wurde die Einzelfallhilfe als zusätzliche Unterstützungsmöglichkeit auf den Weg gebracht. Die Einzelfallhilfe erfolgt über die Bezirkssozialarbeit mit Beantragung der Jugendhilfeleitung nach § 18,3 SGB VIII und wird durch ausgebildete Verfahrensbeistände beim Anwalt des Kindes e.V. durchgeführt.

Im Nachfolgenden werden die einzelnen Einrichtungen mit ihrem Leistungsspektrum kurz skizziert. Die Leistungsbeschreibungen sind teilweise den Internetseiten der Einrichtungen entnommen. Die Kurzbeschreibungen stellen keine allumfängliche Leistungsbeschreibung der Einrichtungen dar.

### a. Familien-Notruf

Der Familien-Notruf[27] bietet neben der Paar- und Familienberatung und der Elternberatung im Kontext des beschleunigten Verfahrens nach dem FamFG auch den begleiteten Umgang an. In München spezifisch werden beschleunigte Verfahren nach dem Münchener Modell (MüMo) behandelt.[28] Das Angebot begleiteter Umgang beim Familien-Notruf ist ein freiwilliges Angebot der Beratungsstelle und setzt eine kooperative Zusammenarbeit mit den Eltern voraus. Dies schließt regelmäßige **Elternberatungsgespräche** mit ein, in

25 Siehe Amtsgericht München, Leitfaden zum Münchener Modell.
26 Siehe Justiz Bayern, Sonderleitfaden zum Münchener Modell.
27 Siehe Familien-Notruf München, 2022.
28 Vgl. Gartenhof/Hartmann-Hilter/Loebel/Normann/Salzgeber/Schmid/Weber von Koslowski, 08-2011.

denen über die Schritte zu einem unbegleiteten eigenverantwortlichen Umgang verhandelt wird.

Vom Familien-Notruf werden in der Regel bis zu 20 begleitete Umgangskontakte durchgeführt. Bis dahin soll eine gemeinsame **Vereinbarung über unbegleitete Umgänge** erzielt worden sein. Die Kinder werden in einem Vorgespräch mit Umgangsbegleiter:innen auf den Umgangstermin vorbereitet. Sie erhalten kindgerechte Informationen zum Ablauf und können die Räumlichkeiten kennenlernen. Die Kinder sollen nicht als Vermittler im Konflikt der Eltern benutzt werden. Die Beratungsgespräche und Umgangskontakte finden in einem vertraulichen Rahmen statt. Die Mitarbeiter:innen unterliegen der Schweigepflicht. Von Seiten der Beratungsstelle erfolgt nach Beendigung des begleiteten Umgangs lediglich ein Statusbericht an die beteiligten Eltern oder an das Jugendamt bzw. Familiengericht über die Anzahl der in Anspruch genommenen Elterngespräche und die Umgangskontakte.

Im Anschluss ein Auszug aus dem Experteninterview dazu:

> „Bei uns ist die Besonderheit, dass wir eine personelle Trennung haben, also dass die Umgangsbegleiter:innen nur für die Durchführung des begleiteten Umgangs zuständig sind. Parallel dazu gibt es immer Elternberatung, die aber dann von zwei anderen Berater:innen durchgeführt wird. Diese Trennung gibt es nicht in so vielen Einrichtungen. Der Vorteil liegt darin, dass die Umgangsbegleiter:innen, die oft mehr mit dem umgangsberechtigten Vater zu tun haben, mehr Gespräche mit ihm führen und somit nicht mehr neutral dem anderen Elternteil begegnen könnten. Wenn diese Person auch noch die Beratung führen würde, besteht die Sorge der Parteilichkeit für den Vater.
>
> Aufgrund der personellen Trennung entsteht diese Problematik erst gar nicht. Zwischen den Umgangsbegleiter:innen und den Berater:innen findet jedoch ein intensiver Austausch statt. Was wurde im Beratungsgespräch besprochen? Wie ist der Umgangskontakt verlaufen? Wo muss man da noch einmal nachbessern?
>
> Eine weitere Besonderheit liegt bei den Eingangskriterien, so muss irgendwie eine Aussicht auf Verselbständigung vorliegen, da in der Regel nur 20 Umgangskontakte vorgesehen sind. Während dieser 20 Kontakte muss aber schon eine Entwicklung ersichtlich werden. Auch in den begleitenden Elterngesprächen wird dies mit den Eltern als ein vorgegebenes Ziel vorausgesetzt."

## b. IETE – Intakte Elternschaft trotz Trennung und Scheidung

IETE[29] ist eine Beratungsstelle für verheiratete und nicht verheiratete Familien in Krisensituationen und allen Phasen von Trennung und Scheidung. Neben Information und Beratung zum partnerschaftlichen Zusammenleben, bei partnerschaftlichen Konflikten sowie Themen bei Trennung und Scheidung bietet IETE den begleiteten Umgang in Verbindung mit Beratung an. BU kann aufgrund einer eigenen Entscheidung der Eltern, einer Empfehlung des Jugendamtes oder einer anderen Beratungsstelle oder aufgrund einer familiengerichtlichen Vereinbarung oder eines familiengerichtlichen Beschlusses eingeleitet werden.

Bei gerichtlich angeordnetem BU bedarf es einer Schweigepflichtentbindung, damit eine Rückmeldung an das Familiengericht, insbesondere nach Abbruch der Maßnahme, erfol-

29 Siehe IETE, 2022.

gen darf. Einschränkungen aufgrund von Alkohol- oder Drogenabusus sowie das Vorliegen von aggressivem und gewalttätigem Auftreten sowie sexuelle Gewalt gegen das Kind oder gegen die Kinder können ein Ausschlusskriterium sein. Auch die fehlende Kooperation der Eltern im Hinblick auf eine eigenständige Durchführung der Umgangskontakte kann eine vorzeitige Beendigung der Hilfe darstellen.

Im Anschluss ein Auszug aus dem Experteninterview dazu:

> „Wir haben tatsächlich eine große Breite von Ausgangssituationen, wie die Eltern zu uns kommen. (Es kommen) viele Eltern, wo die Trennung schon in der Schwangerschaft passiert ist und die Beteiligten nicht verheiratet waren, sodass es einen Bedarf für begleiteten Umgang ab der Geburt gibt mit häufig der Anforderung oder der Erwartung, dass das bis zum dritten Lebensjahr sozusagen weitergeführt wird, weil die Mütter sagen, das Kind ist klein, es wird gestillt, es braucht erst mal eine feste Bindung.
>
> Väter auf der anderen Seite sind dann sehr häufig vielleicht auch anwaltlich beraten und pochen sehr auf ihre Umgangsrechte, zum Beispiel ein Mann, der bei uns ist und schon Umgang beim Familiengericht beantragt hat, bevor das Kind geboren war.
>
> Ansonsten ist das eine große Bandbreite, es gibt psychisch labile Eltern, es gibt Eltern, die einen weiten Weg haben, um ihr Kind zu sehen, also von einer anderen Stadt kommen, manchmal auch aus einem anderen Land in Europa kommen, um ihr Kind zu sehen. Es gibt Eltern, wo einiges beim Familiengericht läuft, bis hin zu Sachverständigengutachten und in dieser Phase, bis das Gutachten fertiggestellt ist, soll auf jeden Fall begleiteter Umgang gemacht werden.
>
> Die meisten Eltern haben kleinere Kinder. Wir haben wenig Anfragen, wo die Kinder schon elf Jahre oder älter sind, dann ist es eine Konstellation, wo Geschwister dabei sind, dann ist vielleicht das älteste Kind 13 bis 14 Jahre alt."

### c. Verband binationaler Familien und Partnerschaften

Die Einrichtung Verband binationaler Familien und Partnerschaften[30] arbeitet seit über 35 Jahren mit bewährten Konzepten zur Begleitung von Familien in Trennungs- und Scheidungssituationen. Die Besonderheit ist die Beratung von binationalen Familien und Familien mit Migrationshintergrund. Der begleitete Umgang findet immer in Kombination mit Beratung statt und wird entweder vom Familiengericht angeordnet, vom Jugendamt empfohlen oder selbst von den Eltern gewünscht.

Die Eltern werden anfangs meist getrennt beraten mit dem Ziel, nach wieder erreichter Kommunikation und Deeskalation des Elternkonfliktes eine einvernehmliche Regelung zum Umgang zu treffen und eine Verselbstständigung zu erreichen. Die Beratung erfolgt durch ein binationales Team mit dem Fokus auf kulturelle Besonderheiten. Bei Bedarf können auch Dolmetscher:innen hinzugezogen werden. Ausschlusskriterien sind Fälle mit dem Hintergrund sexueller oder häuslicher Gewalt, bei einer vorliegenden psychischen Erkrankung und/oder einer erkennbaren Suchtproblematik, wenn ein dauerhafter Bedarf an Begleitung absehbar ist. Auch wenn die fehlende Bereitschaft der Eltern zu Beratungsgesprächen oder laufende Gerichtsverfahren eine absehbare einvernehmliche Lösung verhindern, kann das Angebot eingestellt werden. Wenn ein Kontaktwiderstand des Kindes nicht

30 Siehe Verband binationaler Familien und Partnerschaften.

reduziert werden kann, stellt dies ebenfalls eine Beendigung der Maßnahme dar. Für die Sorge bei binationalen Familien, dass eine Kindesentführung zu erwarten ist, gibt es ein spezielles Beratungssetting, insbesondere wenn die Angst vor einer Kindesentführung vorliegt.

Im Anschluss ein Auszug aus dem Experteninterview dazu:

> „Typische Fälle sind Kontaktanbahnung, also wenn es lange Zeit keinen Kontakt zwischen Eltern und Kind gab, bei hochstrittigen Familien, wenn die Konfliktsituation so hoch ist, dass die Eltern nicht in der Lage sind, für Umgänge zu sorgen. Häusliche Gewalt ist immer ein schwieriges Thema, die schweren Fällen von häuslicher Gewalt nehmen wir nicht.
>
> Bei Fällen, wo es Vorwürfe von häuslicher Gewalt gibt, aber vielleicht auch nichts bewiesen ist oder der Elternteil nicht traumatisiert ist und den Umgang gewährt, dann machen wir das auch. Wir haben schon Fälle von Sucht, aber nicht, wenn die Suchtproblematik im Vordergrund steht, nur wenn die Person trocken ist.
>
> Andere Ausschlusskriterien sind sexueller Missbrauch und Kindesmisshandlung. Bei Familien mit Migrationshintergrund kann auch eine Kindesentführung die Begründung für den begleiteten Umgang sein oder auch die Angst vor einer Kindesentführung."

## d. MIM – Münchner Informationszentrum für Männer e.V., und Frauenhilfe als beaufsichtigter Umgang bei häuslicher Gewalt

Das Kooperationsangebot von der Einrichtung MIM und Frauenhilfe als beaufsichtigter Umgang bei häuslicher Gewalt[31] bietet getrennte Elternberatung bei häuslicher Gewalt auf der Grundlage des Sonderleitfadens nach dem Münchener Modell an. Es gilt als erfolgreicher Beratungsprozess für alle Beteiligten (Vater, Mutter, Kinder), um eine neue gewaltfreie Vater-Mutter- und Vater-Kind-Beziehung herstellen zu können. MIM und Frauenhilfe bieten als Beratungsleistungen in der Regel Einzelberatung für Väter bei MIM und Einzelberatung für Mütter bei der Frauenhilfe an. Parallel zur Elternberatung nehmen Väter an einem intensiven Gruppenprogramm teil. Ziel ist eine gemeinsame Elternberatung nach Aufarbeitung der Gewaltproblematik und daran anschließend ein beaufsichtigter Umgang zum Aufbau und zur Stabilisierung der Vater-Kind-Beziehung.

Im Anschluss ein Auszug aus dem Experteninterview dazu:

> „Im Vorfeld gibt es das Ausschlusskriterium Sucht, wenn dies vorgelagert ist, dann gilt es, dies erst mal zu beleuchten. Oder natürlich, wenn Männer sagen, ja, eigentlich habe ich ja gar nichts gemacht und in der Gerichtsverhandlung wurde einfach zugesagt, weil man dann die Kinder schneller sehen kann. Wenn die Väter keinen Auftrag an uns haben, dann können wir mit ihnen nicht arbeiten. Auch wenn die Mütter sagen, ich kann mir das überhaupt nicht vorstellen, mit dem Vater an einem Tisch zu sitzen oder dann irgendwie über Kinder zu sprechen. Das sind eigentlich so typische Ausschlusskriterien.
>
> Wenn mal ein Besuch schlechter laufen sollte, dann gibt es noch mal eine Schleife zurück in die Beratung. Ein weiteres Ausschlusskriterium ist Kindeswohlgefährdung, wenn das sichtbar ist, dann ist dies ein Ausschlusskriterium. Bisher gab es allerdings solche Fälle noch nicht."

31 Siehe MIM, 2022.

## e. Verein für Fraueninteressen e.V. – betreuter Umgang

Der betreute Umgang beim Verein für Fraueninteressen e.V. ist eine Hilfestellung für Kinder von getrennt lebenden Eltern.[32] Die Aufgabe besteht darin, die Besuchskontakte zwischen Kindern und Eltern zu begleiten und die Umgangskontakte zu organisieren und zu koordinieren. In einem Erstgespräch oder Aufnahmegespräch werden Eltern und Kinder darauf vorbereitet. Mit den Eltern werden eine Umgangsvereinbarung und weitere individuelle Modalitäten vertraglich geregelt. Begleitet werden die Umgangskontakte von ehrenamtlich geschulten Umgangsbegleiter:innen. Des Weiteren finden ein Zwischengespräch und Abschlussgespräch mit den Eltern statt, aber es wird keine Beratung durchgeführt. Grundsätzlich ist die Sprache beim begleiteten Umgang Deutsch, eine Begleitung mit zusätzlichem Dolmetscher ist nicht vorgesehen.

Als Ausschlusskriterien sind im Einzelfall der Verdacht auf sexuellen Missbrauch, häusliche Gewalt, übergriffiges Verhalten eines Elternteils, Kindesmisshandlung, nachhaltige wiederholte Ablehnung des Kindes, psychiatrische Erkrankungen und Suchterkrankungen zu benennen. Mit Schweigepflichtentbindungen ist eine enge Kooperation mit der Bezirkssozialarbeit möglich.

Im Anschluss ein Auszug aus dem Experteninterview dazu:

> „Zuerst findet ein Kennenlerngespräch mit den Kindern und den Umgangsbegleiter:innen statt, damit die Kinder die Begleiter:innen gesehen haben und auch die Räume sehen können. Wie ist das für ein Kind? Die Kinder kommen zusammen mit dem Elternteil und nach zehn Minuten geht dann die Mutter oder Vater raus und der andere Elternteil kommt dann zum Umgangskontakt.
>
> Unsere Begleiter:innen bekommen nur die Basic-Infos, damit sie eine unparteiliche Haltung beibehalten können. Die Begleiter:innen müssen die Balance finden, dass sie nicht für die Probleme in der Familie zuständig sind. Oft gibt es eine enge Zusammenarbeit mit dem Jugendamt, mit der Bezirkssozialarbeit. Die Begleiter:innen machen von jedem Umgang ein Protokoll, wie war das Kind, war die Begrüßung lachend, weinend oder gab es sonst Auffälligkeiten, um zu sehen, gibt es einen weiteren Handlungsbedarf."

## f. Umgangs-Café beim Verein für Jugendpflege und Jugendhilfe e.V.

Das Umgangs-Café beim Verein für Jugendpflege und Jugendhilfe e.V.[33] bietet als niederschwelliges Angebot für Kinder und ihre Eltern und andere Bezugspersonen die Begleitung von Umgängen an, sofern die Begleitung vom Familiengericht angeordnet ist und für begleitete Umgänge innerhalb von 14 Tagen mit der Umgangsbegleitung aufgrund von Terminschwierigkeiten nicht begonnen werden kann. Ziel ist, Kontaktpausen und Umgangsabbrüche zu vermeiden und zeitnah Umgangskontakt zur Verfügung zu stellen. Dabei geht es um Anbahnung, Wiederherstellung oder Erhalt des Eltern-Kind-Kontaktes.

Somit stellt das Umgangs-Café eine Überbrückungslösung dar und ist ein zusätzliches Angebot in der BU-Landschaft München. Die Umgangsbegleitung findet ohne zusätzliche Beratung statt, wobei eine Unterstützung der Kinder und Eltern durch ein Gesprächsangebot

32 Siehe Verein für Fraueninteressen e.V.

33 Siehe Umgangs-Café beim Verein für Jugendpflege und Jugendhilfe e.V.

hinsichtlich der Gestaltung der Kontakte möglich ist. Die Hauptausschlusskriterien sind Gewalt gegen Kinder, miterlebte Gewalt des Kindes bei häuslicher Gewalt, Entführungsgefahr sowie psychiatrische Erkrankungen und Medikamenten-, Alkohol- und Drogensucht der umgangsberechtigten Person.

Im Anschluss ein Auszug aus dem Experteninterview dazu:

> „Der begleitete Umgang dient als Überbrückung, wenn's bei Gericht klar ist, es gibt im Moment bei Trennung oder Scheidung ein Kontaktverbot, Vater und Mutter möchten sich nicht begegnen, aber der Umgang soll stattfinden. Oft dauert es vier, fünf Monate, bis ein anderer Träger die Familie betreuen kann, dann bieten wir den begleiteten Umgang an und leiten an den anderen Träger weiter. Oder auch eine Überbrückung, wenn die Eltern schon bei den Einrichtungen waren und es nun um die Verselbstständigung geht, aber noch Ängste bestehen und die Begleitung ausschleichend stattfinden soll.
>
> Die Bandbreite ist sehr breit. Ich würde auch sagen, dass es schon viele Fälle sind, wo es gerade hoch eskalativ ist und die Eltern erst mal hierherkommen, aber wir schon im ersten Gespräch merken, dass eine Beratung im Vordergrund steht. Wir sind dafür da, damit das Kind hier eine entspannte Zeit mit der Mama oder mit dem Papa haben kann. Für andere Themen müssen die Eltern sich Beratungsstellen suchen oder eventuell selber Unterstützung in Form eines Psychologen oder psychologische Unterstützung annehmen. Das Typische sind Eltern, die sich trennen, oder vielleicht Eltern, die nicht verheiratet waren und sich trennen und beide sagen, es ist wichtig, dass das Kind den Papa weiterhin sehen soll und noch ein Dritter ein Auge darauf hat. Auch Fälle, wo Gewalt vorgefallen ist und ein einmaliger Polizeieinsatz war und ein Kontaktverbot ausgesprochen worden ist, aber die Mutter sagt, es ist wichtig, dass das Kind den Papa weiterhin sieht. Auch wenn die Eltern sich nicht begegnen wollen, kann hier eine Übergabe stattfinden."

## g. Einzelfallhilfe durch den Verein Anwalt des Kindes e.V.

In München wird die Jugendhilfeleistung begleiteter Umgang zusätzlich seit 2017 als Einzelfallhilfe über den Verein Anwalt des Kindes e.V.[34] angeboten. Die der Koordinierungsstelle angeschlossenen Fachkräfte haben entweder eine psychosoziale und/oder eine juristische Grundprofession sowie einschlägige Berufserfahrung. Sie haben ferner eine zertifizierte Weiterbildung zum Verfahrensbeistand und Umgangspfleger:in/Umgangsbegleiter:in absolviert und nehmen an den vom Verein angebotenen Fortbildungen teil. Sie sind insbesondere erfahren im Gespräch mit Kindern und in der Psychodynamik von Elternkonflikten.

Sie erfüllen die fachlichen Voraussetzungen, um auch im Rahmen der Jugendhilfe den begleiteten Umgang durchzuführen. Aktuell sind der Koordinierungsstelle für Verfahrensbeistandschaften über 170 Verfahrensbeistände angeschlossen. Eine Besonderheit des Angebotes ist die Vielfalt der Sprachkenntnisse, von Albanisch bis Türkisch stehen über 25 Sprachen zur Verfügung, so gibt es z.B. drei afrikanische Regionalsprachen.

Aufgrund der Bedarfslage und der langen Wartezeiten bei den freien Trägern wurde die Einzelfallhilfe als Interimslösung installiert. Die bisherige Regelung zur Durchführung des begleiteten Umgangs als Einzelfallhilfe wird über die Bezirkssozialarbeit installiert und un-

34 Siehe Anwalt des Kindes München e.V.

terliegt bestimmten Kriterien. Erstens muss es längere Wartezeiten bei den freien Trägern geben und damit eine Belastung für die Eltern-Kind-Beziehung bestehen und zweitens ist das niederschwellige Angebot des betreuten Umgangs beim Verein für Fraueninteressen nicht die geeignete Hilfe. Liegt der Bedarf einer Einzelfallhilfe vor, muss ein Antrag gem. § 18,3 SGB VIII durch die Sorgeberechtigten bei der Bezirkssozialarbeit gestellt werden. Damit kann über die Koordinierungsstelle eine Vermittlung angefragt werden.

Hier ein Beispiel für eine Vermittlungsanfrage bei der Koordinierungsstelle:

> „Die Eltern habe die gemeinsame elterliche Sorge, die Kinder haben ihren Lebensmittelpunkt bei der Kindsmutter, die Kinder sind beide weiblich und zwei und fünf Jahre alt, es gibt eine familiengerichtliche Vereinbarung zum Umgang, zunächst ist einmal wöchentlich für drei Stunden am Sonntag ein begleiteter Umgang beim Vater mit Datum zum ersten Umgangstermin vorgesehen, weitere Umgänge sind wöchentlich festgelegt und der Umgang soll auf zwei Umgänge pro Woche ausgeweitet werden, es werden spezielle Sprachkenntnisse in Arabisch erforderlich, es handelt sich um eine High-Conflict-Familie, mutmaßlich liegt beim Vater eine Drogen- und Alkoholproblematik vor, eine Sachverständigenbegutachtung wird eingeholt, für das Familiengericht ist nach jedem Umgangstermin ein Kurzbericht zu erstellen."

Mittlerweile ist die Einzelfallhilfe als Dauerlösung installiert und wird als zusätzliches Angebot sowohl vom Familiengericht als auch von der Bezirkssozialarbeit dauerhaft als zusätzliches Angebot in Anspruch genommen.

## 2. Statistische Auswertung und Ergebnisse der Angebote in München

Aus den oben dargestellten Konzepten wird sehr deutlich, dass sich große Unterschiede in folgenden Bereichen ergeben:

- Art der Einrichtung (mit Beratung, ohne Beratungssetting als niederschwelliges Angebot, spezialisiert bei häuslicher Gewalt oder bei Migrationshintergrund),
- Größe der Einrichtung (Anzahl der Fälle, Statistik),
- Standards und Vorgehensweise,
- Ausschlusskriterien,
- Hintergrund der Interviewpartner:innen, berufliche Qualifikation und Erfahrungen der Interviewpartner:innen.

Somit ist eine einheitliche statistische Datenlage über alle BU-Angebote in München nicht vorhanden. Allerdings kann von drei Einrichtungen, die begleiteten Umgang in Verbindung mit Beratung anbieten, die einheitlich vorhandene Statistik ausgewertet und zusammengefasst werden.

Das Auswertungsjahr 2021 gilt als eine verlässliche Datengrundlage. Im Vergleich zu den Vorjahren ist die Anzahl der Beratungsfälle bzw. der Familien relativ gleichbleibend. Im Jahr 2020 gibt es kleinere Abweichungen. Die vorherrschende Corona-Pandemie hat zu einer vorübergehenden Aussetzung des Angebotes für begleiteten Umgang aufgrund der Kontaktsperre für weitere Kontaktpersonen außerhalb der Familien geführt und somit konnte zeitweise kein begleiteter Umgang durchgeführt werden.

Insgesamt wurden von den drei Einrichtungen 148 Fälle aus dem Jahr 2021 in der Statistik erfasst und ausgewertet.

## a. Beratungsfälle bzw. Familien

| Beratungsfälle bzw. Familien | Häufigkeit | % |
|---|---|---|
| **Aus den Vorjahren übernommen** | 57 | 39 |
| **Neuzugang im laufenden Jahr** | 91 | 61 |
| **Summe** | **148** | **100** |

Von den insgesamt 148 Familien sind bereits 57 (39 %) der Familien aus dem Vorjahr übernommene Beratungsfälle und im laufenden Jahr 2021 sind 91 Familien als Neuzugang aufgenommen worden.

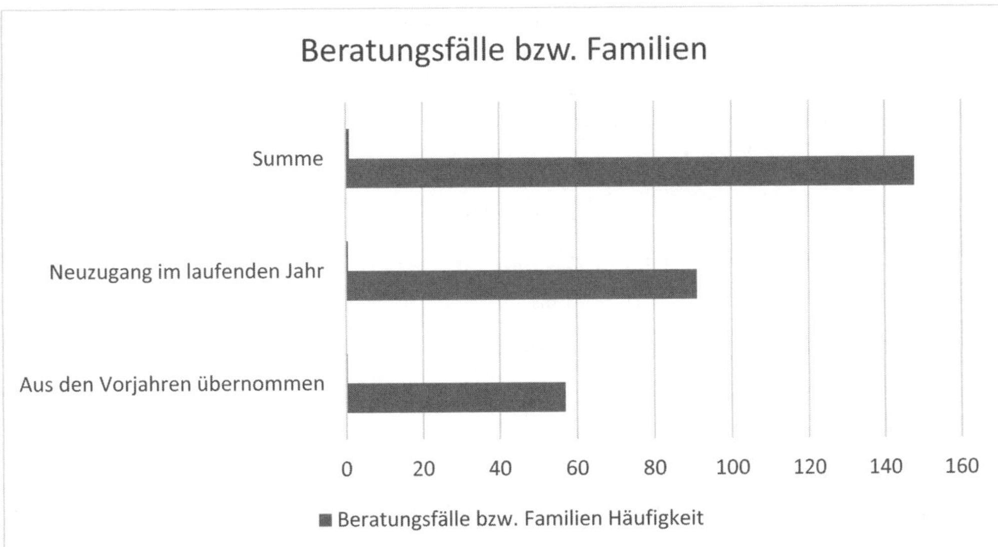


## b. Familienkonstellationen

| Familienkonstellationen | Häufigkeit | % |
|---|---|---|
| Kernfamilie, verheiratet | 21 | 14,2 |
| Kernfamilie, unverheiratet | 31 | 20,9 |
| Patchwork-/Stieffamilie, verheiratet | 7 | 4,7 |
| Patchwork-/Stieffamilie, unverheiratet | 4 | 2,7 |
| Alleinerziehende Mutter | 66 | 44,6 |
| Alleinerziehender Vater | 5 | 3,4 |
| Erweiterte Familie | 14 | 9,5 |
| Unbekannt | 0 | 0,0 |
| **Summe** | **148** | **100,0** |

Von insgesamt 148 sind 21 (14,2 %) Familien als Kernfamilie verheiratet und 31 (20,9 %) Familien als Kernfamilie unverheiratet. Ein geringer Anteil der Familien, 7 (4,7 %) Familien, sind als Patchwork-/Stieffamilie verheiratet und 4 (2,7 %) Familien sind als Patchwork-/ Stieffamilien unverheiratet benannt. Der größte Anteil betrifft alleinerziehende Mütter mit 66 (44,6 %) der Familienkonstellationen, hingegen stellen alleinerziehende Väter mit 5 (3,4 %) der Familienkonstellationen den geringsten Anteil dar. Bei 14 (9,5 %) Familien handelt es sich um erweiterte Familien, damit sind Familienangehörige, vor allem Großeltern, gemeint.

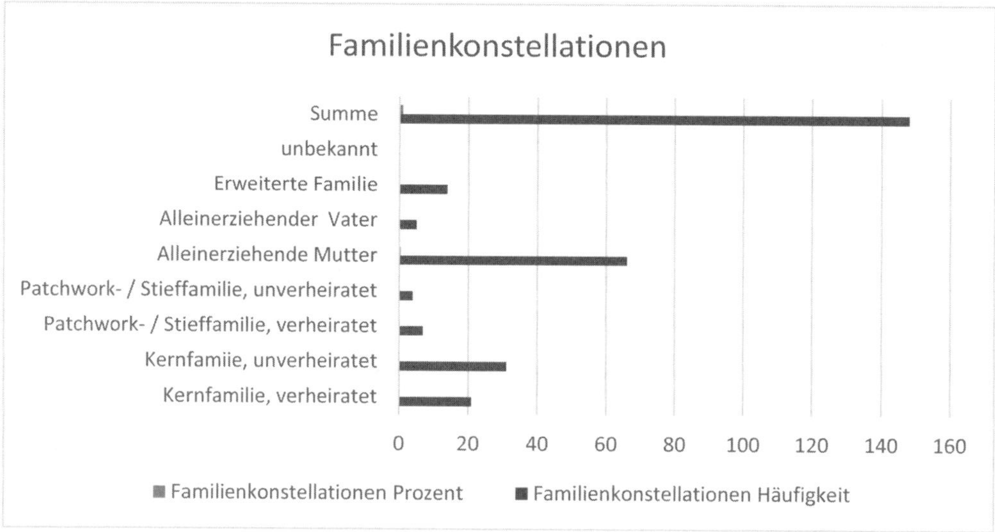


## c. Staatsangehörigkeit/Nationalität der Familie

| Staatsangehörigkeit/Nationalität der Familie | Häufigkeit | % |
|---|---|---|
| **deutsch** | 59 | 39,86 |
| **nicht deutsch** | 35 | 23,65 |
| **binational** | 32 | 21,62 |
| **multinational** | 9 | 6,08 |
| **unbekannt** | 13 | 8,78 |
| **Summe** | **148** | **100,00** |

In insgesamt 59 (39,86 %) der Familien wurde die deutsche Staatsangehörigkeit angegeben, in 35 (23,65 %) sind beide Elternteile nicht deutscher Staatsangehörigkeit. In 32 (21,62 %) Familien ist eine binationale und in 9 (6,08 %) Familien ist eine multinationale Staatsangehörigkeit benannt. Zu unbekannter Staatsangehörigkeit zählen 13 (8,78 %) Familien.

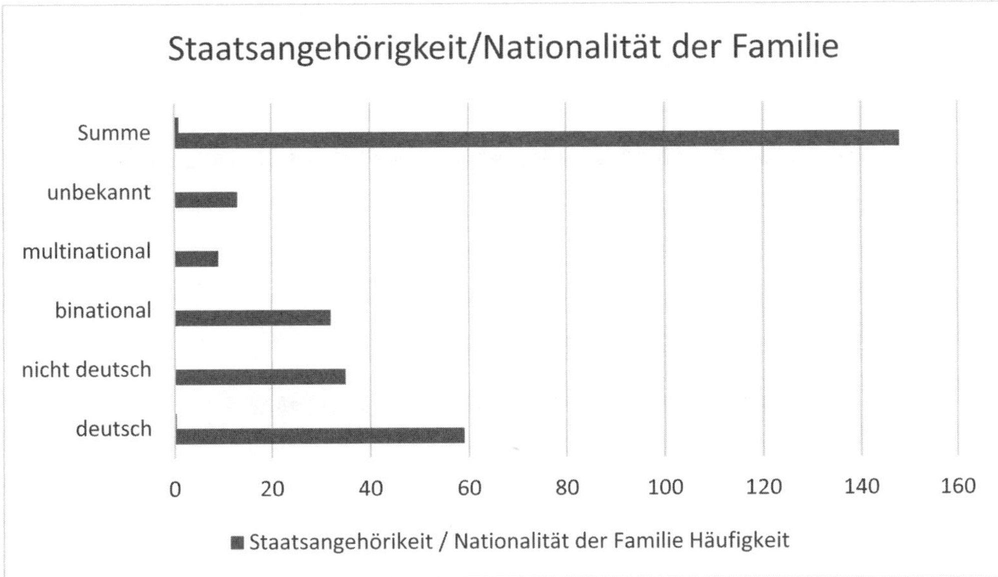


## d. Migrationshintergrund der Eltern

| Migrationshintergrund der Eltern | Häufigkeit | % |
|---|---|---|
| ja | 122 | 82,4 |
| nein | 19 | 12,8 |
| unbekannt | 7 | 4,7 |
| **Summe** | **148** | **100,0** |

Der Migrationshintergrund der Eltern setzt sich wie folgt zusammen: In 122 (82,4 %) Fällen hatte mindestens ein Elternteil einen Migrationshintergrund und in 19 (12,8 %) Fällen hatten beide Elternteile keinen Migrationshintergrund. In den restlichen 7 (4,7 %) Familien wurde der Migrationshintergrund nicht benannt.

Der hohe Migrationsanteil resultiert daraus, dass eine Einrichtung explizit mit binationalen Familien arbeitet und daher mindestens ein Elternteil einen Migrationshintergrund aufweist.

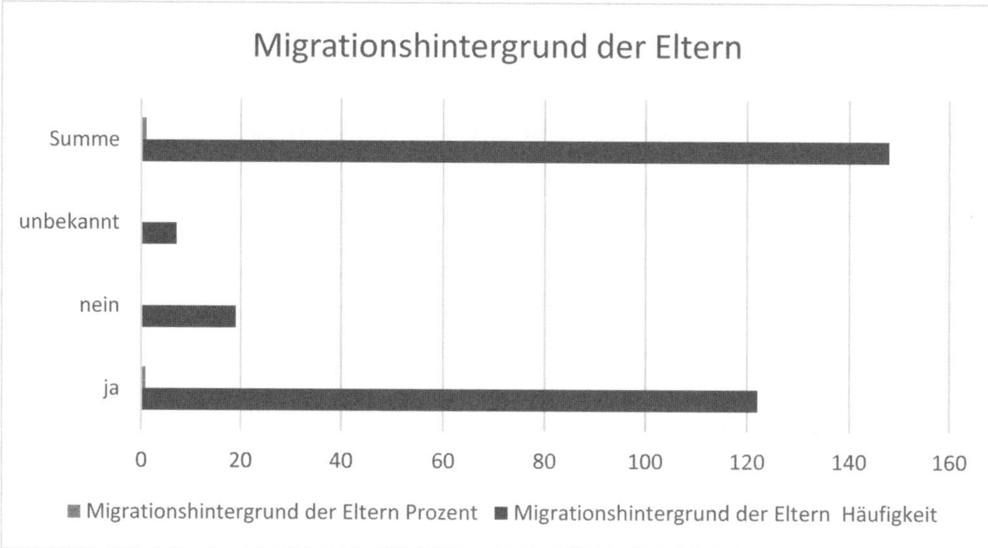


## e. Anzahl der Kinder in den Familien

| Anzahl der Kinder in den Familien | Häufigkeit | % |
|---|---|---|
| **1 Kind** | 88 | 59,46 |
| **2 Kinder** | 42 | 28,38 |
| **3 Kinder** | 8 | 5,41 |
| **mehr als 3 Kinder** | 4 | 2,70 |
| **unbekannt** | 6 | 4,05 |
| **Summe** | **148** | **100,00** |

Bei den 148 Familien waren insgesamt 327 Kinder beteiligt. 88 (59,46 %) am begleiteten Umgang beteiligte Familien hatten ein Kind und 42 (28,38 %) der Familien hatten 2 Kinder. Sie stellen damit den größten Anteil der beteiligten Familien dar. Der geringere Anteil der beteiligten Familien mit 8 (5,41 %) hat 3 Kinder und 4 (2,70 %) der Familien haben mehr als 3 Kinder. Unbekannt sind lediglich 6 (4,05 %) der beteiligten Familien.

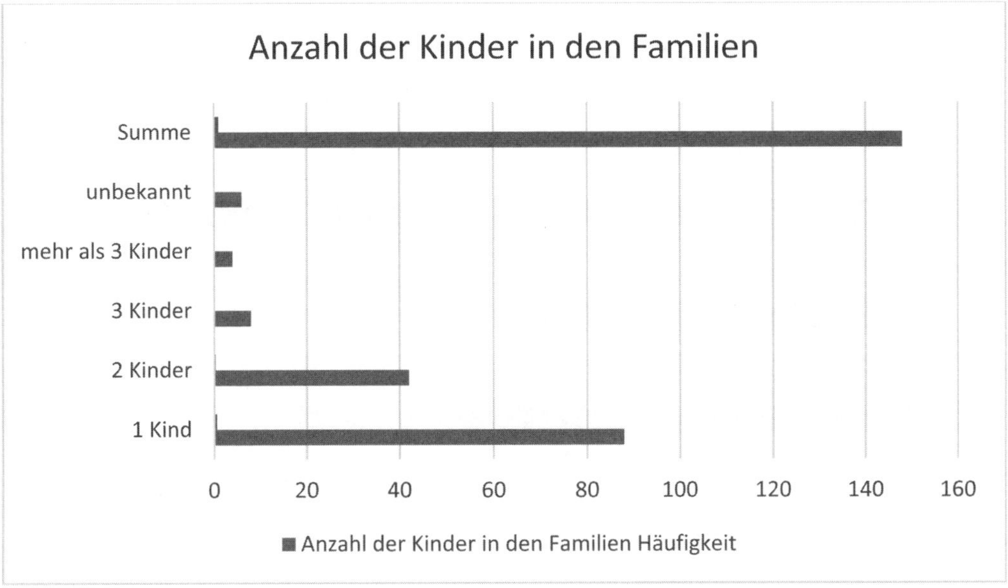


## f. Das Kind, der/die Jugendlichen oder der/die Erwachsenen: Geschlecht

| Geschlecht | Häufigkeit | % |
|---|---|---|
| **weiblich** | 182 | 55,7 |
| **männlich** | 145 | 44,3 |
| **Summe** | **327** | **100,0** |

Von den insgesamt 327 Kindern, die am begleiteten Umgang teilgenommen haben, sind 182 (55,7 %) weiblich und 145 (44,3 %) der Kinder männlich. Eine Unterscheidung divers ist in der jetzigen Statistik nicht vorgesehen, müsste aber bei einer anstehenden Überarbeitung der Statistik aufgenommen werden.

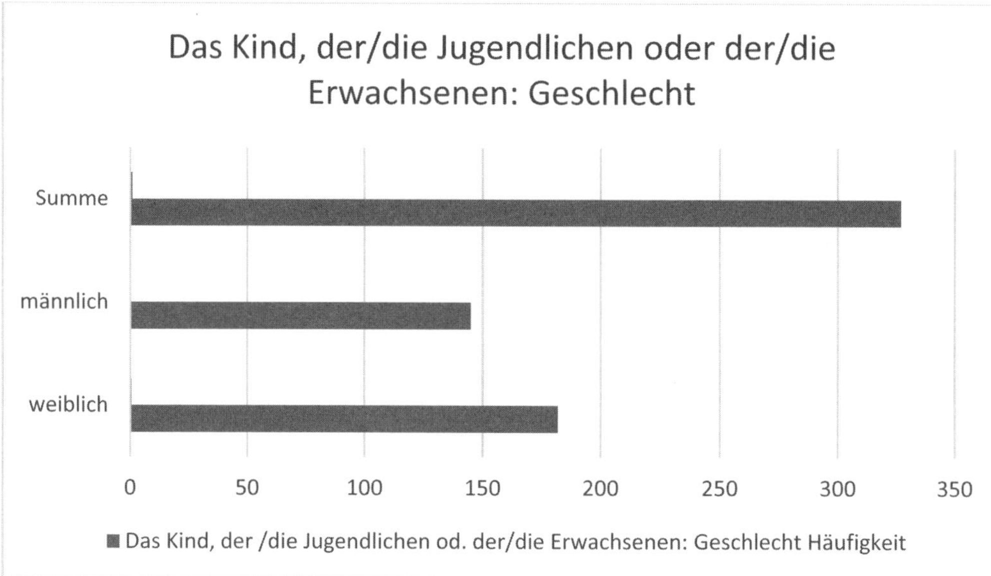


## g. Das Kind, der/die Jugendlichen oder der/die Erwachsenen: Alter

| Alter | Häufigkeit | % |
|---|---|---|
| **unter 3 Jahren** | 67 | 20,5 |
| **3 bis unter 6 Jahre** | 80 | 24,5 |
| **6 bis unter 9 Jahre** | 109 | 33,3 |
| **9 bis unter 12 Jahre** | 51 | 15,6 |
| **12 bis unter 15 Jahre** | 15 | 4,6 |
| **15 bis unter 18 Jahre** | 3 | 0,9 |
| **18 bis unter 21 Jahre** | 2 | 0,6 |
| **Summe** | **327** | **100,0** |

Von insgesamt 327 Kindern war der größte Anteil der Kinder (109; 33,3 %) im Alter von 6 bis unter 9 Jahren, gefolgt von 80 (24,5 %) Kindern im Alter von 3 bis unter 6 Jahren und 67 (20,5 %) Kindern im Alter von unter 3 Jahren. Die Kinder im Alter von 9 bis unter 12 Jahre sind mit 51 (15,6 %) benannt. Den geringsten Anteil stellen Jugendliche im Alter von 15 bis unter 18 (3; 0,9 %) und junge Erwachsene im Alter von 18 bis unter 21 Jahren mit 2 (0,6 %) der Beteiligten dar (junge Erwachsene zählen im Rahmen des SGB VIII als Jugendhilfeleistung und sind in der Statistik somit aufgenommen).

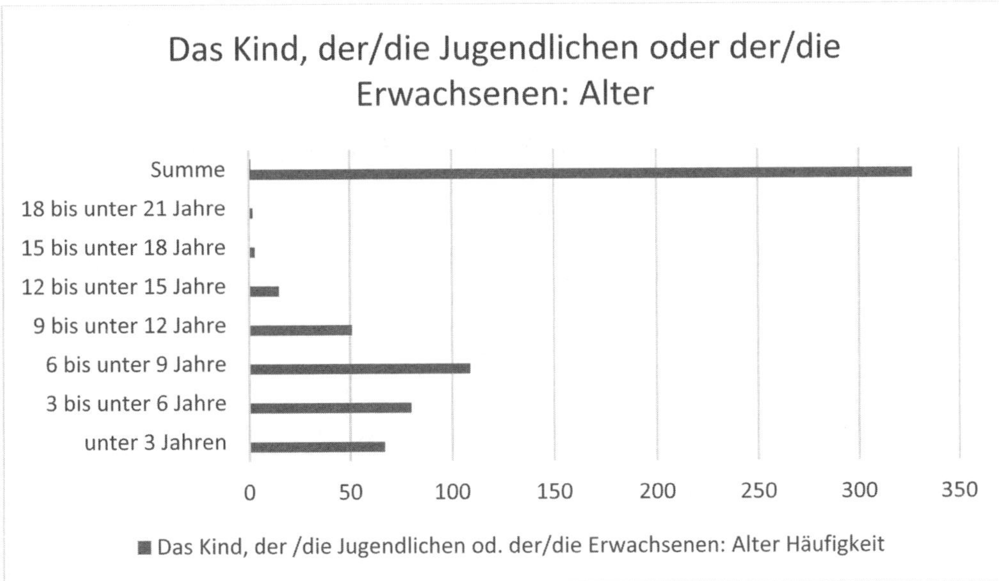


## h. Adressaten der Beratungen

| Beraten werden/wurden (Mehrfachnennungen) | Häufigkeit | % |
|---|---|---|
| **Mütter bzw. weibliche Bezugspersonen** | 130 | 33,9 |
| **Väter bzw. männliche Bezugspersonen** | 133 | 34,6 |
| **Kind, Jugendlicher, junger Erwachsener** | 82 | 21,4 |
| **sonstige Person** | 39 | 10,2 |
| **Summe** | **384** | **100,0** |

Von insgesamt 384 Beratungen wurden 130 (33,9 %) Mütter bzw. weibliche Bezugspersonen und 133 (34,6 %) Väter bzw. männliche Bezugspersonen beraten. 82 (21,4 %) Beratungen von Kindern, Jugendlichen und jungen Erwachsenen sind als eigenständige Beratungsleistung benannt.

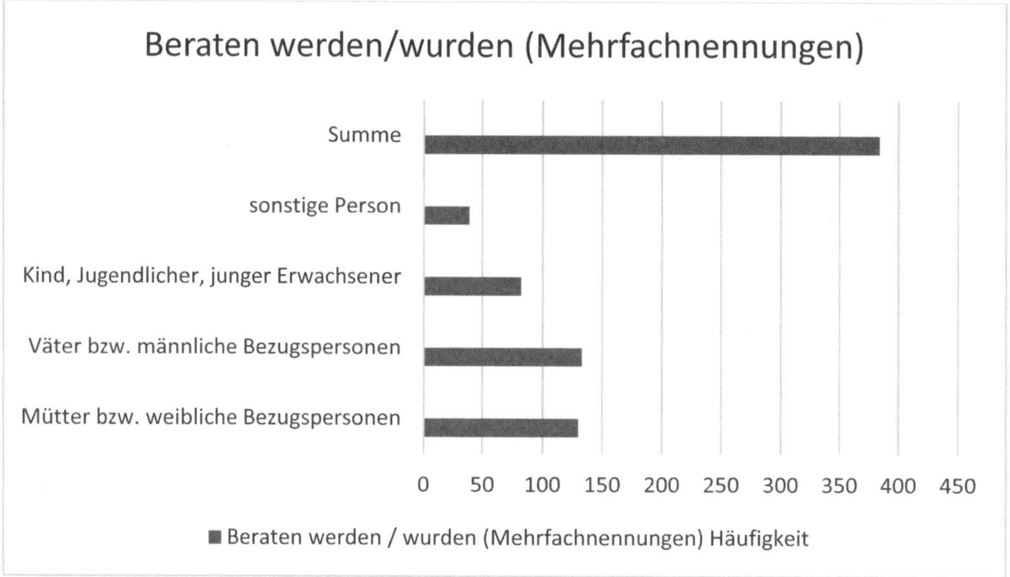


## i. Anzahl der Beratungskontakte bzw. Umgangskontakte im Bezugsjahr

**III.2.9**

| Anzahl der Beratungskontakte bzw. Umgangskontakte im Bezugsjahr | Häufigkeit | % |
|---|---|---|
| **1–3** | 42 | 26,6 |
| **4–5** | 39 | 24,7 |
| **6–10** | 24 | 15,2 |
| **11–15** | 19 | 12,0 |
| **16–20** | 14 | 8,9 |
| **21–30** | 11 | 7,0 |
| **31–50** | 6 | 3,8 |
| **über 50** | 3 | 1,9 |
| **Summe** | **158** | **100,0** |

Am größten ist die Häufigkeit der Beratungskontakte mit 42 (26,6 %) bei 1 bis 3 Beratungskontakten und 39 (24,7 %) bei 4 bis 5 Beratungskontakten. Eine sehr geringe Häufigkeit der Beratungskontakte besteht mit 6 (3,8 %) bei 31 bis 50 Beratungskontakten und 3 (1,9 %) bei über 50 Beratungskontakten.

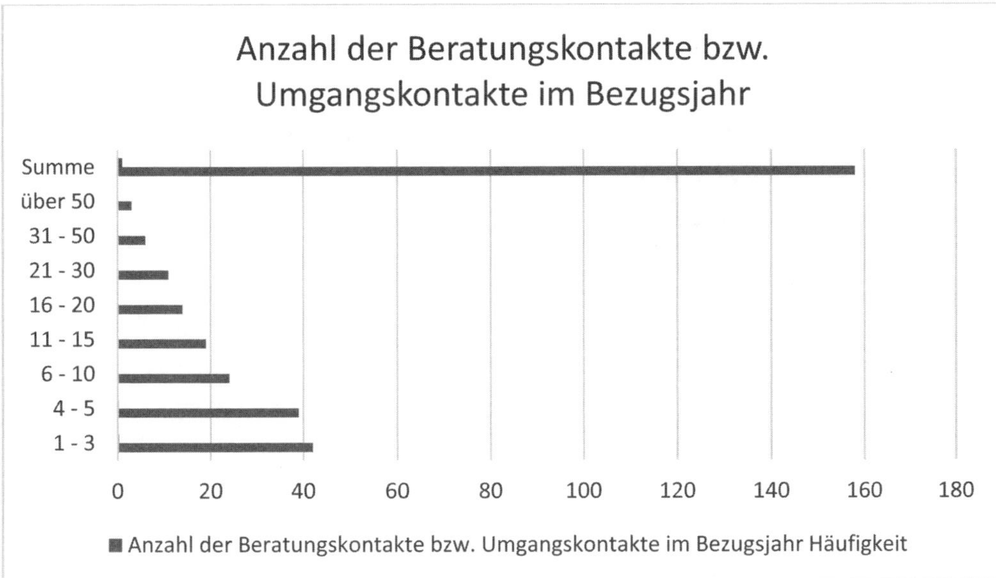


### j. Wartezeiten

| Wartezeiten | Häufigkeit | % |
|---|---|---|
| **unter 1 Woche** | 20 | 13,5 |
| **1 Woche** | 4 | 2,7 |
| **2 Woche** | 15 | 10,1 |
| **3 Woche** | 19 | 12,8 |
| **4–6 Wochen** | 33 | 22,3 |
| **6–8 Wochen** | 29 | 19,6 |
| **länger als 8 Wochen** | 28 | 18,9 |
| **Summe** | **148** | **100,0** |

Aufgrund der Auslastung der Angebote für begleiteten Umgang kommt es auch zu Wartezeiten. Im Durchschnitt kommt es bei 33 (22,3%) Fällen zu einer Wartezeit von 4 bis 6 Wochen, gefolgt von 29 (19,6 %) Wartezeiten von 6 bis 8 Wochen und 28 (18,9 %) Wartezeiten länger als 8 Wochen. Aber auch 20 (13,5 %) der Fälle haben eine Wartezeit von unter 1 Woche und insgesamt zusammengefasst 38 (25,6 %) der Fälle können innerhalb von 3 Wochen einen Termin im Angebot begleiteter Umgang erhalten.

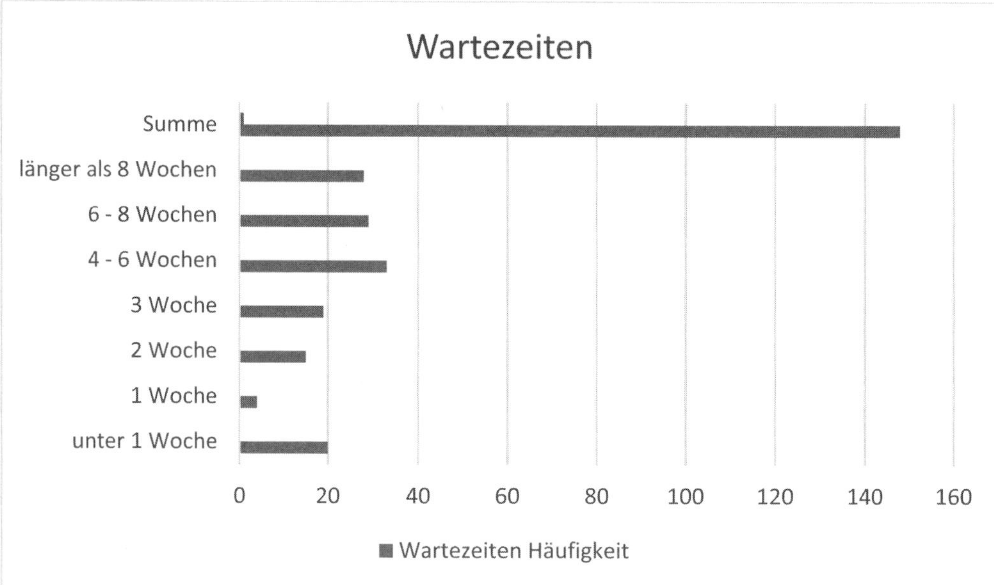


## k. Problemlage im Familiensystem – Mehrfachnennungen möglich

| Problemlage im Familiensystem (Mehrfachnennungen) | Häufigkeit | % |
|---|---|---|
| **Erziehungsverhalten** | 29 | 9,3 |
| **Familiäre Interaktion (u.a. bedingt durch Familienformen)** | 53 | 17,0 |
| **Partnerschaftskonflikte** | 62 | 19,9 |
| **Trennung und Scheidung** | 88 | 28,3 |
| **Familienrechtliche Fragen nach Trennung und Scheidung (Unterhalt, Umgangs- und Sorgerecht)** | 77 | 24,8 |
| **Vernachlässigung** | 2 | 0,6 |
| **Summe** | **311** | **99,4** |

Hier werden nur die häufigsten Nennungen der Problemlagen im Familiensystem aufgegriffen und ausgewertet. Zusätzlich gibt es in der Statistik weitere Unterscheidungen in elternbezogene und kindbezogene Problemlagen, die aber hier nicht detailliert weiter ausgeführt werden.

Die häufigste Nennung ist mit 88 (28,3 %) Fällen die Problemlage Trennung und Scheidung gefolgt von 77 (24,8 %) Fällen mit der Problemlage in familiengerichtlichen Verfahren nach Trennung und Scheidung in Verbindung mit dem Umgangs- und Sorgerecht. Gefolgt wird die Nennung durch die Problemlage Partnerschaftskonflikte mit 62 (19,9 %)

Fällen und die Problemlage bei familiärer Interaktion bedingt durch die vorliegende Familienform mit 53 (17,0 %) Fällen.

Einen geringen Anteil der Fälle 29 (9,3 %) stellt die Problemlage Erziehungsverhalten dar und der geringste Anteil der Fälle 2 (0,6 %) wird mit der Problemlage Vernachlässigung benannt.

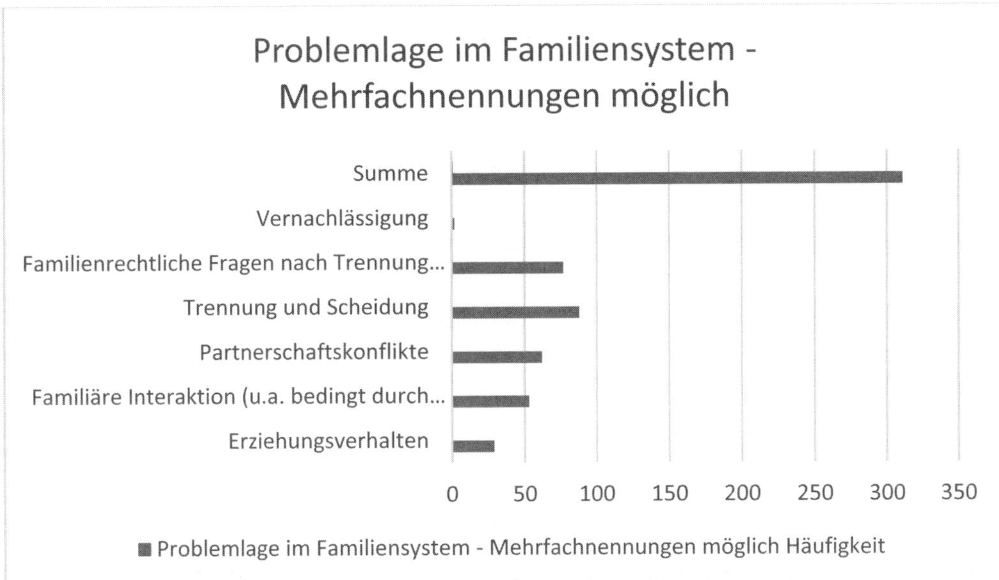


## I. Ende des Prozesses

| Ende des Prozesses | Häufigkeit | % |
|---|---|---|
| **Beratung dauert an** | 46 | 31,1 |
| **Beratung wurde einvernehmlich beendet** | 42 | 28,4 |
| **Fall/Familie wurde weitervermittelt** | 55 | 37,2 |
| **Der letzte Beratungskontakt liegt mehr als 6 Monate zurück** | 5 | 3,4 |
| **Summe** | **148** | **100,0** |

In 46 (31,1 %) von 148 Fällen dauert die Beratung weiterhin an und wird im nächsten Jahr weiter aufgeführt. Insgesamt können 42 (28,4 %) der Fälle mit einer einvernehmlichen Beratung beendet werden, d.h., bei den Eltern findet eine Verselbstständigung statt und der Umgang kann eigenständig ohne Begleitung weitergeführt werden. Eine Weitervermittlung der Fälle ist mit 55 (37,2 %) der Fälle benannt, wobei nicht klar ist, warum eine Weitervermittlung stattgefunden hat. Es gibt Fälle, in denen das Angebot nicht für die jeweilige Familie gepasst hat, oder aber der begleitete Umgang wurde abgebrochen oder musste aus unterschiedlichen Gründen beendet werden. Auch wird der Beratungsprozess beendet, wenn innerhalb der letzten 6 Monate kein Beratungskontakt mehr stattgefunden hat. Dies ist in 5 (3,4 %) Fällen erfolgt.

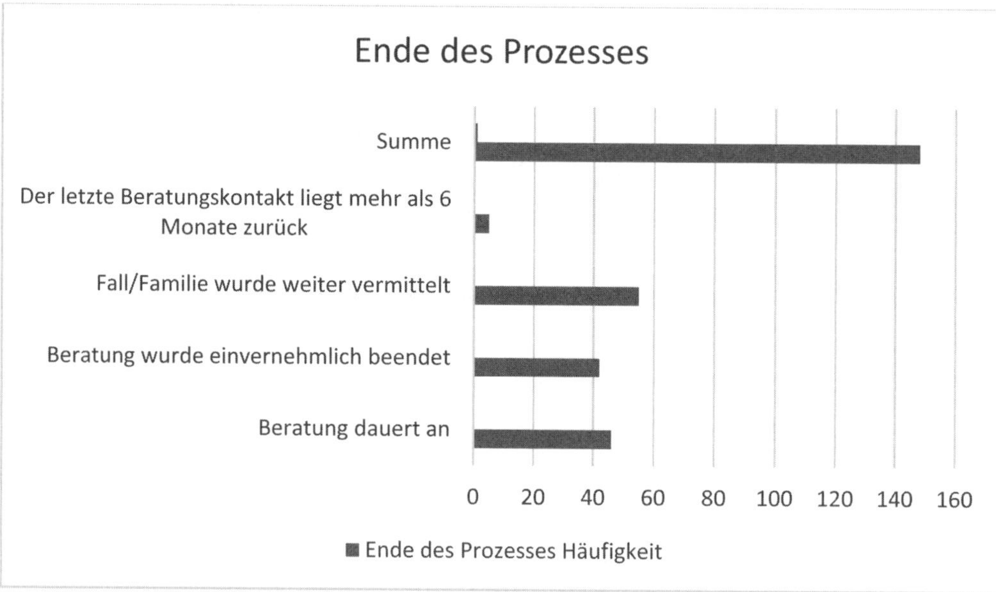


# III. Zusammenfassung erstes Forschungsprojekt und erste Auswertungen

Mit der ersten Teilstudie und der Auswertung der Münchner Einrichtungen können erste Erkenntnisse zusammengefasst werden. Bis heute kommen die Einrichtungen in München den Standards des Staatsinstituts für Frühpädagogik „Deutsche Standards zum begleiteten Umgang" nach und sehen die Rahmenbedingungen insbesondere bei den Einrichtungen, die begleiteten Umgang in Verbindung mit einem Beratungssetting anbieten, als geeignete Konzepte an.

In allen Interviews mit den Einrichtungen in München wurde deutlich, dass der begleitete Umgang keine Patentlösung zur Herstellung und/oder zum Aufbau einer gelingenden Eltern-Kind-Beziehung darstellt. Weiterhin wurde deutlich, dass auch bei den Einrichtungen in München eine große Bandbreite mit dem jeweilig spezifischen Konzept zur Umsetzung des begleiteten Umgangs vorliegt und sich daher die Frage der Vergleichbarkeit stellt.

Gleichzeitig zeigte sich, dass die Interviewpartner:innen bei der Beantwortung der Fragen ihre Angebotspalette sehr kritisch beleuchten und hinterfragen und von den Erfahrungen der anderen Einrichtungen durchaus profitieren.

Zum jetzigen Zeitpunkt können von allen Münchner Einrichtungen folgende **Forderungen für ein gutes Gelingen** des begleiteten Umgangs skizziert werden:

- Trennung zwischen Beratungs- und Umgangsterminen,
- sorgfältige Aufklärung und Vorbereitung des Umgangs und der Umgangsmodalitäten,

- Clearing und Erstgespräche mit allen Beteiligten,
- Vorbereitungstreffen mit dem Kind,
- Vorgaben und Vereinbarungen mit allen Beteiligten,
- Transparenz über die jeweiligen Regeln und Vorgaben.

In der vorliegenden Erhebung zeigt sich, dass in weniger als einem Drittel der statistisch ausgewerteten Fälle (insgesamt 148 Familien) das Ziel eines unbegleiteten Umgangs zwischen Kind/Kindern und dem getrennt lebenden Elternteil mit einer einvernehmlichen Lösung erreicht werden konnte. Teilweise liegt dies an den Eingangskriterien der drei Einrichtungen in Verbindung mit einem vorhergehenden Clearing und begleitender Elternberatung. Teilweise macht es aber auch deutlich, dass andere konflikthafte Themen auf der Paarebene die umgangsrechtlichen Fragestellungen beeinflussen und damit eine einvernehmliche Umgangsregelung im Sinne eines unbegleiteten Umgangs verhindern. In den Einrichtungen mit niederschwelligen Zugangskriterien liegt oft die Motivation der Eltern auf dem Fokus, eine bestehende einvernehmliche Umgangsregelung in die Praxis umzusetzen.

Ein besonderes Merkmal der Familien ist in den insgesamt 148 Familien die Fallkonstellation, bei denen die Kinder bei der Mutter als alleinerziehendem Elternteil leben. Damit ist im Wesentlichen benannt, dass der umgangsberechtigte Elternteil der Vater ist. Hier zeichnet sich die doch politisch angedachte neue Vaterrolle oder Übernahme der väterlichen Verantwortung noch nicht deutlich ab.

Der hohe Migrationsanteil in über 82 % der Fälle bei mindestens einem Elternteil bildet einen Hintergrund ab und deutet an, dass muttersprachliche Beratung und begleiteter Umgang zukünftig in den Konzepten mehr bedacht werden müssen. Hier mit mehr Dolmetschern zu arbeiten, stellt keine Lösung für den begleiteten Umgang, insbesondere nicht für die beteiligten Kinder, dar.

Als zusätzlicher Erkenntnisgewinn der ersten Teilstudie mit den Einrichtungen in München wird von allen Interviewpartner:innen die Wichtigkeit der Kooperation benannt. Hierzu gibt es in München seit 2019 den Arbeitskreis Begleiteter Umgang, der vierteljährlich auch in Pandemiezeiten online stattgefunden hat. Insbesondere die Zusammenarbeit mit der Fachsteuerung im Stadtjugendamt und dem Familiengericht stellt eine gute Basis dar, um weitere Bedarfe zu erkennen und damit einen Ausbau der Angebote zu sichern.

Gleichzeitig wurde auch wahrgenommen, dass der Expertenstatus auch auf die von der Forscherin besondere Zuständigkeit als Fachsteuerung im Bereich Trennung/Scheidung/Umgang für verschiedene Einrichtungen übertragen und anerkannt wurde. Damit ist die Basis für eine weitere konstruktive Zusammenarbeit für die Erstellung neuer Handlungsrichtlinien gegeben und neue Aspekte und Blickwinkel können eingenommen werden.

# IV. Ausblick

Aufgrund der bisherigen Stichprobengröße und der doch sehr unterschiedlichen Konzepte der Einrichtungen in München ist die **Ausweitung des Forschungsprojektes** auf Bundesebene weiterhin geplant. Selektiv werden bundesweit weitere ca. 25 bis 30 unterschiedliche Einrichtungen, die Angebote zum begleiteten Umgang im Kontext von Trennung und Scheidung anbieten, ausgewählt und anhand des problembezogenen Interviewleitfadens interviewt. Soweit die Einrichtungen vorhandene statistische Datengrundlagen haben, sollen analog der Statistikdarstellung der Münchner Einrichtungen diese zusammengefasst und ausgewertet werden. Im weiteren Forschungsteil wird angedacht, einen zusätzlichen Fragebogen zur Statistik der Einrichtungen zu erstellen. Diese weitere Analyse und Identifizierung über den Verlauf beim begleiteten Umgang und der Einfluss auf die Konzepte und Fallkonstellationen sollen der Überprüfung der formulierten Hypothesen dienen.

Im weiteren Forschungsprojekt stehen die Wirksamkeit des begleiteten Umgangs und die Erfahrungen mit hochstrittigen Eltern, Multiproblemkonstellationen und Fällen mit dem Hintergrund häuslicher Gewalt im Fokus. Außerdem erscheint es sinnvoll, anderorts erprobte Konzepte für begleiteten Umgang in diesen Fällen genauer zu betrachten. Innerhalb der Angebotslandschaft zum begleiteten Umgang werden sich folglich erhebliche Unterschiede in den Standards auch bundesweit nachweisen lassen. Im Ergebnis soll gezeigt werden, dass die bestehenden Angebote nicht ausreichend im Hinblick auf die Bedarfe der Kinder und Eltern sind und weitere differenzierte Angebote für spezifische Fallkategorien zu entwickeln sind.

# Kapitel 2 Rechtliche Grundlagen

*Werner Dürbeck*

## A Einordnung des Begleiteten Umgangs im Zivilrecht

**Übersicht** Seite

## I. Einleitung

Der begleitete Umgang hat sich im heutigen Familienrecht in der Praxis etabliert. Ungeachtet seiner Bedeutung ist seine rechtliche Ausgestaltung im materiellen Recht des BGB und im Verfahrens- und Vollstreckungsrecht des FamFG lückenhaft. Auch seine mittelbare Verflechtung mit dem Kinder- und Jugendhilferecht des SGB VIII erschwert seine Handhabung in der familiengerichtlichen Praxis. Im Folgenden soll zunächst ausschließlich der Elternumgang nach § 1684 BGB im Mittelpunkt der Betrachtung stehen. Zur Bedeutung des begleiteten Umgangs für andere Umgangsrechte siehe weiter unten unter VII.

## II. Historischer Hintergrund

Erst im Jahr 1998 erfolgte durch das **Kindschaftsrechtsreformgesetz (KindRG)**[1] eine ausdrückliche Regelung der Umgangsbegleitung im materiellen Kindschaftsrecht des BGB. Allerdings sah bereits das Preußische Allgemeine Landrecht im zweiten Teil (zweiter Titel) in § 102 eine Gesetzesnorm vor, wonach es im richterlichen Ermessen stand, eine Regelung zu treffen, wie oft und „unter welcher Aufsicht" Eltern, die von der Erziehung des Kindes ausgeschlossen waren, Besuche des Kindes zu gestatten sind.[2] Auch unter Geltung des zum 1.1.1900 in Kraft getretenen § 1636 BGB a.F. bestand eine Zuständigkeit des Vormundschaftsgerichts zum Erlass einer Anordnung, den persönlichen Verkehr mit dem Kind nur unter Aufsicht eines Dritten zu gestatten, wobei hier auch ein besonderer Pfleger bestellt werden konnte.[3] § 43 Abs. 1 Satz 4 RJWG vom 9.7.1922 bestimmte sodann, dass das Vormundschaftsgericht das Jugendamt mit der Ausführung seiner Anordnungen aus § 1636 Satz 2 BGB a.F. mit dessen Einverständnis beauftragen konnte, was auch die Beaufsichtigung des Verkehrs umfasste. Bemerkenswert ist, dass bis Anfang der Zwanzigerjahre des 19. Jahrhunderts ein gänzlicher Ausschluss des Elternumgangs nicht vorgesehen war.[4] § 48 Abs. 2 Satz 2 Alt. 1 JWG a.F. vom 11.8.1961 sah sodann vor, dass das Vormundschaftsgericht das Jugendamt auch ohne sein Einverständnis mit der Ausführung seiner Anordnungen zum Verkehrsrecht nach § 1634 Abs. 2 BGB a.F. beauftragen konnte, wobei in der Folge durch § 50 Abs. 1 KJHG vom 1.1.1991 die Anordnungskompetenz des Familiengerichts gegenüber dem Jugendamt wieder aufgegeben wurde.

Erst im Jahr 1998 erfolgte durch das KindRG in § 1684 Abs. 4 Satz 2 und 3 BGB a.F. (heute Abs. 4 Satz 3 und 4) ausdrücklich eine Regelung des begleiteten Umgangs im materiellen Kindschaftsrecht. Hierdurch wollte der Gesetzgeber insbesondere verdeutlichen, dass ein völliger Ausschluss des Umgangs im Hinblick auf das Elterngrundrecht und wegen des Grundsatzes der Verhältnismäßigkeit nur in Betracht kommt, wenn ein begleiteter Umgang nicht ausreicht, das Wohl des Kindes zu gewährleisten.[5]

1 BGBl. I 1997, 2942.

2 Vgl. Staudinger/Schwoerer, 1966, § 1634 BGB Rn. 1; ausführlich zur historischen Entwicklung des begleiteten Umgangs Leyhausen, 2000, S. 100 ff.

3 Staudinger/Engelmann, 1926, § 1636 BGB S. 1033 f.

4 Vgl. Staudinger/Dürbeck, 2019, § 1684 BGB Rn. 350.

5 BT-Drucks. 13/4899, S. 106.

## III. Begriff

Der Gesetzgeber des KindRG wählte im Rahmen der Reform 1998 noch den Begriff des *„beschützten"* Umgangs, welcher sich jedoch in der Praxis und im Schrifttum nicht durchgesetzt hat. Im Kontext der Reform wurden in der Rechtsprechung zunehmend die aus den Sozialwissenschaften stammenden Begriffe des „beschützten", „behüteten", „betreuten" oder „begleiteten" Umgangs verwendet, welche sich aber im Zivilrecht nicht etabliert haben und heute durch den Begriff der Umgangsbegleitung ersetzt worden sind.[6]

## IV. Materiellrechtlicher Rahmen

### 1. Die Regelung in § 1684 BGB

Der begleitete Umgang ist im materiellen Kindschaftsrecht des Bürgerlichen Rechts in § 1684 Abs. 4 Satz 3 und 4 BGB geregelt:

> Das Familiengericht kann insbesondere anordnen, dass der Umgang nur stattfinden darf, wenn ein mitwirkungsbereiter Dritter anwesend ist. Dritter kann auch ein Träger der Jugendhilfe oder ein Verein sein; dieser bestimmt dann jeweils, welche Einzelperson die Aufgabe wahrnimmt.

Das Wort „begleitet" findet sich dort jedoch nicht. Nach Satz 3 kann das Familiengericht insbesondere anordnen, dass der Umgang nur stattfinden darf, wenn ein mitwirkungsbereiter Dritter anwesend ist. Die Regelung wird ergänzt durch Satz 4, wonach Dritter auch ein Träger der Jugendhilfe oder ein Verein sein kann. In diesem Fall soll dann der Jugendhilfeträger bzw. der Verein selbst bestimmen, welche Einzelperson die Aufgabe wahrnimmt.

Nicht enthalten ist in der Regelung, unter welchen Voraussetzungen das Familiengericht die Anwesenheit eines Dritten während des Kindesumgangs anordnen kann. Da es sich bei der Anordnung der Umgangsbegleitung um einen erheblichen Eingriff in das nach Art. 6 Abs. 2 Satz 2 GG geschützte Elternrecht handelt,[7] liegt es auf der Hand, dass diese Entscheidung nicht in das Ermessen des Gerichts gestellt und insoweit wegen des Grundsatzes der Verhältnismäßigkeit bloße Kindeswohldienlichkeit i.S.d. §§ 1684 Abs. 1, 1697a BGB nicht ausreichend sein kann. § 1684 Abs. 4 Satz 3 und 4 BGB sind daher im Kontext von § 1684 Abs. 4 Satz 1 und 2 BGB zu sehen, welche die Voraussetzungen einer Einschränkung und eines Ausschlusses des elterlichen Umgangsrechts bestimmen.

Dabei bestehen in § 1684 Abs. 4 in Satz 1 und Satz 2 zwei **unterschiedliche Eingriffsschwellen**:

> Das Familiengericht kann das Umgangsrecht oder den Vollzug früherer Entscheidungen über das Umgangsrecht einschränken oder ausschließen, soweit dies zum Wohl des Kindes erforderlich ist. Eine Entscheidung, die das Umgangsrecht oder seinen Vollzug für längere Zeit oder auf Dauer einschränkt oder ausschließt, kann nur ergehen, wenn andernfalls das Wohl des Kindes gefährdet wäre.

6 Vgl. dazu Staudinger/Dürbeck, 2019, § 1684 BGB Rn. 350 f. mit Nachweisen der Rechtsprechung und Literatur.

7 BVerfG NZFam 2015, 234; FamRZ 2008, 494.

Während Satz 1 bestimmt, dass das Familiengericht das Umgangsrecht einschränken oder ausschließen kann, wenn dies zum Wohl des Kindes **erforderlich** ist, sieht Satz 2 bei einer Einschränkung oder einem Ausschluss für „längere Zeit oder auf Dauer" vor, dass dies erforderlich sein muss, um einer **Gefährdung des Kindeswohls** zu begegnen

→ *Zu den unterschiedlichen Voraussetzungen im Einzelnen siehe im Folgenden unter 3.*

## 2. Abgrenzung zu anderen sorge- und umgangsrechtlichen Rechtsinstituten

Vom begleiteten Umgang i.S.d. § 1684 Abs. 4 Satz 3 BGB zu unterscheiden ist die **außergerichtliche Umgangsvermittlung** bzw. der **einverständlich begleitete Umgang** nach § 18 Abs. 3 Satz 3 und 4 SGB VIII. Sie unterscheiden sich vom gerichtlich angeordneten begleiteten Umgang durch die **Freiwilligkeit** auf Seiten aller Beteiligten und sind ein bloßes staatliches Angebot, bei Schwierigkeiten in der Durchführung des Umgangs dem Kind und den Eltern beratend und helfend beizustehen (vgl. dazu hier *Lohse/Beckmann*, Kapitel 2 B, Seite 89 ff.).

Abzugrenzen ist auch gegen die **Umgangsbestimmungs-** oder **Umgangspflegschaft**.[8] Während diese Institute das *Sorgerecht* zum Zweck der Durchsetzung des Umgangsrechts beschränken, ist der begleitete Umgang eine *Beschränkung des Umgangsrechts* i.S.d. § 1684 BGB. Begleiteter Umgang ist also nicht milderes Mittel im Verhältnis zur Umgangspflegschaft, sondern ein in der Zielrichtung verschiedenes Instrument. **Umgangspflegschaft**[9] sichert den Umgang bei Widerstand des betreuenden Elternteils[10] oder konflikthaften Übergabesituationen, begleiteter Umgang *gewährleistet* dagegen den Umgang, wenn ohne die Begleitung das Kindeswohl gefährdet wäre oder dieser bei kurzen Zeiträumen i.S.d. § 1684 Abs. 4 Satz 1 BGB zum Wohl des Kindes erforderlich ist. Der Umgangspfleger ist nicht berechtigt, während des Umgangs anwesend zu sein, da ihm eine Überwachungs- oder Begleitungsaufgabe gesetzlich nicht zugewiesen ist.[11] Ob ihm durch das Familiengericht zusätzlich die Aufgabe der Umgangsbegleitung übertragen werden kann, ist eine andere Frage (dazu unten IV. 5. c.). Bedarf es der Durchsetzung eines begleiteten Umgangs gegen den betreuenden Elternteil, so kann jedoch parallel zur Anordnung des begleiteten Umgangs auch die Anordnung einer Umgangspflegschaft angezeigt sein.[12] Dem **Umgangsbestimmungspfleger** i.S.d. § 1809 BGB[13] obliegt dagegen die Regelung des Umgangs des Kindes mit dem Umgangselternteil bzw. bei Fremdunterbringung des Kindes mit beiden Elternteilen. In seine Entscheidungsbefugnis fällt zwar auch die Frage, ob und von wem der Umgang zu begleiten ist.[14] Für eine gegenüber den Beteiligten rechtsverbindliche und vollstreckungsfähige Umgangsregelung fehlt ihm jedoch die Befugnis, dazu bedarf es einer gerichtlichen Umgangsregelung.

---

8 Vgl. dazu OLG Schleswig ZKJ 2016, 464; Vogel, FF 2016, 441.

9 Zur Abgrenzung ausführlich Schäder, JAmt 2021, 2.

10 Nach der zweifelhaften Ansicht des OLG Hamm FamRZ 2022, 623 m. Anm. Hammer auch bei Verstößen des Umgangsberechtigten gegen die Wohlverhaltenspflicht.

11 OLG Frankfurt a.M. FamRZ 2016, 1787; Staudinger/Dürbeck, § 1684 BGB Rn. 354.

12 OLG Schleswig FamRZ 2015, 1040; OLG Düsseldorf FamRZ 2011, 822.

13 Anerkannt durch BGH FamRZ 2016, 1752 m. Anm. Lack.

14 DIJuF-Rechtsgutachten, JAmt 2017, 230 f.

Im **Verhältnis zum Ausschluss** des Umgangs ist der begleitete Umgang das mildere Mittel und daher vorab zu prüfen.[15]

### 3. Eingriffsschwellen

Entgegen weitverbreiteter Ansicht im Schrifttum und der Rechtsprechung[16] setzt die Anordnung begleiteter Umgangskontakte nicht ausnahmslos eine anders nicht abwendbare **Gefährdung des Kindeswohls** voraus. Hier gelten, wie bei sonstigen Beschränkungen und dem Ausschluss des Umgangsrechts, vielmehr die unterschiedlichen Schwellen von § 1684 Abs. 4 Satz 1 und 2 BGB.[17] Dies bedeutet, dass es für begleitete Umgangskontakte von **nicht längerer Dauer** i.S.d. § 1684 Abs. 4 Satz 1 BGB, was je nach Alter und Zeitempfinden des Kindes einen Zeitraum von bis zu drei Monaten umfassen dürfte,[18] nach Abs. 4 Satz 1 genügt, dass begleiteter Umgang für diesen Zeitraum schon dann angeordnet werden kann, wenn er zum **Wohl des Kindes erforderlich** ist.

Nach zutreffender Ansicht ist hier auf den **Maßstab von § 1696 Abs. 1 BGB** abzustellen: Es sind demnach konkrete, triftige und gegenwärtige Gründe, die das Wohl des Kindes nachhaltig berühren müssen, erforderlich, aber auch ausreichend.[19] In Betracht kommen hier vor allem Fälle, in denen wegen einer Entfremdung von Kind und Umgangselternteil der Kontakt wieder angebahnt werden muss, oder auch bei Pflegekindern, bei denen nach einer Herausnahme aus dem Elternhaus die Integration in die Pflegefamilie zu sichern ist.[20]

Soweit aber – wie in den sonstigen Fallkonstellationen des begleiteten Umgangs regelmäßig der Fall – begleiteter Umgang über eine **längere Zeit** i.S.d. § 1684 Abs. 4 Satz 2 BGB zu regeln ist, bedarf es der gerichtlichen Feststellung, dass das Kindeswohl durch unbegleiteten Umgang **konkret gefährdet** wäre.[21] Das bedeutet, dass der begleitete Umgang jedenfalls in einem Verfahren vor dem Familiengericht nicht zur Disposition der Beteiligten steht. Er kommt daher nicht in Betracht, wenn die Voraussetzungen des § 1684 Abs. 4 Satz 1 und 2 BGB nicht vorliegen, auch wenn der betreuende Elternteil sich mit einem Umgangsrecht in Anwesenheit Dritter leichter abfinden könnte bzw. weniger besorgt wäre.[22] Die Vereinbarung begleiteter Umgänge kann daher jenseits der gesetzlichen Voraussetzungen in § 1684 Abs. 4 BGB nicht gerichtlich nach § 156 Abs. 2 FamFG gebilligt werden. Eine Kindeswohlgefährdung besteht bei einer gegenwärtigen, in einem solchen Maße vorhandenen Gefahr, dass bei einer weiteren Entwicklung der Dinge mit hinreichender Wahrscheinlichkeit mit einer Schädigung des Kindes zu rechnen ist.[23]

---

15 BVerfG FamRZ 2008, 338.

16 OLG Brandenburg FamRZ 2008, 1374; MüKoBGB/Hennemann, § 1684 Rn. 73; Splitt, FF 2016, 146, 149.

17 OLG Köln ZKJ 2011, 181; Heilmann/Gottschalk, § 1684 BGB Rn. 69; Staudinger/Dürbeck, § 1684 BGB Rn. 352.

18 OLG Nürnberg ZKJ 2017, 33; Staudinger/Dürbeck, § 1684 BGB Rn. 352, 285; Prinz, NZFam 2022, 477.

19 Rake in Johannsen/Henrich/Althammer, § 1684 BGB Rn. 57; Staudinger/Dürbeck, § 1684 BGB Rn. 287; Splitt, FF 2016, 146.

20 Vgl. Staudinger/Dürbeck, § 1684 BGB Rn. 352.

21 BVerfG FamRZ 2010, 1622; OLG Brandenburg NJW-RR 2020, 458; KG ZKJ 2016, 468; Dürbeck, ZKJ 2015, 457, 458.

22 OLG Brandenburg NJW-RR 2020, 458; OLG Schleswig FamRZ 2015, 1040; Heilmann, NJW 2012, 16, 21.

23 BGH NJW 2023, 56; FamRZ 2019, 598; FamRZ 2012, 212.

Begleiteter Umgang ist also dann anzuordnen, wenn er zur Abwehr einer konkreten Gefahr für das körperliche, geistige oder seelische Wohl des Kindes unumgänglich ist und die Kindeswohlgefährdung **nicht durch weniger einschneidende Maßnahmen** abgewendet werden kann.[24]

## 4. Anwendungsfälle

Die in der Praxis vorkommenden Anwendungsfälle des begleiteten Umgangs sind sehr vielfältig und werden im Schrifttum herkömmlicherweise in Fallgruppen unterteilt,[25] die allerdings nicht als abschließend angesehen werden dürfen. Auch sind stets weitere Umstände in die Entscheidung über die Begleitung miteinzubeziehen. So kann vor allem ein dem Umgang entgegenstehender Kindeswille den Ausschluss des Umgangs gebieten, soweit dieser beachtlich ist.[26]

### *a. Kontaktanbahnung*

Sehr häufig kommen in der Praxis Fälle vor, in denen zwischen dem Umgangselternteil und dem Kind – z.B. als Folge einer konfliktreichen Trennung der Eltern – eine Entfremdung eingetreten ist und das Verhältnis vorsichtig wieder aufgebaut werden muss.[27] Auf der Seite des Kindes geht es dabei häufig darum, Ängste abzubauen und einem etwaigen Loyalitätskonflikt entgegenzuwirken. In Betracht kommen auch Fälle, in denen der Umgang zuvor über einen längeren Zeitraum ausgeschlossen war.[28]

### *b. Verdacht sexueller Missbrauch/Pädophilie*

Immer häufiger kommen in den letzten Jahren Fälle vor, in denen der (nicht bewiesene) Vorwurf des sexuellen Missbrauchs des Kindes durch den Umgangsberechtigten gleichwohl im Raum steht. Bei einem nachgewiesenen Missbrauch wird der Umgang aber regelmäßig gänzlich auszuschließen sein.

Voraussetzung der Anordnung von begleitetem Umgang ist in diesen Fällen eine umfassende Risikoabwägung. Restzweifel, die eine Gefahr aber letztlich nicht als naheliegend erscheinen lassen, genügen im Hinblick auf das Elternrecht und die Verhältnismäßigkeit nicht.[29] In diesem Fall muss vielmehr konsequenterweise unbegleiteter Umgang gewährt werden, und zwar auch dann, wenn der Umgangsberechtigte mit der Begleitung einverstanden wäre.[30] Die Begleitung des Umgangs kann also in solchen Fällen keine Kompromisslösung sein.[31] Allerdings kann die feste Überzeugung des betreuenden Elternteils, dass ein Missbrauch stattgefunden hat oder droht, auf das Kind übertragen werden, was dann eine Beschränkung des Umgangs erforderlich machen kann.[32] Auch eine in der Zwischen-

24 Vgl. BVerfG FamRZ 2008, 494.
25 Ausführlich Staudinger/Dürbeck, § 1684 BGB Rn. 362 ff.; MüKoBGB/Hennemann, § 1684 Rn. 78 ff.
26 Vgl. etwa den Fall von OLG Frankfurt FamRZ 2020, 2010; ausführlich zur Beachtlichkeit des Kindeswillens beim Umgang Staudinger/Dürbeck, § 1684 BGB Rn. 302 ff.
27 Vgl. etwa OLG Frankfurt FamRZ 2019, 214; OLG Köln FamRB 2017, 299; Splitt, FF 2016, 146, 150.
28 Vgl. OLG Brandenburg FamRZ 2012, 1124: Staudinger/Dürbeck, § 1684 BGB Rn. 367.
29 BVerfG FamRZ 2008, 494.
30 OLG Brandenburg NJW-RR 2020, 458; sehr anschaulich und konsequent auch OLG Karlsruhe ZKJ 2019, 374.
31 KG JAmt 2012, 671; Staudinger/Dürbeck, § 1684 BGB Rn. 362.
32 OLG Brandenburg FuR 2016, 303 (dort verneint).

zeit eingetretene Entfremdung kann einen vorübergehenden begleiteten Umgang erforderlich machen.[33]

Bei Anzeichen einer pädophilen Neigung des Umgangselternteils verlangt die Rechtsprechung, dass darüber hinaus Umstände vorliegen müssen, die die konkrete Gefahr eines Übergriffs auf das eigene Kind begründen,[34] was allerdings nur schwer prognostiziert werden kann. Vor einer endgültigen (sachverständigen) Aufklärung wird in solchen Fällen zu erwägen sein, den Umgang vorläufig im Wege einstweiliger Anordnung nur begleitet stattfinden zu lassen.[35]

### *c. Entführungsgefahr*

Keine allzu große Rolle mehr spielen in der Praxis der Umgangsbegleitung Fälle, in denen die Gefahr einer Entführung des Kindes durch den Umgangsberechtigten besteht. Ist eine konkrete Gefahr gegeben, wird der Umgang im Regelfall auszuschließen sein. Abstrakte Gefahren, die sich nicht auf objektive Tatsachen stützen und eine hinreichende Wahrscheinlichkeit ergeben, genügen im Regelfall – auch bei Migrationsfamilien – nicht.[36] Anders kann zu entscheiden sein, wenn sich bei dem betreffenden Kind massive Ängste vor einer Entführung entwickelt haben, denen durch eine professionelle Umgangsbegleitung begegnet werden soll.[37]

### *d. (Häusliche) Gewalt*

Dass in Fällen häuslicher Gewalt des Umgangsberechtigten gegenüber dem Kind oder des betreuenden Elternteils der Frage der Einschränkung oder des Ausschlusses des Umgangs nachzugehen ist, folgt schon aus Art. 31 der Istanbul Konvention (BGBl. II 2017, 1026) und dem Umstand, dass in solchen Fällen die Vermutungsregel des § 1626 Abs. 3 Satz 1 BGB, wonach der Elternumgang dem Kindeswohl diene, regelmäßig widerlegt sein wird.[38] Es steht außer Frage, dass im Falle der vorsätzlichen Tötung der Kindesmutter[39] oder bei schwerer und nachhaltiger Gewalt der Umgang[40] regelmäßig auch zum Schutz des Kindes auszuschließen sein wird. Dies gilt vor allem auch dann, wenn es infolge der Gewalt gegenüber der Mutter als mittelbare Tatfolge zu einer Traumatisierung des Kindes gekommen ist.[41]

Die Frage, inwieweit in Fällen häuslicher Gewalt der Umgang auszuschließen ist oder gegebenenfalls in begleiteter Form stattfinden kann, wird hier regelmäßig auch davon abhängen, ob der Umgangsberechtigte Verantwortung für sein Fehlverhalten zu übernehmen

33 OLG Frankfurt FamRZ 2018, 597.

34 BGH NJW 2023, 56; BVerfG NZFam 2015, 234; FamRZ 2008, 494; FamRZ 2005, 1816; jüngst auch BVerfG FamRZ 2021, 1531: Umgang der Mutter in Abwesenheit des vermeintlich pädophilen Ehemannes – hier wäre durchaus auch die Begleitung des Umgangs zu erwägen gewesen.

35 Vgl. den Fall von OLG Koblenz ZKJ 2020, 469.

36 BVerfG FamRZ 2010, 108; OLG Frankfurt v. 2.7.2013 – 4 UF 159/13, juris; OLG Düsseldorf FamRZ 2011, 822; OLG Koblenz FamRZ 2009, 133.

37 Vgl. OLG Celle FamRZ 2015, 769.

38 KG FamRZ 2023, 131; OLG Köln FamRZ 2022, 1933; Salgo in Fegert/Ziegenhain/Goldbeck, Traumatisierte Kinder und Jugendliche, 2016, S. 121, 128.

39 OLG Brandenburg FamRZ 2022, 275; Staudinger/Dürbeck, § 1684 BGB Rn. 322.

40 BVerfG ZKJ 2013, 162; OLG Zweibrücken FamRZ 2022, 1936; KG FamRZ 2021, 693.

41 OLG Köln FamRZ 2011, 571; AG Bremen ZKJ 2008, 214.

vermag und die Gefahr einer Retraumatisierung des Kindes ausgeschlossen werden kann.[42]

### e. Krankheit

Große Relevanz besitzen in der Praxis Fälle, in denen der Umgang deshalb zu begleiten ist, weil wegen einer (psychischen) Erkrankung des Umgangsberechtigten oder auch des Kindes Gefahren für das Kindeswohl durch einen unbeaufsichtigten Umgang resultieren. Hier kann es sogar im Einzelfall geboten sein, den Umgang dauerhaft zu begleiten.[43] Zu nennen sind hier auch Suchtkrankheiten (Alkohol, Drogen) des Umgangsberechtigten, aus denen aber die konkrete Gefahr einer Kindeswohlgefährdung resultieren muss.[44] Bei schweren Suchterkrankungen kann der Umgang auch davon abhängig gemacht werden, dass der Umgangsberechtigte einen Drogentest vorlegt.[45] Denkbar erscheint es auch, dass eine geistige Behinderung des Kindes eine Begleitung des Umgangs zu seinem Schutz erforderlich macht.

### f. Außergewöhnliche Elternkonflikte und Kindeswille

Außergewöhnliche Konfliktsituationen – meist in der Folge der Trennungskrise der Eltern – und damit verbundene **hochkonflikthafte Auseinandersetzungen** um das Umgangsrecht können den begleiteten Umgang als eine – möglichst – vorübergehende Lösung erforderlich machen.

Zwar vermögen Konflikte der Eltern grundsätzlich Eingriffe in das Umgangsrecht nicht zu rechtfertigen, da auch hier das Umgangsrecht nur dann ausgeschlossen oder beschränkt werden darf, wenn eine **konkrete Kindeswohlgefährdung** vorliegt. Auch ist der begleitete Umgang **kein Allheilmittel** zur Beilegung von Elternkonflikten.[46] Denn die Überwachung durch einen beim Umgang anwesenden Dritten stellt eine schwere Zumutung und Einschränkung des Elternrechts für den Umgangselternteil und auch für das Umgangsrecht des Kindes dar, die in der Reihung der Umgangseinschränkungen keinesfalls als ein besonders mildes Mittel angesehen werden kann, das zur Streitschlichtung im üblichen Umgangskonflikt herangezogen werden darf.[47] Häufig führen aber hochkonflikthafte Elternauseinandersetzungen beim Kind zu **Loyalitätskonflikten**, die bei ihm zu einer Verweigerungshaltung in der Umgangsfrage führen können. Hier ist stets zu hinterfragen, ob die Nichtbeachtung des Kindeswillens nicht zu einer Kindeswohlgefährdung führen könnte, und bei Bejahung der Frage ist weiter zu prüfen, ob der Umgang auszuschließen[48] oder aber jedenfalls übergangsweise in begleiteter Form durchzuführen ist. Im Zweifel wird im Hinblick auf Art. 6 Abs. 2 Satz 1 GG dem umgangsberechtigten Elternteil die Möglichkeit gegeben werden müssen, den Widerstand des Kindes unter professioneller Begleitung des Umgangs zu überwinden.

---

42 Vgl. Staudinger/Dürbeck, § 1684 BGB Rn. 364 mit Nachweisen aus dem sozialwissenschaftlichen Schrifttum.
43 Vgl. den Fall von OLG Frankfurt ZKJ 2015, 240.
44 Vgl. OLG Dresden ZKJ 2017, 212; OLG Frankfurt FamRZ 2016, 482; ausführlich Hermann/Dietrich, NZFam 2018, 500, 506 ff.
45 Vgl. KG FamRZ 2016, 1780 m. Anm. Dürbeck; Weber, NZFam 2018, 510, 514.
46 Heilmann, NJW 2012, 16, 21.
47 BVerfG FamRZ 2010, 1622; FamRZ 2008, 494.
48 So im Fall OLG Frankfurt FamRZ 2020, 2010.

### g. Inhaftierte Elternteile

Schon der Umstand, dass ein umgangsberechtigter Elternteil sich in **Haft** (insbesondere Straf- oder Untersuchungshaft) befindet, bedingt, dass aus Gründen der Anstaltssicherheit Besuche des Kindes in der Justizvollzugsanstalt nicht unbeaufsichtigt erfolgen können.

Soweit dem Umgangsberechtigten nicht Straftaten angelastet werden, die sich gegen das Kind oder den betreuenden Elternteil gerichtet haben, wird ein Bedarf für eine Umgangsbegleitung nach § 1684 Abs. 4 Satz 3 BGB häufig nicht bestehen, wenn die den Umgang bzw. Besuch des Kindes beaufsichtigenden Mitarbeiter der betreffenden Justizvollzugsanstalt hinreichend pädagogisch bzw. psychologisch geschult sind.[49] Anders wird dies aber vor allem dann zu beurteilen sein, wenn der Umgangsberechtigte Straftaten gegen Leib oder Leben des Kindes oder des betreuenden Elternteils begangen hat oder solcher Taten dringend verdächtig ist und das Familiengericht – ausnahmsweise (z.B. weil das Kind dies wünscht) – gleichwohl den Umgang nicht ausschließt. Hier wird es eines professionell begleiteten Umgangs im Rahmen einer Anordnung nach § 1684 Abs. 4 Satz 3 BGB im Regelfall bedürfen, der freilich besonderen Abstimmungsbedarf mit der jeweiligen Justizvollzugsanstalt und gegebenenfalls auch der Staatsanwaltschaft verlangt.

Hierbei können auch fehlende bauliche, personelle und organisatorische Möglichkeiten der Durchführung von Besuchen in der betreffenden Justizvollzugsanstalt entgegenstehen.[50] Auch wenn das Kindeswohl und das elterliche Umgangsrecht einen Umgang fordern sollten, kann sich das Familiengericht nicht über solche tatsächlichen Beschränkungen hinwegsetzen, zumal eine familiengerichtliche Umgangsregelung für die Justizvollzugsanstalt keine unmittelbare rechtliche Bindungswirkung entfaltet.[51] Das Familiengericht wird daher Veranlassung haben, vor seiner Entscheidung die tatsächlich vorhandenen Möglichkeiten zur Durchführung eines Kindesumgangs in der betreffenden JVA in Erfahrung zu bringen, und darf sich über etwaige Einschränkungen durch eine Umgangsregelung, die diese missachtet, nicht hinwegsetzen.

### h. Fremduntergebrachte Kinder?

Entgegen weitverbreiteter Ansicht stellt allein der Umstand, dass ein Kind getrennt von seinen Herkunftseltern – meist aufgrund einer stationären Jugendhilfemaßnahme – in einer Pflegefamilie oder in einem Heim bzw. einer betreuten Einrichtung lebt, für sich gesehen keinen Umstand dar, der in Bezug auf das elterliche Umgangsrecht eine Begleitung rechtfertigt.[52] Gleichwohl ist hier stets zu beachten, dass fremduntergebrachte Kinder in Bezug auf das elterliche Umgangsrecht nicht Trennungskindern gleichgestellt werden können und auch im Hinblick auf die Vermutung der Kindeswohldienlichkeit nach § 1626 Abs. 3 Satz 1 BGB Besonderheiten zu beachten sind.[53] Vor allem sind hier stets die Gründe der Fremdunterbringung, die Gefahr einer Retraumatisierung, die Akzeptanz der Fremdunter-

49 OLG Hamburg ZKJ 2017, 277; Staudinger/Dürbeck, § 1684 BGB Rn. 277, 220, 318; Obermann, NZFam 2022, 728; zum Umgangsausschluss bei Gewalt gegenüber der Mutter OLG Zweibrücken FamRZ 2022, 1936.

50 Vgl. den Fall von OLG Brandenburg FamRZ 2019, 985.

51 OLG Frankfurt v. 6.1.2015 – 2 Ws 904/14, juris, Rn. 3.

52 BVerfG FamRZ 2010, 1622.

53 Vgl. dazu ausführlich Tschrepp, 2021, 97 ff.; Staudinger/Dürbeck, § 1684 BGB Rn. 275 f.

bringung durch die Herkunftseltern und das Bestehen einer Rückkehrperspektive in den Blick zu nehmen. Unmittelbar nach der Herausnahme aus dem elterlichen Haushalt können zur Stabilisierung des Kindes und Integration in seine neue Umgebung begleitete Umgangskontakte veranlasst sein, wobei es für kürzere Zeiträume nach § 1684 Abs. 4 Satz 1 BGB genügt, dass diese zum Wohl des Kindes erforderlich sind.

Im Übrigen ist bei der Anordnung von Umgangsbegleitung für längere Zeiträume i.S.d. § 1684 Abs. 4 Satz 2 BGB auch hier stets die Feststellung einer *konkreten Gefahr* für das Kind durch die Gewährung unbegleiteter Kontakte erforderlich. Hier spielen Fragen der Rückkehrperspektive, der Akzeptanz der Fremdunterbringung, die Verursachung von Loyalitätskonflikten bei dem Kind, Gefahren durch körperliche bzw. sexuelle Übergriffe, die Gefahr einer Retraumatisierung und die Fähigkeit der Eltern zur Umgangsgestaltung und zum Eingehen auf die Bedürfnisse des Kindes eine zentrale Rolle. Können die Eltern die Fremdunterbringung nicht akzeptieren und missachten sie den Erziehungsvorrang des Vormunds bzw. der das Kind betreuenden Personen, besteht die Gefahr, dass Eltern bei unbeaufsichtigten Kontakten durch das Einwirken auf das Kind dieses destabilisieren und die Integration in seine neue soziale Umgebung vereiteln, was leider in der Praxis sehr häufig der Fall ist und die Begleitung des Umgangs erforderlich macht.

## 5. Dritte als Umgangsbegleiter

### *a. Allgemeines*

§ 1684 Abs. 4 Satz 3 BGB verwendet den Begriff des „**mitwirkungsbereiten Dritten**". Die Mitwirkungsbereitschaft hat das Familiengericht in jedem Fall vor Anordnung des begleiteten Umgangs zu klären.[54]

Gegen ihren Willen kann eine Person oder Institution nicht zur Begleitung des Umgangs gezwungen werden. Auch im Fall des § 1684 Abs. 4 Satz 4 BGB kann der öffentliche Träger der Jugendhilfe oder der jeweilige Verein eines freien Trägers nicht vom Gericht gezwungen werden, die Aufgabe des begleitenden Dritten zu übernehmen, obwohl dies nach § 2 Abs. 2 Nr. 2 i.V.m. § 18 Abs. 3 Satz 3 und 4 SGB VIII zu den Aufgaben und Leistungen der Kinder- und Jugendhilfe gehört.[55] Das Jugendamt hat sich aber auf Nachfrage dem Familiengericht gegenüber zu seiner Mitwirkungsbereitschaft zu erklären.[56] Eine einmal erklärte Mitwirkungsbereitschaft kann jederzeit – vor und nach Beginn der Umgangsbegleitung – widerrufen werden, ohne dass es dabei eines sachlichen Grundes bedarf.[57]

Dritter kann eine **Privatperson** sein, also Freunde, Bekannte, Verwandte, Lehrer oder Geistliche.[58] Allerdings spielen sie mangels ihrer Professionalität in der Praxis fast überhaupt keine Rolle, soweit es nicht um Fälle geht, in denen es vorrangig um den äußeren *Schutz* des Kindes geht und besondere *psychologische oder pädagogische Kenntnisse* nicht erforderlich sind. Der **betreuende Elternteil** kann zwar nach der Gesetzeslage

54 OLG Frankfurt ZKJ 2015, 240; Schäder in Schwab/Ernst, Scheidungs-HdB § 5 Rn. 361.
55 BVerfG FamRZ 2015, 1686; BGH JAmt 2021, 579; vgl. auch Dürbeck in Wiesner/Wapler, § 18 SGB VIII Rn. 32a ff.
56 OVG Saarland ZKJ 2014, 488; MüKoBGB/Hennemann, § 1684 Rn. 70.
57 BGH ZKJ 2021, 459; OLG Frankfurt ZKJ 2020, 437.
58 Grüneberg/Götz, § 1684 BGB Rn. 35.

ebenfalls zum Umgangsbegleiter bestimmt werden, soweit er mitwirkungsbereit ist. Kindeswohldienlich wäre dies aber nur dann, wenn zwischen den Eltern keine Konflikte bestehen und insbesondere auch der Umgangsberechtigte einverstanden ist.[59]

Ist – wie im absoluten Regelfall – Ursache für die Anordnung des begleiteten Umgangs eine Problematik, die möglichst mittels einer psychologischen bzw. pädagogischen Hilfestellung abgebaut bzw. begleitet werden soll, ist die Einschaltung eines professionell, insbesondere psychologisch bzw. pädagogisch ausgebildeten Dritten unverzichtbar. In Betracht kommen dabei öffentliche Träger der Jugendhilfe bzw. in diesem Bereich tätige Vereine der freien Träger der Jugendhilfe i.S.d. § 1684 Abs. 4 Satz 4 BGB. Das Familiengericht darf aber die Bestimmung des Dritten nicht dem Jugendamt überlassen, sondern hat diesen selbst in seiner Entscheidung zu benennen, wobei aber der Träger der öffentlichen bzw. freien Jugendhilfe dabei nach § 1684 Abs. 4 Satz 4 Hs. 2 BGB selbst bestimmt, **welche Einzelperson** die Aufgabe der Umgangsbegleitung übernimmt. Die Auswahl des Trägers bzw. des mitwirkungsbereiten Dritten kann dabei nicht dem Jugendamt überlassen werden.[60]

Die Einschaltung von **professionellen Psychologen oder Pädagogen** zur Umgangsbegleitung wäre sinnvoll und hätte für den betroffenen Umgangselternteil den Vorteil, dass das Familiengericht nicht das zum Teil langwierige und das Verfahren verzögernde jugendhilferechtliche Bewilligungsverfahren abwarten müsste. In der Praxis bieten Psychologen und sonst als Verfahrensbeistände oder Umgangspfleger tätige Pädagogen oder Rechtsanwälte solche Dienste durchaus an. Soweit keine Finanzierung der Vergütung der Begleitperson über das Jugendamt im Rahmen von § 18 SGB VIII erfolgt (siehe dazu unten 5. b.), können solche professionellen Umgangsbegleiter nur auf **Honorarbasis** von umgangsberechtigten Elternteil beauftragt werden, was zur Folge hat, dass der Umgangselternteil aufgrund seines Vertrages mit dem Umgangsbegleiter dessen Kosten zu tragen hätte. Hierzu sind allerdings im Hinblick auf die kostenfreie Gewährung des begleiteten Umgangs durch die Jugendhilfe nur wenige einkommensstarke Elternteile bereit.[61]

Daher stehen in der Praxis als Umgangsbegleiter vorwiegend Träger der Jugendhilfe im Vordergrund. Entgegen früherer Praxis und vorbehaltlich noch herrschender regionaler Unterschiede haben sich heute vielfach die **Jugendämter** vollständig aus der Umgangsbegleitung zurückgezogen und übertragen diese Aufgabe ganz überwiegend auf **Träger der freien Jugendhilfe**, wie dies im Übrigen auch der Zielsetzung von § 4 Abs. 2 SGB VIII entspricht.

→ *Zum Umgangspfleger als mitwirkungsbereitem Dritten siehe unten 5. c.*

### *b. Die Vergütungsfrage als Kernproblem des deutschen Umgangsrechts*

Das Grundproblem des deutschen Rechts der Umgangsbegleitung stellt die Frage der Finanzierung der dadurch verursachten Kosten, namentlich der Vergütung des berufsmäßig tätigen Dritten i.S.d. § 1684 Abs. 4 Satz 3 BGB dar.[62] Anders als beim berufsmäßigen Umgangspfleger (vgl. § 1684 Abs. 3 Satz 6 BGB), Verfahrensbeistand (vgl. § 158c

59 EGMR NLMR 2017, 20; anders aber jüngst OLG Frankfurt FamRZ 2022, 1860.
60 BVerfG FamRZ 2021, 1709; OLG Frankfurt FamRZ 2016, 1787; FamFR 2013, 525.
61 Vgl. dazu Staudinger/Dürbeck, § 1684 BGB Rn. 373.
62 Vgl. dazu ausführlich Prinz, NZFam 2022, 477; Meysen, NZFam 2016, 580; Dürbeck, ZKJ 2015, 457.

FamFG) oder Vormund bzw. Ergänzungspfleger (VBVG) fehlt es im materiellen Recht des BGB in Bezug auf den Umgangsbegleiter an einer Rechtsgrundlage, die die Staatskasse dazu verpflichten würde, dem Umgangsbegleiter seine Aufwendungen zu ersetzen und ihm eine Vergütung zu gewähren.[63] Die Finanzierung dieser Kosten ist vielmehr jugendhilferechtlich in § 18 Abs. 3 SGB VIII gelöst. **Anordnungs- und Finanzierungskompetenz** fallen damit im deutschen Recht auseinander, was – wie der internationale Vergleich zeigt – auch anderen Lösungen zugänglich wäre.[64] Da ehrenamtliche Fachkräfte der freien Jugendhilfeträger regelmäßig nicht zur Verfügung stehen oder nicht hinreichend geeignet sind,[65] bestimmt die Finanzierungsfrage zunehmend die familiengerichtliche Entscheidung über die Anordnung der Umgangsbegleitung und deren Ausgestaltung im Einzelnen.

Teilt das Jugendamt die Ansicht des Familiengerichts in Bezug auf die Eignung eines Falles zur Umgangsbegleitung i.S.d. § 18 Abs. 3 Satz 4 SGB VIII nicht und lehnt die jugendhilferechtliche Bewilligung ab, ist das Familiengericht an der Anordnung begleiteten Umgangs nach § 1684 Abs. 4 Satz 3 BGB gehindert. Es kann das Jugendamt schon deshalb nicht zur Bewilligung der Maßnahme anweisen, weil § 1684 Abs. 4 Satz 3 BGB die „Mitwirkungsbereitschaft" des Dritten voraussetzt.[66] Es könnte zwar selbst einen mitwirkungsbereiten Jugendhilfeträger bestimmen, ihn aber für seine Tätigkeit nicht vergüten. Soweit nicht der Umgangselternteil zur Übernahme der Kosten bereit ist, kann begleiteter Umgang nicht angeordnet werden. Das Familiengericht muss in diesem Fall entweder den Umgang nach § 1684 Abs. 4 Satz 1 bzw. 2 BGB ausschließen[67] oder aber das Umgangsverfahren nach § 21 FamFG aussetzen, um dem umgangsberechtigten Elternteil die Möglichkeit zu eröffnen, mit einer Klage bzw. einstweiligen Anordnung vor dem Verwaltungsgericht das Jugendamt zu verpflichten, die Begleitung des Umgangs nach § 18 Abs. 3 SGB VIII zu bewilligen.[68]

Weitere Probleme des Auseinanderfallens von Anordnungs- und Finanzierungskompetenz entstehen dadurch, dass nach weitverbreiteter **Praxis der Jugendämter** wegen knapper finanzieller und personeller Ressourcen begleitete Umgangskontakte häufig nur begrenzt auf kürzere Zeiträume oder auf eine bestimmte Anzahl (oft im Bereich von fünf bis zehn Terminen) bewilligt werden.[69] Da das **Familiengericht** auch insoweit nicht befugt ist, sich über die begrenzte Mitwirkungsbereitschaft des Jugendamts bei der Realisierung des begleiteten Umgangs hinwegzusetzen, zeigt sich schon hieran, dass die gegenwärtige Regelung der Aufteilung familien- und jugendhilferechtlicher Instrumentarien verfehlt ist. Die Entscheidungskompetenz über die Dauer einer Umgangsbegleitung kann im familiengerichtlichen Verfahren nur dem Familiengericht zugewiesen sein und es sind auch durchaus

---

63 OLG Hamburg FamRZ 2022, 360.

64 Meysen, NZFam 2016, 580, 582; Prinz, NZFam 2022, 477.

65 Vgl. OLG Frankfurt ZKJ 2015, 240; Dürbeck, ZKJ 2015, 457.

66 BVerfG FamRZ 2015, 463; BGH JAmt 2021, 579; OLG Koblenz NZFam 2020, 133; OLG Schleswig FamRZ 2015, 1040; OLG Frankfurt ZKJ 2015, 240.

67 So OLG Koblenz FuR 2020, 367; OLG Frankfurt ZKJ 2015, 240; Dürbeck, ZKJ 2015, 457.

68 So BVerfG FamRZ 2015, 463; OLG Schleswig FamRZ 2015, 1040; Prinz, NZFam 2022, 477.

69 Vgl. Dürbeck/Staudinger, § 1684 BGB Rn. 358.

Fälle (z.B. bei psychischer Erkrankung von Elternteil oder Kind) vorstellbar, die eine dauerhafte Umgangsbegleitung erforderlich machen.[70]

Hinzu kommen auch bei grundsätzlicher Mitwirkungsbereitschaft des Jugendamts faktische **Verzögerungen des familiengerichtlichen Verfahrens** durch das meist erst im Anschluss des Termins zur mündlichen Verhandlung (§ 155 FamFG) stattfindende jugendhilferechtliche Bewilligungsverfahren. Überträgt das Jugendamt die Leistung auf einen freien Träger, muss das Familiengericht weitere Wartezeit in Kauf nehmen, bis der zuständige Mitarbeiter bestimmt ist und die erforderlichen Vorgespräche mit den Eltern und dem Kind geführt und Termine vereinbart hat.[71] Dies alles macht den begleiteten Umgang zu einem wenig praktikablen Rechtsinstitut, das in seiner jetzigen Ausgestaltung auch mit dem Beschleunigungsgrundsatz (§ 155 Abs. 1 FamFG) nicht in Einklang zu bringen ist und auch nicht mit der heute noch vielfach gepriesenen „Verantwortungsgemeinschaft" zwischen Familiengericht und Jugendamt gerechtfertigt werden kann.

Angesichts der aufgezeigten Schwierigkeiten in der Praxis sind Anfang des letzten Jahrzehntes viele Familiengerichte dazu übergegangen, eigene Lösungen – ohne jugendhilferechtliche Absicherung – zu finden. Dabei haben sie sich vielfach damit beholfen, dass sie einem (berufsmäßig tätigen) Umgangspfleger i.S.d. § 1684 Abs. 3 BGB auch die Aufgabe der Umgangsbegleitung übertragen haben (siehe nachfolgendes Kapitel).

### *c. Umgangspfleger*

Dem nach § 1684 Abs. 3 Satz 3 BGB bestellten Umgangspfleger steht grundsätzlich nicht das Recht zu, während des Umgangs anwesend zu sein.[72]

Er ist nach § 1684 Abs. 3 Satz 4 BGB lediglich dazu befugt, den Aufenthalt des Kindes zum Zwecke der Durchführung des Umgangs zu bestimmen und zu diesem Zweck die Herausgabe des Kindes zu verlangen.[73] Wurde ihm über die Aufgaben der Umgangspflegschaft hinaus auch die Umgangsbegleitung nach Maßgabe von § 1684 Abs. 4 Satz 3 BGB vom Familiengericht übertragen, so war hier rein formal nichts dagegen einzuwenden, weil der **Umgangspfleger**, wie jede andere Person oder Institution, **Dritter** in diesem Sinne sein kann. Dass es sich hierbei um eine nicht ungefährliche Aufgabenvermischung handelt, die Interessenskollisionen heraufbeschwört,[74] soll hier nur am Rande erwähnt werden.

Bis zu der Entscheidung des BGH vom 31.10.2018 entsprach es aber der herrschenden Meinung, dass ihm für die Begleitung des Umgangs mangels gesetzlicher Grundlage (siehe oben 5. b.) ein Vergütungsanspruch gegen die Staatskasse oder gegen die Eltern nicht zustehen konnte.[75] In seiner überraschenden Entscheidung vom 31.10.2018 hat der BGH[76] aber die Ansicht vertreten, dass berufsmäßige Umgangspfleger, denen auch die Begleitung

70 Vgl. den Fall von OLG Frankfurt ZKJ 2015, 240; zur umstrittenen jugendhilferechtlichen Einschätzung der Frage, ob begleiteter Umgang eine auf Dauer angelegte Leistung sein kann, vgl. Dürbeck in Wiesner/Wapler, § 18 SGB VIII Rn. 32c.

71 Ausführlich zu den langwierigen und zähen Abläufen Dürbeck/Staudinger, § 1684 BGB Rn. 374 ff.

72 OLG Köln ZKJ 2018, 101; OLG Karlsruhe FamRZ 2014, 672; Dürbeck, ZKJ 2015, 457, 459.

73 Zu weiteren Einzelheiten seines Aufgabenkreises Staudinger/Dürbeck, § 1684 BGB Rn. 127.

74 Heilmann/Gottschalk, § 1684 BGB Rn. 64; Luthin, FamRB 2016, 69, 70; Dürbeck, ZKJ 2015, 457, 459.

75 OLG Köln ZKJ 2018, 101; OLG Frankfurt FamRZ 2016, 1787; Splitt, FF 2016, 146, 150; Dürbeck, ZKJ 2015, 457, 459; Keuter, JAmt 2011, 373, 375.

76 BGH FamRZ 2019, 199; zur Kritik Dürbeck, ZKJ 2019, 141; Keuter, FamRZ 2019, 102.

des Umgangs übertragen ist, hierfür auch eine Vergütung von der Justizlandeskasse beanspruchen können.

Auch wenn der BGH durch diese Entscheidung de facto dem berufsmäßig tätigen **Umgangspfleger** als geeignetem professionellem Umgangsbegleiter – außerhalb jugendhilferechtlicher Zuständigkeit – den Weg bereitet hat, zeigt sich in der Praxis, dass die hieran in der Literatur geübte Kritik einer unzulässigen Aufgabenvermischung berechtigt war. So hat sich das OLG Düsseldorf[77] der Ansicht des BGH angeschlossen und seine Entscheidung, dass der Umgangspfleger für die Dauer von (weiteren) drei Monaten auch während des Umgangs anwesend sein solle, systemwidrig auf § 1684 Abs. 3 Satz 3 und 4 BGB gestützt. Es ist dabei dem Rechtsirrtum unterlegen, dass begleiteter Umgang bei der Auswahl eines Umgangspflegers als Dritten i.S.d. § 1684 Abs. 4 BGB keiner Kindeswohlgefährdung bedarf.[78] Dass die Umgangsbegleitung im Einzelfall – wie der BGH zu Unrecht annimmt – zu den gesetzlichen Aufgaben des Umgangspflegers zählen kann, hat lediglich Bedeutung für den Vergütungsanspruch des berufsmäßigen Umgangspflegers gegenüber der Staatskasse.

Wird der Umgangspfleger zugleich zum Umgangsbegleiter bestimmt, so müssen also sowohl die Voraussetzungen für die Umgangspflegschaft nach § 1684 Abs. 3 Satz 3 BGB vorliegen als auch diejenigen nach § 1684 Abs. 4 Satz 1 bzw. 2 BGB.[79] Dabei ist der Anwendungsbereich von § 1684 Abs. 3 Satz 3 BGB weitaus enger, als die Praxis dies vielfach annimmt, setzt er doch voraus, dass die Wohlverhaltenspflicht nach § 1684 Abs. 2 BGB dauerhaft oder wiederholt verletzt worden ist, was in vielen Fällen der notwendigen Umgangsbegleitung nicht gegeben ist. Unklar ist zudem, ob hier auch Fälle der Verletzung der Wohlverhaltenspflicht durch den Umgangsberechtigten erfasst sind.[80] Damit ist auch der Umgangspfleger letztlich kein taugliches Instrument, die fehlende Finanzierungszuständigkeit der Familiengerichte bei der Bestimmung des Umgangsbegleiters zu kompensieren.

## 6. Die gerichtliche Regelung

### *a. Bestimmtheitsgebot*

Können sich die Eltern und sonstigen Verfahrensbeteiligten im Verfahren vor dem Familiengericht nicht auf die Durchführung begleiteten Umgangs im Wege des Vergleichs (§ 156 Abs. 2 FamFG; dazu im Folgenden b.) verständigen, hat das Familiengericht über diesen durch Beschluss (§ 38 FamFG) zu entscheiden.

Hält das Familiengericht begleiteten Umgang für angezeigt, so ersetzt dessen Anordnung nicht die **konkrete Regelung** der Umgangsmodalitäten; deren Bestimmung kann nicht dem mitwirkungsbereiten Dritten, insbesondere auch nicht dem Jugendamt überlassen

---

77 OLG Düsseldorf, ZKJ 2020, 27.

78 Vgl. Schäder, JAmt 2021, 2.

79 Zur Abgrenzung vgl. die Beiträge von Keuter, FamRZ 2022, 581; Schäder, JAmt 2021, 2.

80 So jüngst OLG Hamm FamRZ 2022, 620 m. Anm. Hammer; vgl. dazu Keuter, FamRZ 2022, 581; Obermann, NZFam 2022, 115 ff.

werden;[81] das Gericht muss also auch den begleiteten Umgang vollstreckungsfähig nach **Tagen, Uhrzeit, Ort und Häufigkeit** regeln. Ebenso scheidet es aus, dass sich das Familiengericht die **spätere Konkretisierung** seines Beschlusses hinsichtlich der Bestimmung der Umgangstermine und Umgangsörtlichkeit vorbehält.[82]

Hierdurch werden erhöhte Anforderungen an die Amtsermittlungspflicht des Familiengerichts (§ 26 FamFG) gestellt, weil in der überwiegenden Praxis Jugendämter die Umgangsbegleitung nicht selbst anbieten, sondern **freie Träger der Kinder- und Jugendhilfe** (wie z.B. Caritas, Deutscher Kinderschutzbund etc.) damit beauftragen. Dieses umständliche und verzögernde Prozedere führt leider dazu, dass wiederholt selbst Oberlandesgerichte bei der Regelung des begleiteten Umgangs das Konkretheitsgebot verletzt haben.[83] Anders als beim unbegleiteten Umgang müssen beim **begleiteten Umgang** die Zeit, Dauer und **Person oder Institution** des Umgangsbegleiters und auch der **Ort** in der Regelung bestimmt sein, weil es nicht dem begleitenden Dritten überlassen bleiben kann, insoweit die Umgangsregelung auszufüllen.[84]

Soweit es den **Ort** des begleiteten Umgangs betrifft, haben die **Interessen des Kindes** und des betreuenden Elternteils bzw. seiner Pflegepersonen Vorrang, sodass der Umgang – ungeachtet des Wahlrechts nach § 5 SGB VIII – nicht an dem divergierenden Wohnort des Umgangsberechtigten, sondern am **Wohnort des Kindes** durchzuführen ist.[85] Weiterhin muss die familiengerichtliche Umgangsregelung die **Person oder Institution** (§ 1684 Abs. 4 Satz 4) des mitwirkungsbereiten Umgangsbegleiters bezeichnen (siehe oben e.).

Schließlich muss auch hinreichend eindeutig sein, wer dazu verpflichtet ist, das Kind zum Ort des begleiteten Umgangs zu bringen. Vor allem wenn das Kind fremduntergebracht ist, sollte ausdrücklich geregelt werden, ob die Pflegeperson oder der Vormund bzw. der Ergänzungspfleger Verpflichteter sein soll.

### *b. Der gerichtlich gebilligte Vergleich*

§ 156 Abs. 2 FamFG ermöglicht es auch, in den amtswegig (§ 24 FamFG) geführten Umgangsverfahren nach § 1684 BGB das Verfahren durch eine Vereinbarung statt einer streitigen Gerichtsentscheidung in vollstreckbarer Form zu beenden. Soweit es die Regelung begleiteter Umgangskontakte betrifft, bedarf es zunächst einer gerichtlich protokollierten Vereinbarung, der alle Verfahrensbeteiligten (also im Regelfall Eltern, Vormund, Verfahrensbeistand[86], unter Umständen auch das Jugendamt und die Pflegeeltern, dazu unten V. 2. b.), zustimmen müssen.

---

81 BVerfG FamRZ 2021, 1709; OLG Frankfurt FamRZ 2016, 1787; OLG Celle FamRZ 2013, 1237; OLG Köln JAmt 2011, 166.

82 OLG Frankfurt FamRZ 2016, 1787; OLG Saarbrücken FamRZ 2010, 1922; Staudinger/Dürbeck, § 1684 BGB Rn. 360.

83 Etwa KG FamRZ 2016, 1780; OLG Celle FamRZ 2015, 769; OLG Schleswig FamRZ 2014, 385.

84 OLG Celle FamRZ 2017, 1237; Staudinger/Dürbeck, § 1684 BGB Rn. 534.

85 OLG Koblenz FamRZ 2017, 301; vgl. dazu auch OVG Münster JAmt 2016, 446.

86 Vgl. OLG Brandenburg FamRZ 2017, 391; OLG München ZKJ 2015, 116.

Die **Anforderungen des Bestimmtheitsgrundsatz**es gelten auch hier,[87] sodass sowohl die Person oder Institution des Umgangsbegleiters benannt werden muss als auch der Ort, die Tage, der Zeitraum und die Dauer des begleiteten Umgangs in die Vereinbarung aufgenommen werden. Andernfalls ist sie einer gerichtlichen Billigung nach § 156 Abs. 2 FamFG nicht zugänglich und kann deshalb nicht nach § 89 FamFG vollstreckt werden. Ist die Vereinbarung in diesem Sinne vollstreckungsfähig, billigt das Familiengericht sie nach § 156 Abs. 2 FamFG durch einen Beschluss,[88] soweit die Regelung nicht dem Kindeswohl widerspricht.

### *c. Dauer und Anzahl*

Die für den unbegleiteten Umgang geltenden Kriterien für die Häufigkeit der Kontakte gelten grundsätzlich auch für den begleiteten Umgang. Sie hängen maßgeblich vom Alter des Kindes und seinem Zeitempfinden ab,[89] werden bei einer Fremdunterbringung aber auch durch die Notwendigkeit der Integration des Kindes in eine Pflegefamilie oder in ein Heim bzw. in eine betreute Einrichtung beeinflusst.[90]

Faktische Grenzen werden zudem durch die **Anzahl der vom Jugendamt bewilligten begleiteten Umgänge** und bei Kindern in Heimunterbringung durch dort vorherrschende organisatorische Zwänge gezogen. In Fällen, in denen der Zweck der Kontaktanbahnung zwischen Umgangsberechtigten und Kind im Vordergrund steht, hängt die Anzahl und Häufigkeit begleiteten Umgangs von der Prognose ab, ob und, wenn ja, ab welchem Zeitpunkt unbegleiteter Umgang angeordnet werden kann. Eine generelle und nicht einzelfallabhängige Begrenzung der Anzahl der begleiteten Umgangstermine wird aber weder dem Elternrecht (Art. 6 Abs. 2 Satz 1 GG) noch dem Umgangsrecht des Kindes gerecht.

Je nach Fallkonstellation und Grund der Notwendigkeit der Umgangsbegleitung kann sich ein Bedürfnis auch für eine **dauerhafte und zeitlich unbefristete Umgangsbegleitung** ergeben. Man denke etwa an Fälle von psychischen Erkrankungen des Umgangselternteils, von Alkohol- oder Drogensucht, Gefahren für das Kind durch drohende sexuelle oder sonst gewalttätige Übergriffe[91] oder auch Einschränkungen in der Kommunikation mit dem Kind infolge körperlicher Behinderungen.[92] Nur soweit die Umgangsbegleitung durch das nach § 18 Abs. 3 Satz 4 SGB VIII für die Finanzierung zuständige Jugendamt bewilligt wird – anders nur bei Beauftragung eines Umgangspflegers (siehe oben IV. 5. c.) –, kann das Familiengericht eine unbefristete Begleitung des Umgangs anordnen.[93]

Ungeachtet dessen hat der begleitete Umgang in der wohl überwiegenden Anzahl von Fällen natürlich das Ziel, einen zukünftig unbegleiteten Umgang zu ermöglichen. Das Dilemma, in dem sich Familiengerichte in diesen Fällen befinden, ist, dass nicht hinreichend sicher prognostiziert werden kann, inwieweit nach einem begrenzten Zeitraum begleiteten

---

87 OLG Frankfurt NZFam 2014, 610.
88 BGH ZKJ 2019, 417.
89 OLG Hamm FamRZ 2011, 1668; ZKJ 2011, 175.
90 OLG Hamm FamRZ 2016, 1778; Staudinger/Dürbeck, § 1684 BGB Rn. 361.
91 BVerfG NZFam 2015, 234; OLG Schleswig FamRZ 2014, 1395: vier Jahre begleiteter Umgang.
92 Vgl. den Fall von EGMR NLMR 2017, 20: taubstummer Vater.
93 Vgl. die Fälle von OLG Celle FamRZ 2015, 769; OLG Hamm FamRZ 2011, 1668; OLG Saarbrücken FamFR 2011, 93.

Umgangs (in der Praxis vorwiegend drei bis sechs Monate entsprechend der Bewilligung der Jugendämter) bereits ein unbegleiteter Umgang möglich sein wird oder aber – bei einem Scheitern der Kontaktanbahnung, z.B. wegen eines nicht überwindbaren Kindeswillens – der Umgang gegebenenfalls sogar ausgeschlossen werden muss. Ist aber bereits zum Zeitpunkt der Entscheidung absehbar, dass im Anschluss an die Umgangsbegleitung unbegleitete Kontakte in Betracht kommen, sind die Begleittermine zu befristen und es ist eine (konkrete) Anschlussregelung hinsichtlich des unbegleiteten Umgangs zu treffen.[94] Lässt sich eine solche Prognose nicht hinreichend sicher treffen, so besteht nach einer Ansicht in der Rechtsprechung nicht die rechtliche Möglichkeit, nur einen zeitlich befristeten begleiteten Umgang ohne entsprechende Anschlussregelung zu treffen.[95] In diesem Fall soll nach dieser Ansicht der begleitete Umgang zunächst im Wege der einstweiligen Anordnung nach § 49 FamFG vorläufig geregelt werden und je nach dessen Verlauf sodann erst später eine Entscheidung in der Hauptsache erfolgen. Dies würde aber bedeuten, dass ein Umgangshauptsacheverfahren unter Umständen über längere Zeiträume nicht beendet werden könnte und im einstweiligen Anordnungsverfahren wiederholt Abänderungsentscheidungen nach § 54 Abs. 1 FamFG ergehen müssten. Hiergegen bestehen aber erhebliche Bedenken im Hinblick auf den Beschleunigungsgrundsatz (§ 155 FamFG).

Es muss daher die Möglichkeit gegeben sein, durch eine verfahrensabschließende Endentscheidung über einen **befristeten Zeitraum**, der allerdings mindestens drei bis sechs Monate betragen sollte, begleiteten Umgang in vollstreckungsfähiger Art und Weise zu regeln und die Beteiligten sodann für den Fall, dass sie sich im Anschluss daran nicht auf eine einvernehmliche Regelung des Umgangs einigen können, auf ein **Abänderungsverfahren** nach § 166 FamFG, § 1696 Abs. 2 BGB zu verweisen.[96] Der BGH[97] hat es jedenfalls als ausreichend angesehen, dass sich das Familiengericht im Rahmen der Regelung des begleiteten Umgangs bei unklarer Zukunftsprognose darauf beschränken kann, diesen lediglich für eine befristete Dauer anzuordnen (im Fall des OLG Frankfurt[98] drei Monate), und die weitere Ausgestaltung des Umgangs den Eltern überlassen kann.

### *d. Mitwirkungsbereitschaft*

Entgegen jedenfalls bei Jugendämtern weitverbreiteter Meinung setzt die Anordnung begleiteten Umgangs bei Trennungskindern nicht voraus, dass beide Eltern mit der Begleitung des Umgangs einverstanden sind. Auf der Seite des einen Umgang oder dessen Begleitung ablehnenden Betreuungselternteils ist zu bedenken, dass der Umgang gegebenenfalls mit Ordnungsmitteln nach § 89 FamFG durchgesetzt werden kann. Die Vollstreckung kann zwar auch dann erwogen werden, wenn der Umgangselternteil generell den Umgang mit dem Kind ablehnt.[99] In Bezug auf den begleiteten Umgang ist die Rechtslage aber anders.

94 OLG Frankfurt FamRZ 2018, 597; OLG Saarbrücken FamRZ 2011, 93; Luthin, FamRB 2016, 69, 70; Dürbeck, ZKJ 2015, 457, 458.
95 OLG Frankfurt NJW-RR 2022, 1658; OLG Hamburg FamRZ 2022, 360.
96 Staudinger/Dürbeck, § 1684 BGB Rn. 359.
97 BGH ZKJ 2019, 417.
98 OLG Frankfurt ZKJ 2019, 72; ebenso OLG Koblenz FamRZ 2017, 301.
99 So BVerfG NZFam 2022, 397 m. Anm. Keuter.

Kommt das Familiengericht zum Ergebnis, dass zur Abwendung einer Kindeswohlgefährdung nur begleiteter Umgang nach § 1684 Abs. 4 Satz 3 BGB in Betracht kommt, und erklärt der umgangsberechtigte Elternteil aber nachhaltig, diesen nur in unbegleiteter Form wahrzunehmen, und wirkt er auch nicht an der jugendhilferechtlichen Bewilligung begleiteter Kontakte nach § 18 Abs. 3 Satz 4 SGB VIII durch Stellung eines notwendigen Antrages mit, so ist das Umgangsverfahren – wenn nicht das Kind selbst ein Umgangsrecht beansprucht – mit der Feststellung zu beenden, dass eine Regelung des Umgangs nicht veranlasst ist,[100] und nicht durch eine unbestimmte und nicht vollstreckungsfähige Regelung begleiteten Umgangs zu beenden.[101] Hier bedarf es auch keines Ausschlusses des Umgangs nach § 1684 Abs. 4 Satz 2 BGB, soweit nicht die Anordnung eines Kontaktverbotes[102] zum Schutz des Kindes angezeigt ist.

## V. Verfahrensrechtlicher Rahmen

### 1. Verfahrenseinleitung

Umgangsverfahren nach § 151 Nr. 2 FamFG, § 1684 BGB zählen – entgegen noch immer in der Praxis verbreiteter Ansicht – nicht zu den auf Antrag (§ 23 FamFG) der Eltern bzw. eines Elternteils einzuleitenden Verfahren, sondern werden vom Familiengericht von Amts wegen[103] (§ 24 FamFG) eingeleitet. Entsprechende als „Antrag" bezeichnete Eingaben der Eltern sind nach § 24 Abs. 1 FamFG als **Anregung** zur amtswegigen Einleitung eines Umgangsverfahrens zu verstehen.

Die **Amtswegigkeit** des Verfahrens kann auch Bedeutung für Fälle notwendiger Umgangsbegleitung haben. Wird etwa wegen häuslicher Gewalt beim Familiengericht von einer Mutter gegen den Vater ein Antrag auf Erlass einer Schutzanordnung nach § 1 GewSchG und/oder ein Antrag auf Überlassung der gemeinsamen Wohnung nach § 2 GewSchG gestellt, so wird das Familiengericht regelmäßig –auch ohne entsprechende Anregung des Opfers oder des Jugendamts – Veranlassung haben, von Amts wegen ein Umgangsverfahren einzuleiten, um zu überprüfen, ob der Umgang des Täterelternteils mit den Kindern auszuschließen oder zu beschränken ist. Allerdings muss nach der gegenwärtigen Rechtslage bei einem Antrag nach § 1 GewSchG nicht angegeben werden, ob insoweit (gemeinsame) Kinder vorhanden sind, sodass das Familiengericht nicht immer von Amts erwägen kann, ob es sorge- oder umgangsrechtliche Maßnahmen zum Schutz eines von mittelbar erlebter Gewalt betroffenen Kindes zu treffen hat.[104]

100 VerfG Brandenburg 17.9.2022 – 9/22, juris; OLG Brandenburg FamRZ 2022, 358; OLG Karlsruhe FamRZ 2006, 1867; Staudinger/Dürbeck, § 1684 BGB Rn. 187.
101 So zu Unrecht KG FamRZ 2016, 1780.
102 Vgl. dazu Dürbeck, ZKJ 2020, 209.
103 BGH FamRZ 2017, 532; OLG Frankfurt NZFam 2022, 225; Heilmann, NJW 2012, 16, 20.
104 Zur Kritik vgl. Dürbeck, in Johannsen/Henrich/Althammer, § 213 FamFG Rn. 1.

## 2. Anhörung und Beteiligung

### *a. Anhörungen – Termin*

Das Familiengericht soll in allen Umgangssachen (§ 151 Nr. 2 FamFG) nach Einleitung des Verfahrens binnen einem Monat (§ 155 Abs. 2 Satz 1 und 2 FamFG) die Angelegenheit mit den Beteiligten in einem **Termin erörtern**. Dieser Termin steht auch im Kontext mit der Erfüllung der gesetzlichen **Anhörungsvorschriften**. Gemäß § 160 FamFG verlangt die persönliche Anhörung der Eltern und der zum 1.7.2021 neu gefasste § 159 FamFG – nunmehr altersunabhängig – die persönliche Anhörung des Kindes. Anzuhören sind weiterhin gem. § 162 Abs. 1 FamFG das örtliche zuständige Jugendamt und – soweit sich das Kind in Familienpflege befindet – gem. § 161 Abs. 2 FamFG die Pflegepersonen des Kindes. Soweit begleiteter Umgang in Erwägung gezogen wird, sieht der ebenfalls neu gefasste § 158 Abs. 3 Nr. 4 FamFG auch die Bestellung eines **Verfahrensbeistands** als Regelfall vor.[105]

### *b. Beteiligte*

Der Umstand, dass eine Person oder Institution in einem familiengerichtlichen Verfahren anzuhören ist, macht ihn noch nicht zum Beteiligten in einer Umgangssache (§ 7 Abs. 6 FamFG). Die Beteiligtenstellung hat vor allem Bedeutung für die Frage, ob jemand zu einem gerichtlichen Termin zu laden ist (§ 155 Abs. 2 FamFG), ob ihm Schriftsätze anderer oder ein Sachverständigengutachten zu übermitteln sind, ob er Verfahrenskostenhilfe beantragen kann,[106] ob er Richter oder Sachverständige wegen Befangenheit ablehnen kann, ob er Akteneinsicht erhält, ob er einer Vereinbarung zum Kindesumgang zustimmen muss (§ 156 Abs. 2 FamFG) und ob ihm die Endentscheidung bekannt zu geben ist.

Zu unterscheiden sind hier sogenannte **Muss- und Kann-Beteiligte**. Nach § 7 Abs. 2 Nr. 1 FamFG sind als Beteiligte hinzuzuziehen diejenigen, deren Recht durch das Verfahren unmittelbar betroffen wird. Dieses ist gegeben bei dem betroffenen Kind[107] und bei den Eltern, soweit das Kind bei einem Elternteil lebt. Ist das Kind fremduntergebracht, sind beide Eltern zu beteiligen, soweit sie Kindesumgang beanspruchen. Verlangt nur ein Elternteil Umgang und steht das Kind unter Vormundschaft, ist der andere Elternteil nicht zu beteiligen, soweit nicht durch die Umgangsregelung sein eigenes Umgangsrecht beeinträchtigt werden kann.[108] Notwendiger Beteiligter ist auch der Vormund oder Pfleger als Inhaber des Umgangsbestimmungsrechts.[109]

Ebenso zu beteiligen sind nach § 7 Abs. 2 Nr. 2 FamFG diejenigen, bei denen dies das FamFG (von Amts wegen oder auf Antrag) vorsieht. Dies ist in Umgangssachen beim Verfahrensbeistand immer (§ 158b Abs. 3 Satz 1 FamFG) und beim Jugendamt (§ 162 Abs. 2 Satz 2 FamFG) und den Pflegeeltern (§ 161 Abs. 1 FamFG) nur auf deren Antrag hin der Fall (Kann-Beteiligte). **Pflegepersonen** sind aber dann Muss-Beteiligte i.S.d. § 7 Abs. 2 Nr. 1 FamFG, wenn ihnen durch die gerichtliche Umgangsregelung vollstreckbare Pflichten (wie das Bringen und Abholen des Kindes zum bzw. vom Ort der Umgangsbegleitung) auferlegt

105 BeckOK FamFG/Schlünder, § 158 Rn. 29; so schon zum alten Recht OLG Saarbrücken FamRZ 2010, 2085.
106 Vgl. BGH ZKJ 2021, 417.
107 BGH NJW 2018, 2962; JAmt 2011, 535.
108 KG NJW-RR 2014, 522; OLG Bremen ZKJ 2012, 405.
109 BGH ZKJ 2017, 26; OLG Nürnberg ZKJ 2017, 33.

werden sollen.[110] Der den Umgang begleitende Dritte ist dagegen kein Beteiligter, da seine Mitwirkung auf freiwilliger Basis erfolgt. Dies gilt auch dann, wenn das Jugendamt sich im Termin vor dem Familiengericht zur Durchführung des begleiteten Umgangs bereit erklärt.[111]

## 3. Verfahrensgrundsätze

Für das Verfahren betreffend den Kindesumgang gilt im besonderen Maße der **Beschleunigungsgrundsatz** nach § 155 Abs. 1 und 2 FamFG, dessen Nichtbeachtung in allen Instanzen durch Erhebung der Beschleunigungsrüge (§ 155b FamFG) und der Beschleunigungsbeschwerde (§ 155c FamFG) beanstandet werden kann.[112] Für das Verfahren gilt nach § 26 FamFG wie in allen Kindschaftssachen der **Amtsermittlungsgrundsatz** (§ 26 FamFG), der bei der Herbeiführung einer vollstreckungsfähigen Regelung des begleiteten Umgangs (siehe oben IV. 6. a.) besondere Bedeutung erfährt und einen engen Abstimmungsbedarf mit den hieran Beteiligten erfordert. Soweit der begleitete Umgang zunächst nur vorläufig geregelt werden soll, hat dies durch eine **einstweilige Anordnung** nach §§ 156 Abs. 3 Satz 1, 49 ff. FamFG zu erfolgen, weil **Teilbeschlüsse** i.S.d. § 301 ZPO analog in Umgangssachen regelmäßig unzulässig sind.[113] Erfolgt die Regelung des begleiteten Umgangs im Wege einer einvernehmlichen Lösung, ist die vor dem Familiengericht geschlossene Vereinbarung von allen Beteiligten (siehe oben IV. 6. b.) zu genehmigen und sodann durch gerichtlichen Beschluss nach § 156 Abs. 2 FamFG zu billigen.

## 4. Warnhinweis

Da begleiteter Umgang nur in vollstreckungsfähiger Form geregelt werden kann, gilt auch hier, dass das Familiengericht gem. § 89 Abs. 2 FamFG in seinem Beschluss auf die Folgen einer Zuwiderhandlung gegen die im Vollstreckungstitel (Beschluss bzw. Vergleich) geregelten Pflichten hinzuweisen hat.[114]

→ *Zu Einzelheiten der Vollstreckung siehe unten VI.*

## 5. Rechtsmittel

Ist ein von der Endentscheidung Betroffener mit dieser nicht einverstanden, kann er gegen diese **Beschwerde** nach § 58 Abs. 1 FamFG einlegen.

Nicht statthaft ist die Beschwerde dagegen, wenn begleiteter Umgang im Wege einer **einstweiligen Anordnung** (§ 49 FamFG) geregelt worden ist, was aus § 57 Satz 1 FamFG folgt.

Statthaft ist die Beschwerde auch gegen einen **gerichtlichen Billigungsbeschluss** nach § 156 Abs. 2 FamFG, wobei auch bei vorheriger Zustimmung zu einer Vereinbarung über den (begleiteten) Umgang die Beschwerdeberechtigung i.S.d. § 59 FamFG gegeben ist.[115]

110 Dürbeck in Johannsen/Henrich/Althammer, § 161 FamFG Rn. 3; Heilmann, ZKJ 2014, 48, 53.
111 Vgl. BGH ZKJ 2021, 459.
112 Vgl. dazu Keuter, FamRZ 2016, 1817.
113 Vgl. OLG Frankfurt FamRZ 2021, 1718.
114 Vgl. dazu ausführlich Heilmann/Cirullies, § 89 FamFG Rn. 2 ff.
115 BGH NJW 2020, 687.

Diese ist gem. § 63 Abs. 1 FamFG binnen **einem Monat** nach Bekanntgabe der Entscheidung beim Amtsgericht (§ 64 Abs. 1 FamFG) schriftlich oder zu Protokoll der Geschäftsstelle (§ 64 Abs. 2 FamFG) einzulegen. Anwaltszwang besteht weder im ersten noch im zweiten Rechtszug (§ 10 Abs. 1 FamFG). Wird die Beschwerde durch einen Rechtsanwalt eingelegt, hat dies in elektronischer Form (§ 14b FamFG) zu erfolgen. Dies gilt auch für das Jugendamt.[116] Voraussetzung ist aber stets eine **Beschwerdeberechtigung** i.S.d. § 59 FamFG.

Nach dessen Abs. 1 steht die Beschwerde demjenigen zu, der durch den Beschluss in seinen Rechten beeinträchtigt ist. Erforderlich ist in Umgangssachen nach § 1684 BGB insoweit eine materielle Beschwer. Hierzu zählen:

- das bereits 14-jährige **Kind selbst** (§ 60 FamFG), und zwar unabhängig von seiner Verfahrensfähigkeit i.S.d. § 9 Abs. 1 Nr. 3 FamFG;[117]
- der oder die zur Wahrnehmung bzw. Gewährung des Umgangs verpflichteten **Elternteile**. Nicht zur Beschwerde berechtigt ist bei einem fremduntergebrachten Kind und bestehender Vormundschaft ein Elternteil, der nicht selbst Umgang begehrt hat und der durch die Umgangsregelung betreffend den anderen Elternteil nicht in seinem eigenen Umgangsrecht betroffen ist;[118]
- bei einem fremduntergebrachten Kind der **Vormund** (auch das Jugendamt als Amtsvormund) oder *Ergänzungspfleger* als Inhaber des Umgangsbestimmungsrechts;[119]
- **Pflegepersonen** des Kindes, denen durch die gerichtliche Entscheidung Pflichten wie das Bringen und/oder Abholen des Kindes zum Ort der Umgangsbegleitung auferlegt worden sind.[120] Soweit dies nicht der Fall ist, gelten sie nach der kritikwürdigen h.M.[121] als nicht beschwerdeberechtigt, obwohl der Umgang mit den Herkunftseltern massiv in ihr Recht nach Art. 6 Abs. 1 GG (Schutz auch der sozialen Familie) eingreift.

Zur Beschwerde berechtigt sind weiterhin – ohne dass es auf die mögliche Verletzung eigener Rechte ankäme –

- das **Jugendamt** als anzuhörende oder zu beteiligende **Behörde** (§ 162 Abs. 3 Satz 2 FamFG),
- der ***Verfahrensbeistand*** als Interessensvertreter des Kindes (§ 158b Abs. 3 Satz 2 FamFG).

Zuständiges Gericht im zweiten Rechtszug ist das **Oberlandesgericht**. Es kann das Verfahren nach § 68 Abs. 4 FamFG dem **Einzelrichter** übertragen und unabhängig davon auch von der Wiederholung der mündlichen Anhörungen nach § 68 Abs. 3 Satz 2 FamFG absehen, wenn diese im ersten Rechtszug erfolgt sind und von einer neuerlichen Durchführung keine zusätzlichen Erkenntnisse zu erwarten sind. Die zum 1.7.2021 durch § 68 Abs. 5 FamFG eingeführte Einschränkung dieser Befugnisse findet auf Fälle der Regelung

116 OLG Frankfurt NZFam 2022, 321.
117 Heilmann/Dürbeck, § 60 FamFG Rn. 2.
118 KG NJW-RR 2014, 522; OLG Bremen ZKJ 2012, 405.
119 BGH ZKJ 2017, 26; OLG Nürnberg FamRZ 2017, 298.
120 OLG München ZKJ 2015, 116; OLG Hamburg FamRZ 2009, 1001.
121 BGH FamRZ 2005, 975; OLG Köln FamRZ 2011, 233.

von begleitetem Umgang keine Anwendung, da diese nach Nr. 2 nur dann greift, wenn ein Umgangsausschluss „in Betracht kommt". Anders ist dies aber, wenn das Amtsgericht begleiteten Umgang angeordnet hat und ein Beteiligter (z.B. das Jugendamt oder der andere Elternteil) Beschwerde mit dem Ziel eines Umgangsausschlusses einlegt und auch das Beschwerdegericht dies erwägt.[122] Dann darf weder das Verfahren auf den Einzelrichter übertragen noch ohne die erforderlichen persönlichen Anhörungen entschieden werden (vgl. § 68 Abs. 3 Satz 1 FamFG).

Das Oberlandesgericht hat grundsätzlich in der Sache selbst über die Beschwerde zu entscheiden (§ 69 Abs. 1 Satz 1 FamFG). Große Bedeutung in Fällen des begleiteten Umgangs hat aber die in § 69 Abs. 1 Satz 2 FamFG enthaltene Regelung, wonach das Beschwerdegericht die Sache unter Aufhebung des angefochtenen Beschlusses und des Verfahrens an das Amtsgericht zurückverweisen kann, wenn dieses „in der Sache noch nicht entschieden hat". Dies betrifft beim begleiteten Umgang sehr häufig Fälle, in denen dieser Beschluss nicht in vollstreckbarer Form (keine Benennung des Dritten, keine genaue Regelung von Ort, Zeit, Dauer oder Häufigkeit der Umgänge) geregelt worden ist. Dann liegt insoweit eine **unzulässige Teilentscheidung** vor.[123] Hierher gehören schließlich auch die Fälle, in denen der begleitete Umgang für zu kurze Dauer ohne eine Anschlussregelung angeordnet worden ist.[124]

Gegen die Entscheidung des Oberlandesgerichts ist eine **Rechtsbeschwerde zum Bundesgerichtshof** nur dann statthaft, wenn das Oberlandesgericht sie im Einzelfall wegen grundsätzlicher Bedeutung oder zur Sicherung einer einheitlichen Rechtsprechung bzw. der Fortbildung des Rechts nach § 70 Abs. 1 und 2 FamFG zugelassen hat, was in der Praxis beim begleiteten Umgang kaum vorkommt. In diesen Fällen verbleibt dann nur noch die Verfassungsbeschwerde.

## 6. Abänderungsverfahren § 166 FamFG

Hat das Familiengericht im Rahmen der Anordnung begleiteter Umgänge keine Anschlussregelung getroffen und scheitert der begleitete Umgang (z.B. wegen Verweigerung des Kindes oder wegen des Verhaltens des Umgangsberechtigten) oder können sich die Beteiligten nicht auf eine Regelung unbegleiteter Kontakte verständigen, so hat das Familiengericht gem. § 166 Abs. 1 bzw. 2 FamFG ein Abänderungsverfahren einzuleiten. Dies geschieht in der Praxis meist auf Anregung eines Elternteils oder auch des Vormunds bei einem fremduntergebrachten Kind. Auch Abänderungsverfahren zählen zu den amtswegig einzuleitenden Verfahren i.S.d. § 24 FamFG.[125] Unabhängig davon besteht auch nach § 166 Abs. 2 FamFG eine Pflicht für das Gericht, jedenfalls länger andauernde kindesschutzrechtliche Maßnahmen, zu denen der auf § 1684 Abs. 4 Satz 2 BGB gestützte begleitete Umgang zählt,[126] in angemessenen Zeitabständen zu überprüfen. Materiellrechtlich gilt dann insoweit § 1696 Abs. 2 BGB, wonach kinderschutzrechtliche Maßnahmen

122 Vgl. zur Neufassung des § 68 Abs. 5 FamFG Strube, NZFam 2021, 901.

123 Vgl. etwa OLG Brandenburg NJW-RR 2020, 458; OLG Schleswig FamRZ 2018, 696; OLG Frankfurt FamRZ 2016, 1787; OLG Saarbrücken FamRZ 2015, 1928.

124 Vgl. OLG Hamburg FamRZ 2022, 360; OLG Frankfurt FamRZ 2021, 1718.

125 OLG Frankfurt FamRZ 2022, 545; Staudinger/Coester, § 1696 BGB Rn. 135.

126 OLG Schleswig FamRZ 2015, 1040; Staudinger/Dürbeck, § 1684 BGB Rn. 557.

aufzuheben sind, wenn eine Gefahr für das Kindeswohl nicht mehr besteht oder die Erforderlichkeit der Maßnahme entfallen ist. Ist der begleitete Umgang deshalb im Ergebnis gescheitert, weil sich das Kind dem widersetzt hat, und erscheinen auch vollstreckungsrechtlichen Maßnahmen nach § 89 FamFG nicht angezeigt, kann das Abänderungsverfahren auch durch die ernsthafte Erklärung des Umgangsberechtigten, von weiteren Kontakten abzusehen, beendet werden.[127] Beharrt er aber auf einer Entscheidung über sein Umgangsrecht, wird der fehlgeschlagene begleitete Umgang bei fortbestehender Kindeswohlgefährdung dazu führen, den Umgang nunmehr gem. § 1684 Abs. 4 Satz 2 BGB auszuschließen.[128]

## VI. Vollstreckungsrechtlicher Rahmen

### 1. Vom Zwangs- zum Ordnungsmittel

Die Vollstreckung des Umgangsrechts hat durch die zum 1.9.2009 erfolgte Reform des Verfahrensrechts eine nachhaltige Änderung erfahren. Während zuvor Zwangsmittel nach § 33 FGG a.F. vorgesehen waren, die sich in der Praxis als unergiebig erwiesen hatten, erfolgt die Vollstreckung des Umgangs heute durch Ordnungsmittel nach § 89 FamFG, die auch eine Bestrafungsfunktion[129] besitzen[130] und in der Praxis sehr konsequent angewendet werden.

Gemäß § 89 Abs. 1 FamFG kann bei Zuwiderhandlung gegen einen Vollstreckungstitel zur Regelung des Umgangs das Gericht gegenüber dem Verpflichteten ein Ordnungsgeld (5.000 bis 25.000 €) und für den Fall, dass dies nicht beigetrieben werden kann, (ersatzweise) Ordnungshaft oder auch unmittelbar Ordnungshaft (ein Tag bis sechs Monate, vgl. § 6 Abs. 2 EGStGB) anordnen. Voraussetzung ist, dass vorher ein Warnhinweis nach § 89 Abs. 2 FamFG erteilt worden ist (siehe oben V. 4.) und der Verstoß gegen die Umgangsregelung schulhaft war (§ 89 Abs. 4 FamFG), wobei Fahrlässigkeit genügt und der Verpflichtete die Darlegungs- und Beweislast für sein fehlendes Verschulden trägt.

Das Vollstreckungsverfahren ist ein selbstständiges, vom Erkenntnisverfahren (Umgangsregelung) zu unterscheidendes Verfahren.[131] Die Anhörungsvorschriften nach §§ 159 ff. FamFG gelten nicht unmittelbar, ebenso wenig §§ 158 ff. FamFG für den Verfahrensbeistand. § 92 Abs. 1 FamFG lässt grundsätzlich die (schriftliche) Anhörung des Verpflichteten genügen.

127 OLG Frankfurt FamRZ 2016, 479; Staudinger/Dürbeck, § 1684 BGB Rn. 184.

128 So im Fall von OLG Frankfurt FamRZ 2020, 2010 (Verweigerung des Kindes); OLG Bremen v. 21.11.2017 – 5 UF 81/16, juris, und OLG Saarbrücken ZKJ 2017, 152: jeweils Fehlverhalten des Umgangsberechtigten; vgl. dazu Staudinger/Dürbeck, § 1684 BGB Rn. 340.

129 BT-Drucks. 16/6308, S. 218.

130 Zur Entwicklung Staudinger/Dürbeck, § 1684 BGB Rn. 529; aus verfassungsrechtlicher Sicht zur Umgangspflicht der Eltern vgl. BVerfG NZFam 2022, 397.

131 BGH FamRZ 2015, 2147; FamRZ 2011, 1729.

## 2. Bestimmtheit

Es entspricht allgemeinen Grundsätzen des Vollstreckungsrechts, dass nicht hinreichend bestimmte Titel einer Vollstreckung nicht zugänglich sind.[132] Deshalb ist eine gerichtliche oder gerichtlich gebilligte Vereinbarung zum begleiteten Umgang, bei der die Person oder Institution des Umgangsbegleiters, Zeit, Ort, Dauer und Häufigkeit der Umgänge nicht konkret benannt sind (dazu bereits oben IV. 6. a.), nicht vollstreckungsfähig.[133]

## 3. Kreis der potenziellen Verpflichteten

Soweit es den Kreis der potenziellen Verpflichteten in der Vollstreckung betrifft, ist zwischen dem Umgangsberechtigten, der Person, die den Umgang zu gewähren hat und das Kind zu den Umgangsterminen bringen und wieder anholen muss (anderer Elternteil, Vormund bzw. Pfleger oder Pflegeperson), und dem Umgangsbegleiter zu unterscheiden. Beim begleiteten Umgang handelt es sich hier im Übrigen fast ausschließlich um Fälle, in denen ein bestimmter Umgangskontakt – aus unterschiedlichen Gründen – nicht stattgefunden hat.

### *a. Umgangsberechtigter*

Verstöße des Umgangsberechtigten sind in der Praxis beim begleiteten Umgang eher selten, können aber dann vorkommen, wenn dieser einen oder mehrere Termine nicht wahrgenommen hat. Etwaige Verstöße (z.B. als Folge von Verspätungen oder „Vergessen" eines Termins) können dann durchaus Grundlage für die Anordnung eines Ordnungsmittels sein.[134] Bei nachhaltigen Verstößen des Umgangsberechtigten wird sich aber empfehlen, dass der Umgangsbegleiter – statt der Vollstreckung – einfach seine Mitwirkungsbereitschaft i.S.d. § 1684 Abs. 4 Satz 3 BGB widerruft, sodass diese künftig nicht fortgesetzt werden können.

### *b. Umgangsverpflichteter*

Soweit es die Person betrifft, die nach dem Vollstreckungstitel verpflichtet ist, den Umgang dergestalt zu gewähren, dass es das Kind zu den angeordneten Terminen der Umgangsbegleitung verbringt, steht bei Trennungskindern der betreuende Elternteil im Vordergrund. Bei fremduntergebrachten Kindern handelt es sich meist um den Vormund bzw. Ergänzungspfleger. Im Einzelfall kann die Umgangsregelung aber auch vorsehen, dass die Pflegeeltern hierzu verpflichtet worden sind.[135] Das bedingt, dass bei Verstößen gegen die Umgangsregelung auch gegen das Jugendamt in seiner Funktion als Amtsvormund oder Amtspfleger Ordnungsmittel, insbesondere Ordnungsgelder, verhängt werden können.[136]

---

132 Vgl. zu den Einzelheiten Heilmann/Cirullies, § 86 FamFG Rn. 19 ff.
133 Vgl. BGH ZKJ 2012, 219.
134 Vgl. OLG Oldenburg FamRZ 2017, 390; OLG Saarbrücken FamRZ 2011, 826; Prütting/Helms/Hammer, § 89 Rn. 14.
135 Staudinger/Dürbeck, § 1684 BGB Rn. 543.
136 BGH ZKJ 2014, 251; OLG Schleswig FamRZ 2021, 1643.

### *c. Umgangsbegleiter*

Da die Umgangsbegleitung stets Mitwirkungsbereitschaft des Dritten i.S.d. § 1684 Abs. 4 Satz 3 BGB voraussetzt, versteht es sich eigentlich von selbst, dass er nicht Verpflichteter einer gerichtlichen Umgangsregelung im Sinne des Vollstreckungsrechts sein kann.

Gleichwohl hat die Frage jüngst den Bundesgerichtshof beschäftigt. Im Fall der Vorinstanz[137] hatte sich das Jugendamt – als anzuhörende Behörde i.S.d. § 162 Abs. 1 FamFG – im Termin vor dem Familiengericht dazu bereit erklärt, selbst den Umgang der Eltern mit ihrem unter Amtsvormundschaft stehenden Kleinkind durchzuführen. Während des Beginns der Corona-Pandemie im Frühjahr 2020 kam es im dortigen Jugendamt zu einem „Lockdown" und es wurde als dessen Folge auch die Umgangsbegleitung (zehn ausgefallene Termine) eingestellt. Während das Amtsgericht den Anträgen der Eltern auf Verhängung eines Ordnungsgeldes gegen das Jugendamt in seiner Eigenschaft als umgangsbegleitende Institution stattgab, lehnte das OLG Frankfurt dies ab. Der BGH[138] bestätigte dies auf die Rechtsbeschwerde der Eltern zu Recht, weil die Umgangsbegleitung des Dritten stets freiwillig ist und seine Mitwirkungsbereitschaft jederzeit widerrufen werden kann, ohne dass es hierfür besonderer Gründe bedarf. Auch gegen das Jugendamt in seiner Funktion als Amtsvormund konnte dort kein Ordnungsgeld verhängt werden, weil er wegen des Lockdowns nicht schuldhaft dazu beigetragen hatte, dass die Umgänge nicht stattfinden konnten. An dieser Beurteilung ändert sich auch dann nichts, wenn das Jugendamt sich im Umgangsverfahren zuvor gem. § 162 Abs. 2 Satz 2 FamFG beteiligt hatte.[139]

## 4. Vertretenmüssen

Auch soweit ein Verstoß gegen die gerichtliche Regelung des begleiteten Umgangs vorliegt, kann dieser nach § 89 Abs. 4 FamFG nur dann mit Ordnungsmitteln sanktioniert werden, wenn der Verpflichtete diesen zu vertreten, d.h. vorsätzlich oder fahrlässig herbeigeführt hat.

Allerdings vermutet die Vorschrift das Verschulden und der Verpflichtete hat darzulegen und zu beweisen, dass er diesen nicht vorsätzlich oder fahrlässig verursacht hat. Allerdings ist hier zu berücksichtigen, dass im Vollstreckungsverfahren keine erneute Kindeswohlprüfung durch das Gericht stattfindet,[140] sodass Umstände, die bereits im Erkenntnisverfahren vorgebracht wurden (z.B. Verweigerungshaltung des Kindes, Vorwurf des sexuellen Missbrauchs), hier nicht nochmals Berücksichtigung finden. Bei nachträglich veränderten Umständen (z.B. plötzlicher Verweigerungshaltung des Kindes) ist statt der Verweigerung des Umgangs ein Antrag auf Abänderung der Umgangsregelung nach § 166 FamFG verbunden mit einem Antrag auf vorläufige Einstellung der Vollstreckung nach § 93 Abs. 1 Nr. 4 FamFG zu stellen.[141]

137 OLG Frankfurt ZKJ 2020, 437.
138 BGH ZKJ 2021, 459.
139 BGH ZKJ 2021, 459, entgegen OLG Frankfurt ZKJ 2013, 167.
140 BGH ZKJ 2012, 219; ZKJ 2014, 251.
141 BGH ZKJ 2012, 219; ZKJ 2014, 251; Staudinger/Dürbeck, § 1684 BGB Rn. 544.

Praxisrelevant ist im Übrigen die Frage, ob dem zur Umgangsgewährung verpflichteten Elternteil auch dann ein Verschuldensvorwurf gemacht werden kann, wenn er rechtsirrig auf Anraten eines Rechtsanwaltes[142], des Jugendamts[143] oder des Umgangsbegleiters das Kind nicht zu einem angeordneten Umgangstermin verbringt. Die Rechtsprechung ist hier nicht einheitlich, im Regelfall wird ein Verschulden der obigen Personen dem Verpflichteten aber nicht zuzurechnen sein, weil Ordnungsmittel wegen ihrer Bestrafungsfunktion eigenes Verschulden voraussetzen.

In Bezug auf die Ansteckungsgefahren im Kontext der **Corona-Pandemie** hat die Rechtsprechung ein Verschulden des betreuenden Elternteils, der das Kind deshalb nicht zu den angeordneten Umgängen verbracht hat, konsequent bejaht.[144] Hier werden allenfalls Erkrankung an dem Virus oder staatlich angeordnete Quarantäne von Kind oder Umgangsberechtigten ein Absagen des Termins rechtfertigen können.

### 5. Rechtsmittel

Gegen die Anordnung eines Ordnungsmittels (oder die Ablehnung eines Antrages) steht dem jeweiligen Beteiligten das Rechtsmittel der **sofortigen Beschwerde** nach § 87 Abs. 4 FamFG, § 567 ff. ZPO zu. Anders als die Beschwerde nach § 58 Abs. 1 FamFG ist sie nach § 569 Abs. 1 ZPO binnen zwei Wochen beim Amts- oder Oberlandesgericht einzulegen. Bei einer Nichtabhilfe durch das Amtsgericht (§ 572 Abs. 1 ZPO) entscheidet das Oberlandesgericht durch den Einzelrichter (§ 568 ZPO) über das Rechtsmittel.

## VII. Umgangsrechte nach §§ 1685, 1686a BGB

Die Regelung des begleiteten Umgangs in § 1684 Abs. 4 Satz 3 und 4 BGB gilt über entsprechende Gesetzesverweisungen in § 1685 Abs. 3 Satz 1 BGB (Umgangsrecht von **Geschwistern** und **Großeltern** nach § 1685 Abs. 1 BGB und **sozialen Bezugspersonen** des Kindes nach § 1685 Abs. 2 BGB) und § 1686a Abs. 2 Satz 1 BGB (Umgangsrecht des **leiblichen, nicht rechtlichen Vaters**) auch außerhalb des Elternumgangs. Er spielt dort jedoch in der Praxis keine allzu große Rolle. Dies liegt zum einen darin begründet, dass § 1685 BGB eine bereits vorhandene soziale Beziehung zwischen Umgangsberechtigten und Kind voraussetzt,[145] sodass der Aspekt notwendiger Kontaktanbahnung regelmäßig nicht zum Tragen kommt. Im Fall einer möglichen Kindeswohlgefährdung durch unbegleiteten Umgang wird es regelmäßig schon an der erforderlichen Feststellung der Kindeswohldienlichkeit des Umgangs fehlen. Bei dem in § 1686a BGB geregelten Umgangsrecht des biologischen Erzeugers des Kindes – das anders als bei §§ 1684, 1685 BGB nur auf Antrag des Umgangsberechtigten gerichtlich geregelt werden kann (§ 167a Abs. 1 FamFG) –, kann der Aspekt der notwendigen Kontaktanbahnung gerade bei kleineren Kin-

142 Dafür: OLG Brandenburg ZKJ 2020, 70: Zurechnung des Verschuldens des Anwalts nach § 11 Satz 5 FamFG, § 85 Abs. 2 ZPO; dagegen, weil unvermeidbarer Verbotsirrtum analog § 17 StGB: KG FamRZ 2011, 588.

143 Dagegen: OLG Frankfurt FamRZ 2021, 218; Prütting/Helms/Hammer, § 89 FamFG Rn. 38.

144 OLG Schleswig ZKJ 2020, 234; OLG Frankfurt FamRZ 2021, 198; OLG Nürnberg FamRZ 2021, 283; vgl. dazu Schmidt, NZFam 2021, 865; Rake, FamRZ 2021, 1087.

145 Vgl. BGH FamRZ 2017, 1668; OLG Koblenz FamRZ 2009, 738; Staudinger/Dürbeck, § 1685 BGB Rn. 15.

dern eher für einen (kurzfristig) zu begleitenden Umgang sprechen.[146] In Bezug auf den Großelternumgang (§ 1685 Abs. 1 BGB) kommt in der Praxis begleiteter Umgang in Ausnahmefällen bei fremduntergebrachten Kindern vor, die in Pflegefamilien oder Heimen leben.

## VIII. Fazit

Die zivilrechtliche Regelung des begleiteten Umgangs ist im BGB äußerst unbefriedigend geregelt. Das Auseinanderfallen der Anordnungskompetenz (Familiengericht) und der Finanzierungszuständigkeit (Jugendamt) führt in der Praxis zu erheblichen Problemen und Verzögerungen. Die Lösung dieser gesetzlichen Unzulänglichkeit über die Beauftragung des Umgangspflegers auch für die Umgangsbegleitung kommt nach der Gesetzeslage nur in wenigen Ausnahmefällen in Betracht und birgt die Gefahr der Interessenkollision und einer fehlerhaften Rechtsanwendung von § 1684 Abs. 3 Satz 3, Abs. 4 Satz 1 und 2 BGB. Der Vorschlag, die Regelung von § 18 Abs. 3 Satz 4 SGB VIII auch den Familiengerichten zu eröffnen,[147] überzeugt nicht.

Das Dilemma wäre gesetzestechnisch viel einfacher durch die Ausgestaltung der Umgangsbegleitung als **„Umgangsbegleitungspflegschaft"** entsprechend dem Vorbild des Umgangspflegers (§ 1684 Abs. 3 Satz 3 BGB) zu lösen.[148] Durch eine Verweisung des Gesetzes in § 277 FamFG – wie dies für den Umgangspfleger in § 1684 Abs. 3 Satz 6 BGB der Fall ist – könnte erreicht werden, dass jedenfalls berufsmäßig tätige Umgangsbegleiter von der Staatskasse vergütet werden, was freilich fiskalisch die Kosten der (gerichtlich angeordneten) Umgangsbegleitung in die Länderhaushalte verlagern würde. Die Regelung in § 18 Abs. 3 SGB VIII wäre dadurch nicht überflüssig, sondern würde weiterhin für die außergerichtliche Durchführung des begleiteten Umgangs Geltung beanspruchen. Im gerichtlichen Verfahren könnte das Familiengericht dann auch freie Träger der Jugendhilfe nach eigenem Ermessen als „Umgangsbegleitungspfleger" bestellen und auch vergüten. Hierdurch würden Wertungswidersprüche zwischen BGB und SGB VIII beseitigt und das Umgangsverfahren könnte auch im Kontext notwendiger Begleitung des Umgangs beschleunigt und effizient geführt werden. Ob die von der Staatskasse verauslagten Kosten der Vergütung des Umgangsbegleiters dann als Auslagen von den Verfahrensbeteiligten zu tragen sind (wie dies Nr. 2014 KV-FamGKG für die Umgangspflegschaft vorsieht), ist eine andere Frage.

146 Staudinger/Dürbeck, § 1686a BGB Rn. 18.
147 Prinz, NZFam 2022, 477.
148 Staudinger/Dürbeck, § 1684 BGB Rn. 378.

# B Die Umgangsbegleitung als Leistung der Kinder- und Jugendhilfe nach § 18 SGB VIII

*Katahrina Lohse/Jana Beckmann*

**Übersicht** Seite

# I. Die Umgangsbegleitung als Bestandteil der Beratung und Unterstützung bei der Ausübung des Umgangs nach § 18 Abs. 3 SGB VIII

Nach § 18 Abs. 3 SGB VIII haben Kinder und Jugendliche (Satz 1 und 2), Eltern sowie andere Umgangsberechtigte (Satz 3) einen Anspruch auf Beratung und Unterstützung bei der Ausübung des Umgangsrechts. Nach Satz 4 soll in geeigneten Fällen bei der Ausführung gerichtlicher oder vereinbarter Umgangsregelungen Hilfestellung geleistet werden. Diese Hilfestellung kann in geeigneten Fällen auch in einer Begleitung der Umgangskontakte bestehen.

## 1. Ziel der Leistung

Die Umgangsbegleitung ist ein möglicher Bestandteil der in § 18 Abs. 3 SGB VIII vorgesehenen Hilfestellung der Kinder- und Jugendhilfe bei der Ausführung von außergerichtlich getroffenen Umgangsvereinbarungen oder gerichtlichen Umgangsregelungen.[1] Allgemein zielt die Leistung der Beratung und Unterstützung bei der Ausübung von Umgangsrechten zwar vorrangig auf eine **eigenverantwortliche Regelung und Durchführung von Umgangskontakten**. In problematischen Fallkonstellationen kommt als jugendhilferechtliche Unterstützungsleistung aber auch die Begleitung der Umgangskontakte in Betracht.[2]

Ziel ist es, den Eltern-Kind-Kontakt auch in solchen Fällen zu ermöglichen, in denen er unbegleitet nicht stattfinden kann, etwa indem durch die Begleitung bestehende massive Konflikte um die Umgangsausübung reduziert werden können oder wenn aus anderen Kindeswohlgründen eine Begleitung des Umgangs erforderlich ist.[3] Über die faktische Ermöglichung des Umgangs durch die Begleitung hinaus ist Ziel der Umgangsbegleitung, die Beteiligten baldmöglichst zu befähigen, den **Umgang in eigener Verantwortung** auch ohne Begleitung zu gestalten.[4] (Zur Problematik der nicht absehbaren Verselbstständigung der Umgangskontakte siehe ausführlich II.5.) Damit dies gelingt, sollen die erforderlichen Erziehungs- und Kommunikationskompetenzen der Eltern gefördert und gestärkt werden.[5]

Hintergrund ist nicht zuletzt das Wissen um die **Bedeutung von Umgangskontakten für die Entwicklung des Kindes**. Durch den Kontakt mit dem Elternteil sollen Identitätsbildung und Persönlichkeitsentwicklung des Kindes positiv gefördert werden. Kinder verstehen sich als Kinder ihrer Eltern, auch wenn sie von ihnen getrennt leben, diese in ihrer Erziehungsfähigkeit eingeschränkt sind oder das Familienleben durch starke Konflikte geprägt war.[6] Durch den begleiteten Umgang können Beziehungen aufgebaut bzw. Beziehungskontinuität gesichert werden.[7] Das Kind wird darin unterstützt, seine Bedürfnisse

1 FK-SGB VIII/Tammen, § 18 Rn. 4; Wiesner/Wapler/Dürbeck, § 18 SGB VIII Rn. 32; Hauck/Noftz/Grube, Stand: 08/2017, § 18 SGB VIII Rn. 26; DIJuF-Rechtsgutachten, JAmt 2012, 460.

2 Wiesner/Wapler/Dürbeck, § 18 SGB VIII Rn. 30, 32a.

3 Zum verfassungsrechtlich geschützten Umgangsrecht und der familienrechtlichen Ausgestaltung siehe in diesem Werk Dürbeck, Kapitel 2 BA.

4 FK-SGB VIII/Tammen, § 18 Rn. 40 f.

5 Horizonte, 7.

6 SkF Rhein-Erft-Kreis, 1.

7 Balance, 3 f.

und sein Befinden gegenüber allen Beteiligten zu äußern.[8] Gleichzeitig sollen die Eltern für die Bedürfnisse des Kindes sensibilisiert werden, in die Lage versetzt werden, ihre Konflikte (betreffend die Umgangskontakte) zu reduzieren und zu besserer Kommunikation und gemeinsamer Wahrnehmung der Elternrolle zu finden.[9]

Konkret geht es darum, dass die Umgangskontakte verlässlich, in Anwesenheit einer außerfamiliären, in der Regel fachlich geschulten Person je nach Bedarf im Einzelfall pädagogisch unterstützt und – soweit erforderlich – an einem „neutralen" Ort gestaltet werden.[10]

## 2. Anlässe und Konstellationen

Umgangsbegleitung nach § 18 Abs. 3 SGB VIII kann aus unterschiedlichen Anlässen in Betracht kommen:

- als **freiwillig in Anspruch genommene Jugendhilfeleistung**, losgelöst von einem familiengerichtlichen Verfahren und meist aus Anlass einer Beratung über das Umgangsrecht und seine Ausübung sowie eine anschließende Vereinbarung zwischen den Eltern oder
- als Jugendhilfeleistung **in Umsetzung einer gerichtlichen Anordnung**. Das Jugendamt fungiert dann als mitwirkungsbereiter Dritter nach § 1684 Abs. 4 BGB.[11]

Neben der Umgangsbegleitung als Jugendhilfeleistung nach SGB VIII kommen auch unterschiedliche andere Möglichkeiten einer Begleitung von Umgangskontakten in Betracht, auf die hier kurz hingewiesen werden soll: So ist im Fall einer familiengerichtlichen Anordnung begleiteten Umgangs nach § 1684 Abs. 4 BGB neben der Umgangsbegleitung durch das Jugendamt nach § 18 Abs. 3 SGB VIII auch eine Begleitung durch eine Privatperson (ohne Beteiligung des Jugendamts) möglich.[12]

Als Zielgruppe kommen **verschiedene Konstellationen** infrage:

- Kind und Elternteil nach Trennung und Scheidung,
- Kind und Elternteil nach Gewalt, Missbrauch oder Vernachlässigung des Kindes oder häuslicher Gewalt,
- Kind und Eltern oder Elternteil, wenn das Kind außerhalb des Elternhauses in einer Pflegefamilie oder einer Einrichtung aufwächst,
- Kind und andere enge Bezugsperson.

Bei jeder dieser Fallkonstellationen sind jeweils eigene Besonderheiten zu berücksichtigen. So geht es bei der Begleitung von Umgängen zwischen Eltern und ihrem Kind, das in einer Pflegefamilie lebt, zum Beispiel oft weniger darum, die Kommunikation zwischen den Eltern, sondern vielmehr darum, die zwischen ihnen und den Pflegeeltern zu verbessern.

---

8 Horizonte, 7.
9 Balance, 3 f.
10 Balance, 3 f.
11 FK-SGB VIII/Tammen, § 18 Rn. 3.
12 Lohse in: Prenzlow, Handbuch Elterliche Sorge, S. 185; FK-SGB VIII/Tammen, § 18 Rn. 40; Wiesner/Wapler/Dürbeck, § 18 SGB VIII Rn. 32; zur Möglichkeit, ausnahmsweise einen Umgangspfleger für die Umgangsbegleitung einzusetzen, Schäder, JAmt 2021, 2, 3 f.

Besondere fachliche Sensibilität und intensive Begleitung braucht es in der Regel, wenn es um die Durchführung von begleiteten Umgängen nach Gewalt, Missbrauch oder Vernachlässigung des Kindes oder nach häuslicher Gewalt gegen den Obhutselternteil geht.[13] Die fachliche Einschätzung der Geeignetheit und des Verlaufs der Umgänge findet in diesen Fällen in der Regel in enger Kooperation mit dem leistungszuständigen Jugendamt statt. Üblicherweise sieht die Konzeption des Trägers in diesen Fällen bestimmte zusätzliche Sicherungsmaßnahmen vor.[14]

## II. Rechtliche Rahmung und fachliche Ausgestaltung der Leistung

### 1. Anspruchsberechtigte

#### *a. Kind*

Anspruchsberechtigte sind nach § 18 Abs. 3 Satz 1 SGB VIII Kinder oder Jugendliche. Ihr Anspruch bezieht sich auf die Unterstützung bei der Ausübung ihres eigenen Umgangsrechts nach § 1684 Abs. 1 BGB sowie auf die Unterstützung darin, dass umgangsberechtigte Personen von ihrem Umgangsrecht kindeswohldienlich Gebrauch machen.

#### *b. Eltern*

Nach § 18 Abs. 3 Satz 3 SGB VIII haben Eltern Anspruch auf Beratung und Unterstützung bei der Ausübung des Umgangsrechts. Anknüpfungspunkt eines Anspruchs nach § 18 Abs. 3 Satz 3, 4 SGB VIII ist damit nicht die **Befugnis zur elterlichen Sorge**, sondern das Bestehen eines Anspruchs bzw. einer Verpflichtung zum Umgang, bei deren Ausübung Unterstützungsbedarf besteht. Nach § 1684 Abs. 1 Hs. 2 BGB ist jeder Elternteil zum Umgang mit dem Kind verpflichtet und berechtigt. Dies gilt auch dann, wenn dem Elternteil die elterliche Sorge gem. §§ 1666, 1666a BGB entzogen ist.

Da das familienrechtlich ausgestaltete Umgangsrecht als Bestandteil des Elternrechts verfassungsrechtlich geschützt ist (Art. 6 Abs. 2 Satz 1 GG), hat auch das Jugendamt den Anspruch der Eltern mit derselben Dringlichkeit zu erfüllen wie den Unterstützungsanspruch des Kindes.[15]

Dagegen besteht der Anspruch mangels Umgangsrechts nicht, wenn das Familiengericht den Umgang des Elternteils mit dem Kind gem. § 1684 Abs. 4 BGB **ausgeschlossen** hat.

***Praxisproblem: Antrag[16] auf Umgangsbegleitung durch den Obhutselternteil?***

▶ *In der Praxis kommt es vor, dass der Elternteil, bei dem das Kind lebt, beim Jugendamt als Personensorgeberechtigter Unterstützung für das Kind in Form von Umgangsbegleitung nach § 18 Abs. 3 SGB VIII beantragt, weil er mit einem unbegleiteten Umgang nicht einverstanden ist und einen begleiteten Umgang wünscht. Für diese Fälle gilt es, in die Beratung einzubeziehen, dass eine Umgangsbegleitung eine*

13 Vgl. hierzu Lohse in: Prenzlow, Handbuch Elterliche Sorge, S. 186.
14 Dachverband Begleiteter Umgang, Berliner Standards, 3.
15 FK-SGB VIII/Tammen, § 18 Rn. 36.
16 Die Leistung der Umgangsbegleitung muss nicht förmlich beantragt werden; es genügt, dass der Elternteil zu verstehen gibt, die Leistung in Anspruch nehmen zu wollen, siehe unten III. 1. a).

*Beschränkung des Umgangsrechts sowohl des Kindes als auch des umgangsberechtigten Elternteils darstellt und das Jugendamt – das nicht zu einer Beschränkung des Umgangs gegen den Willen des umgangsberechtigten Elternteils legitimiert ist – diesen nur gewähren kann, wenn auch der umgangsberechtigte Elternteil damit einverstanden und die Begleitung im Interesse des Kindes ist. Entsprechend beinhaltet die Leistung der Hilfestellung ja gerade die Unterstützung bei der Durchführung gerichtlicher oder vereinbarter Umgangsregelungen. Gibt es keine gerichtliche Umgangsregelung, so braucht es eine Vereinbarung zwischen den Eltern über die Beschränkung des Umgangsrechts auf begleitete Umgangskontakte.*

*Formal kommt es insofern auch nicht auf das Leistungsbegehren des Obhutselternteils, sondern auf das des umgangsberechtigten Elternteils bzw. des Kindes an. Der Obhutselternteil könnte allenfalls als Vertreter des Kindes für dieses die Leistung „beantragen".*

### *c. Weitere Umgangsberechtigte und Obhutspersonen*

Nach § 18 Abs. 3 Satz 3 SGB VIII haben außerdem andere Umgangsberechtigte sowie Personen, in deren Obhut sich das Kind befindet, Anspruch auf Beratung und Unterstützung bei der Ausübung des Umgangsrechts.

Zu den anderen Umgangsberechtigten können **Großeltern und Geschwister** (§ 1685 Abs. 1 BGB) sowie andere Bezugspersonen, wenn diese für das Kind tatsächlich Verantwortung tragen oder getragen haben (§ 1685 Abs. 2 Satz 1 BGB), zählen. Auch der **biologische Vater** kann ein anderer Umgangsberechtigter im Sinne der Norm sein, wenn dieser ernsthaftes Interesse an dem Kind gezeigt hat und der Umgang dem Kindeswohl dient (§ 1686a BGB).

**Soziale Eltern** – wie Pflegeeltern oder Stiefeltern eines Kindes – können als andere Bezugspersonen ebenfalls einen Anspruch auf Unterstützung bei der Ausübung des Umgangsrechts haben. Sie können unter den Voraussetzungen des § 1685 Abs. 2 BGB auch nach der Herausnahme des Kindes aus der Pflegefamilie bzw. nach dem Ende der Partnerschaft mit dem Elternteil des Kindes einen Anspruch auf Umgang mit dem Kind als enge Bezugsperson haben. Eine gewachsene sozialfamiliäre Beziehung setzt nicht zwingend voraus, dass die Bezugsperson und das Kind zuvor in häuslicher Gemeinschaft gelebt haben.[17]

### ***Praxisproblem: Feststellung der Kindeswohldienlichkeit des Umgangs enger Bezugspersonen***

▶ *Voraussetzung des Umgangsrechts nach § 1685 BGB ist jeweils, dass der Umgang im konkreten Einzelfall dem Kindeswohl dient. Diese Voraussetzung gilt es, im Einzelfall festzustellen. Der Anspruch dieser Personen hängt dabei nicht von einer familiengerichtlichen Feststellung der Kindeswohldienlichkeit ab. Vielmehr können auch*

17 OLG Braunschweig v. 5.10.2020 – 2 UF 185/19, FamRZ 2021, 195; OLG Hamm v. 17.3.2016, FamRZ 2016, 1945; zu den Berechtigten und den Voraussetzungen im Einzelnen siehe Wiesner/Wapler/Dürbeck, § 18 SGB VIII Rn. 25a ff.

*ohne familiengerichtliche Feststellung beispielsweise Vereinbarungen zwischen den personensorgeberechtigten Eltern und den Personen ergehen, bei deren Ausführung Hilfestellung benötigt wird. Eine familiengerichtliche Anordnung braucht es dagegen, wenn die Person den Umgang gegen den Willen der umgangsbestimmungsberechtigten Eltern durchsetzen muss.*

## 2. Verpflichtungsgrad: subjektiver Rechtsanspruch, Sollregelung

Auf die Leistung nach § 18 Abs. 3 SGB VIII besteht ein **individueller Rechtsanspruch**. Was die Unterstützungsform anbelangt, so muss das Jugendamt (= soll) zur Erfüllung des Unterstützungsanspruchs in geeigneten Fällen auch Hilfeerbringung leisten (§ 18 Abs. 3 Satz 4 SGB VIII).[18]

Es ist somit – von atypischen Fällen abgesehen – zur Erfüllung des Rechtsanspruchs in Form einer Umgangsbegleitung verpflichtet, wenn die Voraussetzungen für die Umgangsbegleitung vorliegen. Insofern konkretisiert Satz 4 den allgemeinen Rechtsanspruch auf Unterstützung, sodass bei Vorliegen der Voraussetzungen für die Gewährung einer Umgangsbegleitung auf *diese* Leistung ein individueller Rechtsanspruch besteht.[19] Der oder die Berechtigte kann die Leistung im Zweifelsfall also vor dem **Verwaltungsgericht** einklagen (dazu im Einzelnen III.5).

## 3. Leistungsvoraussetzungen

Der allgemeine Anspruch auf Beratung und Unterstützung nach § 18 Abs. 3 Satz 1–3 SGB VIII besteht zunächst einmal ohne weitere Voraussetzungen. Erforderlich ist lediglich ein **Umgangsrecht** derjenigen Person, die den Unterstützungsanspruch geltend macht. Bei Kindern genügt im Fall von § 18 Abs. 3 Satz 2 BGB auch die Umgangsberechtigung Dritter, um selbst einen Unterstützungsanspruch zu haben, der sich dann auf die kindeswohldienliche Wahrnehmung des Umgangsrechts richtet.

Voraussetzung für die Hilfestellung in Form einer Umgangsbegleitung nach § 18 Abs. 3 Satz 4 SGB VIII ist darüber hinaus, dass es sich um einen **geeigneten Fall** handelt, um bei der Herstellung von Umgangskontakten oder bei der Ausführung gerichtlicher oder vereinbarter Umgangsregelungen Hilfestellung zu leisten. Voraussetzung ist also die Eignung der Hilfestellung entweder

- zur Herstellung von Umgangskontakten
- oder zur Ausführung von Umgangsregelungen, die das Familiengericht erlassen hat oder die die Betroffenen selbst vereinbart haben.

Eine Beurteilung, ob ein geeigneter Fall vorliegt, hängt dabei von den konkreten Umständen des Einzelfalls ab. Dabei obliegt die Einschätzung der Eignung als **unbestimmtem Rechtsbegriff** der – verwaltungsgerichtlich überprüfbaren – Entscheidung über die Gewährung der Hilfestellung zuständigen Fachkräften, üblicherweise damit den Fachkräften des ASD.

18 LPK-SGB VIII/Kunkel/Pattar, § 18 Rn. 23.
19 BVerfG v. 29.7.2015 – 1 BvR 1468/15, JAmt 2015, 524; Wiesner/Wapler/Dürbeck, § 18 SGB VIII Rn. 28a.

Die Eignung eines Falls in diesem Sinne ist dann zu bejahen, wenn zu erwarten ist, dass die in Rede stehende Hilfestellung durch das Jugendamt für die beabsichtigte Maßnahme **förderlich** ist.[20] Zur Herstellung von Umgangskontakten kann ein geeigneter Fall beispielsweise vorliegen, wenn es um die Anbahnung von unbegleiteten Umgangskontakten geht, die aufgrund eines sehr hohen Konfliktpotenzials zwischen den Eltern zunächst eine Begleitung sinnvoll machen.

Gerade wenn es sich um eine Unterstützung keiner familiengerichtlichen Anordnung, sondern einer Vereinbarung der Eltern handelt, gilt es zu berücksichtigen und die Eltern sowie das Kind oder den Jugendlichen im Rahmen der Beratung und Unterstützung nach § 18 Abs. 3 SGB VIII erst einmal darüber zu beraten, dass die Umgangsbegleitung an sich eine **Beschränkung des grundsätzlich unbegleitet bestehenden Umgangsrechts** sowohl des Kindes als auch des umgangsberechtigten Elternteils darstellt. Für diese Einschränkung können sich die Eltern mit dem Kind im Rahmen ihrer sorgerechtlichen Befugnisse zum Wohle des Kindes **freiwillig** entscheiden. Gegen ihren Willen kann eine Begleitung der Umgänge nicht vom Jugendamt durchgesetzt werden, auch wenn sie aus seiner Sicht fachlich geboten ist. Gegen den Willen der Eltern darf nur das Familiengericht eine Begleitung der Umgänge anordnen (§ 1684 Abs. 4 BGB).

Das Einverständnis aller Beteiligten bedingt, dass alle Umgangsberechtigten zuvor im Rahmen der verpflichtenden Beratung über den Inhalt und Umfang des Umgangsrechts aufgeklärt wurden bzw. ihnen eine solche Beratung angeboten wurde.

## 4. Leistungsinhalt

Der Leistungsinhalt besteht in der Unterstützung durch Begleitung der Umgangskontakte. Die praktische Ausgestaltung muss den unterschiedlichen Fallkonstellationen und dem Unterstützungsbedarf im Einzelfall gerecht werden.[21]

### *a. Unterstützungsformen*

Je nach dem Unterstützungsbedarf im Einzelfall kommen unterschiedliche Gestaltungsformen der Umgangsbegleitung in Betracht. Konzepte zur Umgangsbegleitung unterscheiden üblicherweise entsprechend den Deutschen Standards zur Umgangsbegleitung von 2008 zwischen drei Formen der Umgangsbegleitung[22]:

**Unterstützter Umgang:** Mit diesem Begriff wird die am wenigsten intensive Form der Umgangsbegleitung beschrieben. Sie kommt in „dysfunktionalen Situationen, in denen keine unmittelbaren Risiken für das Kind ersichtlich sind", zum Einsatz. Es bedarf zwar keiner Eins-zu-eins-Begleitung durch eine pädagogische Fachkraft, wohl aber eines strukturierten Rahmens für den Umgang.[23] Als Begleiter kommen Verwandte oder Ehrenamtliche auch ohne professionelle Schulung und Begleitung in Betracht.[24] Flankierende Maßnahmen in Form einer zusätzlichen Beratung der Eltern sind in der Regel nicht erforderlich.[25]

20 OVG Berlin-Brandenburg v. 19.4.2012 – 6 S 12.12, ZKJ 2012, 362.
21 FK-SGB VIII/Tammen, § 18 Rn. 42.
22 Deutsche Standards, 21 f.
23 SkF Karlsruhe, 3.
24 SkF Karlsruhe, 3.
25 SkF Karlsruhe, 3.

**Begleiteter Umgang (im engeren Sinne):** Diese Form der Umgangsbegleitung ist geeignet, wenn „eine indirekte Gefährdung des Kindes seitens des umgangsberechtigten Elternteils nicht ausgeschlossen werden kann"[26]. Die begleitende Person sollte durch professionelle Begleitung gestützt werden. Eine lückenlose Hör- und Sichtweite der begleitenden Person ist nicht erforderlich.[27] Neben der Umgangsbegleitung selbst braucht es in der Regel auch eine flankierende Beratung der Eltern.[28]

**Beaufsichtigter Umgang:** Die engste Form der Umgangsbegleitung wird nach den Deutschen Standards als beaufsichtigter Umgang beschrieben. Sie ist angezeigt, wenn „eine akute Gefährdung des Kindes seitens des umgangsberechtigten Elternteils nicht ausgeschlossen werden kann"[29]. Als Gefährdungsformen werden psychische Gewalt, sexueller Missbrauch oder auch eine Entführungsgefahr angeführt. In dieser Form der Umgangsbegleitung scheidet auch eine kurzzeitige Abwesenheit der Begleitperson aus. Die Begleitung muss durch professionelle Fachkräfte geleistet werden und eine flankierende Beratung der Eltern ist stets erforderlich.[30]

### *b. Umfang und Ort der begleiteten Umgangskontakte*

Der **Umfang** orientiert sich an den Zielen der Begleitung, also einerseits (kurz- und mittelfristig) zu erreichen, dass der Umgang überhaupt stattfinden kann, und andererseits (langfristig) die Umgangsberechtigten nach Möglichkeit zu befähigen, den Umgang in eigener Verantwortung und unbegleitet zu organisieren.[31] Der Umfang muss sich am **Einzelfall** orientieren, d.h. grundsätzlich den gesamten zeitlichen Umfang abdecken, der zur Wahrnehmung des Umgangsrechts erforderlich ist, sofern er nicht unbegleitet stattfinden kann.

Was die genauen Zeiten anbelangt, so muss die Begleitung zu Zeiten stattfinden, die für den Umgang angemessen sind. Dabei gilt es beispielsweise, die schulischen Verpflichtungen, die Freizeitgestaltung des Kindes, aber auch die beruflichen Verpflichtungen des Elternteils zu berücksichtigen. Vielfach sehen die Konzepte der Träger daher auch Angebote in den **Abendstunden** und **am Wochenende** vor.[32]

Auch der **Ort**, an dem der begleitete Umgang stattfindet, hat sich nach dem Bedarf des Kindes und des Umgangsberechtigten im Einzelfall zu richten. In der Regel findet der begleitete Umgang in den **Räumen des öffentlichen oder freien Trägers** statt. Der Raum, in dem die Umgangsbegleitung stattfindet, sollte einladend gestaltet und mit altersgerechten Spielsachen ausgestattet sein. Die Raumatmosphäre soll Sicherheit, Wohlfühlen und in einem gewissen Grad familiäre Intimität ausstrahlen. Besteht die Möglichkeit, einfache Speisen und Getränke herzustellen und z.B. zu wickeln, trägt dies zu einer entspannten Atmosphäre und Alltäglichkeit der Situation bei.[33]

26 Deutsche Standards, 22.
27 PiB, 9.
28 SkF Karlsruhe, 3.
29 Deutsche Standards, 3.
30 SkF Karlsruhe, 3.
31 FK-SGB VIII/Tammen, 8. Aufl. 2019, § 18 Rn. 23, 40; Wiesner/Wapler/Dürbeck, § 18 SGB VIII Rn. 32c; Schellhorn/Fischer, § 18 SGB VIII Rn. 30; OLG Frankfurt v. 24.3.2015 – 5 UF 270/14, JAmt 2015, 222 = ZKJ 2015, 240.
32 Güthoff, KSB-NRW, 16.
33 Güthoff, KSB-NRW, 16.

In Betracht kommt eine Durchführung der begleiteten Umgänge auch außerhalb der Räume des öffentlichen oder freien Trägers: **Spielplätze oder Parks** waren zu Pandemiezeiten eine willkommene Alternative, können aber auch in anderen Fällen geeignete Treffpunkte sein, weil sie „offener" wahrgenommen werden. Als Überleitung zu unbegleiteten Umgängen kommt auch eine Wahrnehmung des begleiteten Umgangs **im häuslichen Umfeld des Umgangselternteils** in Betracht.[34] Das OLG Frankfurt hat zuletzt entschieden, dass – wenn dies dem Bedarf des Kindes entspricht – unter Umständen der begleitete Umgang auch im Haushalt des Obhutselternteils stattfinden kann.[35]

### *Praxisproblem: Digitaler Umgangskontakt*

▶ *Da sich die Gestaltung und der Umfang der Umgangsbegleitung am Bedarf im Einzelfall orientieren müssen, kann auch die Begleitung eines digitalen Umgangskontakts – beispielsweise im Rahmen einer Videokonferenz – Inhalt der Umgangsbegleitung sein. Ein digitaler Umgang zwischen Eltern und Kindern kann insbesondere erforderlich sein, wenn Eltern und Kinder weit voneinander entfernt leben oder beispielsweise ein Elternteil inhaftiert ist. Auch wenn sich hier aufgrund des rein digitalen Kontakts keine Gefahr eines unmittelbaren körperlichen Übergriffs für das Kind wie bei einem analogen Kontakt ergeben kann, kann eine Begleitung gleichwohl erforderlich sein, um beispielsweise Ängsten oder Belastungen der Kinder hilfreich zu begegnen oder eine Beeinflussung zu vermeiden. Was die Ausgestaltung betrifft, kann die Begleitung entweder erfolgen, indem auch die begleitende Fachkraft gesondert an der Videokonferenz teilnimmt oder gemeinsam mit dem umgangsberechtigten Kind vor Ort an der Konferenz teilnimmt.*

*Auch während der Kontaktbeschränkungen im Zusammenhang mit der Corona-Pandemie haben sich digitale Umgangsbegleitungen als nützliches Format erwiesen, damit Umgangskontakte überhaupt stattfinden konnten. Dabei gilt es allerdings im Einzelfall zu klären, ob ein rein digitaler Umgang tatsächlich erforderlich und im Hinblick auf ein eventuelles Bedürfnis (insbesondere) des Kindes nach einen analogen Kontakt verhältnismäßig ist. Ob auch eine digitale Begleitung eines Umgangskontakts, der in Präsenz stattfindet, eine geeignete Form der Umgangsbegleitung ist, die Fachkraft also nur beispielsweise über Video an dem tatsächlichen Treffen von Elternteil und Kind teilnimmt (hybride Umgangsbegleitung), wird von den Erfordernissen des Einzelfalls abhängen und nur in Betracht kommen, wenn dadurch effektiv den Schutzbedürfnissen des Kindes Rechnung getragen werden kann. Dient die Umgangsbegleitung der Abwendung einer Kindeswohlgefährdung durch den umgangsberechtigten Elternteil, dürfte dies in der Regel aufgrund der beschränkten Interventionsmöglichkeiten sowie der technischen Störanfälligkeit nicht der Fall sein.*

34 SkF Karlsruhe, 7.

35 OLG Frankfurt v. 7.8.2022 – 4 UF 11/22, NZFam 2022, 940.

### *c. Begleitende Leistungen*

Um das Ziel der Verselbstständigung zu erreichen, wird die Leistung der Umgangsbegleitung häufig auch mit weiteren flankierenden Angeboten wie Mediation, Beratung oder Therapie verbunden.[36] Solche Leistungen sind den Beteiligten aus der Familie entsprechend **anzubieten**. Lehnen sie diese Leistungen ab, so können sie durch das Jugendamt nicht dazu verpflichtet werden, da nur das Familiengericht zur **Anordnung der Inanspruchnahme von Hilfen** durch die Eltern legitimiert ist, und auch nur soweit diese zur Abwendung einer Kindeswohlgefährdung erforderlich sind. Die Ablehnung von Hilfen kann aber Auswirkungen auf die Pflicht zur Gewährung von begleitetem Umgang haben, wenn dadurch das Ziel der selbstständigen Umgangsgestaltung ohne Unterstützung durch das Jugendamt verhindert wird (siehe dazu 4.c).

### *d. Vor- und Nachbereitung*

Inhaltlicher Bestandteil der Umgangsbegleitung sind auch vorbereitende und nachbereitende Gespräche. Umfasst sein kann zudem auch eine Nachbereitung nach Beendigung der Leistung.

*Was eine Nachbereitung anbelangt, wird insoweit empfohlen, allgemein nach einer gewissen Zeit Kontakt aufzunehmen, um den* ***Erfolg der Umgangsvereinbarung*** *zu evaluieren und um mögliche* ***erneute Beratungs- und Unterstützungsbedarfe*** *aufzufangen.*

Besteht erneuter Bedarf an einer Beratung und/oder Unterstützung, ist diese entsprechend Leistungsinhalt nach § 18 Abs. 3 SGB VIII.[37] Ebenso wie eine Nachbereitung ist auch eine Vorbereitung (Vorbereitungsgespräche mit den Eltern sowie Vorbereitung des Kindes) Inhalt der Leistung nach § 18 Abs. 3 SGB VIII[38] (siehe hierzu auch unter IV.).

### *e. Befristung/Gesamtdauer der Hilfeleistung*

Unter Berücksichtigung des Ziels der selbstständigen Ausübung des Umgangsrechts und daher der Befähigung zur Gestaltung des Umgangs in eigener Verantwortung[39] ist die Umgangsbegleitung in der Regel **nicht als dauerhafte Leistung** angelegt.[40] Aus dieser allgemeinen Zielsetzung ergibt sich jedoch nicht, dass eine Leistung nach § 18 Abs. 3 SGB VIII nicht ausnahmsweise auch als dauerhafte Leistung in Betracht käme. Denn Ziel der Umgangsbegleitung ist auch die Ermöglichung von Umgangskontakten und der Wahrnehmung des Umgangsrechts an sich. Im Hinblick auf dieses Ziel kann eine dauerhafte Umgangsbegleitung erforderlich sein, wenn das Umgangsrecht dauerhaft nur in begleiteter

36 Wiesner/Wapler/Dürbeck, § 18 SGB VIII Rn. 32c.

37 Siehe dazu Prinz/Klinkhammer, Handbuch Begleiteter Umgang, S. 171.

38 Prinz/Klinkhammer, Handbuch Begleiteter Umgang, S. 169 f.

39 FK-SGB VIII/Tammen, § 18 Rn. 23, 40 f.; Wiesner/Wapler/Dürbeck, § 18 SGB VIII Rn. 32c; Schellhorn/Fischer, § 18 SGB VIII Rn. 30; OLG Frankfurt v. 24.3.2015 – 5 UF 270/14, JAmt 2015, 222.

40 FK-SGB VIII/Tammen, § 18 Rn. 23, 41; Wiesner/Wapler/Dürbeck, § 18 SGB VIII Rn. 32c.

Form wahrgenommen werden kann und daher eine Umgangsbegleitung dauerhaft zum Wohl des Kindes erforderlich ist.[41]

Für eine im Einzelfall auch dauerhafte Gewährung von Umgangsbegleitung spricht, dass sowohl die Eltern als auch das Kind ein – auch verfassungsrechtlich geschütztes – **Recht auf Umgang** haben und den Staat die Pflicht trifft, Eltern bei ihrer Erziehungswahrnehmung zum Wohle des Kindes zu unterstützen.[42] Zu betonen ist, dass das Recht auf Unterstützung bei der Ausübung des Umgangsrechts nach § 18 Abs. 3 SGB VIII auch dem Kind bzw. Jugendlichen zusteht. Eine Nichtgewährung der Leistung würde demnach nicht nur das Elternteil, sondern auch das Kind oder den Jugendlichen an der Wahrnehmung seines Umgangsrechts hindern. Schließlich kommt auch in anderen Leistungsbereichen des Kinder- und Jugendhilferechts – insbesondere im Interesse des Kindes zur Gewährleistung der Verantwortung der Kinder- und Jugendhilfe – eine dauerhafte Unterstützung von Familien in Betracht. Letztlich ist Zweck der Leistung in aller erster Linie die Ermöglichung des Umgangs, der wiederum zum Ziel hat, dass die Beziehungen zwischen Eltern und Kind wechselseitig bestmöglich erhalten bleiben.[43]

Fallkonstellationen, in denen dauerhaft eine Umgangsbegleitung geeignet und erforderlich sein kann, ist z.B. das Bestehen von **kognitiven Einschränkungen** oder einer **psychischen Erkrankung oder Suchterkrankung des Umgangsberechtigten**.

Diskutiert wird die Pflicht zur dauerhaften Leistung zudem in Fällen, in denen zwischen den Eltern **hohes Konfliktpotenzial** besteht. Insoweit wird es darauf ankommen, ob sich dieses Konfliktpotenzial durch die Leistungsgewährung und flankierende Leistungen abbauen lässt.

### *Praxisproblem: Fehlende Bereitschaft zur Annahme weiterer Hilfen*

*Problematisch sind in der Praxis Fälle, in denen eine Unterstützung in Form von Umgangsbegleitung langfristig erforderlich ist, weil die Eltern zur Annahme weiterer Hilfen nicht bereit sind. In diesen Fällen hat das Jugendamt sehr beschränkte eigene Möglichkeiten, die Unterstützung perspektivisch zu beenden, obwohl zusätzliche Hilfen den Bedarf auf lange Sicht beenden könnten und dies grundsätzlich auch im Interesse des Kindes läge.*

*Grundsätzlich gilt, dass die Umgangsbegleitung ein* ***Mindestmaß an Kooperationsbereitschaft*** *verlangt*[44] *und sich diese Kooperationsbereitschaft letztlich auch auf die Annahme weiterer Hilfeleistungen zur Befähigung von eigenverantwortlich wahrgenommenen, unbegleiteten Umgangskontakten erstrecken muss. Gleichwohl würde eine Versagung der Umgangsbegleitung nicht nur zulasten der kooperationsunwilligen Eltern gehen, sondern letztlich wiederum das Kind treffen. Entsprechend gilt es, die Versagung weiterer Leistungen der Umgangsbegleitung besonders sorg-*

41 Schellhorn/Fischer, § 18 SGB VIII Rn. 30; OLG Frankfurt v. 24.3.2015 – 5 UF 270/14, JAmt 2015, 222; Wiesner/Wapler/Dürbeck, § 18 SGB VIII Rn. 32c unter Verweis auf den Widerspruch einer zeitlichen Begrenzung zum familiengerichtlichen Umgangsverfahren.

42 DIJuF-Rechtsgutachten, JAmt 2019, 618.

43 FK-SGB VIII/Tammen, § 18 Rn. 23, 40.

44 Schellhorn/Fischer, § 18 SGB VIII Rn. 30.

*fältig zu prüfen, wenn die Beendigung zur Konsequenz hätte, dass das Kind gar keinen Umgang mehr mit dem betreffenden Elternteil haben kann.*[45] *Jedenfalls sollten mit den Eltern die möglichen Konsequenzen einer Ablehnung weiterer Hilfen auf die Umgangsbegleitung sowie generell die Auswirkungen eines unbelasteten und unbegleiteten Elternkontakts auf das Kind thematisiert werden und immer wieder Hilfeangebote unterbreitet werden.*

## 5. Leistungserbringer

### a. *Vorrangige Erbringung durch freie Träger*

Die Leistung der Umgangsbegleitung wird durch freie Träger erbracht oder – soweit Dienste freier Träger nicht in ausreichendem Umfang betrieben werden (§ 4 Abs. 2 SGB VIII: Subsidiaritätsprinzip) – durch das Jugendamt selbst.

### b. *Kooperation mit dem Jugendamt*

Auch wenn ein freier Träger die Leistung erbringt, übernimmt das Jugendamt in der Regel die **Finanzierung** der Leistung. Die Zusammenarbeit des freien Trägers mit dem Jugendamt ist gegenüber der Familie offenzulegen und zu besprechen. Für die Hilfebeziehung ist entscheidend, dass **Transparenz** besteht, welche Informationen an das Jugendamt übermittelt werden. Mit Ausnahme von Kindeswohlgefährdungssituationen, in denen die Informationsweitergabe an das Jugendamt ausnahmsweise zum Schutz des Kindes nicht offengelegt werden muss, bedarf der freie Träger ohnehin einer **Schweigepflichtentbindung** der Beteiligten gegenüber dem Jugendamt. Zu der Information der Beteiligten betreffend die Informationsweitergabe an das Jugendamt gehört z.B. auch der Hinweis, dass dieses bei Abbruch der Maßnahme informiert wird.[46]

### c. *Fachkräfte*

Überwiegend werden die Umgänge durch **sozialpädagogische Fachkräfte** oder auch Psychologen mit Zusatzqualifikationen als Familientherapeut, systemischer Berater oder Mediator als Begleiter gewährleistet.[47]

Je nach den Anforderungen im Einzelfall können auch geschulte Laien oder Fachkräfte mit anderen sozialen Grundberufen (z.B. Erzieher, Lehrer), die eine Schulung absolviert haben, die Umgangsbegleitung übernehmen.[48] In schwierigen Fällen (z.B. nach häuslicher Gewalt) wird der Umgang stets durch eine sozialpädagogische Fachkraft bzw. spezifisch ausgebildete Person begleitet werden.

Nach Möglichkeit soll **Kontinuität in der Person des Begleiters** gewährleistet werden.[49] Um **Passgenauigkeit und Multiperspektivität** zu sichern, bietet sich ein multiprofessionelles Team von Beratern und Begleitern an.[50] Idealerweise finden sich in dem Team auch

45 DIJuF-Rechtsgutachten, JAmt 2019, 618.
46 Balance, 7.
47 Horizonte, 10.
48 Güthoff, KSB-NRW, 15.
49 Güthoff, KSB-NRW, 15.
50 Balance, 3.

Kollegen mit **Fremdsprachenkenntnissen**, damit die Leistung auch Personen ohne bzw. mit wenig deutschen Sprachkenntnissen angeboten werden kann.[51] Alternativ kommt das Hinzuziehen einer dolmetschenden Person in Betracht.[52]

Für Fachkräfte und ehrenamtliche Mitarbeiter muss regelmäßige **Supervision** vor Ort gewährleistet sein.[53]

#### *d. Dokumentation, Qualitätssicherung, Evaluation*

Zu den fachlichen Standards zählt die **Dokumentation** der begleiteten Umgänge in einem „Verlaufsprotokoll" oder Ähnlichem.[54] Der Umgangsbegleiter beschreibt im diesem Protokoll Beobachtungen zur Situation, zur Befindlichkeit der Beteiligten und zu besonderen Ereignissen.[55] Zum Teil werden auch spezifische Dokumentationsbögen für bestimmte Fallkonstellationen verwendet (z.B. Anbahnung oder Umgang nach häuslicher Gewalt).

Die meisten Träger bemühen sich um eine **fortlaufende Evaluation** ihrer Leistung. Anonymisiert werden in den Fällen u.a. die Anzahl der Kontakte, Zugangswege, Alter, Geschlecht, Anzahl der Kinder, Vorliegen einer drohenden Kindeswohlgefährdung erfasst und ausgewertet.[56]

## III. Verfahren

### 1. Antragstellung?

#### *a. Kein förmliches Antragserfordernis*

Für die Bewilligung der Leistung „Umgangsbegleitung" ist ein förmlicher Antrag nicht erforderlich.[57] Vielmehr genügen die **mündliche Anfrage** nach Beratung und Unterstützung und die **Annahme eines konkreten Unterstützungsangebots** des Jugendamts bzw. das ausdrückliche **Einverständnis** mit dieser Unterstützungsleistung.[58]

In besonderen Fällen, etwa bei Anhaltspunkten für eine Kindeswohlgefährdung, oder wenn sich das Kind selbst an das Jugendamt wendet und sich zu einem Umgangswunsch äußert, kann das Jugendamt auch initiativ Beratung und Unterstützung anbieten.[59]

Was den Wunsch nach einer Umgangsbegleitung anbelangt, so kann dieser von allen anspruchsberechtigten Personen, also insbesondere dem Kind und seinen Eltern, an das Jugendamt herangetragen werden.[60] Die Gewährung ist dann allerdings davon abhängig, dass alle Beteiligten mit der Begleitung der Umgangskontakte einverstanden sind oder

51 Balance, 3.
52 Dachverband Begleiteter Umgang, Berliner Standards.
53 KSB NRW, 15.
54 SkF Rhein-Erft-Kreis, 5.
55 PiB, 14.
56 Balance, 7.
57 DIJuF-Rechtsgutachten, JAmt 2020, 449, 450; DIJuF-Rechtsgutachten, JAmt 2012, 460; jurisPK-SGB VIII/Telscher, § 18 Rn. 186
58 DIJuF-Rechtsgutachten, JAmt 2020, 449 f.
59 jurisPK-SGB VIII/Telscher, § 18 Rn. 186.
60 DIJuF-Rechtsgutachten, JAmt 2020, 449, 450.

aber der „Antrag" auf einer familiengerichtlichen Anordnung zur Beschränkung des Umgangsrechts auf begleitete Kontakte basiert.

***Praxisproblem: Fehlender „Antrag" der sorgeberechtigten Mutter***

*In der Praxis kommt es mitunter zu dem Problem, dass ein umgangsberechtigter Elternteil Unterstützung nach § 18 Abs. 3 SGB VIII begehrt, jedoch kein entsprechender „Antrag" bzw. das* ***Einverständnis des anderen Elternteils*** *vorliegt, bei dem das Kind lebt. Da Anspruchsinhaber gerade auch der umgangsberechtigte Elternteil ist, ist weder ein förmlicher Antrag des anderen Elternteils erforderlich noch muss dieser mit der Beratung und Unterstützung einverstanden sein.*

*Hiervon zu unterscheiden ist aber die Notwendigkeit eines Einverständnisses des anderen (personensorgeberechtigten und umgangsbestimmungsberechtigten) Elternteils mit der Durchführung eines begleiteten Umgangs. Gegen dessen Willen lässt sich der (begleitete) Umgang nur über eine* ***familiengerichtliche Umgangsentscheidung*** *erzwingen.*

### *b. „Antrag" des Kindes?*

Aus der Anspruchsberechtigung des Kindes (siehe oben unter II. 1. a) ergibt sich noch nicht, dass es seinen Anspruch auch **selbst geltend machen** kann. Zwar können sich Kinder und Jugendliche selbst an das Jugendamt wenden (§ 8 Abs. 2 SGB VIII), was dazu führen kann, dass das Jugendamt den Eltern Unterstützungsangebote machen muss. Kinder und Jugendliche haben zudem nach § 8 Abs. 3 SGB VIII auch einen **Anspruch auf vertrauliche Beratung,**[61] den sie eigenständig in Anspruch nehmen können und über den die Eltern nicht zu informieren sind, solange dadurch der Beratungszweck vereitelt würde. Dieser Anspruch ist jedoch auf eine Beratung beschränkt.

Für die Unterstützung bei der Herbeiführung oder Änderung einer Umgangsregelung sind Kinder dagegen auf ihre **Personensorgeberechtigten** angewiesen,[62] die auf Wunsch des Kindes vom Jugendamt kontaktiert werden können. Der Unterstützungsanspruch des Kindes oder Jugendlichen umfasst dabei auch, dass die Eltern von ihrem Umgangsrecht kindeswohldienlich Gebrauch machen, sodass sie vom Jugendamt darüber zu beraten sind, dass das Kind ein Recht auf Umgang mit seinem anderen Elternteil hat, und dazu gegebenenfalls auch Unterstützungsleistungen in Form einer Umgangsbegleitung in Betracht kommen und anzubieten sind.

Ab Vollendung des 15. Lebensjahrs können **Jugendliche** Sozialleistungen – und somit auch die Leistung der Unterstützung durch eine Umgangsbegleitung – selbst beantragen und entgegennehmen (§ 36 Abs. 1 Satz 1 SGB I). Allerdings sind die Personensorgeberechtigten über die Inanspruchnahme zu unterrichten (§ 36 Abs. 1 Satz 2 SGB I) und können die Möglichkeit ihrer Kinder zur eigenständigen Inanspruchnahme durch schriftliche Erklä-

61 Vgl. FK-SGB VIII/Tammen, § 18 Rn. 31; Wiesner/Wapler/Dürbeck, § 18 SGB VIII Rn. 21 f.

62 Jans u.a./Happe/Saurbier, § 18 SGB VIII Rn. 48; DIJuF-Rechtsgutachten, JAmt 2012, 460, 461.

rung einschränken (§ 36 Abs. 2 Satz 1 SGB VIII). Zudem braucht es wiederum für eine konkrete Umgangsbegleitung die Mitwirkung der Eltern.[63]

## 2. Wunsch- und Wahlrecht nach § 5 SGB VIII

Für die Leistung der Umgangsbegleitung nach § 18 Abs. 3 Satz 4 SGB VIII gilt § 5 SGB VIII, nach dessen Abs. 1 ein Leistungsberechtigter das Recht hat, zwischen Einrichtungen und Diensten verschiedener Träger zu wählen und Wünsche hinsichtlich der Gestaltung der Hilfe zu äußern, und nach dessen Abs. 2 der Wahl und den Wünschen entsprochen werden soll, sofern dies nicht mit unverhältnismäßigen Mehrkosten verbunden ist. Das **Wahlrecht** ermöglicht dem Leistungsberechtigten, zwischen den Angeboten verschiedener Träger, die Umgangsbegleitung anbieten, zu wählen. Das **Wunschrecht** kann sich beispielsweise auf die Räumlichkeiten beziehen oder auf die Art und Weise, in der die Fachkraft den Umgangskontakt begleitet und in der sie sich in den Kontakt einbezieht.

Zu berücksichtigen sind auch **„suboptimale" Wünsche** der Leistungsberechtigten, es sei denn, die gewünschte Leistung wäre dann nicht mehr geeignet.[64] Dabei ist bei der Umgangsbegleitung auf die Bedürfnisse des Kindes abzustellen, dessen Wohl durch die (Gestaltung der) Umgangsbegleitung sichergestellt werden soll.

## 3. Örtliche Zuständigkeit

Die Unterstützung bei der Ausübung von Umgangskontakten nach § 18 Abs. 3 SGB VIII ist eine Leistung zur Förderung der Erziehung in der Familie (§ 2 Abs. 2 Nr. 2 SGB VIII). Die örtliche Zuständigkeit des Jugendamts für die Erbringung solcher Leistungen richtet sich daher nach § 86 SGB VIII.

## 4. Entscheidung des Jugendamts über die Bewilligung

Die Entscheidung über die Leistungsbewilligung obliegt dem Jugendamt, dass bei Vorliegen der Voraussetzungen zur Leistung unter Berücksichtigung des Wunsch- und Wahlrechts verpflichtet ist. Ein **Ermessen** des Jugendamts besteht nicht.[65]

### *a. Bewilligung durch (mündlichen) Verwaltungsakt*

Die Entscheidung, durch die den Leistungsberechtigten eine Leistung nach § 18 Abs. 3 SGB VIII bewilligt wird, ist ein Verwaltungsakt i.S.d. § 31 SGB X. Die Bewilligung muss nicht zwingend verschriftlicht sein, denn für einen Verwaltungsakt bestehen grundsätzlich keine Formvorschriften, sondern der Verwaltungsakt muss nach § 33 Abs. 1 SGB X nur hinreichend inhaltlich bestimmt sein. Ausdrücklich hält § 33 Abs. 2 Satz 1 SGB X zudem fest, dass ein Verwaltungsakt schriftlich, elektronisch, mündlich oder in anderer Weise erlassen werden kann.

Die Bewilligung begleiteten Umgangs nach § 18 Abs. 3 SGB VIII erfolgt in der Praxis **vielfach ohne schriftlichen Bescheid**, etwa durch stillschweigende Zusage im familienge-

63 Jans u.a./Happe/Saurbier, § 18 SGB VIII Rn. 48; DIJuF-Rechtsgutachten, JAmt 2012, 460, 461.
64 FK-SGB VIII/Münder/Beckmann, § 5 Rn. 9.
65 LPK-SGB VIII/Kunkel/Pattar, § 18 Rn. 23; Schellhorn/Fischer, § 18 SGB VIII Rn. 30.

richtlichen Verfahren oder durch Zahlungen an den freien Träger, der die Aufgaben wahrnimmt.

### *b. Überprüfbarkeit der Entscheidung durch das Verwaltungsgericht*

Gegen die Entscheidung des Jugendamts ist der **Rechtsweg** zu den Verwaltungsgerichten eröffnet, die Anspruchsberechtigten können also bei Ablehnung ihren Anspruch vor dem Verwaltungsgericht geltend machen, das die fachliche Einschätzung des Jugendamts hinsichtlich des Vorliegens der Anspruchsvoraussetzungen **gerichtlich voll überprüfen** kann.

### *c. Keine Anordnungskompetenz des Familiengerichts gegenüber dem Jugendamt zur Erbringung der Leistung*

Das Familiengericht kann das Jugendamt hingegen nicht verpflichten, die Leistung der Umgangsbegleitung nach § 18 Abs. 3 Satz 4 SGB VIII zu erbringen. Es besitzt weder gegenüber dem Jugendamt noch einem Träger der freien Kinder- und Jugendhilfe die Möglichkeit, diese zur Bewilligung einer Leistung „Umgangsbegleitung" bzw. zur Umgangsbegleitung zu verpflichten.[66]

Im familiengerichtlichen Verfahren stellt die (dauerhafte) Anordnung von Umgangsbegleitung eine Beschränkung des Umgangsrechts zur Abwendung einer Kindeswohlgefährdung dar (§ 1684 Abs. 4 BGB), zu deren Erlass das Familiengericht auf einen **Dritten** angewiesen ist, der zur Begleitung des Umgangs bereit ist. Einen solchen Dritten muss das Familiengericht im Rahmen seiner Amtsermittlungspflicht ermitteln.[67] Es ist hingegen nicht befugt, einen Dritten ohne dessen Zustimmung mit der Umgangsbegleitung zu betrauen. Es muss vielmehr nachfragen, ob das Jugendamt bereit ist, die Umgangsbegleitung selbst zu übernehmen bzw. zu finanzieren, oder sich eine Person findet, die den Umgang ehrenamtlich begleitet.[68]

Das **Jugendamt** ist zu dieser Begleitung aufgrund von § 18 Abs. 3 Satz 4 SGB VIII **rechtlich verpflichtet**, sofern es sich nach seiner fachlichen Einschätzung um einen geeigneten Fall handelt. Die Einschätzung der Erforderlichkeit einer Umgangsbegleitung durch das Familiengericht ist dabei ein starkes Indiz für die Geeignetheit der Leistung im konkreten Fall. Das Jugendamt entscheidet jedoch über die Voraussetzungen dieses Anspruchs in eigener Verantwortung – bzw. nur überprüfbar durch das Verwaltungsgericht. Die vor dem Familiengericht Umgang beanspruchenden Eltern müssten insofern versuchen, ihren Anspruch auf Umgangsbegleitung gegenüber dem Jugendamt beim Verwaltungsgericht – aufgrund der Eilbedürftigkeit sinnvollerweise verbunden mit einem Ersuchen um einstweiligen Rechtsschutz – geltend zu machen.[69]

66 BVerfG v. 29.7.2015 – 1 BvR 1468/15 Rn. 5, ZKJ 2015, 463; OLG Frankfurt v. 26.3.2020 – 8 WF 45/20, FamRZ 2020, 1117; OLG Koblenz v. 11.6.2019 – 13 UF 86/19, ZKJ 2020, 112; OVG Münster v. 28.12.2016 – 12 B 1336/16, FamRZ 2017, 808; OLG Nürnberg v. 19.7.2016 – 7 UF 746/16, FamRZ 2017, 298; BVerfG v. 29.7.2015 – 1 BvR 1468/15, FamRZ 2015, 1686; siehe dazu Schäder, JAmt 2021, 2, 5.

67 Schäder, JAmt 2021, 2, 5.

68 BVerfG v. 8.6.2017 – 1 BvR 1054/17, juris; OLG Frankfurt v. 24.3.2015 – 5 UF 270/14, FamRZ 2015, 1730; OLG Schleswig v. 23.3.2015 – 10 UF 6/15, FamRZ 2015, 1040.

69 Vgl. BVerfG v. 29.7.2015 – 1 BvR 1468/15, ZKJ 2015, 463.

**Weigert sich das Jugendamt** hingegen, die Leistung zu gewähren, weil es die Voraussetzungen nicht als gegeben ansieht, so muss das Familiengericht entweder einen anderen Dritten finden oder es kann das Verfahren gegebenenfalls aussetzen, um einem Elternteil bzw. den Eltern eine verwaltungsgerichtliche Geltendmachung der Leistung der Umgangsbegleitung zu ermöglichen.[70] Das Gleiche gilt, wenn das Jugendamt seine Bereitschaft **nachträglich widerruft**, auch in dem Fall muss das Familiengericht einen anderen umgangsbereiten Dritten finden oder das Verfahren aussetzen, damit die Umgangsberechtigten ihren Anspruch gegenüber dem Jugendamt vor dem Verwaltungsgericht durchsetzen können.[71]

***Praxisproblem: Verweigerung einer Umgangsbegleitung durch das Jugendamt aufgrund (noch) nicht vorliegender familiengerichtlicher Umgangsregelung***

▶ *In der Praxis kommt es mitunter vor, dass das Jugendamt die Leistung der Umgangsbegleitung verweigert, solange es noch keine familiengerichtliche Anordnung begleiteten Umgangs gibt.*

*Allerdings ist eine familiengerichtliche Anordnung keine Voraussetzung für den Anspruch auf Umgangsbegleitung, sondern ein Anspruch auf Umgangsbegleitung besteht in geeigneten Fällen auch bei vereinbarten Umgangsregelungen. Auch in Bezug auf eine gerichtliche Umgangsregelung braucht es allerdings gerade die Erklärung des Jugendamts über die Umgangsgewährung, um eine familiengerichtliche Umgangsregelung zu erlassen.*[72] *Insofern ist es im familiengerichtlichen Verfahren gerade notwendig, dass das Jugendamt – nach eigener Prüfung der Leistungsvoraussetzungen – in Absprache mit dem Familiengericht seine Bereitschaft erklärt.*

## IV. Ablauf des begleiteten Umgangs

Die Durchführung begleiteter Umgangskontakte in der Praxis lässt sich in drei Phasen teilen:

### 1. Vorbereitung

Zur Vorbereitungsphase gehören üblicherweise ein Erstgespräch zwischen dem durchführenden Träger und den Eltern (und gegebenenfalls dem Kind) sowie eine Vereinbarung zwischen dem durchführenden Träger und den Eltern und schließlich ein Kennenlerntermin für das Kind.

#### *a. Erstgespräch*

Selbstinitiativ oder durch Vermittlung, insbesondere des Familiengerichts oder eines anderen Dienstes des Jugendamts, nehmen die Eltern Kontakt mit dem Träger der Umgangsbegleitung auf und führen mit ihm ein sogenanntes Erstgespräch. Dabei werden die Eltern

70 OLG Schleswig v. 23.3.2015 – 10 UF 6/15, FamRZ 2015, 1040.

71 Zur fehlenden Möglichkeit des Familiengerichts zur Festsetzung eines Ordnungsgelds gegenüber dem Jugendamt, wenn dieses pandemiebedingt die Umgangsbegleitung aussetzt, OLG Frankfurt a.M. v. 23.6.2020 – 5 WF 107/20, JAmt 2020, 469.

72 Schäder, JAmt 2021, 2, 6.

ausführlich über die Arbeitsweise des Trägers informiert und erhalten Gelegenheit für Fragen, Ausdruck von Sorgen oder Ängsten. Je nach Bedarf wird im Einzelfall auch mit jedem Elternteil einzeln gesprochen.[73]

#### *b. Schriftliche Vereinbarung*

Im Anschluss wird dann üblicherweise ein gemeinsames Konzept für die nächsten Monate entwickelt und zwischen dem Träger, der die Begleitung des Umgangs durchführt, und den Eltern eine Vereinbarung getroffen, in der die **Modalitäten und Verhaltensregelungen** für die Umgangskontakte festgelegt werden.

Oberste Richtschnur ist, dass das **Kind im Mittelpunkt der Umgangskontakte** steht. Erwachsenenthemen oder Themen, die Loyalitätskonflikte bei dem Kind auslösen könnten, sollen während der Umgänge nicht thematisiert werden.[74] Um abwertenden Äußerungen vorzubeugen, sehen Konzepte z.B. auch vor, dass die Eltern sich einigen, mit welchem Namen sie über den jeweils anderen sprechen.[75] Oft enthalten die Vereinbarungen auch Absprachen zu Pünktlichkeit, Absagen, Alkohol- und Drogenkonsum während des Umgangs, zu Handys und Fotos sowie zu Süßigkeiten und anderen Geschenken.[76]

#### *c. Kennenlerntermin*

Im Anschluss an die Übereinkunft zwischen Träger und Eltern, zur Begleitung von Umgängen zusammenzuarbeiten, lernt das Kind die Räume und die begleitende Fachkraft kennen, in der Regel in Begleitung des Elternteils, bei dem es überwiegend lebt.[77] Ziel des Kennenlernens ist, dass das Kind **Vertrauen zur Begleitperson** entwickelt, Sicherheit über den geplanten Ablauf des begleiteten Umgangs erlangt und Raum bekommt, altersentsprechend seine Wünsche und Befürchtungen zu äußern.[78]

### 2. Durchführung

Der begleitete Umgang wird dann je nach geeigneter Form im Einzelfall durchgeführt. Geht es z.B. um eine Anbahnung von Kontakten, wenn bisher noch gar kein Kontakt zwischen Kind und Elternteil bestand, stehen zunächst ein behutsamer Aufbau von Vertrauen und ein schrittweiser Ablösungsprozess von der Bezugsperson im Fokus.[79]

#### *a. Übergabesituation*

Die Übergabesituation wird von der begleitenden Fachkraft unterstützt. In Fällen von häuslicher Gewalt, aber gegebenenfalls auch bei hohem Konfliktniveau zwischen den Eltern wird die Übergabe so gestaltet, dass sich die Eltern nicht begegnen.[80] Dies entlastet das Kind und stellt den Schutz des gewaltbetroffenen Elternteils sicher.

73 SkF Rhein-Erft-Kreis, 4.
74 Dachverband Begleiteter Umgang, Berliner Standards, 3.
75 PiB, 13; Horizonte, 7 f.
76 PiB Anhang, 17 ff.
77 PiB, 13; SkF Rhein-Erft-Kreis, 4.
78 SkF Rhein-Erft-Kreis, 4.
79 SkF Karlsruhe, 7.
80 SkF Karlsruhe, 7.

#### *b. Unterstützung während des Umgangs, Intervention der Begleitperson*

Je nach Bedarf im Einzelfall unterstützt die Begleitperson auch während des eigentlichen Umgangs, um die positive Beziehung zwischen Kind und Umgangselternteil zu stärken. Nach Möglichkeit hält sie sich jedoch im Hintergrund. Eingreifen wird die Fachkraft, wenn sich der Umgang belastend für das Kind entwickelt und getroffene Vereinbarungen nicht eingehalten werden (etwa wenn es zu Herabsetzungen des anderen Elternteils, zur Konfrontation des Kindes mit Elternthemen oder sogar zu verbalen oder körperlichen Übergriffen gegen das Kind kommt).[81]

#### *c. Zwischengespräche*

Parallel zu den Umgangskontakten führt die Fachkraft (unter Umständen auch eine andere Person als die begleitende Fachkraft) in Einzel- oder gemeinsamen Gesprächen Zwischen- oder Feedbackgespräche durch. Im Rahmen dieser Gespräche werden die Umgangstreffen vor- und nachbereitet, die **Reaktionen des Kindes** besprochen und gegebenenfalls erklärt, wird die **Haltung des betreuenden Elternteils** (Akzeptanz, etwaige Ängste und Ähnliches) thematisiert, werden **Absprachen zur (Verbesserung der) Kommunikation** getroffen und mögliche **Perspektiven für die zukünftige Umgangsregelung** entwickelt.[82] Je nach Alter, Wünschen und fachlicher Gebotenheit nimmt das Kind an den Gesprächen teil oder wird das Kind in einen eigenständigen Beratungsprozess eingebunden.[83]

#### *d. Abbruch der Umgangsbegleitung*

Regelmäßig formulieren die Konzepte auch Bedingungen, unter denen die Begleitung des Umgangs ganz abgebrochen werden muss. Dazu zählt insbesondere die Situation, dass das Kind, obwohl mit ihm die Umgänge intensiv vorbereitet wurden, den Umgang dauerhaft und entschieden **ablehnt**. Als Gründe für einen Abbruch der Leistung zählen außerdem das wiederholte **aggressive Auftreten** des Umgangsberechtigten vor oder während der Umgänge, wiederholter **Konsum von Alkohol oder sonstigen Drogen** oder **Gewalt(androhungen)** gegen das Kind, den Begleiter oder den anderen Elternteil.[84]

### 3. Abschluss

In der Mehrheit der Fälle ist die Hilfe zu beenden, wenn es gelingt, dass die Umgänge im Wohl des Kindes nun **unbegleitet** stattfinden können und **alle Beteiligten diese Lösung nachhaltig und stabil mittragen**. Unter Umständen kann, um eine langfristige Stabilisierung der Ergebnisse zu erreichen, eine weitere professionelle Unterstützung, etwa in Form von Beratung, nach Beendigung der Leistung sinnvoll sein.[85]

81 SkF Rhein-Erft-Kreis, 5.
82 SkF Rhein-Erft-Kreis, 5 f.
83 SkF Rhein-Erft-Kreis, 5 f.
84 Horizonte, 8 f.; SkF Rhein-Erft-Kreis, 6.
85 Dachverband Begleiteter Umgang, Berliner Standards, 7.

Üblicherweise treffen sich Kind, Eltern, Begleitperson und gegebenenfalls eine Fachkraft des ASD zu einem **Abschlussgespräch**. In diesem kann die Entwicklung anhand der Dokumentationen des Umgangsbegleiters noch einmal nachvollzogen werden und Bedarfe und Wünsche für die Zukunft können geklärt werden. Häufig erarbeiten die Eltern eine Vereinbarung, in der sie ihre gemeinsamen Regeln für die künftige Umgangsausübung formulieren.

# C Datenschutz und begleiteter Umgang

*Guy Walther*

**Übersicht** Seite



## I. Zur besonderen Bedeutung des Datenschutzes

Pädagogische Arbeit, Beratung und Begleitung bedürfen geschützter Räume und leben von vertrauensvollen Informationsbeziehungen. Auch in der Kinder- und Jugendhilfe nimmt die Bedeutung des Datenschutzes immer mehr zu, was sich nicht nur in den komplexen normativen Regelungen zum Sozialdatenschutz zeigt, sondern auch in einer Vielzahl gerichtlicher Entscheidungen zum Datenschutz in der Jugendhilfe. Spätestens mit der Diskussion um die Verabschiedung und dem Inkrafttreten der Europäischen **Datenschutz-Grundverordnung (DS-GVO)**[1] hat das öffentliche Bewusstsein für Datenschutz und Datensicherheit dramatisch zugenommen.

1 Verordnung (EU) 2016/679 des Europäischen Parlaments und des Rates vom 27. April 2016 zum Schutz natürlicher Personen bei der Verarbeitung personenbezogener Daten, zum freien Datenverkehr und zur Aufhebung der Richtlinie 95/46/EG, ABl L 119 v. 4.5.2016, 1.

Der Schutz persönlicher Daten ist für jeden Betroffenen von erheblicher Relevanz. Der Betroffene hat ein schützenswertes Interesse daran, aktiv und selbstbestimmt darüber entscheiden zu können, wer die ihn betreffenden personenbezogenen Daten in welcher Weise und zu welchen Zwecken verarbeiten darf. Er wird daher zu Recht nicht nur (national) über das verfassungsrechtlich gewährleistete **informationelle Selbstbestimmungsrecht** geschützt (Art. 2 Abs. 1 i.V.m. Art. 1 Abs. 1 GG), sondern auch auf unionsrechtlicher Ebene über Art. 7 und Art. 8 Grundrechtecharta (GRCh) bzw. Art. 8 Europäische Menschenrechtskonvention (EMRK).

Während die Grundprinzipien des Datenschutzrechts einerseits relativ klar und überschaubar sind, ist es anderseits schwierig, die einzelnen Regelungen und ihre Zusammenhänge zu überblicken. Die Fachkräfte der Jugendhilfe müssen ein umfangreiches Fachwissen zu den sozialdatenschutzrechtlichen Regelungen mitbringen.[2] Datenschutz ist immer mehr zu einem wichtigen Element der Beziehungsarbeit in der sozialen Arbeit geworden, denn erst verlässliche Vertraulichkeit und geschützte Räume ermöglichen eine Öffnung der Betroffenen im personalen Kontext. Die Einhaltung von Datenschutzregelungen fordert daher eine klare Haltung und konkrete Rollenklärung. Sie stellt damit im Verfahren für alle Beteiligten Transparenz her. Datenschutz ist letztlich auch ein Qualitätsmerkmal sozialer Arbeit sowie der Arbeit des Jugendamtes und der Träger der Jugendhilfe.[3]

Dies gilt auch und gerade in familiengerichtlichen Verfahren zum begleiteten Umgang und bei der Gewährung von begleitetem Umgang durch das Jugendamt im Rahmen einer Leistung nach § 18 Abs. 3 Satz 4 SGB VIII. Dabei ist allerdings zu trennen, ob es sich um ein jugendhilferechtliches Leistungsverfahren handelt oder um ein familiengerichtliches Umgangsverfahren nach § 1684 BGB, da die datenschutzrechtlichen Grundlagen auch differenziert betrachtet werden müssen.

## II. Allgemeine Grundlagen des Datenschutzes

Die „*Verordnung (EU) 2016/679 des Europäischen Parlaments und des Rates vom 27. April 2016 zum Schutz natürlicher Personen bei der Verarbeitung personenbezogener Daten, zum freien Datenverkehr und zur Aufhebung der Richtlinie 95/46/EG (Datenschutz-Grundverordnung – DS-GVO)*" ist seit dem 25.5.2018 im gesamten Gebiet der Europäischen Union unmittelbar geltendes Recht.

Das bisherige Regelungsregime des Datenschutzrechts wurde durch die DS-GVO grundlegend neu geordnet. Während bislang in Deutschland neben einer Reihe fachspezifischer Vorschriften (für die Jugendhilfe vor allem §§ 61 ff. SGB VIII, § 35 SGB I, §§ 67 ff. SGB X) im Wesentlichen das Bundesdatenschutzgesetz (BDSG) und die Landesdatenschutzgesetze (LDSG) die Grundlage des Datenschutzrechts bildeten, finden sich diese nun überwiegend und vorrangig in der DS-GVO.

2 Grundlegender Überblick über den (Sozial-)Datenschutz in der Kinder- und Jugendhilfe bei Hundt, 2019; Kepert, 2020.

3 Hierzu Hundt, 2019, 18 ff.; ebenso Kasper, ZfF 2014, 265; zum Datenschutz als qualitatives Element der Kinder- und Jugendhilfe Meinunger, NDV 2019, 102.

Die DS-GVO hat die Richtlinie 95/46/EG zum Schutz natürlicher Personen bei der Verarbeitung personenbezogener Daten und zum freien Datenverkehr (Europäische Datenschutzrichtlinie) und alle nationalen Gesetze zur Umsetzung dieser Richtlinie aufgehoben. Der DS-GVO kommt aufgrund ihres Verordnungscharakters nach Art. 288 Abs. 2 AEUV **unmittelbare Geltung** zu, ohne dass es einer Umsetzung durch die nationalen Gesetzgeber bedarf. Deshalb stellt die den normativen Ausgangspunkt jeder datenschutzrechtlichen Betrachtung dar. Dies gilt auch für das Jugendamt als Träger der öffentlichen Jugendhilfe und die Träger der freien Jugendhilfe, weshalb der Rechtsanwender den ersten Blick stets in die DS-GVO werfen muss.

Im Verhältnis zur DS-GVO besteht gegenüber den Regelungen des BDSG, der LDSG und den datenschutzrechtlichen Regelungen des SGB I, SGB VIII und SGB X ein **Normvorrang** der DS-GVO. Die Normen des Zweiten Kapitels des SGB X und der §§ 61 ff. SGB VIII ergänzen lediglich die unmittelbar anzuwendenden Normen der DS-GVO und sind durch Öffnungsklauseln, die ergänzende oder einschränkende Regelungen durch den nationalen Gesetzgeber begründen, legitimiert. Soweit nationale Datenschutzregelungen der DS-GVO entgegenstehen, dürfen diese nicht mehr zur Anwendung kommen.

Durch das europarechtliche Wiederholungsverbot werden im Zweiten Kapitel SGB X und im Vierten Kapitel SGB VIII unmittelbar anzuwendende Normen der DS-GVO nicht mehr beschrieben, sodass der Rechtsanwender den Normenkomplex der DS-GVO und das Sozialgesetzbuch (§ 35 SGB I, §§ 67 bis 85a SGB X und §§ 61 bis 68 SGB VIII) gleichzeitig betrachten muss.[4]

Die DS-GVO sieht in Art. 5 Abs. 1 DS-GVO eine Vielzahl von allgemeinen **Grundsätzen** vor, die teilweise auch schon aus dem bisherigen Datenschutzrecht bekannt sind. Diese Grundsätze muss jeder für die Datenverarbeitung Verantwortliche einhalten und ihre Einhaltung nachweisen können (sogenannte Rechenschaftspflicht, Art. 5 Abs. 2 DS-GVO). Die zentralen Grundsätze nach Art. 5 Abs. 1 DS-GVO regeln i.V.m. Art. 6, Art. 9 DS-GVO die grundlegenden Pflichten des Verantwortlichen und sind die Voraussetzung für den datenschutzkonformen Umgang mit personenbezogenen Daten.[5] Dabei handelt es sich um:

- Rechtmäßigkeit der Verarbeitung,
- Verarbeitung nach Treu und Glauben,
- Transparenz der Verarbeitung,
- Zweckbindung der Verarbeitung,
- Datenminimierung/Erforderlichkeitsgrundsatz,
- Richtigkeit der Daten,
- Speicherbegrenzung/Anspruch auf Löschen der Daten,
- Integrität,
- Vertraulichkeit.

4 Sogenanntes Mehrebenensystem, hierzu Bieresborn, NZS 2017, 887.
5 Überblick bei Wiesner/Wapler/Walther, SGB VIII Anh. 4.1 Rn. 24 ff.

Das europäische Datenschutzrecht folgt weiterhin dem Grundsatz des **Verbots mit Erlaubnisvorbehalt**: Eine Datenverarbeitung ist generell verboten, wenn sie nicht im Einzelfall erlaubt ist. Als sogenannte Erlaubnistatbestände kommen die Einwilligung des Betroffenen oder ausdrückliche gesetzliche Regelungen in Betracht (Art. 6 Abs. 1 DS-GVO). Zentrale gesetzliche Erlaubnistatbestände finden sich in Art. 6 Abs. 1 lit. b bis f DS-GVO, die Einwilligung der betroffenen Person nach Art. 6 Abs. 1 lit. a DS-GVO.[6] Für das Jugendamt als öffentliche Stelle werden als gesetzliche Grundlage regelhaft als Rechtsgrundlage die Erfüllung gesetzlicher Pflichten (Art. 6 Abs. 1 lit. c DS-GVO) sowie die Wahrnehmung einer Aufgabe, die im öffentlichen Interesse liegt oder in Ausübung öffentlicher Gewalt erfolgt (Art. 6 Abs. 1 lit. e DS-GVO), infrage kommen. Für **besondere Kategorien von Daten** (vor allem Gesundheitsdaten) sieht Art. 9 Abs. 2 lit. a DS-GVO entweder die ausdrückliche Einwilligung des Betroffenen vor oder die Verarbeitung ist erforderlich, damit der Verantwortliche oder die betroffene Person insbesondere nach Art. 9 Abs. 2 lit. b DS-GVO aus dem Recht der sozialen Sicherung und des Sozialschutzes erwachsende Rechte ausüben und seinen bzw. ihren diesbezüglichen Pflichten nachkommen kann. Hierzu gehören insbesondere auch die Aufgaben der Jugendhilfe, sofern z.B. zur Leistungsgewährung die Verarbeitung von Gesundheitsdaten erforderlich ist.

## III. Der Sozialdatenschutz

Werden personenbezogene Daten von einem Sozialleistungsträger im Hinblick auf seine gesetzlichen Aufgaben verarbeitet, dann handelt es sich um **Sozialdaten** (vgl. § 67 Abs. 2 SGB X) und es greifen neben der DS-GVO die besonderen Regelungen zum **Sozialdatenschutz**.[7] Hierunter sind die Daten und Aufgaben zu fassen, die das Jugendamt in Erfüllung seiner Aufgaben nach dem SGB VIII verarbeitet.

Nach § 35 Abs. 1 Satz 1 SGB I unterliegen alle Sozialdaten dem **Sozialgeheimnis** und dürfen nur unter den Voraussetzungen des Zweiten Kapitels des SGB X (§§ 67 bis 85a SGB X) verarbeitet werden (§ 35 Abs. 2 SGB I). Daneben gilt für die Jugendhilfe vorrangig der sogenannte bereichsspezifische Datenschutz im SGB VIII (§§ 61 bis 68 SGB VIII). Allgemeine Regelungen zum Datenschutz im BDSG und den jeweiligen LDSG finden für diese Aufgaben für das Jugendamt grundsätzlich keine Anwendung. Zur Anwendung kommt das BDSG nur dann, wenn die Vorschriften des SGB ausdrücklich auf das BDSG verweisen. Als abgeleitete Normadressaten haben die Träger der freien Jugendhilfe ebenfalls die Regelungen des Sozialdatenschutzes zu beachten, wenn sie vom Jugendamt für Aufgaben der Jugendhilfe (hier: begleiteter Umgang) in Anspruch genommen werden. Das Jugendamt hat nach § 61 Abs. 3 SGB VIII in diesen Fällen sicherzustellen, dass der Schutz der personenbezogenen Daten bei der Verarbeitung in entsprechender Weise gewährleistet ist.[8]

6 Zu den Anforderungen an eine wirksame Einwilligung siehe VII Ziff. 2.
7 Überblick zum Sozialdatenschutz und der DS-GVO Bieresborn, NZS 2017, 887; NZS 2017, 926 und NZS 2018, 10; Freund/Shagdar, SGb 2018, 135 und 267.
8 Zur Sicherstellungpflicht des Jugendamtes siehe V.

## IV. Datenschutz im Jugendamt

### 1. Datenverarbeitung des Jugendamtes im Rahmen des begleiteten Umgangs und der Mitwirkung im familiengerichtlichen Verfahren

Nach § 62 Abs. 1 SGB VIII darf das Jugendamt sowohl bei der Mitwirkung im familiengerichtlichen Umgangsverfahren nach § 50 Abs. 1 Satz 2 Nr. 1 SGB VIII wie auch bei der Gewährung einer Leistung nach § 18 Abs. 3 Satz 4 SGB VIII nur die personenbezogenen Daten erheben, die für die Erfüllung der jeweiligen Aufgabe **erforderlich** sind. Gleichzeitig sind nach § 62 Abs. 2 Satz 1 SGB VIII die Sozialdaten bei der betroffenen Person zu erheben.[9] Nur mit Einwilligung der betroffenen Person ist eine Datenerhebung bei Dritten zulässig, da die Ausnahmen des Direkterhebungsgebots nach § 62 Abs. 3 SGB VIII bei den genannten Aufgaben regelhaft nicht zum Tragen kommen. Für die unterschiedlichen Aufgaben des Jugendamtes erhebt das Jugendamt je nach Aufgabenstellung auch unterschiedliche Daten. Dabei dürfen nach § 62 Abs. 1 SGB VIII nur die Sozialdaten erhoben werden, die zur Erfüllung der jeweiligen Aufgabe erforderlich sind.

Sozialdaten dürfen nach § 64 Abs. 1 SGB VIII vom Jugendamt grundsätzlich nur zu dem Zweck übermittelt oder genutzt werden, zu dem sie ursprünglich erhoben worden sind (sogenanntes **Zweckbindungsgebot,** vgl. auch Art. 5 Abs. 1 lit. b DS-GVO). Die betroffenen Personen sind gerade vor der Datenerhebung über den beabsichtigten Zweck transparent zu informieren.[10] § 64 Abs. 1 SGB VIII schließt allerdings eine Übermittlung oder Nutzung von Sozialdaten für andere Zwecke nicht generell aus. Allerdings bedarf es hierzu einer gesonderten Übermittlungsbefugnis. Entsprechende Übermittlungsbefugnisse finden sich überwiegend in den Regelungen der §§ 67b bis 75 SGB X.[11] Daneben dürfen natürlich mit Einwilligung der Betroffenen Daten auch zu anderen Zwecken übermittelt werden. Werden personenbezogene Daten im Rahmen der Mitwirkung im familiengerichtlichen Verfahren erhoben, dann dürfen sie deshalb zunächst auch nur zu diesem Zweck an das Familiengericht übermittelt oder genutzt werden. Die Daten, die im Rahmen des begleiteten Umgangs verarbeitet werden, dienen einem anderen Zweck (Gewährung einer Leistung der Jugendhilfe) und können deshalb nicht so ohne Weiteres an das Familiengericht übermittelt werden.

Wurden Sozialdaten einem Mitarbeiter des Jugendamtes zum Zwecke persönlicher und erzieherischer Hilfe **anvertraut**, dürfen sie von diesem nach § 65 Abs. 1 SGB VIII nur weitergeben werden, wenn eine der Voraussetzungen des § 65 Abs. 1 Satz 1 Nr. 1 bis 6 SGB VIII vorliegt, regelhaft mit Einwilligung dessen, der die Daten anvertraut hat (§ 65 Abs. 1 Satz 1 Nr. 1 SGB VIII).[12] Nur ausnahmsweise dürfen auch ohne Einwilligung anvertraute Daten nach § 65 Abs. 1 Satz 1 Nr. 2 SGB VIII dem Familiengericht zur Erfüllung der Aufgaben nach

9 Dies gilt auch bei der Mitwirkung des Jugendamtes in familiengerichtlichen Verfahren, bei denen es nicht um den Schutzauftrag bei Kindeswohlgefährdung geht; ein Verstoß kann zur Schadenersatzpflicht führen, so OLG Zweibrücken v. 21.2.2013 – 6 U 21/12, JAmt 2013, 414 = ZKJ 2013, 253 mit Anmerkungen Walther.

10 Wiesner/Wapler/Walther, § 64 SGB VIII Rn. 5.

11 Wiesner/Wapler/Walther, § 64 SGB VIII Rn. 11.

12 Zu den Voraussetzungen für anvertraute Daten vgl. FK-SGB VII/Hoffmann, § 65 Rn. 10 ff.; LPK-SGB VIII/Kunkel/Vetter, § 65 Rn. 10 ff.; Wiesner/Wapler/Walther, § 65 SGB VIII Rn. 10 ff.

§ 8a Abs. 2 SGB VIII übermittelt werden, wenn angesichts einer Gefährdung des Wohls eines Kindes oder eines Jugendlichen ohne diese Mitteilung eine für die Gewährung von Leistungen notwendige gerichtliche Entscheidung nicht ermöglicht werden könnte. Dies kann sich auch auf eine familiengerichtliche Entscheidung zum begleiteten Umgang nach § 1684 Abs. 4 Satz 3 BGB beziehen. Daneben erlaubt § 65 Abs. 1 Satz 1 Nr. 4 SGB VIII die Weitergabe anvertrauter Daten an Fachkräfte zum Zwecke der **Gefährdungseinschätzung**[13] nach § 8a Abs. 1 SGB VIII.

Mit § 65 SGB VIII soll das für eine persönliche und erzieherische Hilfe in der Kinder- und Jugendhilfe erforderliche **besondere Vertrauensverhältnis** zwischen der Fachkraft des Jugendamtes und dem Klienten geschützt werden. Auch das aus dem Elternrecht hergeleitete allgemeine Informationsrecht führt nicht dazu, dass Einsicht in Sozialdaten, die dem Mitarbeiter des Jugendamtes zum Zwecke persönlicher und erzieherischer Hilfe anvertraut worden sind, zu gewähren ist.[14] Das notwendige persönliche Vertrauensverhältnis zu einem Jugendamtsmitarbeiter, das die für den Hilfeerfolg unverzichtbare Offenheit und Mitwirkungsbereitschaft erzeugt, kann sich nur dann entwickeln, wenn anvertraute Daten bis auf enge gesetzlich geregelte Ausnahmetatbestände im Verhältnis Anvertrauender zum Jugendamtsmitarbeiter verbleiben.[15] So ist die damit intendierte Gewährleistung des Kindeswohls in der Abwägung der widerstreitenden Interessen regelmäßig deutlich höher zu veranschlagen als das über die Ausnahmetatbestände des § 65 Abs. 1 Satz 1 SGB VIII hinausgehende Informationsbedürfnis von Elternteilen.[16] Anders als bei der strafbewehrten Schweigepflicht nach § 203 Abs. 1 StGB richtet sich § 65 Abs. 1 SGB VIII nicht an einzelne Berufsgruppen in ihrer Funktion als Berufsgeheimnisträger, sondern an alle Mitarbeiter des Jugendamtes, denen Informationen „zum Zweck persönlicher und erzieherischer Hilfe anvertraut" worden sind.

## 2. Datenübermittlung des Jugendamtes an den Leistungserbringer

Beantragen die Personensorgeberechtigten eine Leistung des begleiteten Umgangs nach § 18 Abs. 3 Satz 4 SGB VIII und wird nach der Prüfung der Leistungsvoraussetzungen unter Beteiligung der Personensorgeberechtigten (Wunsch- und Wahlrecht nach § 5 SGB VIII) ein Träger mit der Durchführung der Leistung beauftragt, dann dürfen die für die Durchführung der Hilfe **erforderlichen** Daten vom Jugendamt an den beauftragten Träger übermittelt werden (Ausnahme: anvertraute Daten nach § 65 SGB VIII nur mit Einwilligung dessen, der die Daten anvertraut hat).[17] Dabei sind die Personensorgeberechtigten vom Jugendamt transparent über das Verfahren und vor allem über den Umfang der Datenübermittlung zu informieren.

13 Ausführlich DIJuF-GutA, JAmt 2020, 513.

14 OVG Saarlouis v. 29.10.2021 – 2 D 223/21, JAmt 2022, 219; VGH Mannheim v. 27.4.2020 – 12 S 579/20, NJW 2020, 1985; OVG Münster v. 26.3.2008 – 12 E 115/08, JAmt 2008, 389.

15 VG Augsburg v. 21.7.2015 – Au 3 K 14.1550, JAmt 2016, 33.

16 OVG Münster v. 26.3.2008 – 12 E 115/08, JAmt 2008, 389.

17 Wiesner/Wapler/Walther, § 65 SGB VIII Rn. 17; ebenso Kipker/Voskamp/Nellisen, SozDatenschutz-HdB, Kapitel 9 Rn. 61.

Erfolgt eine Datenübermittlung oder Nutzung im Rahmen des **ursprünglichen Erhebungszwecks**, ist für die Übermittlung oder Nutzung der Daten **keine Einwilligung** der betroffenen Person erforderlich, da sie Teil der zulässigen Datenverarbeitung ist. So kommt auch ein Widerspruchsrecht nach Art. 21 Abs. 1 Satz 1 DS-GVO i.V.m. § 84 Abs. 5 SGB X regelmäßig nicht zum Tragen, da § 64 Abs. 1 SGB VIII ja gerade eine gesetzliche Regelung zur Datenübermittlung und -nutzung beinhaltet.[18]

Wurde in einem gerichtlichen Verfahren ein sogenanntes **Erziehungsfähigkeitsgutachten** vom Familiengericht eingeholt, dann können wegen des Zweckbindungsgebots Erkenntnisse aus diesem Gutachten oder gar das Gutachten selbst ohne Einwilligung der Personensorgeberechtigten **nicht an den Träger übermittelt** werden.

Zusätzlich regelt § 78 Abs. 2 SGB X, dass das Jugendamt bei einer Übermittlung von Sozialdaten an eine nicht öffentliche Stelle die dort beschäftigten Personen spätestens bei der konkreten Übermittlung auf die Einhaltung der Pflichten nach § 78 Abs. 1 SGB X (Zweckbindung) hinzuweisen hat. Werden regelmäßig an die gleichen Träger oder Einzelpersonen, die den begleiteten Umgang durchführen, Sozialdaten übermittelt, genügt der einmalige Hinweis. Ein entsprechender Hinweis kann auch dann entfallen, wenn in den Leistungsvereinbarungen mit den Trägern der freien Jugendhilfe oder den sonstigen Vereinbarungen nach § 61 Abs. 3 SGB VIII bereits entsprechende Hinweise aufgenommen worden sind.[19] Es besteht nach § 78 Abs. 2 SGB X lediglich eine allgemeine Hinweispflicht, jedoch keine Pflicht, die beim freien Träger beschäftigten Personen auf das Datengeheimnis zu verpflichten, zumal die DS-GVO und auch das BDSG eine solche Verpflichtung nicht mehr ausdrücklich vorsehen (früher: § 5 Satz 2 BDSG a.F.). Das Jugendamt kann eine direkte Verpflichtung von einzelnen Beschäftigten eines freien Trägers mangels Direktionsrechts auch rechtlich nicht vornehmen. Es ist Aufgabe der Träger der freien Jugendhilfe oder der privatgewerblichen Träger, diese Verpflichtung zum Datenschutz oder Datengeheimnis gegebenenfalls selbst vorzunehmen oder im Arbeitsvertrag mit den Beschäftigten zu regeln.[20]

Wird die Leistung des begleiteten Umgangs nicht durch einen Träger der freien Jugendhilfe erbracht, mit dem eine entsprechende Vereinbarung abgeschlossen wurde, sondern durch eine **Einzelperson**, so gilt die Verpflichtung nach § 78 Abs. 3 SGB VIII entsprechend. Das Jugendamt muss in diesen Fällen bei der Übermittlung von Daten an diese Einzelpersonen entsprechende Hinweise aufnehmen.[21]

18 Wiesner/Wapler/Walther, § 64 SGB VIII Rn. 5; FK-SGB VIII/Hoffmann, § 64 Rn. 6.

19 Zur Sicherstellungspflicht des Jugendamtes vgl. V.

20 Wiesner/Wapler/Walther, § 61 SGB VIII Rn. 17.

21 Für eine zusätzliche Verpflichtung dieser Personen gem. § 2 Abs. 2 Nr. 2 Verpflichtungsgesetz i.V.m. § 78 SGB X auf das Sozialgeheimnis Wiesner/Wapler/Walther, SGB VIII Anh. 4.3. § 78 SGB X Rn. 11. Als Folge einer Verletzung ergibt sich dann eine Strafbarkeit nach § 203 Abs. 2 Satz 1 Nr. 2 i.V.m. § 11 Abs. 1 Nr. 4 StGB, so auch jurisPK-SGB X/Kunkel, § 78 Rn. 24; LPK-SGB VIII/Kunkel, § 61 Rn. 233; FK-SGB VIII/Hoffmann, § 61 Rn. 182 für umfassende Aufklärungspflicht.

### 3. Datenübermittlung im Rahmen der Mitwirkung im familiengerichtlichen Umgangsverfahren

Auch in einem familiengerichtlichen Umgangsverfahren darf das Jugendamt alle im Rahmen dieses Verfahrens erhobenen Sozialdaten an das Familiengericht übermitteln, sofern dies aus Sicht des Jugendamtes für das Verfahren **erforderlich** ist. In der Regel erfolgt eine Datenübermittlung im Rahmen der Mitwirkung nach § 50 Abs. 1 SGB VIII.

Da es sich bei der Leistung des begleiteten Umgangs nicht um eine Hilfe zur Erziehung oder Eingliederungshilfe nach §§ 27 ff., 35a SGB VIII handelt, ist ein **Hilfeplan** i.S.v. § 36 Abs. 2 Satz 2 SGB VIII **nicht erforderlich** und damit entfällt auch die entsprechende Vorlage an das Familiengericht nach § 50 Abs. 2 Satz 2 und 4 SGB VIII.

Wird parallel zum familiengerichtlichen Umgangsverfahren durch das Jugendamt auch eine Leistung des begleiteten Umgangs gewährt, so können Sachverhalte aus dem Leistungsverfahren wegen des Zweckbindungsgebotes nicht ohne Weiteres vom Jugendamt in das familiengerichtliche Verfahren eingebracht werden. Dies gilt insbesondere auch für den Bericht des Trägers über den Verlauf der Hilfe. Häufig enthalten diese Berichte auch anvertraute Daten i.S.v. § 65 SGB VIII. Hier ist die Übermittlung der Daten nur dann zulässig, wenn der Betroffene in die Datenübermittlung eingewilligt hat.[22]

Im Übrigen ist eine Übermittlung für die Erfüllung von Aufgaben nach § 69 SGB X nach § 64 Abs. 2 SGB VIII nur dann zulässig, soweit dadurch der **Erfolg einer vom Jugendamt gewährten Leistung** (hier: begleiteter Umgang) nicht infrage gestellt wird. Dies hat das Jugendamt vor einer Übermittlung an das Familiengericht prognostisch zu prüfen.[23]

Nur ausnahmsweise kann das Jugendamt auch ohne Einwilligung anvertraute Daten nach § 65 Abs. 1 Nr. 2 SGB VIII dem Familiengericht zur Erfüllung der Aufgaben nach § 8a Abs. 2 SGB VIII übermitteln, wenn angesichts einer **Gefährdung des Wohls eines Kindes oder eines Jugendlichen** ohne diese Mitteilung eine für die Gewährung von Leistungen notwendige gerichtliche Entscheidung nicht ermöglicht werden könnte.

## V. Datenschutz beim Träger des begleiteten Umgangs

### 1. Grundlagen

Beauftragt das Jugendamt als Träger der öffentlichen Jugendhilfe einen Träger der freien Jugendhilfe mit der Erbringung von Leistungen des begleiteten Umgangs nach § 18 Abs. 3 SGB VIII, so hat das Jugendamt gem. § 61 Abs. 3 SGB VIII sicherzustellen, dass der Datenschutz bei der Inanspruchnahme von Trägern der freien Jugendhilfe „in entsprechender Weise gewährleistet ist". Dies gilt auch bei der Beauftragung von freigewerblichen Trägern oder von Einzelpersonen. Die Träger der freien Jugendhilfe sind dabei – anders als das Jugendamt – keine Leistungsträger und unterliegen nicht **unmittelbar** den Regelungen

22 Zur Anforderung des Berichts durch das Familiengericht direkt beim Träger siehe V Ziff. 3.

23 Wiesner/Wapler/Walther, § 64 SGB VIII Rn. 14; FK-SGB VIII/Hoffmann, § 64 Rn. 13, die Einschätzung ist zu dokumentieren.

des Sozialdatenschutzes.[24] Faktisch sind die Träger der freien Jugendhilfe zu **abgeleiteten Normadressaten** des SGB geworden.

Das Jugendamt als öffentlicher Träger der Jugendhilfe soll Garant dafür sein, dass der Datenschutz bei den freien Trägern adäquat beachtet und der Vertrauensschutz gewährt wird, er hat insoweit eine **Sicherstellungspflicht.**[25] Es empfiehlt sich, regelhaft in den Leistungsvereinbarungen zum begleiteten Umgang mit den Trägern konkrete Regelungen zum Datenschutz aufzunehmen.[26]

Daneben ergibt sich für die Träger des begleiteten Umgangs aus den privatrechtlichen Vereinbarungen mit den Anspruchsberechtigten selbst eine **vertragliche Nebenpflicht zur Einhaltung des Datenschutzes**, die sich aus dem in § 242 BGB geregelten Prinzip von Treu und Glauben ableitet.[27] Die Verletzung dieser Nebenpflicht kann zu einer **Schadensersatzpflicht** führen (§§ 280, 282 BGB oder § 823 BGB). Aufgrund des privatrechtlichen Rechtsverhältnisses zwischen dem Träger und dem Hilfeempfänger ist daher bei einem Akteneinsichtsanspruch gegen einen Träger der freien Jugendhilfe auf den Zivilrechtsweg zu verweisen.[28]

Wegen der großen Zahl von Trägern der freien Jugendhilfe in **kirchlicher/konfessioneller Trägerschaft** (z.B. Caritas, Diakonie) spielen auch die datenschutzrechtlichen Regelungen der Kirchen eine nicht unerhebliche Rolle. Dass die Kirchen eigene Datenschutznormen erlassen können, geht auf Art. 114 GG i.V.m. Art. 137 Abs. 3 WRV zurück. Die DS-GVO gilt grundsätzlich auch für Kirchen und Religionsgemeinschaften. Sie enthält aber insoweit in Art. 91 DS-GVO weitreichende Öffnungsklauseln. Danach dürfen Kirchen und Religionsgemeinschaften ihre zum Zeitpunkt des Inkrafttretens bestehenden Regeln weiter anwenden, soweit diese in Einklang mit der DS-GVO gebracht werden.[29] Das bedeutet, dass in Deutschland die kirchlichen Datenschutzgesetze beibehalten werden können. Die beiden großen Kirchen haben mit ihrem KDG bzw. DSG-EKD jeweils entsprechende Kirchendatenschutzgesetze erlassen, die mittlerweile auch der DS-GVO angepasst worden sind. Allerdings ist es auch bei kirchlichen/konfessionellen Trägern erforderlich, hinreichend klare und ergänzende Vereinbarungen zum Datenschutz zu treffen; eine pauschale Selbstverpflichtung lediglich mit Hinweis auf die anzuwendenden Datenschutzgesetze der Kirchen ist hierfür nicht ausreichend.[30]

Wird ein Träger der freien Jugendhilfe, der gleichzeitig anerkannter Vormundschafts- und Pflegschaftsverein nach § 54 SGB VIII ist, von Familiengericht als **Umgangspfleger** oder **Umgangsbestimmungspfleger** nach §§ 1684 Abs. 3, 1909 BGB bestellt oder einer sei-

---

24 Wiesner/Wapler/Walther, § 61 SGB VIII Rn. 9; JHSM/Maas/Törnig, § 61 SGB VIII Rn. 19; Möller/Lehmann, § 61 SGB VIII Rn. 4.

25 DIJuF-TG „Allgemeine Grundsätze des Datenschutzes", Stand: 10/2022, Rn. 20; FK-SGB VIII/Hoffmann, § 61 Rn. 173 ff.; Überblick Palsherm, ZFSH/SGB 2021, 14; „Garantenstellung", ausführlich dazu LPK-SGB VIII/Kunkel, § 61 Rn. 296 ff.; für eine Gewährleistungsverpflichtung nur bei einer Aufgabenübertragung nach § 76, nicht jedoch bei der Gewährung von Leistungen der Kinder- und Jugendhilfe und Durchführung der Hilfe durch einen Träger der freien Jugendhilfe Gerlach/Johannsen, S. 22 f.

26 Zum Umfang der Regelungen Wiesner/Wapler/Walther, § 61 SGB VIII Rn. 11 ff.

27 Gerlach/Johannsen, S. 21; Hundt, S. 91; Elmauer/Schindler, SRa 2007, 81.

28 OVG Lüneburg v. 2.11.2011 – 4 OB 286/11, JAmt 2012, 103.

29 Palsherm, ZFSH/SGB 2021, 21.

30 Wiesner/Wapler/Walther, § 61 SGB VIII Rn. 16.

ner Mitarbeiter, dann nimmt der Verein mit diesen Aufgaben **keine Aufgaben des SGB VIII** wahr. Für diesen Aufgabenbereich gelten dann insofern für den Träger **nicht die besonderen Regelungen des Sozialdatenschutzes**, sondern es sind neben der DS-GVO noch ergänzend das Bundesdatenschutz (BDSG) sowie für konfessionelle Träger die jeweiligen Kirchendatenschutzgesetze anzuwenden. In einer solchen Fallkonstellation sind aber die unterschiedlichen Funktionen (einerseits leistungserbringender Träger für begleiteten Umgang und anderseits Umgangspfleger) organisatorisch und personell voneinander zu trennen. Im Übrigen sollte der gleiche Träger in diesen Fällen nicht gleichzeitig neben seiner Funktion als Umgangspfleger auch die Funktion als Umgangsbegleiter wahrnehmen.

## 2. Datenverarbeitung des Trägers im Rahmen des begleiteten Umgangs

Da für den Träger des begleiteten Umgangs die gleichen datenschutzrechtlichen Rahmenbedingungen wie für das Jugendamt gelten, hat auch der Träger bei der Durchführung der Leistung alle erforderlichen Daten bei den Betroffenen zu erheben (vgl. § 62 Abs. 1 SGB VIII). Im Übrigen hat der Träger neben dem Jugendamt als eigenständig datenschutzrechtlich Verantwortlicher (Art. 4 Nr. 7 DS-GVO) für **seine** Datenverarbeitung die allgemeinen datenschutzrechtlichen Grundsätze nach Art. 5 Abs. 1 DS-GVO zu beachten.[31] Hierzu gehört unabhängig von den Aufgaben des Jugendamtes vor allem auch die Erfüllung der Informationspflichten nach Art. 13, 14 DS-GVO. Auch für den Träger gilt das Zweckbindungsgebot nach § 64 Abs. 1 SGB VIII, Art. 5 Abs. 1 lit. b DS-GVO.

## 3. Datenübermittlung an das Jugendamt

Auch wenn es bei der Leistung des begleiteten Umgangs keinen Hilfeplan nach § 36 Abs. 2 Satz 2 SGB VIII gibt, werden zwischen dem Jugendamt, dem beauftragten Träger und den Personensorgeberechtigten bzw. den weiteren am Verfahren beteiligten Personen (gegebenenfalls Dritte, die ein Umgangsrecht haben) **Vereinbarungen** über Art und Umfang sowie Ziele der Hilfe getroffen. Zu diesen Vereinbarungen gehört in der Regel auch, dass der Träger in regelmäßigen Abständen dem Jugendamt einen **Bericht über den Verlauf** der Umgangskontakte übermittelt.

▶ *Es empfiehlt sich, zwischen allen Beteiligten (Träger, Jugendamt, Eltern und Kind) hinreichend Transparenz über die jeweiligen Datenübermittlungen herzustellen.*

Dies sollte im Rahmen einer gemeinsamen Zielvereinbarung geschehen. Enthält der Bericht anvertraute Daten nach § 65 SGB VIII, bedarf es zur Übermittlung dieser Daten regelhaft der Einwilligung dessen, der die Daten dem Mitarbeiter des Trägers anvertraut hat.

Das Jugendamt ist nach § 8a Abs. 4 SGB VIII in der Pflicht, mit den Leistungsträgern Vereinbarungen zum Schutzauftrag bei Kindeswohlgefährdung abzuschließen.[32] Die Träger haben dabei trägerspezifische Schutzkonzepte zu entwickeln. Ergeben sich bei begleiteten Umgangskontakten kindeswohlgefährdende Sachverhalte, haben die Träger bei gewichti-

31 Hierzu II.
32 Grundlegend Wiesner/Wapler/Wapler, § 8a SGB VIII Rn. 62 ff.; FK-SGB VIII/Meysen, § 8a Rn. 57 ff.

gen Anhaltspunkten für die Gefährdung eine **Gefährdungseinschätzung** unter Hinzuziehung einer insoweit erfahrenen Fachkraft vorzunehmen. Dabei sind die Erziehungsberechtigten sowie das Kind oder der Jugendliche in die Gefährdungseinschätzung einzubeziehen, soweit hierdurch der wirksame Schutz des Kindes oder Jugendlichen nicht infrage gestellt wird. Ist nach der Gefährdungseinschätzung des Trägers ein Tätigwerden des Jugendamtes oder des Familiengerichts erforderlich, hat der Träger den Sachverhalt dem Jugendamt auch **ohne Einwilligung** der Beteiligten mitzuteilen, damit das Jugendamt im Rahmen einer eigenen Gefährdungseinschätzung nach § 8a Abs. 1 SGB VIII prüfen kann, ob es ein Tätigwerden des Familiengerichts für erforderlich hält. In diesen Fällen kann das Jugendamt das Familiengericht nach § 8a Abs. 2 SGB VIII anrufen. Denkbare Fallkonstellationen im Zusammenhang des begleiteten Umgangs sind vor allem kindeswohlgefährdende Sachverhalte, die einen **Umgangsausschluss** nach § 1684 Abs. 4 Satz 1 BGB erforderlich machen.

### 3. Datenübermittlung des Trägers an das Familiengericht

Der vom Jugendamt für die Leistung des begleiteten Umgangs beauftragte Träger ist nicht Beteiligter eines familiengerichtlichen Umgangsverfahrens. Der Träger hat insoweit nur Mitteilungsbefugnisse gegenüber dem Jugendamt und ausdrücklich nicht gegenüber dem Familiengericht. Das Familiengericht kann zwar im Rahmen seiner Amtsermittlungspflicht nach § 26 FamFG den Träger um die Erstellung und Vorlage eines Berichts bitten, eine Übermittlung personenbezogener Daten durch den Träger scheitert allerdings an der Schranke des § 64 Abs. 1 SGB VIII.[33]

Etwas anderes ergibt sich, wenn ein Mitarbeiter des Trägers vom Familiengericht als **Umgangspfleger** oder **Umgangsbestimmungspfleger** nach §§ 1684 Abs. 3, 1909 BGB bestellt worden ist. In diesem Fall ist er am familiengerichtlichen Verfahren beteiligt und kann in seiner Funktion als Umgangspfleger dem Familiengericht alle erforderlichen Sachverhalte mitteilen. Die besonderen Regelungen des Sozialdatenschutzes sind hier nicht anwendbar, da der Träger bzw. Mitarbeiter keine Aufgaben nach dem SGB VIII wahrnimmt.

## VI. Datenschutz im familiengerichtlichen Umgangsverfahren

Wird ein begleiteter Umgang nach § 1684 Abs. 4 BGB in einem Umgangsverfahren durch das Familiengericht angeordnet, so gelten für das gerichtliche Verfahren und die am Verfahren beteiligten Stellen (vor allem Familiengericht, Jugendamt, Verfahrensbeistand und Sachverständiger) eigenständige datenschutzrechtliche Regelungen.[34] Das Jugendamt entscheidet in eigener Verantwortung, welche personenbezogene Daten es im Rahmen seiner Mitwirkungsaufgabe nach § 50 Abs. 2 SGB VIII an das Familiengericht übermittelt.

---

33 Wohl anders OLG Stuttgart v. 17.5.2006 – 1 Ws 128/06, JAmt 2006, 317 = NJW 2006, 2197, das in einem Strafverfahren davon ausging, dass eine Mitteilung persönlicher Daten bei einem betreuten Umgang an das Familiengericht befugt sei. Aus der Entscheidung ist nicht ganz eindeutig erkennbar, ob das Familiengericht oder das Jugendamt den Träger mit dem begleiteten Umgang beauftragt hat.

34 Zum Datenschutz bei Gerichten Ernst/Lohse/Hoffmann, Kapitel 18 Rn. 42 ff.; ebenso BeckOK Datenschutzrecht/Schild, Syst. E. Datenschutz bei Gerichten und Staatsanwaltschaften (1.5.2022); zum Datenschutz bei Verfahrensbeiständen und Sachverständigen Ernst/Lohse/Hoffmann, Kapitel 18 Rn. 71 ff.; Balloff/Vogel, ZKJ 2021, 292; Hoffmann, ZKJ 2020, 249; Heinz, RPsych 2019, 6; Weber, NZFam 2018, 865.

Eine Anordnungsbefugnis gegenüber dem Jugendamt, bestimmte Daten bei Dritten für das familiengerichtliche Verfahren zu erheben, hat das Gericht nicht. Es hat in diesen Fällen im Rahmen seiner Amtsermittlungspflicht nach § 26 FamFG gegebenenfalls diese Daten selbst zu erheben.[35]

Der begleitete Umgang kann entweder auf Grundlage einer gerichtlichen Anordnung und/ oder als Leistung der Jugendhilfe erfolgen.[36] Erst wenn sich ein Träger der Kinder- und Jugendhilfe (Jugendamt als Träger der öffentlichen Jugendhilfe oder ein Träger der freien Jugendhilfe) zum **mitwirkungsbereiten Dritten** erklärt, findet eine Verknüpfung der gerichtlichen Anordnung des begleiteten Umgangs nach § 1684 Abs. 4 Satz 2 BGB mit der Leistung der Jugendhilfe nach § 18 Abs. 3 Satz 4 SGB VIII statt. Die gerichtliche Anordnung eines begleiteten Umgangs setzt einen mitwirkungsbereiten Dritten voraus. Das Gericht kann nicht selbst einen Träger der freien Jugendhilfe mit dem begleiteten Umgang betrauen, da es an einer gesetzlichen Grundlage für die Vergütung des Umgangsbegleiters außerhalb des Jugendhilferechts fehlt.[37] Anders sieht es aus, wenn das Familiengericht eine **Umgangspflegschaft** nach § 1684 Abs. 3 BGB anordnet und einen Mitarbeiter eines Vormundschaftsvereins oder einen berufsmäßigen Einzelpfleger bestellt.[38]

Die einschlägigen gerichtlichen Verfahrensordnungen sehen **Zeugnisverweigerungsrechte** u.a. anknüpfend an berufliche Rollen vor (§ 53 StPO, § 383 ZPO, der gem. § 29 Abs. 2 FamFG auch für die Familiengerichte anzuwenden ist). Die materiellrechtliche Schweigepflicht nach § 203 StGB begründet für sich allein kein **Aussageverweigerungsrecht**. Ein zivilprozessuales (und i.V.m. § 29 Abs. 2 FamFG auch in der freiwilligen Gerichtsbarkeit geltendes) **Zeugnisverweigerungsrecht** besteht nach § 383 Abs. 1 Nr. 6 ZPO, soweit ein gesetzliches Geheimhaltungsgebot gilt. Im Zivil- und Verwaltungsprozess besteht daher für Mitarbeiter des Jugendamtes ein Zeugnisverweigerungsrecht. Das strafprozessuale Zeugnisverweigerungsrecht ist enger und umfasst nur die in § 53 Abs. 1 Nr. 1 bis 5 StPO aufgezählten Personen (und ihre Gehilfen nach § 53a StPO). Beispielsweise fallen Sozialarbeiter/Sozialpädagogen nicht unter die Zeugnisverweigerungsberechtigten nach § 53 StPO.[39]

Die beim Jugendamt verarbeiteten personenbezogenen Daten unterliegen dem Sozialgeheimnis nach § 35 Abs. 1 SGB I. Eine Übermittlung von Sozialdaten an ein Straf- oder Zivil-

35 Zu den fehlenden Übermittlungsbefugnissen des Trägers des begleiteten Umgangs gegenüber dem Familiengericht siehe V 3.

36 Ausführlich zum Verhältnis zwischen familiengerichtlicher Anordnung und jugendhilferechtlicher Leistung und der Kompetenzverteilung Prinz, NZFam 2022, 477; ebenso Dürbeck, ZKJ 2015, 457.

37 Prinz, NZFam 2022, 480; BGH v. 22.6.2022 – XII ZB 442/20, FamRZ 2022, 1562; OLG Köln v. 3.11.2017 – 4 UF 72/17, FamRZ 2018, 498; OLG Frankfurt a.M. v. 10.8.2016 – 5 UF 167/16, NZFam 2016, 952; OLG Brandenburg v. 7.2.2008 – 10 WF 238/07, JAmt 2008, 500; OLG Hamm v. 31.1.2008 – II 6 WF 17/08, FamRZ 2008, 1374.

38 Zu den Voraussetzungen der Vergütung eines Umgangspflegers BGH v. 31.10.2018 – XII ZB 135/18, FamRZ 2019, 199; BGH v. 30.8.2017 – XII ZB 562/16, FamRZ 2017, 1846; zur Kritik Dürbeck, ZKJ 2019, 141; Wiesner/Wapler/Dürbeck, § 18 SGB VIII Rn. 33.

39 Zum Zeugnisverweigerungsrecht der Jugendhilfe im Strafverfahren Ernst/Höynck, ZJJ 2018, 228; für ein umfassendes Zeugnisverweigerungsrecht der Sozialarbeit Simon/Zeyn/Leinenbach/Bec, Soziale Arbeit 2021, 289; ebenso Simon, FORUM sozial 2/2016, 37; Schruth, ZKJ 2018, 84; grundlegend zu Schweigepflicht, Sozialdatenschutz und Zeugnispflicht Kunkel/Rostek/Vetter, StV 2017, 829; zur Fachkraft der Jugendhilfe als Zeuge im Strafverfahren DIJuF-GutA, JAmt 2018, 563.

gericht ist – auch in Fällen einer Zeugenaussage – deshalb nur bei Vorliegen einer Übermittlungsbefugnis nach §§ 67 ff. SGB X zulässig, ansonsten besteht nach § 35 Abs. 3 SGB I **keine Aussagepflicht**. Eine Zeugnisverweigerungspflicht kann sich deshalb aus § 35 Abs. 3 SGB I für Mitarbeiter des Jugendamtes ergeben. Nach dieser Regelung zum Schutze des Sozialgeheimnisses besteht keine Zeugnispflicht, soweit eine Übermittlung sozialdatenschutzrechtlich nicht zulässig ist. Die Zeugnisverweigerungspflicht nach § 35 Abs. 3 SGB I knüpft damit am Fehlen einer sozialdatenschutzrechtlichen Übermittlungsbefugnis bzw. Übermittlungspflicht an. § 35 Abs. 3 SGB I begründet in diesen Fällen letztlich ein **sozialrechtlich begründetes Zeugnisverweigerungsrecht**. § 35 Abs. 3 SGB I stellt damit sicher, dass gerichtliche Maßnahmen wie Zeugenvernehmungen oder Beschlagnahme von Akten oder Datenträgern nicht zu einer Umgehung des Sozialdatenschutzes führen können.[40]

Im Übrigen benötigen Mitarbeiter des Jugendamtes und des Trägers vor eine Aussage vor einem Zivil- oder Strafgericht immer einer **Aussagegenehmigung** des Arbeitgebers. Diese Aussagegenehmigung hat das jeweilige Prozessgericht einzuholen. Wird die Aussagegenehmigung nicht erteilt und macht der Zeuge vor dem Termin im familiengerichtlichen Verfahren schriftlich von seinem Aussageverweigerungsrecht Gebrauch, ist sein Fernbleiben entsprechend § 386 Abs. 3 ZPO entschuldigt.[41]

## VII. Anforderungen an Einwilligungserklärungen und Schweigepflichtentbindungen

### 1. Schweigepflicht nach § 203 StGB

Fachkräfte des Jugendamtes und des Trägers der Jugendhilfe unterliegen der **Schweigepflicht** nach § 203 Abs. 1 StGB, wenn sie den in § 203 Abs. 1 Nr. 1 bis 7 StGB aufgezählten Berufs- oder Personengruppen angehören. Hierzu zählen nach § 203 Abs. 1 StGB insbesondere staatlich anerkannte Sozialarbeiter, Sozialpädagogen (Nr. 6) sowie Mitarbeiter von Beratungsstellen (Nr. 4). Das Gesetz enthält insofern eine abschließende Aufzählung. Angehörige anderer Berufsgruppen fallen nicht unter die Schweigepflicht nach § 203 Abs. 1 StGB, auch wenn sie vergleichbar Zugang zu schutzwürdigen Informationen haben, daher z.B. keine Erziehungswissenschaftler, Diplompädagogen (nur wenn sie in einer Beratungsstelle nach § 203 Abs. 1 Nr. 4 StGB tätig sind), Erzieher in (Kinder-)Tageseinrichtungen. Für Angehörige dieser Berufsgruppen ist allenfalls eine Schweigepflicht als Amtsträger nach § 203 Abs. 2 StGB anzunehmen, wenn sie im öffentlichen Dienst beschäftigt sind.

Vor dem Hintergrund, dass gerade im kommunalen Sozialdienst des Jugendamtes und bei Trägern der freien Jugendhilfe nicht ausschließlich staatlich anerkannte Sozialarbeiter/Sozialpädagogen beschäftigt sind, sondern auch Diplompädagogen bzw. Erziehungswissenschaftler (B.A./M.A.), scheint dies vor dem Hintergrund der gleichen Aufgaben nicht (mehr) sachgerecht zu sein und fordert eine Anpassung der Berufsgruppen des § 203

40 LG Oldenburg v. 25.7.2017 – 525 Js 8750/17, ZKJ 2017, 437; LG Köln v. 14.1.2014 – 111 Qs 255/13, BlWohlfPfl 2014, 199; LG Saarbrücken v. 19.3.2007 – 4 Qs 12/07, JAmt 2007, 321; LG Fulda v. 6.5.2004 – 2 Qs 34/04, JAmt 2004, 438; a.A. LG Offenburg v. 24.9.1993 – Qs 95/93, NDV 1994, 199.

41 OLG Köln v. 15.3.2004 – 27 WF 26/04, JAmt 2004, 255.

Abs. 1 StGB. Zu Recht wird kritisiert, dass die gesetzlichen Regelungen zur Schweigepflicht aus rechtsdogmatischer und rechtssystematischer Sicht nicht „mitgewachsen" sind mit den Organisationen und Funktionen.[42]

Dabei begründet § 203 StGB selbst keine Verschwiegenheitspflicht, sondern sanktioniert strafrechtlich die Verletzung von Privat-, Betriebs- oder Geschäftsgeheimnissen durch die zur Verschwiegenheit Verpflichteten. Die Pflicht zur Verschwiegenheit nach § 203 Abs. 1 StGB bezieht sich umfassend auf alles, was dem Schweigepflichtigen **in der Ausübung seines Berufes** bekannt geworden ist. Dem Schweigepflichtigen muss das Geheimnis also „als" Berufs- oder Amtsperson anvertraut worden sein.

Die berufliche Schweigepflicht nach § 203 StGB ist u.a. Voraussetzung für eine wirksame Beratung und Hilfe und die damit einhergehende notwendige Vertrauensbeziehung in der Kinder- und Jugendhilfe.[43] Dies gilt auch für den begleiteten Umgang.

## 2. Anforderungen an Einwilligungserklärungen und Schweigepflichtentbindungen

Kann die Verarbeitung (und damit auch die Übermittlung) personenbezogener Daten nicht auf eine andere gesetzliche Ermächtigungsgrundlage gestützt werden, darf sie nur mit Einverständnis des Betroffenen erfolgen (Art. 6 Abs. 1 lit. a, Art. 9 Abs. 2 lit. a DS-GVO). Die datenschutzrechtliche Einwilligungserklärung ist dem Grunde nach nichts anders als die sogenannte **Schweigepflichtentbindung**. Anders als bei der für das Strafrecht maßgeblichen Schweigepflichtentbindung, die vor allem nicht der Schriftform bedarf und auch konkludent erklärt werden kann,[44] sind an die datenschutzrechtliche Einwilligungserklärung gem. Art. 7 DS-GVO höhere Anforderungen zu stellen.

Eine **Einwilligung** ist nach Art. 4 Nr. 11 DS-GVO jede freiwillig für den bestimmten Fall in informierter Weise und unmissverständlich abgegebene Willensbekundung in Form einer Erklärung oder einer sonstigen eindeutigen bestätigenden Handlung, mit der die betroffene Person zu verstehen gibt, dass sie mit der Verarbeitung der sie betreffenden personenbezogenen Daten einverstanden ist.

Das setzt voraus, dass die betroffene Person mindestens weiß, wer der Verantwortliche ist und **für welchen Zweck** ihre Daten verarbeitet werden sollen. Sie muss wissen, dass und in welchem Umfang sie ihre Einwilligung erteilt. Die betroffene Person muss deshalb zuvor alle Informationen erhalten haben, damit sie beurteilen kann, zu welchem Anlass, Ziel und mit welchen Folgen die bevorstehende Datenverarbeitung erfolgt. Dabei obliegt es dem für die Datenverarbeitung Verantwortlichen, die Erteilung der Einwilligung nachzuweisen (Art. 7 Abs. 1 DS-GVO).

Allgemeine Pauschaleinwilligungen sind sowohl im Rahmen des Datenschutzschutzrechts wie auch bei der Schweigepflichtentbindung nicht ausreichend und damit nicht wirksam.

42 So Mörsberger, ZKJ 2018, 96.

43 Grundlegend zur Schweigepflicht Wiesner/Wapler/Walther, SGB VIII Anh. 4.4 § 203 StGB; Pehl/Knödler, S. 83 ff.; Knödler, ZKJ 2019, 17; Lehmann/Radewagen/Stücker, Jugendhilfe 2018, 429; Kunkel/Rostek/Vetter, StV 2017, 829; zur Schweigepflicht in der Berufspraxis sozialer Einrichtungen Siebrecht, ZfF 2014, 271.

44 Zum Ganzen Wiesner/Wapler/Walther, SGB VIII Anh. 4.4 § 203 StGB Rn. 27 ff.

Anders als das bisherige Datenschutzrecht schreibt die DS-GVO die Form einer Einwilligung nicht mehr vor.

▶ *Wegen der bestehenden Nachweispflicht des Verantwortlichen wird weiterhin die Einholung einer* ***schriftlichen*** *Einwilligung ratsam sein, zumal dies für den Sozialleistungsträger gem. § 67b Abs. 2 Satz 1 SGB X der Regelfall sein sollte.*

Die betroffene Person hat das Recht, ihre Einwilligung jederzeit zu widerrufen, Art. 7 Abs. 3 DS-GVO. Durch den **Widerruf der Einwilligung** wird die Rechtmäßigkeit der auf ihrer Grundlage bis zum Widerruf erfolgten Verarbeitung nicht berührt. Damit hat die Ausübung des Widerrufs nur Wirkung für die Zukunft. Der Widerruf der Einwilligung muss für die betroffene Person so einfach wie die Erteilung der Einwilligung sein. Der Verantwortliche hat die betroffene Person vor deren Einwilligung über ihr Widerrufsrecht in Kenntnis zu setzen, Art. 7 Abs. 3 Satz 3, Art. 13 Abs. 2 lit. c DS-GVO.[45] Anders als bei der datenschutzrechtlichen Einwilligungserklärung, die (mit Ausnahme der Einwilligung in die Weitegabe anvertrauter Daten nach § 65 SGB VIII) dem Jugendamt oder dem Träger erteilt wird, muss eine Schweigepflichtentbindung nach § 203 StGB gegenüber dem jeweiligen Mitarbeiter des Jugendamtes oder Trägers erteilt werden, da nicht das Jugendamt oder der Träger als juristische Person Berufsgeheimnisträger ist, sondern nur die jeweilige Person, der ein Geheimnis anvertraut wurde.

Einer Schweigepflichtentbindung bzw. Einwilligungserklärung bedarf es ausnahmsweise nicht, wenn im Sinne des sogenannten **rechtfertigen Notstandes** nach § 34 StGB wegen einer nicht anders abwendbaren Gefahr für Leib und Leben und einer anzustellenden Interessenabwägung z.B. zum Schutz eines Kindes das Interesse an der Übermittlung gegenüber dem Datenschutzrecht überwiegt. § 4 KKG sieht deshalb für die in § 4 Abs. 1 Nr. 1 bis 7 KKG genannten Fachkräfte auch ein abgestuftes Verfahren in Bezug auf eine Datenübermittlung an das Jugendamt nach § 4 Abs. 3 KKG vor.[46]

Erfährt die Fachkraft des Jugendamtes oder ein Umgangsbegleiter glaubhaft von einem Vorhaben oder der beabsichtigten Ausführung einer in § 138 StGB genannten Straftat (in der Regel Kapitalverbrechen wie Mord, Totschlag oder räuberische Erpressung) zu einer Zeit, zu der die Ausführung oder der Erfolg noch abgewendet werden kann, und unterlässt er es, dem Bedrohten oder der Polizeibehörde rechtzeitig darüber Anzeige zu machen, macht er sich selbst strafbar. Um dieser Rechtsfolge zu entgehen, ist er zur Anzeige der geplanten Straftat verpflichtet und hat auch unabhängig von der Schweigepflicht eine gesetzliche Übermittlungsbefugnis (§ 71 Abs. 1 Nr. 1 SGB X). Eine Anzeigepflicht für bereits vollendete Straftaten kennt das Gesetz hingegen nicht.

---

45 Zu den weiteren Voraussetzungen einer wirksamen Einwilligung Wiesner/Wapler/Walther, SGB VIII Anh. 4.3 § 67b SGB X Rn. 5 ff.; FK-SGB VIII/Hoffmann, § 61 Rn. 57 ff.; Hoffmann, NZS 2017, 807; Hoffmann, JAmt 2018, 2.

46 Zum Ganzen Wiesner/Wapler/Walther, SGB VIII Anh. 1 § 4 KKG Rn. 19 ff., 32 ff.; FK-SGB VIII/Meysen, Anh. I § 4 KKG Rn. 105 ff.

## VIII. Rechte der Betroffenen

Für die Durchsetzung seines informationellen Selbstbestimmungsrechts sieht die DS-GVO für betroffenen Personen in Art. 12 ff. DS-GVO umfangreiche Betroffenenrechte vor. Diese sind unabdingbar, d.h., ihre Geltendmachung kann weder durch vertragliche noch durch sonstige Vereinbarung ausgeschlossen oder eingeschränkt werden. Damit sich die betroffenen Personen überhaupt ihrer Rechte bewusst sind, enthalten Art. 13 und 14 DS-GVO in Umsetzung des Transparenzprinzips (Art. 5 Abs. 1 lit. a DS-GVO) umfassende Informationspflichten des für die Datenverarbeitung Verantwortlichen gegenüber den betroffenen Personen bereits bei der Erhebung von personenbezogenen Daten. Hierzu gehören auch entsprechende Hinweise zu den Rechten der Betroffenen.

Die Rechte der betroffenen Person können sich einerseits sowohl gegen das Jugendamt richten wie auch gegenüber dem leistungserbringenden Träger, je nachdem, wer als datenschutzrechtlich Verantwortlicher personenbezogene Daten verarbeitet. Diese Rechte werden in einzelnen Bereichen wieder unmittelbar durch die DS-GVO selbst eingeschränkt. Sie können darüber hinaus aber auch durch die Mitgliedstaaten nach Maßgabe des Art. 23 DS-GVO beschränkt werden und der bundesdeutsche Gesetzgeber hat im SGB X und SGB VIII teilweise weitergehende Beschränkungen vorgenommen.

### 1. Informationspflichten (Art. 13 und 14 DS-GVO)

Der Transparenzgrundsatz (Art. 5 Abs. 1 lit. a DS-GVO) ist Grundlage für eine Reihe von Informationspflichten, die sowohl Jugendamt als auch Träger als Verantwortliche für ihre Datenverarbeitung treffen. Sie sollen dem Betroffenen ermöglichen, die Tragweite der Datenverarbeitung sowie seine Rechte und Möglichkeiten einzuschätzen. Deswegen müssen sowohl im Fall der Direkterhebung beim Betroffenen (Art. 13 DS-GVO) als auch bei der Beschaffung der Daten über Dritte (Art. 14 DS-GVO) grundsätzlich bestimmte Angaben gegenüber dem Betroffenen im Rahmen der Informationspflichten erfüllt werden. Die Informationen sind in klarer und einfacher Sprache abzufassen (Art. 12 Abs. 1 DS-GVO). Praktisch umzusetzen sind die Informationspflichten grundsätzlich in schriftlicher Form (Art. 12 Abs. 1 Satz 2 DS-GVO). Bei einer Direkterhebung sollen die Informationen dem Betroffenen im Zeitpunkt der Erhebung mitgeteilt werden (Art. 13 Abs. 1 DS-GVO, für den Bereich der Jugendhilfe zusätzlich über § 62 Abs. 2 Satz 2 SGB VIII). Der Umfang dieser Informationspflichten betrifft indes nur sogenannte Metainformationen, nicht den Inhalt der Daten selbst.[47]

Jugendämter sollten deshalb für die Leistung „begleiteter Umgang" ein eigenständiges Infoblatt mit den Pflichtinformationen nach Art. 13 DS-GVO haben, das sie z.B. bei Antragstellung den betroffenen Personen aushändigen können. Für die Aufgabe „Mitwirkung im familiengerichtlichen Verfahren" sind eigenständige Informationspflichten zu erfüllen. Gleiches gilt für den leistungserbringenden Träger, der ja eine eigenständige Verarbeitung personenbezogener Daten vornimmt. Auch die Träger müssen entsprechende Informati-

47 Zum Umfang und Ausnahmen von den Informationspflichten Wiesner/Wapler/Walther, SGB VIII Anh. 4.3 §§ 82, 82a SGB X Rn. 4 ff., 19 ff.

onspflichten gegenüber den Personen erfüllen, deren personenbezogene Daten sie im Rahmen des begleiteten Umgangs verarbeiten.

## 2. Recht auf Auskunft (Art. 15 DS-GVO), Akteneinsicht

Die betroffene Person hat ein Recht auf Auskunft über die gespeicherten personenbezogenen Daten und die in Art. 15 DS-GVO genannten Informationen. Das Auskunftsrecht besteht nicht erst für den Fall, dass feststeht, dass personenbezogene Daten verarbeitet werden. Der Betroffene hat bereits einen Anspruch darauf, zu erfahren, ob überhaupt personenbezogene Daten über ihn verarbeitet werden. Auch für den Fall, dass keine personenbezogenen Daten des Betroffenen verarbeitet werden, ist eine Negativauskunft zu erteilen. Daneben besteht die Verpflichtung nach Art. 15 Abs. 3 DS-GVO, dem Betroffenen auf Antrag eine Kopie der personenbezogenen Daten, die Gegenstand der Verarbeitung sind, zur Verfügung zu stellen. Grenzen der Auskunftserteilung ergeben sich vor allem aus den Rechten Dritter (Art. 15 Abs. 4 DS-GVO) sowie durch weitere Ausnahmen in § 83 Abs. 1 SGB X.[48]

Auch hier kann sich der Auskunftsanspruch sowohl gegen das Jugendamt als öffentlichen Träger der Jugendhilfe richten wie auch unmittelbar gegenüber dem Träger des begleiteten Umgangs. Daneben ergibt sich der Auskunftsanspruch der betroffenen Personen auch gegenüber dem Familiengericht. Jeder Beteiligte ist für seine Datenverarbeitung auskunftspflichtig. Art und Umgang der zu erteilenden Auskunft richten sich nach Art. 15 Abs. 1 lit. a bis h DS-GVO. Die Auskunft ist regelhaft innerhalb einer **Frist von einem Monat** zu erteilen (Art. 12 Abs. 3 Satz 1 DS-GVO).

Da die Gewährung von Leistungen des begleiteten Umgangs nach § 18 Abs. 4 SGB VIII regelhaft im Rahmen eines Sozialverwaltungsverfahrens erfolgt, hat der am Verwaltungsverfahren Beteiligte unter den Voraussetzungen des § 25 SGB X auch einen **Anspruch auf Akteneinsicht**, solange das Verwaltungsverfahren noch nicht abgeschlossen ist.[49] So ist über das Akteneinsichtsrecht in Berichte eines Umgangsbegleiters in Akten des Jugendamtes im pflichtgemäßem Ermessen zu entscheiden, wenn die Tatbestandsvoraussetzungen des § 25 Abs. 1 Satz 1 SGB X nicht vorliegen und damit kein gebundener Anspruch auf Akteneinsicht gegeben ist.[50] Der Anspruch auf Akteneinsicht nach § 25 SGB X richtet sich allerdings allein an das Jugendamt und nicht an den leistungserbringenden Träger. Für ein eigenständiges Akteneinsichtsrecht in Trägerakten ist der Zivilrechtsweg zu beschreiten, da sich ein Anspruch aus einem Vertragsverhältnis (§ 241 Abs. 2 BGB) ergibt.[51] Der Träger hat dabei auch das Recht, nur Einsicht in den Teil der bei ihm geführten Akten zu gewähren, der nicht schützenswerte personenbezogene Daten enthält.[52]

48 Wiesner/Wapler/Walther, SGB VIII Anh. 4.3 § 83 SGB X Rn. 18 ff.

49 Grundlegend zum Akteneinsichtsrecht und Auskunftsanspruch DIJuF-TG-1129 Akteneinsichtsrecht der Beteiligten und Auskunftsrecht der Betroffenen (Stand: 7/2022); FK-SGB VIII/Hoffmann, § 61 Rn. 91 ff.; Wiesner/Wapler/Walther, SGB VIII Anh. 4.3. § 83, 25 SGB X Rn. 30 ff.

50 VG Würzburg v. 24.9.2020 – W 3 K 19.265, juris.

51 FK-SGB VIII/Hoffmann, § 61 Rn. 111; Wiesner/Wapler/Walther, SGB VIII Anh. 4.3. § 83, 25 SGB X Rn. 41; Kipker/Voskamp, SozDatenschutz-HdB, Kapitel 9 Rn. 117; VG Gelsenkirchen v. 12.1.2004 – 19 K 3927/02, NDV-RD 2004, 114; ebenso OVG Lüneburg v. 2.11.2011 – 4 OB 286/11, JAmt 2012, 103.

52 VG Gelsenkirchen v. 12.1.2004 – 19 K 4534/013, NDV-RD 2004, 115.

Bei der Akteneinsicht ist das besondere Verbot der Weitergabe von Sozialdaten nach § 65 Abs. 1 SGB VIII zu beachten und eine Akteneinsicht der „anvertrauten Daten" ist grundsätzlich nur mit Einwilligung der Person möglich, die die Daten anvertraut hat.[53] Das aus dem Elternrecht hergeleitete allgemeine Informationsrecht führt deshalb nicht dazu, dass entgegen § 65 Abs. 1 Satz 1 Nr. 1 SGB VIII Einsicht in Sozialdaten, die dem Mitarbeiter eines Trägers der öffentlichen Jugendhilfe zum Zwecke persönlicher und erzieherischer Hilfe anvertraut worden sind, zu gewähren ist.[54] Da die Beratungs- und Unterstützungstätigkeit des Jugendamtes nach § 18 Abs. 3 Satz 3 SGB VIII auch eine persönliche und erzieherische Hilfe i.S.v. § 65 Abs. 1 Satz 1 SGB VIII beinhaltet, ist ein Akteneinsichts- und Auskunftsrecht eines Elternteils über Gesprächsvermerke mit dem anderen Elternteil und dem betroffenen Kind nur mit Einwilligung der Beteiligten möglich.[55]

Allerdings besteht grundsätzlich **kein Anspruch auf Akteneinsicht** in die Akten des Jugendamtes, wenn es um die Mitwirkungsaufgabe des Jugendamtes im **familiengerichtlichen Verfahren** (z.B. Verfahren zur Umgangsregelung, zum Umgangsausschluss oder zum begleiteten Umgang) geht.[56] Bei diesen Aufgaben handelt es sich nicht um Verwaltungsverfahren i.S.v. § 8 SGB X.

Eine Akteneinsicht außerhalb eines Verwaltungsverfahrens kommt nur ausnahmsweise in Betracht, wenn ein berechtigtes Interesse an der Einsichtnahme gegeben ist. Darüber entscheidet das Jugendamt nach pflichtgemäßem Ermessen.[57] Entsprechend § 25 Abs. 3 SGB X ist das Jugendamt zur Gestattung der Akteneinsicht nicht verpflichtet, wenn die Vorgänge wegen der berechtigten Interessen Dritter geheim gehalten werden müssen.[58] Die Verfahrensbeteiligten können ihren Anspruch auf Akteneinsicht in einem familiengerichtlichen Verfahren nach § 13 FamFG gegenüber dem Familiengericht geltend machen.

## 3. Recht auf Berichtigung (Art. 16 DS-GVO)

Die betroffene Person hat das Recht, eine Berichtigung sie betreffender unrichtiger personenbezogener Daten zu verlangen (Art. 16 Satz 1 DS-GVO). „Unrichtig" sind falsche (z.B. falsches Geburtsdatum oder Adresse) sowie unvollständige Daten, sodass auch eine Vervollständigung unvollständiger Daten verlangt werden kann (Art. 16 Satz 2 DS-GVO). Ein Berechtigungsanspruch nach Art. 16 DS-GVO besteht nur für „objektiv" falsche Daten. Kein Berichtigungsanspruch ergibt sich nach Art. 16 DS-GVO in Bezug auf sozialpädagogische Einschätzungen, Empfehlungen und Stellungnahmen z.B. im familiengerichtlichen Verfahren durch Fachkräfte des Jugendamtes.[59] Hier haben die Beteiligten die Möglichkeit, im familiengerichtlichen Verfahren zur Stellungnahme des Jugendamtes eine eigene Stellungnahme abzugeben. Auch im jugendhilferechtlichen Verfahren nach § 18 Abs. 3 SGB VIII besteht eine solche Möglichkeit, z.B. zu einem Bericht eines Trägers eine

53 OVG Saarlouis v. 29.10.2021 – 2 D 223/21, JAmt 2022, 219.

54 VGH Baden-Württemberg v. 27.4.2020 – 12 S 579/20, FamRZ 2020, 1194 = NJW 2020, 1985.

55 OVG Münster v. 13.9.2018 – 12 A 1057/17, ZKJ 2019, 35.

56 VG München v. 2.10.2020 – M 18 E 20.3970, JAmt 2021, 166; VG Augsburg v. 12.1.2016 – Au 3 K 15.402, JAmt 2016, 219; VG Hannover v. 10.3.2015 – 10 B 1268/15, JAmt 2015, 516 = ZKJ 2015, 243; VG Ansbach v. 1.3.2010 – AN 14 E 10.00205, juris; VG Ansbach v. 5.5.2011 – AN 14 K 10.02132, juris.

57 VG Hannover v. 10.3.2015 – 10 B 1268/15, JAmt 2015, 516 = ZKJ 2015, 243.

58 VG München v. 2.10.2020 – M 18 E 20.3970, JAmt 2021, 166.

59 Vgl. auch VG München v. 25.5.2011 – M 18 K 10.1647, juris.

abweichende Stellungnahme gegenüber dem Jugendamt einzureichen. Dabei handelt es sich aber nicht um einen Anspruch auf Berichtigung i.S.v. Art. 16 DS-GVO.

Es besteht insoweit kein Unterlassungsanspruch im Hinblick auf die Stellungnahme des Jugendamtes im familiengerichtlichen Verfahren. Das sogenannte **Sachlichkeitsgebot** verlangt, dass die Äußerung in einem konkreten Bezug zur Erfüllung einer hoheitlichen Aufgabe steht und nicht leichtfertig getätigt wurde. Nur wenn eine amtliche Äußerung diesen Anforderungen nicht gerecht wird oder sich als ehrverletzend erweist, kann der Betroffene – bei Wiederholungsgefahr – ihre Unterlassung beanspruchen.[60] Adressat der Stellungnahme des Jugendamtes nach § 50 SGB VIII in familiengerichtlichen Verfahren ist das Familiengericht, nicht das Kind oder die Eltern, sodass sich diese gegen die Stellungnahme nicht gesondert auf dem Verwaltungsrechtsweg wehren können. Ihr Rechtsschutz nach Art. 19 Abs. 4 GG gegen Stellungnahmen des Jugendamtes als unselbstständige Teile des familiengerichtlichen Erkenntnisprozesses wird dadurch gewährleistet, dass sie Rechtsbehelfe gegen die Entscheidungen der Familiengerichte ergreifen können.[61] Es besteht ebenfalls kein Anspruch auf Sperrung einer im Rahmen der Aufgabe des § 50 SGB VIII beim Jugendamt geführten Akte, die Schriftverkehr (einschließlich Gutachten) aus den Verfahrensakten beim Amtsgericht enthält.[62] Mit den gleichen Argumenten wird man dies in Bezug auf Stellungnahmen/Berichte des Trägers im Rahmen des begleiteten Umgangs sehen können.

## 4. Recht auf Löschung (Art. 17 DS-GVO)

Sowohl das Jugendamt wie auch der Träger des begleiteten Umgangs haben im Rahmen ihrer Aufgabenwahrnehmung allgemein festzulegen, wie lange personenbezogene Daten aufbewahrt werden. Diese Aufbewahrungsfristen sind in einem allgemeinen **Archivierungs- und Löschkonzept** zu beschreiben. Grundsätzlich dürfen personenbezogene Daten nur so lange aufbewahrt werden, wie es zur Erfüllung der jeweiligen Aufgabe erforderlich ist und nicht gesetzliche oder satzungsmäßige Aufbewahrungsfristen dem Löschen entgegenstehen (Art. 17 Abs. 1 lit. a DS-GVO i.V.m. Art. 17 Abs. 3 lit. b DS-GVO). In der Regel werden beim begleiteten Umgang die Leistungsakten des Jugendamtes zehn Jahre nach Abschluss der Leistung aufbewahrt. Daneben sind personenbezogene Daten immer dann zu löschen, wenn sich herausstellt, dass sie unrechtmäßig erhoben worden sind (vgl. Art. 17 Abs. 1 lit. d DS-GVO)[63] oder Rechtsgrundlage für eine Datenverarbeitung allein die Einwilligung der betroffenen Person war (vgl. Art. 17 Abs. 1 lit. b DS-GVO, was beim begleiteten Umgang aber regelmäßig nicht der Fall sein wird).[64]

60 VGH München v. 5.6.2020 – 12 C 20.308, FamRZ 2021, 43 = NZFam 2020, 786; ebenso VG München v. 2.6.2021 – M 18 E 21.1454, FamRZ 2021, 1560; OVG Münster v. 11.10.2019 – 12 B 61/19, juris.

61 VG Köln v. 4.6.2021 – 26 L 909/21, NZFam 2021, 1118.

62 VG München v. 25.5.2011 – M 18 K 10.1647, juris.

63 OLG Zweibrücken v. 21.2.2013 – 6 U 21/12, JAmt 2013, 414 = ZKJ 2013, 253 mit Anmerkungen Walther; VGH Kassel v. 16.9.2014 – 10 A 500/13, ZKJ 2014, 493.

64 Zu den Ausnahmen vom Löschungsanspruch Wiesner/Wapler/Walther, SGB VIII Anh. 4.3 § 84 SGB X Rn. 9, 10.

## 5. Recht auf Einschränkung der Verarbeitung (Art. 18 DS-GVO)

Neben dem Recht auf Löschung besteht im Einzelfall ein Recht auf **Einschränkung der Verarbeitung** aus Art. 18 DS-GVO. Werden personenbezogene Daten eingeschränkt, so bedeutet das, dass die betroffenen Daten nur noch eingeschränkt in begrenztem Umfang mit Einwilligung der betroffenen Person oder zur Geltendmachung, Ausübung und Verteidigung von Rechtsansprüchen und im öffentlichen Interesse verarbeitet werden dürfen (Art. 18 Abs. 2 DS-GVO). Weitere bereichsspezifische Regelungen finden sich für das Jugendamt in § 84 Abs. 3 SGB X.[65]

## 6. Recht auf Widerspruch (Art. 21 DS-GVO)

Legt eine betroffene Person **Widerspruch** gegen die Verarbeitung ihrer personenbezogenen Daten ein, so ist die Verarbeitung der Daten zunächst zu beschränken (Art. 18 Abs. 1 lit. d DS-GVO) und nach einer Prüfung zu löschen (Art. 17 Abs. 1 lit. c DS-GVO).[66]

## 7. Recht auf Benachrichtigung bei einer Datenschutzverletzung (Art. 34 DS-GVO)

Unter bestimmten Voraussetzungen besteht bei **Datenschutzverstößen** und Datenpannen eine **Benachrichtigungspflicht gegenüber dem Betroffenen** durch das Jugendamt oder den Träger, je nachdem, wer die Datenschutzverletzung zu verantworten hat. Denkbare Fallkonstellationen für Datenschutzverletzungen können dabei u.a. sein: unberechtigte Übermittlung von Daten an Dritte ohne Einwilligung oder anderweitige gesetzliche Grundlage, Verlust von Daten (z.B. von Akten oder Datenträgern). Für den Betroffenen soll die Benachrichtigungspflicht vor allem die Vermeidung oder Verringerung von Folgeschäden ermöglichen und ihm die Möglichkeit geben, seine Rechte (auch auf Schadensersatz) wahrzunehmen. Nur wenn er Kenntnis von dem Datenschutzverstoß hat, kann er selbst geeignete Maßnahmen zum Schutz seiner persönlichen Rechte und Freiheiten ergreifen.[67] Zusätzlich müssen nach Art. 33 DS-GVO Datenschutzverletzungen binnen 72 Stunden der zuständigen Datenschutzaufsichtsbehörde gemeldet werden. Das gilt gleichermaßen für das Jugendamt wie den Träger. Bei Sozialdaten, um die es hier regelmäßig geht, besteht zudem eine Meldepflicht des Jugendamtes gegenüber der zuständigen Rechts- und Fachaufsichtsbehörde (vgl. § 83a SGB X).

## 8. Recht auf Schadensersatz (Art. 82 DS-GVO)

Verstöße gegen Datenschutzgrundsätze und die DS-GVO können zu **Schadensersatzansprüchen** führen.[68] Wie auch schon im bisherigen Datenschutzrecht hat die betroffene Person ein Recht auf Schadensersatz für materielle und immaterielle Schäden (Art. 82 Abs. 1 DS-GVO), wenn sie darlegen kann, dass dieser Schaden durch eine unrechtmäßige Datenverarbeitung entstanden ist (z.B. unrechtmäßige Datenerhebung oder Datenüber-

65 Wiesner/Wapler/Walther, SGB VIII Anh. 4.3 § 84 SGB X Rn. 13.

66 Zu den Ausnahmen von Widerspruchsrechten Wiesner/Wapler/Walther, SGB VIII Anh. 4.3 § 84 SGB X Rn. 15.

67 Zum Verfahren und den Ausnahmen von der Benachrichtigungspflicht Wiesner/Wapler/Walther, SGB VIII Anh. 4.3 § 83a SGB X Rn. 13 ff.

68 So bereits OLG Zweibrücken, Urteil v. 21.2.2013 – 6 U 21/12, JAmt 2013, 414 = ZKJ 2013, 253 mit Anmerkungen Walther.

mittlung). Eine Befreiung von der Haftung ist auch unter der DS-GVO möglich, wenn der für die Datenverarbeitung Verantwortliche nachweisen kann, dass er in keinerlei Hinsicht für den Umstand, durch den der Schaden entstanden ist, verantwortlich ist (Art. 82 Abs. 3 DS-GVO).[69]

## 9. Recht auf Beschwerde und Rechtsschutz (Art. 77 bis 79 DS-GVO)

Art. 77 DS-GVO gibt dem Betroffenen das Recht auf **Beschwerde** bei einer Datenschutzaufsichtsbehörde. Gegen eine Entscheidung der Aufsichtsbehörde hat der Betroffene ein Recht auf einen wirksamen Rechtsbehelf (Art. 78 DS-GVO). Zuständig für das Jugendamt ist der jeweilige Landesbeauftragte für Datenschutz; ebenso für einen freien Träger der Jugendhilfe. Für einen konfessionellen Träger haben sowohl die evangelische wie auch katholische Kirche mit ihren Kirchendatenschutzgesetzen eigene unabhängige Datenschutzaufsichtsbehörden geschaffen. Die zuständigen Datenschutzaufsichtsbehörden können bei Beschwerden gegenüber den datenverarbeitenden Stellen Sanktionen erlassen (vgl. Art. 58 DS-GVO).

**Bußgelder** sind grundsätzlich für alle Verstöße gegen Vorschriften der DS-GVO möglich. Sowohl der Bußgeldrahmen als auch der Kreis der potenziell Bußgeldpflichtigen wurde unter der DS-GVO erweitert. Gegen Behörden und sonstige öffentliche Stellen werden dagegen in Deutschland keine Geldbußen verhängt (für Sozialleistungsbehörden § 85a Abs. 3 SGB X i.V.m. Art. 83 Abs. 7 DS-GVO). Träger der freien Jugendhilfe können bei einem Datenschutzverstoß hingegen mit Bußgeldern von den jeweils zuständigen Aufsichtsbehörden belegt werden. Insofern liegt es im eigenen Interesse sowohl des Jugendamtes wie auch der Träger des begleiteten Umgangs, dass sie bei ihrer Aufgabenwahrnehmung die datenschutzrechtlichen Grundsätze beachten.

69 Zum Verfahren und den Voraussetzungen des Anspruchs auf Schadensersatz Wiesner/Wapler/Walther, SGB VIII Anh. 4.3 § 81 SGB X Rn. 8 ff.

# Kapitel 3 Psychologische Aspekte des Begleiteten Umgangs

*Bettina Müller*

**Übersicht** Seite



## Vorbemerkung

Eltern, die sich trennen, wissen in der Regel, dass es für ein Kind gut ist, von Mutter und Vater beim Großwerden begleitet zu werden. Dazu braucht es Vereinbarungen und Absprachen über die Umgangskontakte. Erst wenn dieses Bemühen scheitert, werden Institutionen wie das Jugendamt und das Familiengericht hinzugezogen.

Demzufolge haben die Eltern, die Begleiteten Umgang benötigen, Erfahrungen des Scheiterns der gemeinsamen Partner- bzw. Elternschaft sowie Beziehungsabbrüche, die mit Kränkungen, Schuld- und Schamgefühlen verbunden sind, erlebt. Das Angebot des Begleiteten Umgangs soll Mutter bzw. Vater den Kontakt zum Kind ermöglichen und langfristig wieder unbegleitete Umgangslösungen anbahnen.

Kinder erleben bei einer Trennung eine Veränderung in ihrem bisherigen Leben. Kinder werden im Verlauf ihres Lebens schrittweise größer, werden eigenständiger und ziehen in der Regel aus. Die Eltern bleiben zurück. Bei einer Elterntrennung zieht meist ein Elternteil aus und es kommt auch zu einer Veränderung in der Beziehung zum Kind. Dies geschieht oft, wenn die Kinder jung sind und die Loslösung von den Eltern in keiner Weise in der Entwicklung der Kinder ansteht. Umso verständlicher ist, dass sich viele Kinder das gemeinsame Leben mit Mutter und Vater wünschen. Die möglichen Modelle von Umgangsregelungen werden an dieser Stelle nicht weiter ausgeführt.

Kinder, die zum Begleiteten Umgang kommen, haben häufig einen monatelangen Beziehungsabbruch zu einem Elternteil erlebt.

Aus Sicht des Kindes ist der Begleitete Umgang eine Möglichkeit, an einem neutralen, kindergerechten und geschützten Ort unbeschwert Zeit mit Mutter oder Vater zu verbringen. Ein/e Umgangsbegleiter:in schafft den Raum für diese Begegnung.

# I. Einführung

## 1. Paar- und Elternebene

Das Trennen der Paar- und Elternebene wird als Grundlage eines konfliktfreien Kontaktes von Fachkräften postuliert. Dies gelingt gerade Eltern im Begleiteten Umgang oft sehr schwer. Anstatt die beendete Partnerschaft als einen Prozess der Verliebtheit und der intensiven Beziehung mit schönen Momenten und zunehmend schwierigen Situationen wahrzunehmen, die zu einer Trennung geführt haben, wird rückblickend die gesamte Partnerschaft als ausschließlich negativ beschrieben.

Je nach Zeitpunkt der Trennung werden auch die Zeugung des Kindes, die Geburt und das Leben mit dem Kind, d.h. die gemeinsame Elternschaft abwertend und rückblickend negativ beschrieben.

Die Elternebene wird somit nicht von der Paarebene getrennt.

Die Kinder haben ihre Eltern oft über lange Zeit in den eigenen Gefühlen und Konflikten auf der Erwachsenenebene gefangen erlebt. Ihre eigenen kindlichen Bedürfnisse gerieten bei den Auseinandersetzungen aus dem Blick.

Gleichzeitig haben die Kinder eigene Erfahrungen mit Vater und Mutter gesammelt, bevor es zum Kontaktabbruch und der Einrichtung eines Begleiteten Umgangs kommt. Diese Erfahrungen haben allerdings oft keinen Platz in dem von Konflikten geprägten System.

Das Kind erlebt sich in seiner kindlichen Welt alleingelassen. Erlebt es die Abwertung von Vater oder Mutter durch den anderen Elternteil, wird es in seinen eigenen Persönlichkeitsanteilen ebenfalls abgewertet.

Eine schädigende Dynamik in der Familie für das Kind beginnt.

Die Eltern ihrerseits bringen auch eine Beziehungsgeschichte mit ihren eigenen Eltern mit, die wiederum auf ihr Verständnis ihrer eigenen Mutter- bzw. Vaterrolle wirkt.

Diese systemische Sichtweise eröffnet viele Perspektiven, um die psychologischen Dynamiken zwischen den Familienmitgliedern zu verstehen und Lösungen im Rahmen des Begleiteten Umgangs zu finden.

Gleichzeitig greift der Ansatz zu kurz, der die Problematik der Familien systemisch auf die Elternkonflikte reduziert. Immer häufiger begegnen uns in der Praxis Familien mit sehr unterschiedlichen komplexen Problematiken, die zu der Abgabe der Elternverantwortung an die Familiengerichte oder die Jugendämter und der Einrichtung des Begleiteten Umgangs geführt haben.

## 2. Begleiteter Umgang – Wege aus der Beziehungsstörung

Gewalt, psychische Erkrankungen, Entwurzelung, Kommunikationsstörungen, Traumata sind oft die Grundlagen der Beziehungsstörungen in den Familien, die schon vor der Trennung Grund für eine hohe Problemlage in der Familie waren und das Nichtbeachten kindlicher Bedürfnisse zur Folge hatten.

Sind diese Problematiken nicht benannt und in Ansätzen bearbeitet, kommen sie im Zusammenhang mit den Kontakten der Fachkräfte bei den Erstgesprächen zum Tragen: eine psychotische Mutter, die gar keine Idee hat, warum es Begleiteten Umgang geben soll, weil ihre Realität so verzerrt ist; ein gewalttätiger Vater, der die Gewalt völlig leugnet und andere für seine Misshandlungen gegenüber den Kindern verantwortlich macht.

Diese Beispiele zeigen, wie wichtig die erste Abklärung ist, inwieweit Begleiteter Umgang das passende Angebot für die Familie ist, oder ob andere Hilfeangebote vorab sinnvoll und notwendig sind. Die Beispiele zeigen aber auch, dass Begleiteter Umgang nur mit intensiver Beratung der Eltern möglich ist.

Begleiteter Umgang als Schutzraum für die Kinder ist nur möglich, wenn klar ist, wovor die Kinder geschützt werden müssen.

Werden im Begleiteten Umgang die bestehenden schädigenden Beziehungsmuster aus der Vergangenheit weiterhin fortgeführt und bleiben wirksam, wird das Kind trotz des äußeren sicheren Rahmens durch diese Treffen weiter psychisch geschädigt. Kommt beispielsweise ein Vater, der seine Kinder sehr vernachlässigt hat, wiederholt nicht zu dem vereinbarten Termin, bieten die begleiteten Eltern-Kind-Treffen keinen Schutzraum für das Kind.

Darum kann Begleiteter Umgang nur auf der Grundlage intensiver Beratungsangebote der Eltern und der einzeltherapeutischen Begleitung des Kindes (nach dem Konzept von „Kind im Zentrum") ein auch psychisch sicherer und somit geschützter Raum für das Kind werden.

## 3. Begleiteter Umgang – Begegnung zwischen Eltern und Kind

Im folgenden Kapitel werden die psychologischen Grundlagen dargestellt, die bei der Arbeit mit den Familien im Begleiteten Umgang und bei der Ausgestaltung eines Eltern-Kind-Treffens von Bedeutung sind. Dabei wird das Augenmerk besonders auf den zugrunde liegenden psychologischen Faktoren der Eltern-Kind-Beziehung liegen.

Begleiteter Umgang ist ein Raum, in dem eine Beziehungserfahrung zwischen dem Kind und den Eltern ermöglicht wird. Es braucht also Verständnis für diese Beziehung, die sehr oft völlig aufgrund der Betrachtung des Elternkonflikts aus dem Blick geraten ist. Nur wenn wir die bisherigen gemeinsamen Beziehungserfahrungen der Beteiligten als psychologische Grundlage unserer Arbeit sehen, können wir die Situation des Kindes und der Eltern, die Beobachtungen aus dem Begleiteten Umgang, die Informationen aus den Beratungsgesprächen mit den Eltern und den Kindern sowie die Erfahrungen, die die Mitarbeitenden im Kontakt mit der Familie machen, ganzheitlich verstehen. So können individuell angepasste Umgangskontakte mit den Eltern und dem Kind erarbeitet und ein wirklicher Schutzraum im Begleiteten Umgang geschaffen werden.

Dann wird der Begleitete Umgang viel mehr als die Umsetzung eines juristischen Beschlusses – dann ist Begleiteter Umgang ein Angebot, das die Resilienz der Familien in einer Beziehungskrise stärkt. Dies ist die Grundlage für den gemeinsamen Blick auf das, was Eltern ein Leben lang verbindet und deren Zukunft gestaltet: das gemeinsame Kind.

Dadurch eröffnet sich für das Kind die Möglichkeit, eine eigene Beziehung zu Vater oder Mutter aufzubauen, jenseits der Elternkonflikte.

## 4. Begleiteter Umgang – das Kind im Zentrum

Unsere Erfahrung ist: Das Kind ist nicht nur Spielball im Elternkonflikt, sondern hat eine eigene Beziehung und Geschichte mit Mutter und Vater. Damit das Kind mit seinen Gefühlen und Gedanken als Kind gesehen wird, ist ein paralleles, einzeltherapeutisches Angebot für Kinder mit eigener Schweigepflicht durch eine erfahrene Fachkraft im Begleiteten Umgang notwendig.

Umgesetzt wird dies in dem Projekt „Kind im Zentrum", das 2015 in der Psychologischen Beratungsstelle des Kinderschutzbundes Ulm/Neu-Ulm entwickelt wurde und seitdem umgesetzt wird.

Mit Hilfe von Herzenssache, dem Kinderhilfsprojekt von SWR, SR und Sparda Bank, wurde das Projekt seit 2016 bis 2022 finanziert. Seit 2023 ist „Kind im Zentrum" durch die Stadt Ulm, des Alb-Donau-Kreis und den Landkreis Neu-Ulm finanziert. Ab Mai 2022 ist die Einbeziehung des Kindes entsprechend „Kind im Zentrum" in den Standards des Bundesverbandes des Kinderschutzbundes verankert.

→ *Das Ulmer Projekt „Kind im Zentrum" wird in Kapitel 5 G vorgestellt.*

Erhalten die Eltern ebenfalls Beratung bezüglich der psychologischen Grundlagen der Eltern-Kind-Beziehung, sind Veränderungen in der Beziehung und der Kommunikation zwischen den Eltern möglich und sie können die Ideen, die aus der Beratung mit dem Kind entstehen, wertschätzend und positiv aufgreifen.

Um eine Grundlage für dieses kindorientierte Konzept des Begleiteten Umgangs zu schaffen, werden im Folgenden die Konzepte der Triade und der Bindungsentwicklung des Kindes zu seinen primären Bindungspersonen, Konzepte der Feinfühligkeit und intuitiven Elternschaft, die Affekt- und Empathie-Entwicklung sowie das Modell der Mentalisierung dargestellt.

Des Weiteren wird der Begleitete Umgang als Angebot der Resilienz-Stärkung vorgestellt. Dieser innovative Blick auf den Begleiteten Umgang eröffnet den Familien und den am Begleiteten Umgang beteiligten Institutionen und Fachkräften einen neuen Blick auf die gemeinsame Arbeit.

Ziel des Kapitels ist, dass die Leser psychologische Konzepte für die praktische Arbeit kennenlernen und dadurch neue Sichtweisen und Perspektiven auf die Familien im Begleiteten Umgang ermöglicht werden. Anzumerken ist, dass jede Familie anders ist und es darum immer einen individuellen Lösungsweg braucht, wobei das Kind mit seinen Bedürfnissen im Zentrum der Überlegungen steht.

Folgen von massiv eskalierenden Trennungssituationen, Gewaltproblematiken in der Familie oder jahrelangen gerichtlichen Auseinandersetzungen von Eltern, die zu traumatischen Erfahrungen für die Kinder führen, werden in Kapitel 5 E beschrieben.

## II. Die Triade (Dreiheit)

### 1. Einordnung

Die tiefenpsychologischen und systemischen Ansätze bezeichnen das Beziehungssystem zwischen drei Personen als Triade:

> „In einem funktionalen triadischen System bilden die einzelnen Teilnehmer einen sich gegenseitig einbeziehenden und akzeptierenden Rahmen. Diese Partner beziehen sich in positiven und negativen Stimmungen aufeinander und schließen sich nicht selbst oder gegenseitig aus dem familiären Interaktionsgefüge aus."[1]

Die erste Triade im Leben eines Menschen besteht aus Vater, Mutter und Kind.

Verlässt der Vater die Mutter in der Schwangerschaft oder in den ersten Lebensmonaten des Kindes oder besteht von Anfang an eine hohe Konfliktlage zwischen den Eltern, wird das Kind diese Triade aus psychologischer Sicht nicht erleben. Das Kind bleibt dann vorerst in der Zweierbeziehung mit seiner Mutter. Je nach Lebenswelt wird diese Erfahrung der Triade eventuell durch eine weitere nahe Bezugsperson (Großmutter und Ähnliche) möglich.

„Säuglinge zeigen schon ab etwa dem dritten Lebensmonat triadische Fähigkeiten."[2] Diese Fähigkeiten werden beobachtbar, wenn das Kind gleichzeitig mit beiden Eltern (Elternschaft) Kontakt aufnimmt und seine Affekte mit ihnen teilt. So kann es etwa im Kontakt mit dem Vater Freude zeigen und dann für einen Moment zur Mutter schauen und auch mit ihr die Freude teilen, um dann wieder zum Spiel mit dem Vater zurückzukehren. Wenn Vater und Mutter darauf reagieren und die Freude spiegeln, findet eine Zirkularität der Affekte statt, eine für die emotionale Entwicklung des Kindes bedeutsame Erfahrung.[3]

1 Eickhorst/Cierpa, 2022, www.carl-auer.de/magazin/systemisches-lexikon/triade (Abruf: 22.2.2023).
2 Von Klitzing, 1991, S. 104.
3 Fivaz-Depeursinge/Corboz-Warnery, 2001, S. 34 ff.

Hier wird deutlich, dass die Veränderung der Mutter-Vater-Beziehung nach systemischem Verständnis eine Wirkung auf die anderen bestehenden Beziehungen in der Triade hat.

## 2. Die Triade und der Begleitete Umgang

Für den Begleiteten Umgang ist dies von großer Bedeutung: Hat das Kind eine Mutter-Vater-Kind-Beziehung nie erlebt, trifft das Kind – aus psychologischer Sicht – auf den Vater als eine fremde Person. Ein Kontaktaufbau ist dann wie bei einer Kita-Eingewöhnung nur in Anwesenheit der Bindungsperson möglich. Die primäre Bindungsperson ist im Hintergrund und wird vom Kind immer wieder als emotionale Tankstelle genutzt (siehe Bindungsentwicklung).

Bildet sich zuerst eine Triade zwischen dem/der anwesenden Umgangsbegleiter:in, dem abgebenden Elternteil und dem Kind, wird deutlich, dass es zuvor keine Erfahrung der Triade zwischen Eltern und dem Kind gab.

Hat das Kleinkind bereits früh traumatische Erfahrungen im Kontakt mit Mutter oder/und Vater gemacht, ist eine Kontaktanbahnung nur mit der vorherigen Einschätzung der Traumaerfahrung und den Folgen für das Kind möglich (siehe Kapitel 5 E).

---

▶ *Fragen des/der Beraters:in:*

- *War das Kind gemeinsam gewünscht?*
- *Wie haben Sie die Schwangerschaft in Erinnerung?*
- *War die Trennung vor oder nach der Geburt des Kindes?*
- *Wer war bei der Geburt anwesend?*
- *Wer hat den Namen ausgesucht?*
- *Gab es eine gemeinsame Zeit zu dritt?*
- *Hat Vater/Mutter das Kind ohne Anwesenheit des anderen Elternteils allein versorgt?*
- *Gab es positive/negative Eltern-Kind-Erfahrungen am Anfang des Lebens des Kindes?*

*Fragen an den/die Berater:in:*

- *Was löst die Geschichte von Schwangerschaft und Geburt bei mir aus?*
- *Habe ich ein Ohr für die positiven und negativen Aspekte der Beschreibung der Eltern?*
- *Welche Themen beschäftigen mich am meisten?*

---

# III. Bindung

## 1. Bindungsentwicklung

In den ersten Lebensjahren eines Kindes werden die Grundlagen für das weitere Leben geschaffen. Die Beziehung zwischen dem Kind und seinen Eltern bzw. der primären Bezugsperson entwickelt sich in dieser Zeit.

Die ersten Forschenden für die Bindungsentwicklung von Kindern waren *Bowlby* (*u.a.* 1975) und *Ainsworth* (1974).

*Bowlby* geht davon aus, dass zwischen der primären Bezugsperson und dem Kind ein emotionales Band besteht: „Bindung ist das gefühlsgetragene Band, das eine Person zu einer anderen spezifischen Person anknüpft und das sie über Raum und Zeit miteinander verbindet."[4] Dieses biologisch angelegte Bindungssystem wird aktiviert, wenn das Kind eine innerlich oder äußerlich gefährdende Situation erlebt und mit den eigenen Strategien diese Situation nicht ausreichend bewältigen kann.

Das Bindungssystem entwickelt sich im Laufe des ersten Lebensjahrs des Kindes in Abhängigkeit von den Interaktionserfahrungen mit den Bindungspersonen. Ein bevorzugtes Bindungsmuster des Kindes wird erkennbar.

Die Unterscheidung zwischen verschiedenen Bindungsmustern wurde in einem strukturierten Laborexperiment, dem „Fremden Situationstest" von *Ainsworth* und ihren Kollegen,[5] erforscht.

Dabei werden die zwölf bis 24 Monate alten Kinder zweimal von ihrer Bindungsperson getrennt und eine fremde Person bleibt kurze Zeit allein mit dem Kind im Raum. Entscheidend für die Einschätzung der Bindungsstile ist, wie das Kind bei der Rückkehr der Bindungsperson reagiert.

Unterschieden wird zwischen folgenden Bindungsmustern:

1. **Sicher gebundene Kinder**

   Die Kinder sind nach der Trennung von den Bezugspersonen offensichtlich belastet. Die Kinder wollen der Person nachfolgen, rufen nach ihr oder weinen. Das Bindungssystem ist eindeutig aktiviert. Bei Rückkehr der Bindungsperson freut sich das Kind und sucht ihre Nähe und ihren Trost. Nach der Versicherung, dass die Bindungsperson wieder da ist, sinkt das Stressniveau des Kindes ab. Das Kind findet wieder in ein Spiel zurück.

2. **Unsicher-vermeidend gebundene Kinder**

   Die Kinder reagieren wenig auf die Trennung von der Bezugsperson. Oft spielen die Kinder weiter. Aufgrund ihrer geringen Reaktion auf die Trennung werden diese Kinder häufig als „pflegeleicht" beschrieben. Aus der Forschung ist bekannt, dass diese Kinder oft einen deutlich erhöhten Spiegel des Stresshormons Cortisol im Speichel haben,[6]

4 Bowlby u.a., 1975, S. 176.
5 Ainsworth et al. 1971, S. 17–58.
6 Geist, 2022, https://gute-erste-kinderjahre.de/stresshormon-cortisol/ (Abruf: 15.3.2023).

auch wenn sie äußerlich ruhig wirken. Sicherheit gebend ist für das Kind die äußere Umgebung.

Kommt die Bezugsperson zum Kind zurück, reagiert es mit Ablehnung. Das Kind will keinen Trost oder Körperkontakt.

3. **Unsicher-ambivalent gebundene Kinder**

   Die Kinder sind bei der Trennung von der Bindungsperson sehr belastet, wehren sich gegen die Trennung und weinen. Die Rückkehr des vertrauten Erwachsenen beruhigt das Kind kaum. Oft zeigen die Kinder eine Ambivalenz zwischen Nähe suchend und Ablehnung des Kontakts, indem sie weinen, Nähe suchen und sich gleichzeitig abwenden.

   Die Kinder brauchen länger, um ihren Stress zu reduzieren und in ein Spiel zurückzufinden.

Bei der Anwendung der drei Kategorien wurden Kinder beobachtet, für die keine der drei Bindungsmuster zutraf. In der Folge wurde die vierte Kategorie „desorganisiertes Bindungsmuster" entwickelt.

## 2. Kinder mit desorganisiertem Bindungsmuster

Die Kinder zeigen unorganisierte, oft auch widersprüchliche Verhaltensweisen bei der Trennung und auch bei der Rückkehr von der Bindungsperson, z.B. erst Annährung und dann Abwendung von der Bindungsperson bei der Rückkehr. Möglich sind auch Reaktionen wie Einfrieren der Bewegungen oder stereotype Verhaltensweisen.

Dieser Bindungsstil wurde häufiger bei Kindern beobachtet, die traumatisierende Erfahrungen von Verlust oder Gewalt durch die Bindungspersonen gemacht hatten.[7]

## 3. Bindungs- und Explorationssystem

Dem Bindungssystem steht das Explorationssystem gegenüber.[8] Ist das Explorationssystem aktiv, beginnt das Baby die Welt zu entdecken und Erfahrungen mit seiner Umwelt zu machen. Voraussetzung, um seine Umwelt zu erkunden, ist, dass das Bindungsbedürfnis befriedigt ist.

Treten dann Gefahren beim Erkunden auf, wird das Bindungssystem aktiv und das Kind kehrt wieder zu seiner Bindungsperson als sichere Basis zurück. Dieses Wechselspiel von Bindungssuche und Explorationsbedürfnis ermöglicht dem Kind, selbststeuernde Erfahrungen mit der Umwelt und mit seinen eigenen Bedürfnissen nach Nähe und Distanz zu machen.

Werden diese Bedürfnisse des Kindes durch die eigenen Bedürfnisse der Erwachsenen überlagert, gerät dieses Zusammenspiel von Bindung und Exploration aus dem Gleichgewicht. Eine Mutter, die das Kind permanent auf dem Schoss hält, weil es die Welt für feindlich hält, wird dem Bedürfnis nach Exploration eines Kleinkindes nicht gerecht.

7 Brisch, 1999, S. 59.
8 Bowlby u.a., 1975, S. 249.

Die Bindungsmusterstile entwickeln sich durch die Interaktionserfahrungen zwischen dem Kind und den Bindungspersonen. Dabei hängt die Qualität der Bindung von der Häufigkeit der Interaktionserfahrungen und der Feinfühligkeit der Bindungspersonen ab.

Kinder können mehrere Bindungspersonen haben, allerdings bildet das Kind hier eine Rangreihe. Es gibt die Hauptbindungsperson, die zweite Bindungsperson usw.

Trennungen aktivieren die Bindungssysteme von Eltern auf der Paar- und auf der Elternebene, gleichzeitig werden die Bindungssysteme der Kinder aktiviert.

Diese Prozesse zu verstehen, hilft, die gesamte Situation gemeinsam mit der Familie einschätzen zu können. „Die Mutter klammert", „Der Vater will um jeden Preis Kontakt zu seinem Kind" sind dabei Aussagen, die dem komplexen Geschehen in keiner Weise Rechnung tragen und keine Hilfestellung ermöglichen.

## 4. Bindungssensibler Begleiteter Umgang

Trennen sich Eltern, hat dies in Abhängigkeit vom Alter des Kindes einen Einfluss auf die Bindungsentwicklung. „Mein Kind war doch noch so klein" ist eine häufige Aussage von Eltern. Kinder haben eine besondere Sensibilität, wenn es zu einer Elterntrennung in den ersten Lebensjahren kommt.

Darum stellt sich bei Elternkontakten mit jungen Kindern die Frage nach dem Ziel des Umgangs. Geht es um einen Aufbau bzw. den Erhalt der Bindung oder geht es nur darum, dass das Kind einen Kontakt zu dem Elternteil hat, ohne Anspruch auf eine Bindung im psychologischen Sinne?

Kinder im Begleiteten Umgang bringen in der Regel Bindungserfahrungen mit den besuchsberechtigten Eltern mit. Hatte Mutter/Vater bisher gar keinen oder kaum Kontakt zum Kind, ist aus psychologischer Sicht der Elternteil für das Kind keine Bindungsperson.

Darum ist es entscheidend, vor der Ausgestaltung des Begleiteten Umgangs diese Bindungserfahrung zu erfragen. Der Ablauf im Begleiteten Umgang wird auf Grundlage dieser Interaktionserfahrungen eingerichtet. Ein Vater aus den USA, der zweimal im Jahr für einen halben Tag seinen Sohn ab einem Alter von zwei Jahren in Deutschland sieht, wird aufgrund der geringen Interaktionserfahrungen zwischen Vater und Sohn keine Bindungsperson für das Kind werden. Die Mutter wird als Bindungsperson bei den Treffen gebraucht.

Bestand vorab wenig oder kein Kontakt, ist ein Beziehungsaufbau dann wie bei einer Kita-Eingewöhnung nur in Anwesenheit der Bindungsperson möglich. Diese Person ist im Hintergrund und wird vom Kind bei Belastung immer wieder als „emotionale Tankstelle" genutzt. Die Bindungsperson unterstützt den Kontakt, indem sie sich im Hintergrund hält und mit einer positiven Grundhaltung das Kind bei seiner Kontaktaufnahme zum anderen Elternteil unterstützt. Gleichzeitig ist die Aufgabe des besuchenden Elternteils, grenzachtend und zugewandt Spielangebote und Beziehungsangebote zu machen und die Impulse des Kindes aufzugreifen. Bindungsaufbau braucht eine feinfühlige und kindorientierte Interaktion mit dem Kind und ausreichend Zeit für Interaktionserfahrungen.

Ausreichend Zeit heißt, dass ein Kind im ersten Lebensjahr eher kürzere und häufigere Kontakte, z.B. zweimal die Woche eine Stunde, im Begleiteten Umgang braucht, um einen Bindungsaufbau eventuell zu ermöglichen.

## 5. Trennung von der primären Bindungsperson

Geht die Bindungsperson aus dem Raum, zeigen manche Kinder ihre Trauer oder ihren Ärger durch Weinen. Entscheidend ist dann, ob der/die zurückbleibende Vater/Mutter das Kind in einer angemessenen Zeit beruhigen kann und das Kind zu seinem Spiel zurückfindet. Trennungen sind daher anfangs immer so zu gestalten, dass die primäre Bindungsperson rasch wieder für das Kind da sein kann, wenn die Belastung für das Kind zu groß wird.

Erst wenn das Kind sich von Mutter/Vater füttern lassen kann, bei Belastung sich auch an Mutter/Vater wendet, sich trösten lässt und auch ausreichend Sicherheit hat, dass es einschläft, ist eine Beziehung ausreichend stabil, sodass die primäre Bezugsperson auch über lange Zeit nicht mehr anwesend sein muss.

Gerade bei Treffen von familiengerichtlichen Vereinbarungen und Beschlüssen ist die Einschätzung des kindlichen Bindungs- und Interaktionsverhaltens für die Ausgestaltung des Begleiteten Umgangs von entscheidender Bedeutung für das Kindeswohl.

## 6. Bindungserfahrungen der Eltern

Oft wirken auch die eigenen Bindungserfahrungen der Eltern im Begleiteten Umgang. Haben die Erwachsenen selbst ein desorganisiertes Bindungsmuster aufgrund der eigenen Kindheitserfahrungen von Gewalt oder Vernachlässigung entwickelt, wird dieses auch im Kontakt mit dem eigenen Kind aktiviert und in der Eltern-Kind-Interaktion sichtbar. Im Begleiteten Umgang wird dann z.B. eine Folge von Missverständnissen in der Eltern-Kind-Begegnung sichtbar.

Andererseits wird ein sicher gebundenes Kind offen und neugierig auf den unbekannten Vater oder die unbekannte Mutter zugehen, da diese Bindungserfahrung zur primären Bindungsperson in der Kontaktgestaltung wirksam ist.

Wird dann allerdings diese Zugewandtheit durch wenig feinfühliges oder irritierendes Verhalten des Erwachsenen beim Begleiteten Umgang enttäuscht, wird das Kind sich abwenden, Nähe zur Bindungsperson suchen und der positiv gestartete Kontakt wird zunehmend schwieriger werden.

Andererseits wird ein unsicher-vermeidend gebundenes Kind auf die Trennung von der Mutter mit hoher Belastung reagieren. Eine Beruhigung des Kindes kann sowohl für den Vater wie auch für die Mutter schwierig sein.

Kinder können unterschiedliche Bindungsmuster im Kontakt mit verschiedenen Bindungspersonen entwickeln. Das heißt, bei regelmäßigen, feinfühligen Kontakten zu Mutter bzw. Vater kann ein anderes Bindungsmuster als zu einer anderen Bindungsperson entstehen.

**Bindungssensibler Begleiteter Umgang heißt, das Wissen über die Entwicklung der frühkindlichen Bindung fachgerecht auf die Gestaltung des Begleiteten Umgangs anzuwenden. Gelingt es, dieses Wissen mit den Eltern zu teilen, werden Treffen am Bedürfnis des Kindes orientiert möglich.**

*Fragen:*

- *Wie viel Zeit haben Mutter und Vater jeweils im ersten Lebensjahr mit dem Kind verbracht?*
- *Wer hat das Kind versorgt, gewickelt, nachts getröstet?*
- *Von wem lässt Ihr Kind sich trösten?*
- *Wie verlief die Eingewöhnung in der Krippe/Kindertageseinrichtung?*
- *Wer sind die Bindungspersonen für Ihr Kind?*
- *Wie reagiert Ihr Kind bei einer Trennung von Ihnen?*
- *Wie sehen Sie Ihre Elternrolle?*

*Fragen an den/die Berater:in:*

- *Welches Bindungsmuster haben Sie?*
- *Welche Trennungserfahrungen haben Sie als Kind gemacht?*
- *Wie gestalten Sie nahe Beziehungen?*
- *Wie schätzen Sie die Nähe-Distanz-Regulierung zwischen Ihnen und den Klienten ein?*

## 7. Feinfühligkeit der Eltern

Kinder sind nach der Geburt auf die Unterstützung ihrer Eltern angewiesen, damit ihre kindlichen Bedürfnisse nach Nähe und Versorgung befriedigt werden.

*Ainsworth*[9] beschreibt in ihren Arbeiten diese Fähigkeit als elterliche Feinfühligkeit. Feinfühligkeit heißt, die Eltern nehmen die Signale des Kindes wahr, interpretieren diese dann passend und reagieren je nach Alter des Kindes und je nach Situation prompt und angemessen darauf.

Eltern können die Signale der Kinder gut interpretieren, wenn es ihnen gelingt, sich empathisch in das Kind hineinzuversetzen und gleichzeitig ihre eigenen Bedürfnisse und die Bedürfnisse der Kinder zu unterscheiden.

Die Kinder brauchen die prompte, feinfühlige Reaktion des Erwachsenen, um Selbstwirksamkeit zu erleben und Selbstregulation aufgrund des Verhaltens der Eltern ihnen gegenüber zu erlernen. Selbstregulierung heißt, dass Kinder schrittweise durch die Reaktionen der Eltern selbst Verhaltensweisen erlernen, um mit ihren Emotionen bzw. Belastungen umzugehen und eigene Wege der Regulierung zu finden. Ein Baby saugt z.B. an seinen Fingern, um sich zu regulieren.

Dieses Konzept der Feinfühligkeit erklärt auch, warum junge Kinder nicht verwöhnt werden können. Ein Baby, das schreit, braucht feinfühlige Erwachsene, die es beruhigen.

9 Ainsworth et al., 1974, S. 171.

*Fragen des/der Beraters:in:*

- *Waren die Eltern in der Lage, feinfühlig auf die Bedürfnisse des Babys zu reagieren?*
- *Gab es Lebensumstände, eigene Belastungen der Eltern oder Situationen, die der Feinfühligkeit der Eltern im Wege standen?*

# IV. Elternverhalten

## 1. Intuitives Elternverhalten

**Konzept des intuitiven Elternverhaltens**[10]**:** Eltern reagieren spontan auf ihren Säugling mit einem angeborenen Verhaltensmuster. Dazu gehören u.a. übertriebene Mimik und Gestik. Die Wahrscheinlichkeit von intuitivem Elternverhalten steigt, wenn sie selbst als Kleinkinder feinfühlige Bindungspersonen hatten und nun in der Elternrolle ein entspanntes Umfeld haben, sodass sie in Ruhe Zeit mit ihrem Kind haben können.[11]

Tabelle intuitives Elternverhalten:[12]

| | |
|---|---|
| **Mimik** | • Augenbrauengruß<br>• Bemühung um Blickkontakt<br>• übertriebener Ausdruck von Freude, Überraschung und Staunen<br>• rhythmische Wiederholung des mimischen Ausdrucks |
| **Stimme** | • höhere Stimmlage<br>• melodische Stimmführung<br>• anregende Stimmführung, um Aufmerksamkeit zu erlangen<br>• abfallende Stimmführung, um beruhigend zu wirken<br>• Variation der Lautstärke, entsprechend dem kindlichen Verhaltenszustand |
| **Gestik** | • Regulation von Nähe und Abstand<br>• Zeigegesten zum Lenken der Aufmerksamkeit auf einen bestimmten Gegenstand |
| **Babysprache oder Ammensprache** | • Nachahmen der kindlichen Vokalisation<br>• Verwendung von rhythmischen Silben, kurze Sätze<br>• häufige Wiederholungen<br>• Verkleinerungen |

10 Papousek und Papousek 1987, S. 669–720.
11 Ziegenhain 2004, S. 226 ff.
12 Vgl. Papousek und Papousek 1987, S. 710.

▶ *Fragen an den/die Berater:in:*
– *Ist intuitives Elternverhalten im Begleiteten Umgang beobachtbar?*

## 2. Gefühlsentwicklung

Der Prozess der Affektspiegelung ist eine Grundlage für die Gefühlsentwicklung von Kindern. Sehr junge Säuglinge können Affekte wie Freude, Überraschung, Ärger, Furcht, Kummer und Ekel ausdrücken, ohne sie bewusst zu erleben.[13]

Erst durch das affektive Kommunikationssystem zwischen dem Kind und der Bindungsperson lernt das Kind, den Affektausdruck und den inneren affektiven Zustand zu verbinden. Die Mutter spiegelt die Affekte des Kindes in ihrem eigenen Gesichtsausdruck und so werden dem Kind die eigenen Emotionen bewusst.[14]

Die Affektspiegelung hat dabei zwei Eigenschaften, die diesen Prozess ermöglichen: die Markierung und die referentielle Entkopplung.

Durch eine übertriebene Mimik und den gleichzeitigen Gefühlsausdruck der Bindungsperson wird markiert, dass es sich um eine Wiedergabe des Affektes *des Säuglings* handelt und nicht um den Affekt der Bindungsperson selbst. Das Kind entkoppelt dann den Affekt vom Gegenüber und schreibt ihn sich selbst zu.

Teilt die Mutter ihren eigenen Affekt dem Kind mit, geschieht dies in einer realistischen Form, die vom Kind als Mitteilung des Gegenübers verstanden wird.

Das Kind lernt also die Wahrnehmung der eigenen Affekte mit Hilfe der Bindungsperson. Besteht keine Übereinstimmung (Kongruenz) zwischen dem Ausdruck des Kindes und der Spiegelung der Gefühle des Kindes durch die Eltern, kann es zu Störungen in der Gefühlsentwicklung kommen.

Eltern, die z.B. selbst durch eine Krise hochbelastet sind oder eine akute psychische Erkrankung haben, können die Affekte des Kindes nicht adäquat spiegeln.

Gleichzeitig sind Kinder in ihrer frühen Kindheit auf die primären Bezugspersonen angewiesen, um ihre Affekte zu regulieren. Durch die Erfahrung von Beruhigung durch die Erwachsenen kann das Kind schrittweise eigene emotionale Selbstregulierung erlernen.

Affekte in der frühen Kindheit sind die frühen Bausteine für die Entwicklung von Kommunikation im weiteren Leben.

Der oben beschriebene Affektaustausch zwischen dem Kind und der Bindungsperson ist Grundlage für die soziale Bezugnahme des Kindes. Soziale Bezugnahme, auch gegenseitige Rückversicherung zeigt sich, wenn „das Kind, das im Zweifel ist, ob das, was es tut, ‚in Ordnung' ist, zu seinen Bezugspersonen blickt und sich an deren emotionalen Ausdrucksverhalten orientiert"[15].

13 Ekman, 1988, S. 122 f.; Beebe/Lachmann, 2004, S. 54 ff.
14 Beebe/Lachmann, 2004, S. 54 ff.
15 www.spektrum.de/lexikon/psychologie/soziale-bezugnahme/14499 (Abruf: 15.3.2023).

Bei der Studie von *Stern*[16] erscheint unerwartet ein Spielzeugroboter im Raum, der das Kind ängstigt. Schaut es zur Mutter und sie zeigt einen positiven Affektausdruck, bewertet auch das Kind das Objekt als ungefährlich. Zeigt die Mutter Furcht oder einen anderen negativen Affekt, bleibt das Kind dem Objekt fern.

Schrittweise differenziert sich das Gefühlsverständnis bei Kindern aus. Ab dem dritten Lebensjahr können Kinder erkennen, dass hinter einem gleichen mimischen Ausdruck unterschiedliche Gefühle stehen können. Tränen können ein Ausdruck von Freude oder von Trauer sein. Gefühle in gleichen Situationen können nach Personen variieren: Worüber der Vater sich freut, ärgert sich die Mutter.

Während Kinder im ersten Lebensjahr sich von Gefühlen anderer anstecken lassen, werden im zweiten bis vierten Lebensjahr die eigenen Gefühle mit dem Gefühl der anderen vermischt – das prosoziale Verhalten entspringt aus der Übertragung der eigenen Gefühlswelt auf den anderen.

Schrittweise beginnt mit zunehmendem Alter die Unterscheidung der eigenen und fremden Gefühle des Gegenübers – die Grundlage für empathische Reaktionen (siehe Mentalisierung).

Die Empathie-Entwicklung ist von der Lernumgebung des Kindes abhängig, das Kind braucht empathische Erwachsene als Vorbilder.

## 3. Affektentwicklung und Begleiteter Umgang

Die Begegnung zwischen Eltern und Kind im Begleiteten Umgang ist eine Situation, die vielfältige Gefühle bei allen Beteiligten auslöst.

Hat das Kind aufgrund der Interaktion mit den Bindungspersonen eine gute Wahrnehmung der eigenen Gefühle entwickelt, ist die Situation leichter zu bewältigen, wenn die Erwachsenen kongruent dem Kind die eigenen Gefühle spiegeln und auch die eigenen an die Situation angemessenen Gefühle mitteilen.

Trifft das Kind auf Eltern, die nicht zwischen den eigenen Gefühlen und denen des Kindes unterscheiden können, wird das Kind mit seinem Erleben nicht als eigenständige Person mit eigenen Gefühlen wahrgenommen. Dies führt zu einer Irritation und inneren Spannung beim Kind in der Begegnung mit den Eltern.

Manche Kinder verschmelzen dann emotional mit Mutter oder Vater und können die eigenen Gefühle nicht unabhängig von den Eltern formulieren oder die Kinder richten ihr empathisches Bemühen auf die Befriedigung der elterlichen emotionalen Bedürfnisse.

Erlebt eine Mutter den Kontakt zum Vater als hochängstigend und reagiert verbal: „Ach, da ist der liebe Papa!", wird das Kind die Inkongruenz zwischen dem Gefühlsausdruck und der verbalen Botschaft wahrnehmen und als verunsichernd erleben (Double-bind-Situation).

16 Stern, 1985, S. 146 f.

Auch ein Umgang, der für beide Eltern hochemotional ist und bei dem beide ihre eigenen Emotionen kaum bewältigen können, kann für das Kind eine Überforderung sein. Es bleibt mit seinen eigenen starken Gefühlen und deren Regulierung allein.

Die Rolle des neutralen Umgangsbegleiters, der nicht in das Gefühlsgeschehen involviert ist und den Blick auf das Kind und seine emotionalen Bedürfnisse nach Halt und Sicherheit richtet, ist hier besonders wichtig.

Hier wird deutlich, wie zentral die Beratung beider Eltern und des Kindes parallel zum Begleiteten Umgang jeweils durch eine Fachkraft mit therapeutischem Wissen ist. Nur so können die begleiteten Eltern-Kind-Kontakte adäquat eingeschätzt und bearbeitet werden. Denn klar ist, diese Begegnungssituationen können einerseits resilienzfördernd oder schädigend für das Kind sein, je nach Vorgeschichte, Affektentwicklung und Interaktion der Eltern mit dem Kind.

---

▶ *Fragen des/der Beraters:in:*

- *Sprechen Sie in Ihrer Familie über Gefühle?*
- *Welche Gefühle haben Sie, wenn Sie an den nächsten Umgang denken?*
- *Welche Gefühle wird Ihr Kind haben?*
- *Wie reagiert Ihr Kind, wenn es ängstlich, wütend, fröhlich ist?*
- *Woran merken andere, wenn Sie ängstlich, wütend, fröhlich sind?*
- *Wie regiert Ihr Kind, wenn Sie traurig sind?*
- *Gibt es Situationen, in denen Ihr Kind andere Gefühle hat als Sie?*
- *Wer ist verantwortlich für welche Gefühle in der Familie?*

*Fragen an den/die Berater:in:*

- *Was für Gefühle lösen die Gespräche und die Begegnung mit der Familie bei Ihnen aus?*
- *Was brauchen Sie, um in der Situation entspannt zu bleiben?*
- *Was hilft, die Gefühle den Personen zuzuordnen?*
- *Wie gehen Sie mit Ihren Gefühlen um, die in der Beratung entstehen?*
- *Wie würden Sie sich als Kind in der Familie fühlen?*

---

## 4. Mentalisierung

### a. Grundlagen

Mentale Zustände sind Gedanken, Überzeugungen, Wünsche, Bedürfnisse und oder Ansichten und Absichten, die ein Bindeglied zwischen eigenen Aktivitäten und der Außenwelt darstellen.[17]

---

17 Fonagy/Target, 2005, S. 31 f.

Mentalisierung ist die Fähigkeit, die eigene Person und das Gegenüber mit eigenen Gedanken, Gefühlen usw. zu verstehen und über die eigenen inneren Prozesse und die möglichen inneren Prozesse des Gegenübers nachzudenken.

Ab dem 18. Lebensmonat beginnen Kinder zu erkennen, dass Verhalten mit inneren Prozessen bei sich und anderen verbunden ist.

Dabei wird zwischen dem Modus der psychischen Äquivalenz und dem Als-ob-Modus unterschieden. Beide Modi bestehen bis zum vierten bis fünften Lebensjahr unverbunden nebeneinander und können dann in die Persönlichkeit des Kindes integriert werden.

- **Der Modus der psychischen Äquivalenz**

Die eigenen Gedanken haben dieselbe Wirkung wie die Realität. Ein Beispiel für diese Entwicklungsstufe ist, wenn ein Kind gemeinsam mit einem Erwachsenen ein Bilderbuch anschaut und Angst vor dem im Buch auftauchenden Hund hat.

Wichtig ist für das Kind, vom Erwachsenen beruhigt zu werden, indem er die Seite umschlägt und der Hund verschwindet, und gleichzeitig seinen eigenen inneren Zustand „Ich habe keine Angst vor dem Hund im Buch" ausspricht.

So bekommt das Kind eine Information über den inneren Zustand seines Gegenübers, das die Realität anders einschätzt.

- **Der Als-ob-Modus**

Hier spielt das Kind und entkoppelt sich von der Realität. „Ich spiele Feuerwehrmann und handle wie die Feuerwehr." Das Spiel ist der innere Ausdruck des Kindes.

Erst mit vier bis fünf Jahren werden die beiden Modi integriert – ein eigenes Selbst- und Weltbild entwickelt sich. Erst dann erkennen Kinder, dass manche Dinge anders sind, als sie auf den ersten Blick wirken. Sie können einschätzen, dass Menschen unterschiedliche Gedanken und Empfindungen in derselben realen Situation haben.

Mit steigendem Stress – vor allem in der Interaktion mit nahen Bezugspersonen – ist die Fähigkeit, die Motive und Gedanken des Gegenübers nachzuvollziehen, immer weniger verfügbar. Es fällt schwerer, die Perspektive des Gegenübers zu berücksichtigen, und schließlich übernehmen evolutionär ältere Hirnregionen die Verhaltenssteuerung (wie z.B. „Fight-or-flight"-Reaktionen). Das Erleben, mit den eigenen Gefühlen und Kognitionen vom anderen wahrgenommen zu werden, ist dabei das entscheidende Signal dafür, dass es ungefährlich ist, vom anderen zu lernen.[18]

Die Fähigkeit des Mentalisierens ist die Grundlage für Empathie und für die Fähigkeit, in Konflikten Lösungen durch Perspektivwechsel zu ermöglichen.

## b. Mentalisieren und Begleiteter Umgang

Häufig haben Familien im Begleiteten Umgang Mehrfachproblematiken, die schon aus den Herkunftsfamilien der Eltern stammen.

18 Fonagy/Campbell in Elliott/Prager, 2015, S. 139.

Ein Vater, der selbst mit einem alkoholkranken Vater aufgewachsen ist, hatte eventuell kein Modell, um das Mentalisieren zu erlernen. In der Beziehung zu seinem eigenen Kind konnte er weder die eigenen Motive noch die Motive des Kindes wahrnehmen und benennen. Durch den Stress in der Partnerschaft reagierte er spontan mit aggressiven Impulsen, ohne diese im Nachhinein nachvollziehen zu können.

Eine Mutter, die eine massive Vernachlässigung in ihrer Kindheit erlebt hat, kann wenig zu ihren eigenen inneren Prozessen sagen und ist selbst gegenüber dem Kind verunsichert, zu erkennen, welche Motive und Gefühle ihr Verhalten bestimmen.

Einige Kinder im Begleiteten Umgang zeigen eine hohe Sensibilität, sich auf die Bedürfnisse, Gefühle und die Gedanken der Erwachsenen zu zentrieren. Was äußerlich als große Fähigkeit zur Mentalisierung erscheint, ist eher als Folge einer traumatischen Bindungserfahrung zu sehen. Die Kinder versuchen schon frühzeitig, die Gefahren in der Umwelt zu erkennen und durch Anpassung an die Bedürfnisse des Gegenübers abzuwenden.

Zu ihren eigenen Gefühlen und Gedanken, die eine Grundlage des Erlernens von Mentalisierung sind, haben die Kinder oft wenig Bezug. Das Konzept „Kind im Zentrum" bietet hier die Möglichkeit, dass die Kinder ihre eigenen Gefühle wahrnehmen lernen. Im Schutzraum der eigenen Schweigepflicht gegenüber den Eltern können die Kinder ihre eigenen Gefühle in Abgrenzung zu den Gefühlen von Mutter und Vater erleben. Dabei ist wichtig, dass aus dem eigenen Gefühlserleben keine Belastung der Beziehung zu Mutter oder Vater oder eine Konsequenz im Alltag („Magst du Papa jetzt lieber als mich, dann zieh' doch aus") unmittelbar entsteht.

In der Situation des Begleiteten Umgangs ist der Stress zwischen den Eltern durch den klaren Rahmen und die Regeln reduziert. Voraussetzung hierfür ist, dass es zu keiner Retraumatisierung durch die Begegnung im Begleiteten Umgang kommt (siehe Kapitel Trauma VI.2).

Die Eltern können durch intensive Beratung oder therapeutische Angebote schrittweise die Wahrnehmung von Gefühlen und Gedanken bei sich und ihrem Gegenüber erlernen. Dies ist die Grundlage, um mit dem Kind eine tragfähige, fürsorgliche Beziehung aufzubauen.

Gelingt diese Entwicklung beider Eltern nicht, wird Begleiteter Umgang kaum die Chance einer Entwicklung hin zu einem unbegleiteten Umgang haben.

---

▶ *Fragen an die Eltern:*

- *Können Sie verstehen, dass das Kind sich immer wieder beim Vater rückversichern muss?*
- *Wie sähe für Sie eine gute Umgangslösung aus? Wie für die Mutter/den Vater des Kindes?*
- *Wer wäre mit dieser Lösung am meisten einverstanden?*
- *Auf was freut sich Ihr Kind am meisten?*
- *Was ist das ganz Besondere und Eigene an Ihrem Kind?*

*Fragen an den/die Berater:in:*

- *In wen kann ich mich am besten hineinversetzen?*
- *Was sind meine eigenen Gedanken und Gefühle?*
- *Habe ich ein eigenes Bild von den Gedanken und Gefühlen des Kindes?*
- *Verstehe ich meine eigenen Reaktionen im Umgang mit der Familie?*

## 5. Elternverantwortung (und wer hat die Verantwortung?)

Familien im Begleiteten Umgang haben ihre Elternverantwortung für die Regelung des Umgangs abgegeben oder abgeben müssen.

Es gab im Vorfeld die Einschätzung, dass das Kind einen Schutzraum durch Dritte bei den Eltern-Kind-Treffen braucht, da ohne die Anwesenheit einer neutralen Person das Kindeswohl gefährdet ist.

Das heißt, die Elternverantwortung für die Eltern-Kind-Treffen wird durch einen juristisch festgelegten Beschluss oder eine vor Gericht oder beim Jugendamt getroffene Elternvereinbarung ersetzt.

Bei der Einrichtung des Begleiteten Umgangs wird von den Eltern in unserer Arbeit die Verantwortung für die Umsetzung der Regelungen gefordert. Ziel ist, dass die Eltern schrittweise kindorientiert wieder selbstständig Umgangsregelungen finden.

Hier ist das Vorgehen durch den Ansatz „Kind im Zentrum" besonders hilfreich. Auf Basis der Arbeit mit dem Kind kann mit den Eltern authentisch über das Kind und seine Wünsche und Bedürfnisse gesprochen werden.

Gleichzeitig macht dieser Ansatz auch deutlich, dass das Kind im Zentrum der Überlegungen steht. Die Spielzeit in den Räumen des Kinderschutzbundes ist für den unbeschwerten Kontakt zwischen Eltern und Kind da. Äußerungen, die den Elternkonflikt in den Mittelpunkt rücken, wie „Die Mama hat immer noch kein Geld überwiesen", dringen in die kindliche Erlebenswelt ein und überschreiten eine Grenze zwischen den Kindern und den Eltern.

Ist ein Begleiteter Umgang installiert und kann in diesem festen Rahmen regelmäßig die Zeit zum Spiel mit dem Kind genutzt werden, können die Eltern schrittweise mehr Verantwortung übernehmen.

Einschränkend ist anzumerken, dass immer häufiger Eltern aufgrund ihrer eigenen Problematik (Gewaltproblematik, Sucht, psychische Erkrankung) auf eine Institution angewiesen sind, die längerfristig einen Rahmen für sichere Eltern-Kind-Treffen ermöglicht. Das Ziel eines unbegleiteten Umgangs ist nicht erreichbar.

Auch die Frage, inwieweit ein Begleiteter Umgang für das Kind schädigend und deshalb abzulehnen ist, stellt sich bei massiven Gewalterfahrungen bzw. Traumatisierungen immer wieder (siehe Kapitel 5 E).

*Fragen an die Eltern:*

- *Wer wollte den Begleiteten Umgang, warum?*
- *Was können Sie dafür tun, dass die Eltern-Kind-Treffen gelingen?*
- *Wer ist verantwortlich, wenn die Treffen nicht klappen?*
- *Können Sie sich vorstellen, dass das Kind eine schöne Zeit mit Mutter/Vater bei den Treffen hat?*

*Fragen an den/die Berater:in:*

- *Wie sehr gebe ich die Vereinbarung vor?*
- *Wie viel Zeit lasse ich den Eltern, selbst Regeln auszuhandeln?*
- *Wie sehr traue ich den Eltern zu, dem Kind kindgerecht im Umgang und zuhause zu begegnen?*
- *Welche Verantwortung habe ich selbst?*

# V. Begleiteter Umgang – ein Angebot zur Stärkung der Resilienz

Familien im Begleiteten Umgang gelten als schwierig. Oft beschäftigen die Familien über Monate Jugendämter, Gerichte und Beratungsstellen, ohne dass eine Lösung in Sicht ist. Stattdessen werden die Beziehungsstörungen der Familien in der Zusammenarbeit mit den Mitarbeitenden der Institutionen sichtbar. Nichteinhalten von Absprachen, Beschwerden, Grenzüberschreitungen, Abwertungen, aber auch Überforderung, Hilflosigkeit und Ängste bestimmen häufig die Kontaktgestaltung.

Dies fördert zum einen die Distanzierung der Mitarbeitenden von den Familien sowie Macht-Ohnmacht-Dynamiken in der Beziehungsgestaltung. Dem Schutzbedürfnis geschuldet werden z.B. sämtliche direkten und telefonischen Kontakte vermieden, und die Kommunikation findet per Mail statt.

Die Stärken der Familien werden kaum mehr wahrgenommen.

Begleiteter Umgang ist ein Beziehungsangebot, das einen neuen Raum eröffnet, den Raum der direkten Begegnung mit dem Kind und die erneute Übernahme der Elternverantwortung für den Umgang und die Beziehungsgestaltung zwischen den Eltern und dem Kind.

Ein Elternteil ist verantwortlich, dass das Kind zum Umgang kommen kann und da sein kann – der andere Elternteil ist verantwortlich, dass das Kind im Umgang Kontakt und Zugewandtheit erlebt.

## 1. Was ist Resilienz?

Menschen haben Ressourcen, mit Stress und Belastung umzugehen. Die Wirkung solcher Schutz- und Selbstheilungskräfte zeigt sich in der Resilienz. „Resilienz besteht, wenn Individuen in großen psychischen oder körperlichen Stresssituationen ihre psychische Gesundheit aufrechterhalten oder diese nach einer kurzen Phase von Belastungssymptomen rasch wiederherstellen können."[19]

Dabei ist Resilienz keine starre Eigenschaft einer Person, sondern wird als aktiver, dynamischer Prozess verstanden, der in der Auseinandersetzung mit Krisen erworben und weiterentwickelt wird.

**Das 7-Faktoren-Resilienz-Modell:** Nach dem Modell von *Deinert*[20] wurden sieben Faktoren, die auf die Resilienzentwicklung wirken, beschrieben: Diese sind Optimismus, Akzeptanz, Lösungsorientierung, Opferrolle verlassen, Verantwortung übernehmen, Netzwerkorientierung und Zukunftsplanung.

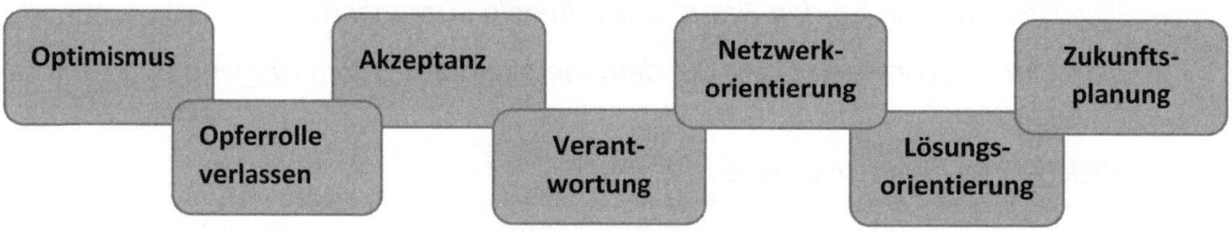


**Optimismus** – dazu gehört, den Augenblick als veränderbar zu erleben, Vertrauen zu sich und anderen zu entwickeln und die Fähigkeit zur Selbstermutigung.

**Akzeptanz** – das heißt, die innere Bereitschaft zu entwickeln, das Geschehene als gegeben hinzunehmen, und selbst einen Sinn in dem Erlebten sehen zu können.

**Lösungsorientierung** beschreibt die Fähigkeiten, aktiv eine Entscheidung für einen neuen Weg zu treffen und Probleme kreativ anders lösen zu lernen.

**Selbstwirksamkeit** bedeutet, ich kann mich und meine Emotionen selbst regulieren und mich auch selbst beruhigen. Ich erkenne, was mir guttut. Durch eine realistische Einschätzung von mir und der Realität werde ich wieder handlungsfähig.

Ein günstiger **Attributionsstil** zeigt sich darin, dass ich mich selbst und andere positiv beschreibe. Erfolge oder positive Ereignisse schreibt sich die Person selbst bzw. dem Gegenüber zu, was zu einer Stärkung des eigenen Selbstwerts und der Beziehung zum anderen führt.

**Netzwerkorientierung** heißt, ich fühle mich verbunden in einer Großfamilie bzw. Gruppe von Menschen. Ich suche nach Vorbildern, an denen ich mich orientieren kann. Dadurch wächst das Vertrauen in andere Menschen und es wird möglich, Hilfe anzunehmen.

**Zukunftsorientierung** meint die Akzeptanz, dass Veränderungen möglich und sinnvoll sind. Die Entscheidungen für einen neuen Weg können eigenständig getroffen werden.

19 https://lir-mainz.de/resilienz (Abruf: 22.1.2023).

20 Deinert, 2015, https://isi-hamburg.org/download/0_2018 Kongress WS 1.4 Deinert, Übersicht_Säulen_Strategien_Modelle_Literatur_Resilienz.pdf (Abruf: 22.1.2023), S. 1–7.

Um mit den Klienten im Begleiteten Umgang Veränderungen zu erarbeiten, ist die Stärkung der Resilienz der Klienten von besonderer Bedeutung. Grundlage ist die stabile verlässliche Beziehung zum/zur Berater:in, der über therapeutisches Fachwissen verfügt.

Parallel kann die Resilienz der Kinder in der spieltherapeutischen Begleitung gefördert werden.

## 2. Resilienter Begleiteter Umgang

Begleiteter Umgang erfordert seitens der Klienten per se das Akzeptieren der durch andere festgelegten Rahmenbedingungen. Lässt die Familie sich auf dieses Angebot ein und akzeptiert die Klärung der Regeln und den Ablauf der Eltern-Kind-Begegnung in Anwesenheit des Umgangsbegleiters, ist dies auch die Grundlage der Zusammenarbeit.

Die gemeinsamen Gespräche über die Gestaltung des Umgangs unter Berücksichtigung der psychologischen Modelle, die am Anfang des Kapitels beschrieben wurden, sowie das Erleben der Eltern-Kind-Kontakte als entspannt, ohne das Aufflammen von Elternkonflikten, fördern das Erleben von Selbstwirksamkeit und positiven Attributionsstilen.

Bei auftretenden Problemen kann gemeinsam mit den Umgangsbegleitern:innen in der Situation bzw. danach mit der Fachkraft in den Beratungsgesprächen aktiv nach Lösungen gesucht werden.

Ausgehend von den Erfahrungen im Begleiteten Umgang wird schrittweise eine Perspektive für die Veränderung der Umgangssituation entwickelt.

Der das Kind zum Umgang bringende Elternteil erhält ebenfalls Beratung und kann somit auch die eigene Resilienz stärken und Lösungsideen für die zukünftige Gestaltung des Umgangs entwickeln.

Das Angebot des Begleiteten Umgangs wird so zu einem Modell der Krisenbewältigung für Familien mit nachhaltigem Effekt.

Voraussetzung für dieses Modell ist, dass die Berater:innen mit dieser ressourcenorientierten, resilienzfördernden Haltung die Eltern und Kinder beraten.

Der Druck, der ausgelöst durch die Problematik der Eltern das gesamte Hilfesystem erfasst und auch zu Spannungen zwischen den Institutionen führt, steht dem Aufbau von Resilienz entgegen.

Vor diesem Hintergrund ist es besonders wichtig, diesen Druck wahrzunehmen und gemeinsam anzusprechen, um die Zusammenarbeit vor dem Hintergrund des Resilienzmodells aufzubauen und immer wieder zu überprüfen.

Dieses Kapitel stellt die Bindungs- und emotionale Entwicklung von Kindern und ihren Eltern sowie das Konzept der Resilienz ins Zentrum der Überlegungen zum Begleiteten Umgang – ein Ansatz, der zukunftsorientierte Perspektiven für Kinder eröffnet.

Dieser Ansatz braucht parallel zum Begleiteten Umgang ausreichend Zeit zur Beratung und das Fachwissen, um diese Eltern wertschätzend zu begleiten – dafür werden aus Familien, die Scheitern und Kontaktabbrüche von einer Generation in die nächste tragen, Familien, die Lösungen finden und ihren Kindern schrittweise verantwortungsvoll begegnen.

# Kapitel 4 Praktische Grundlagen zum Begleiteten Umgang

*Katja Burschik/Alexandra Schreiner-Hirsch*

**Übersicht** Seite



## I. Umgang

Für die Persönlichkeitsentwicklung eines Kindes hat in der Regel die Aufrechterhaltung der Bindung bzw. der Kontakt zu beiden Elternteilen sowie weiteren Bezugspersonen eine große Bedeutung. Um die Wichtigkeit dieser Kontakte für das Kindeswohl zu konkretisieren, wird in § 1626 Abs. 3 BGB als Kernelement des Kindeswohls formuliert:

> „Zum Wohl des Kindes gehört in der Regel der Umgang mit beiden Elternteilen. Gleiches gilt für den Umgang mit anderen Personen, zu denen das Kind Bindungen besitzt, wenn ihre Aufrechterhaltung für seine Entwicklung förderlich ist."

Durch diesen Grundsatz soll der Kontakt des Kindes zu seinen abwesenden Elternteilen sowie anderen Bezugspersonen gewährleistet werden. Eltern(teile) sind frei in der Regelung sämtlicher Kontakte für ihr Kind. Entstehen jedoch diesbezüglich Konflikte, die es rechtlich zu lösen gilt, bilden der oben genannte Grundsatz sowie weitere Stellen im Gesetz (§ 1684 Umgang des Kindes mit den Eltern, § 1685 Umgang des Kindes mit anderen Bezugspersonen) die Grundlage für gerichtliche Entscheidungen.

Das Kind hat ein Recht auf Umgang mit seinen leiblichen Eltern. Dieses Recht mündet in regelmäßigen Kontakten, sofern nicht eine Einschränkung oder ein Ausschluss nach § 1684 Abs. 4 BGB erforderlich ist. Das Kind hat nach § 1685 BGB ein Recht auf Umgang mit weiteren Verwandten oder nicht verwandten Bezugspersonen, sofern dies dem Wohl des Kindes dient.

Anders formuliert muss im Sinne des Kindeswohls die Aufrechterhaltung der Beziehungen zu den leiblichen Eltern garantiert werden, sofern dies keine Gefahr für das Kind mit sich bringt. Für die Beziehung zu anderen nahen Menschen bedeutet es, dass, sofern die Kontakte ein strittiges Thema sind, nachzuweisen ist, warum diese Kontakte für die Persönlichkeitsentwicklung des Kindes bedeutsam sind.

„Umgang" ist, unabhängig von der elterlichen Sorge, stets gekennzeichnet durch zeitlich begrenzte Kontakte des Kindes zur umgangsberechtigten Person, beispielsweise persönliche Treffen (mit/ohne Übernachtung) an bestimmten Wochentagen oder Wochenenden. Kontakte per Telefon, Textnachricht, E-Mail, Videokonferenz oder Brief stellen weitere Möglichkeiten dar, miteinander in Kontakt zu treten.[1]

Diese Umgangskontakte, die oftmals durch eine Umgangsvereinbarung bzw. -regelung konkretisiert werden, entsprechen zumeist nicht den wirklichen Bedürfnissen aller Beteiligten, vor allem, wenn diese vor der Trennung viel mehr Zeit miteinander verbracht haben. Aus diesem Grund ist eine klare und gleichzeitig am Kindeswohl orientierte flexible einvernehmliche Regelung durch die Eltern anzustreben.

***Hinweis***

▶ *Jedes Kind hat ein Recht auf Umgang mit seinen leiblichen Eltern und weiteren Bezugspersonen. Gleichzeitig haben die leiblichen Eltern und weitere Bezugspersonen ein Recht auf Umgang mit dem Kind, unter jeweils konkreten gesetzlichen Bedingungen. Diese Rechte sind unabhängig vom Sorgerecht zu betrachten.*

## 1. Umgangsverweigerung, Umgangseinschränkung und -ausschluss

Eine Verweigerung des Umgangs mit dem abwesenden Elternteil durch den betreuenden Elternteil kann rechtliche Konsequenzen nach sich ziehen, da dieser damit vor allem das Umgangsrecht des Kindes missachtet. Ausschließlich kindeswohlgefährdende Gründe rechtfertigen eine Verhinderung der Kontakte, z.B. mangelnder kindgerechter Umgang während der Kontakte (z.B. durch psychische Erkrankung und/oder Suchterkrankung begründet), fehlender Schutz des Kindes während der Kontakte (z.B. durch Aufenthalt in einem kriminellen Umfeld), Misshandlung oder Missbrauch des Kindes durch den anderen Elternteil oder jemand anderen in seinem Umfeld, konkrete Entführungsgefahr, Gewalt gegen den betreuenden Elternteil. In solchen oder ähnlich gelagerten Situationen gilt es, das Kind zu schützen, was gegebenenfalls nur durch die temporäre Verhinderung weiterer Kontakte zu gewährleisten ist. In so einem Fall sollte der betreuende Elternteil dringend Kontakt zum Jugendamt aufnehmen, um sich dort zwecks weiteren Vorgehens beraten zu

1 Vgl. Deutsche Liga für das Kind in Familie und Gesellschaft e.V. u.a. (Hrsg.), Wegweiser für den Umgang nach Trennung und Scheidung, 2021, S. 45.

lassen. Eine Beratung durch das Jugendamt ist auch dann indiziert, wenn das Kind unspezifische Auffälligkeiten (z.B. andere Stimmungslage, verändertes Verhalten, körperliche Krankheitssymptome) zeigt, die der betreuende Elternteil mit den Umgängen in Verbindung bringt.

Gründe gegen einen Umgang, die offensichtlich oder vermutet eine Gefahr für das jeweilige Kind implizieren, sind im strittigen Fall vor Gericht zu belegen. Stellt das Gericht fest, dass der Umgang mit einem leiblichen Elternteil kindeswohlgefährdend ist, kann es über eine Einschränkung oder einen Ausschluss des Umgangs entscheiden. Was die Kontakte zu weiteren Bezugspersonen betrifft, so dürfen diese zwar nicht durch die betreuenden Elternteile unterbunden werden. Jedoch gilt es hier, im strittigen Fall nachzuweisen, dass diese dem Kindeswohl dienen, was oft schwierig ist, weil das Kind in einen Loyalitätskonflikt gelangen kann, wenn beispielsweise die eigenen Eltern den Umgang mit den Großeltern nicht unterstützen und diese dann einen Antrag bei Gericht stellen.

Umgangsrechte bestehen weiterhin, auch wenn diese phasenweise eingeschränkt sind oder gar nicht stattfinden. Der abwesende Elternteil oder andere Bezugspersonen des Kindes können das Jugendamt um Unterstützung bitten oder einen Antrag auf Umgangsregelung beim Familiengericht stellen bzw. anregen. In jedem Fall gilt es, für das Kind die bestmögliche Lösung zu finden, die Kontakte zum leiblichen Elternteil oder anderen Bezugspersonen zu ermöglichen. Das heißt, bevor eine gerichtliche Entscheidung, eine Einschränkung oder ein Ausschluss in Betracht kommen, müssen alle anderen Möglichkeiten ausgeschöpft sein.

***Hinweis***

▶ *Eigenmächtiges und/oder unbegründetes Verweigern des Umgangs durch den betreuenden Elternteil ist nicht kindeswohlorientiert. Die Ausübung des Umgangsrechts zwischen Eltern und Kindern darf nur bei Kindeswohlgefährdung eingeschränkt oder ausgeschlossen werden. Die Ausübung des Umgangsrechts zwischen weiteren Bezugspersonen und Kindern muss dem Kindeswohl dienen, damit ein Gericht über eine Regelung entscheiden kann.*

## 2. Zur Situation der betroffenen Eltern und Kinder

In der Mehrheit der Fälle bei Trennung und Scheidung (oder anderen schwierigen Lebenssituationen in Familien) gelingt es den Eltern, ohne fremde Hilfe Regelungen für den Umgang zwischen dem Kind und dem abwesenden Elternteil zu finden. Oft gelingt dies zum Wohle des Kindes, manchmal führt die neue Umgangssituation jedoch dazu, dass Kinder weiterhin einer großen Belastung ausgesetzt sind. Die Kinder sind in der Regel, bereits lange bevor die Umgangsregelung ein Thema wird, den Schwierigkeiten in der Familie ausgesetzt. Sie sind mit unangenehmen Gefühlen wie Trauer, Angst und Wut und den damit verbundenen Unsicherheiten über einen langen Zeitraum konfrontiert. Kommt es dann zur Trennung, initiiert von einem oder beiden Elternteilen, hat das Kind viele Dinge gleichzeitig (gegebenenfalls Trennung von Bezugspersonen, neue Wohnsituation, neue Schule bzw. Kita, Verlust von gewohntem Umfeld und Personen und vieles mehr) zu bewältigen und zu verarbeiten. Ein Kind ist je nach Alter, Entwicklungsstand und Vorerfahrungen (Resilienz) mehr oder weniger gut in der Lage, damit umzugehen. Es braucht in so einer Lebenssituation dringend feinfühlige Erwachsene, vornehmlich die Eltern, welche es durch diese schwierige Situation eng begleiten, sodass es die Krise gut bewältigen und seine Entwicklung weiter positiv verlaufen kann.

Gleichzeitig ist die Situation, welche zur Trennung führt, auch für die Eltern eine große emotionale Herausforderung und damit extrem belastend. Die hohe emotionale Belastung führt zu Stress und kann die Möglichkeit, sich feinfühlig um das Kind zu kümmern, stark einschränken, sofern keine gute Emotions- und Stressregulation bei den erwachsenen Bezugspersonen vorhanden ist. Auch hier spielen Gefühle wie Wut, Trauer und Angst eine große Rolle. Verletzungen müssen verarbeitet werden, und die größte Herausforderung ist es, zwischen der Eltern- und Paarbeziehung zu unterscheiden. Als Paar gab und gibt es große Probleme, wie z.B. starke Konflikte bis hin zur Hochkonflikthaftigkeit, Sucht oder Missbrauch von Substanzen, psychische Auffälligkeiten oder Erkrankungen, schwieriges Erziehungsverhalten, häusliche Gewalt usw., die zur Trennung geführt haben. Mit Ende der Partnerschaft endet nicht die Elternschaft, d.h., es gilt, als Eltern weiterhin den gemeinsamen Fokus auf das Wohl des Kindes zu legen.

***Hinweis***

▶ *Kinder brauchen in der Trennungssituation feinfühlige Erwachsene, die sie eng durch diese Situation begleiten und sie so unterstützen, die Krise bestmöglich zu bewältigen.*

# II. Begleiteter Umgang

Der Begleitete Umgang ist eine Form der Unterstützung und Förderung des Kontaktes zwischen Kindern und den nicht mit ihnen zusammenlebenden Bezugspersonen. Er ist ein Angebot der Jugendhilfe (§ 18 Abs. 3 SGB VIII) für Kinder und ihre Familien bei Trennung und Scheidung, welches diese direkt mit dem Jugendamt vereinbaren können. Gleichzeitig besteht die Möglichkeit, dass das Familiengericht aus kindeswohlgefährdenden Gründen die Ausübung des Umgangs einschränkt oder sogar ausschließt (§ 1684 Abs. 4 BGB). Bei einer Einschränkung kann das Gericht anordnen, dass der Umgang nur unter Anwesenheit eines mitwirkungsbereiten Dritten stattfinden darf. Diese Person ist aufgrund der konflikthaften Familiensituation oftmals nicht im privaten Umfeld zu finden, sodass meist ein freier Träger der Jugendhilfe diese Aufgabe in Form eines Begleiteten Umgangs übernimmt. Dabei begleitet eine neutrale dritte Person (Umgangsbegleitung) das Kind bzw. die Kinder, wenn mit einer umgangsberechtigten Person (z.B. mit dem umgangsberechtigten Elternteil) Umgangstermine wahrgenommen werden. Die umgangsbegleitende Person soll sicherstellen, dass es dem Kind gut geht, d.h., es handelt sich um Umgangssituationen, die für das Kind belastend sein können. Gründe für einen Begleiteten Umgang können sein:

- psychische Erkrankung des abwesenden Elternteils,
- Suchterkrankung des abwesenden Elternteils,
- lange Kontaktunterbrechung,

- Kind und Elternteil kennen sich noch nicht,
- schwieriges Umfeld des abwesenden Elternteils (z.B. durch Obdachlosigkeit),
- häusliche Gewalt,
- Verdacht auf Gewalt gegen das Kind,
- Hochkonflikthaftigkeit,
- Ermöglichung von Kontakten in unklaren Situationen (z.B. während eines laufenden Gerichtsverfahrens).

Im Begleiteten Umgang wird ein fachlicher Rahmen für Kontakte bereitgestellt, die sonst, aufgrund schwieriger Bedingungen, nicht zustande kommen würden oder aus kindeswohlgefährdenden Gründen nicht zustande kommen sollten. Ziel eines Begleiteten Umgangs sollte die Heranführung an eine selbstständige und eigenverantwortliche Gestaltung der Kontakte sein, sodass der Begleitete Umgang nach einer gewissen Zeit überflüssig werden kann.[2]

***Hinweis***

▶ *Durch den Begleiteten Umgang können trotz krisenhafter oder belastender Situationen unter kindeswohldienlichen Bedingungen weiterhin Kontakte zwischen Kind und abwesendem Elternteil stattfinden.*

## 1. Formen des Begleiteten Umgangs

Bezugnehmend auf die Deutschen Standards zum Begleiteten Umgang wird der Begleitete Umgang in drei Leistungsformen (auch „3 Stufen" genannt) unterschieden. Unterschiede in der Leistungserbringung ergeben sich aus den möglichen Risiken, die sich durch den Kontakt zu einem Elternteil für das jeweilige Kind ergeben könnten. Welche Form für die jeweilige Eltern-Kind-Konstellation die richtige ist, ergibt sich aus der fachlichen Einschätzung jedes Einzelfalls. Durch eine bestmögliche Einschätzung wird über die Fachlichkeit der Leistungserbringung und die Qualifikation der eingesetzten Kräfte, die Leistungsdauer sowie die konkrete Ausgestaltung der Umgangsbegleitungen entschieden. Bundesweit wird nicht überall explizit mit den drei Leistungsformen gearbeitet, auch wenn die professionelle Ausgestaltung sich stets nach der individuellen Familiensituation zu richten hat. In der Praxis hat es sich fachlich bewährt, wenn Koordination/Beratung und Umgangsbegleitung durch zwei verschiedene Personen durchgeführt werden, die in enger Zusammenarbeit stehen. Es kann sinnvoll sein und zum Gelingen des Umgangs beitragen, wenn dieser an einem neutralen Ort stattfindet, z.B. an einem Spielplatz, im Garten oder einem Raum des mitwirkungsbereiten Dritten (BU-Anbieter).

**Unterstützer Umgang:** Ziel ist eine Verbesserung der Beziehungsqualität von Eltern-Kind-Kontakten in erschwerten Situationen, in denen keine unmittelbaren Risiken für das jeweilige Kind vorhanden sind. In solchen Konstellationen brauchen die beteiligten Perso-

2 Vgl. *DKSB*, Der Begleitete Umgang im Deutschen Kinderschutzbund – Handlungsleitlinien zur Umsetzung, 2012, S. 5.

nen lediglich eine „Unterstützung", um die Kontakte wieder oder neu aufzunehmen. Ob neben den Hilfestellungen, die sich durch den Rahmen und die konkrete Begleitung ergeben, eine weitere Beratung der Familienmitglieder angezeigt ist, richtet sich nach der individuellen Familiensituation. Der Unterstützte Umgang passt für Konstellationen, in denen es lange Zeit keinen Kontakt gab oder in der das Kind den abwesenden Elternteil noch nicht kennenlernen konnte. Diese Form kann ebenso eine Anschlussleistung einer der nachfolgend beschriebenen Formen sein. Als Umgangsbegleitung können geschulte Ehrenamtliche eingesetzt werden.

**Begleiteter Umgang im engeren Sinne:** Ziel ist das Ermöglichen von Kontakten zwischen dem Kind und einer Bezugsperson in Situationen, in denen eine indirekte Gefährdung durch die konkrete Situation rund um den Umgang für das Kind nicht ausgeschlossen werden kann. Diese indirekte Gefährdung kann sich aus offenen oder verdeckten Konflikten zwischen den verschiedenen Bezugspersonen ergeben, die das Kind bei Kontakt zwischen den Personen miterlebt oder anderweitig mit hineingezogen wird (z.B. durch Instrumentalisierung oder Abwertung der anderen Bezugsperson). Bei dieser Form des Begleiteten Umgangs sollte parallel zum Begleiteten Umgang eine Beratung aller Familienmitglieder stattfinden, um für die Bedürfnisse des Kindes zu sensibilisieren und damit die Beziehungssituation für das Kind zu verbessern. Ein Begleiteter Umgang im engeren Sinne kommt z.B. dann infrage, wenn sich die Übergabesituation sehr konflikthaft gestaltet und/oder wenn die Eltern miteinander kaum noch eine Kommunikations- und Kooperationsbasis haben. Als Umgangsbegleitung können je nach Fallkonstellation geschulte Ehrenamtliche eingesetzt werden. Die Fachkraft sollte bei dieser Form des Begleiteten Umgangs im Hintergrund verfügbar sein. Hier können zeitlich versetzte Übergaben sinnvoll sein, d.h. der/die Umgangsberechtigte kommt ca. 15 Minuten vor dem Beginn des Begleiteten Umgangs in die Räume und verlässt diese ca. 15 Minuten nach Ende des Begleiteten Umgangs, d.h. nach dem betreuenden Elternteil, der das Kind abholt.

**Beaufsichtigter/Beschützter Umgang:** Ziel dieser Form der Umgangsbegleitung ist das Ermöglichen von Kontakten zwischen dem Kind und einer Bezugsperson in Situationen, in denen eine direkte Gefährdung für das Kind durch die umgangsberechtigte Bezugsperson nicht ausgeschlossen werden kann. Dies kann z.B. bei unbehandelter psychischer Erkrankung der Fall sein, bei Entführungsgefahr, bei fehlendem kindgerechtem Umgang, bei Verdacht auf Gewalt bzw. tatsächlich stattgefundener Gewalt (z.B. gegen das Kind und/oder den betreuenden Elternteil) im Vorfeld. Beim Beschützten Umgang geht es um Schutz des Kindes. Parallel zu dieser Form des Begleiteten Umgangs müssen zwingend Beratungsgespräche mit allen Familienmitgliedern stattfinden, um für die Bedürfnisse des Kindes zu sensibilisieren, Strategien für ein kindeswohldienliches Verhalten zu entwickeln und damit langfristig die Beziehungssituation für das Kind zu verbessern. Beaufsichtigter Umgang kann z.B. im Kontext häuslicher Gewalt stattfinden. Als Umgangsbegleitung sollten nur Fachkräfte eingesetzt werden. Hier sind zeitlich versetzte Übergaben zwingend, d.h. der/die Umgangsberechtigte kommt ca. 15 Minuten vor dem Beginn des Begleiteten Umgangs in die Räume und verlässt diese ca. 15 Minuten nach Ende des Begleiteten Umgangs, d.h. nach dem betreuenden Elternteil, der das Kind abholt.

### *Hinweis*

*Die Formen des Begleiteten Umgangs können wie eine Ampel dargestellt werden:*

*Grün = Unterstützter Umgang, keine unmittelbaren Risiken für das Kind ersichtlich,*

*Gelb = Begleiteter Umgang im engeren Sinne, indirekte Gefährdung nicht auszuschließen,*

*Rot = Beaufsichtigter/Beschützter Umgang, direkte Gefährdung nicht auszuschließen.*

Neben den zuvor genannten Formen des Begleiteten Umgangs gibt es zwei weitere Möglichkeiten, die Kontakte zwischen Kind und abwesender Bezugsperson zu unterstützen:

**Begleitete Übergaben:** Die Begleitung von Übergaben ist dann sinnvoll, wenn es dabei sonst zu Auseinandersetzungen und Streit zwischen den Bezugspersonen kommen würde. Ziel ist es, die Kinder zu schützen und eine konfliktfreie Übergabe zu ermöglichen. In der Ausgestaltung kann die Übergabe durch eine Begleitperson unterstützt werden oder sie erfolgt allein durch diese, wenn die Bezugspersonen auch unter Anwesenheit der Begleitperson in Streit verfallen würden.

**Umgangs- oder Besuchscafé:** Ein solches Gruppenangebot bietet die Möglichkeit des Umgangs in kindgerechten Räumlichkeiten an einem neutralen Ort. Es treffen sich meist mehrere Eltern mit ihren Kindern, Umgangsbegleitungen sind ebenfalls in den Räumen anwesend. Zum Teil wird dieses Angebot zum Ausschleichen eines Begleiteten Umgangs genutzt.[3]

**Fazit:** Der Begleitete Umgang stellt ein zeitlich begrenztes Angebot dar, in dem notwendige Absprachen im Interesse des Kindes getroffen und Möglichkeiten der Begegnung erprobt werden können. Der Begleitete Umgang findet im Rahmen der Jugendhilfe statt und wird z.B. von verschiedenen Trägern der freien oder öffentlichen Jugendhilfe angeboten. Zielführend, im Sinne eines anschließenden selbstständigen Umgangs, ist er in der Regel dann, wenn flankierende Maßnahmen zur Verbesserung der Familiensituation ergriffen werden (z.B. Elternberatung, -training, Erziehungsberatung, Anti-Gewalttraining).

### *Hinweis*

*Der Begleitete Umgang ist eine Form der Umgangsbegleitung, der von einfacher Unterstützung bis hin zum Sicherstellen des Kindeswohls eingesetzt werden kann. Abgestimmt auf die Familiensituation erfolgen die konkrete Ausgestaltung und der Einsatz von geschulten (ehrenamtlichen) Umgangsbegleitungen oder pädagogischen Fachkräften.*

3 Vgl. zum gesamten Punkt 2.1 „Formen des Begleiteten Umgangs", *BMFSFJ*, Deutsche Standards zum Begleiteten Umgang, S. 21 f., 122 f., 38–40.

### 2. Leistungserbringung Begleiteter Umgang

Leistungserbringer können eigenständige und unabhängige, d.h. freie Träger der Jugendhilfe sein, die eigenverantwortlich darüber entscheiden können, ob sie über die Kapazitäten und Kompetenzen zur Durchführung eines (angeordneten) Begleiteten Umgangs verfügen. Auf dieser Basis können sie einen Begleiteten Umgang annehmen oder ablehnen. Sie entscheiden zudem fachlich begründet eigenständig, auf welche Art und Weise sie den Begleiteten Umgang anbieten und durchführen. Diese Kriterien für die Durchführung eines Begleiteten Umgangs fließen in eine Leistungsbeschreibung ein, welche die Basis für eine Leistungsvereinbarung mit dem örtlichen Jugendamt darstellt. Der Träger kann auch während eines laufenden Begleiteten Umgangs über einen Abbruch entscheiden, wenn die Einschätzung besteht, dass z.B. das Kind nicht ausreichend geschützt oder die Mitwirkungsbereitschaft der Eltern nicht mehr ausreichend gegeben ist.

## III. Standards im Begleiteten Umgang am Beispiel des Kinderschutzbundes (DKSB)

Im Mai 2022 hat die Mitgliederversammlung des DKSB im Rahmen der Kinderschutztage in Schwerin verbindliche „Qualitätsstandards für den Begleiteten Umgang (BU)" in den einzelnen Orts- und Kreisverbänden des DKSB beschlossen. Mit diesem Beschluss wurden die vorherigen Standards von 2012, die nun in überarbeiteter und erweiterter Version vorliegen, aufgehoben. Da keine grundlegenden Änderungen vollzogen wurden, behält die auf Basis der vorherigen Standards entstandene Broschüre „Der Begleitete Umgang im Deutschen Kinderschutzbund – Handlungsleitlinien zur Umsetzung in Orts- und Kreisverbänden des DKSB" (über den Herausgeber Deutscher Kinderschutzbund Bundesverband e.V. zu beziehen) bis zur Neuauflage ihre Gültigkeit.

→ *Die auf der Bundesmitgliederversammlung 2022 des Deutschen Kinderschutzbundes beschlossenen „Qualitätsstandards für den Begleiteten Umgang im DKSB" sind im Anhang II dieses Werks abgedruckt, siehe Seite 341 ff.*

In den neuen Qualitätsstandards wurde vorrangig die Stellung des Kindes noch mehr in den Fokus gerückt.

> „Grundlage für alle Aktivitäten des Kinderschutzbundes sind die Kinderrechte nach der UN-Kinderrechtskonvention, die Kindern und Jugendlichen nach Art. 9 ein Recht auf beide Eltern garantiert. Für den Arbeitsbereich des Begleiteten Umgangs gelten – wie für alle Tätigkeitsbereiche im Kinderschutzbund – die gesetzlichen Regelungen, die sich insbesondere aus dem SGB VIII ergeben. Da Kindeswohlgefährdungen beim Begleiteten Umgang in vielen Fällen ein Thema sind, muss der entsprechende Schutzauftrag nach § 8a SGB VIII unbedingt Berücksichtigung finden. Besonderes Augenmerk sollte auch auf den psychischen Schutz der Kinder gerichtet werden."[4]

Im Begleiteten Umgang ist die individuelle Persönlichkeit des Kindes mit seinen Bedürfnissen und Wünschen sowie Rechten als Ausgangspunkt zu betrachten. Daraus ergibt sich

4 Vgl. *DKSB*, Qualitätsstandards für den Begleiteten Umgang, siehe hier im Anhang II, Seite 341 ff.

die Konsequenz, dass die beim Kinderschutzbund tätigen Fachkräfte und geschulten ehrenamtlichen Umgangsbegleitungen die Kinder am Angebot des Begleiteten Umgangs bestmöglich partizipieren lassen, indem sie ihnen wertschätzend und respektvoll begegnen und ihren Bedürfnissen, Wünschen und Ängsten Raum geben und diese bei der Ausgestaltung des Begleiteten Umgangs berücksichtigen. Durch den gemeinsamen Fokus auf die Bedürfnisse des Kindes können Eltern bestmöglich dabei unterstützt werden, auch im vorliegenden Konfliktfall für das gemeinsame Kind verantwortlich zu agieren und am Bindungs- und Beziehungsaufbau zu dem getrennt lebenden Elternteil mitzuwirken.

Wenn der Begleitete Umgang als Instrument im Kinderschutz eingesetzt wird, d.h., um Kinder vor Gefahren zu schützen, die durch unbegleiteten Kontakt zu einem Elternteil entstehen würden, hilft die Beteiligung des Kindes dabei, den Begleiteten Umgang noch feinfühliger und damit schützender auszugestalten.

Durch die zentrale Stellung des Kindes werden sowohl die Problemlagen (und damit verbunden der Hilfebedarf) der Kinder als auch der Eltern deutlich. Um hier über die Grenzen des Begleiteten Umgangs hinauszudenken und flankierende Hilfeangebote zu ermöglichen, ist eine Kooperation mit allen beteiligten Personen und Institutionen unerlässlich. Aber auch für den Erfolg des Begleiteten Umgangs ist es nötig, zu kooperieren und dabei das Kind im Fokus zu behalten, damit nachhaltig die Beziehung zu beiden Elternteilen oder anderen wichtigen Bezugspersonen ermöglicht sowie der Schutz vor (erneuter) Gewalt und Traumatisierung bestmöglich verhindert werden kann.

Eine bestmögliche Kooperation kann gelingen,

- wenn jede Institution ihre Möglichkeiten zur Unterstützung des Kindes und zur Wahrnehmung ihrer Aufgaben ausschöpft,
- alle beteiligten Institutionen ihr Leistungsspektrum wechselseitig transparent machen,
- eine andere Institution als Hinzuziehung weiterer Verantwortlichkeit, zusätzlicher Kompetenzen und Ressourcen eingeschaltet wird.

# IV. Rolle und Aufgaben im Begleiteten Umgang

## 1. Konzepte, Träger und Anbieter des Begleiteten Umgangs

Der Begleitete Umgang findet in unterschiedlichen Settings statt, was dazu führt, dass die Aufgaben der beteiligten Fachkräfte variieren können. Das hängt zum einen von den Konzepten und somit der fachlichen Haltung der freien Träger zum Begleiteten Umgang ab und zum anderen von den Vorgaben des jeweiligen örtlich zuständigen Jugendamtes, mit dem der Träger eine Leistungsvereinbarung geschlossen hat.

Die verbreiteten Varianten in Deutschland sind:

- Jugendämter nehmen die Pflichtaufgabe der Kinder- und Jugendhilfe direkt mit ihren angestellten pädagogischen Fachkräften wahr. Somit sind die Beratung der Eltern bzw. Umgangsberechtigten und der Kinder sowie die Begleitung des Umgangs in einer Hand.

- Alternativ übergeben Jugendämter diese Pflichtaufgabe an sogenannte mitwirkungsbereite Dritte, welche dann die Aufgabe im Auftrag des Jugendamtes übernehmen.

Auch bei den freien Anbietern des Begleiteten Umgangs gibt es verschiedene Modelle:

- Anbieter arbeiten ausschließlich mit angestellten Fachkräften im Begleiteten Umgang, wobei je nach Fall Beratung/Koordination und Umgangsbegleitung durch unterschiedliche Personen wahrgenommen werden.
- Anbieter arbeiten in der Koordination/Beratung mit angestellten Fachkräften. Die Umgangsbegleitung wird durch zusätzliche fachlich qualifizierte Honorarkräfte übernommen.
- Wieder andere Anbieter arbeiten mit angestellten Fachkräften in der Fallverantwortung (Beratung/Koordination) sowie mit geschulten ehrenamtlichen Umgangsbegleitungen.

Aus diesen verschiedenen Modellen ergeben sich die entsprechenden Aufgaben und Rollen im Begleiteten Umgang.

***Hinweis***

▶ *Deutschlandweit gibt es große Unterschiede in der Ausgestaltung der Leistung Begleiteter Umgang. Die Unterschiede kommen durch die verschiedenen Modelle der unterschiedlichen Träger sowie die jeweiligen Leistungsvereinbarungen mit den Jugendämtern vor Ort zustande.*

## 2. Rolle und Aufgaben der Umgangsbegleitung im Begleiteten Umgang

Nach der Auftragsannahme durch die fallverantwortliche koordinierende Fachkraft und den **Erstgesprächen** mit den Eltern informiert die Fachkraft vor dem Start eines Begleiteten Umgangs die Umgangsbegleitung über die notwendigen Details, Absprachen sowie konkreten Zeiten.

→ *Vorlagen zu Erstgesprächen finden sich im Anhang I (Muster und Arbeitshilfen) unter 1. bis 3.*

Anschließend erfolgt die **Kennenlern- und Vorbereitungsphase** mit den Eltern bzw. Umgangsbeteiligten und dem Kind/den Kindern, welche je nach Konzept und Fall eine unterschiedliche Anzahl an Terminen im Vorfeld erfordert.

Danach kann die **Durchführungsphase**, d.h. der Begleitete Umgang, beginnen. Hierbei hält sich die Umgangsbegleitung in der Regel im Hintergrund, beobachtet den Umgang des/der Umgangsberechtigten mit dem Kind/den Kindern und greift nur im Notfall steuernd ein, z.B. wenn Umgangsberechtigte sich nicht an die vorab vereinbarten Regeln halten, Konflikte zwischen Kindern und Umgangsberechtigten entstehen, Kindeswohlgefährdung droht oder andere Situationen ein Eingreifen erfordern.

→ *Weitere Einzelheiten zur Durchführungsphase finden sich im Folgenden unter V.*

Die Umgangsbegleitung verfasst während oder nach jedem Begleiteten Umgang ein **Verlaufsprotokoll**, in dem der Ablauf beschrieben wird und gegebenenfalls wichtige Zitate von Umgangsberechtigten und Kindern festgehalten werden können. Beschreiben statt Bewerten bzw. Interpretieren ist hier der Grundsatz. Manche Protokollvorlagen erlauben auch das Notieren von subjektiven Eindrücken, welche dann jedoch strikt von den Beschreibungen zu trennen sind.

→ *Die Vorlage für ein Verlaufsprotokoll findet sich im Anhang I (Muster und Arbeitshilfen) unter 10.*

Umgangsbegleitung kann durch Fachkräfte oder geschulte Ehrenamtliche erfolgen. Vor einer Aufnahme der Tätigkeit als ehrenamtliche Umgangsbegleitung ist z.B. beim DKSB die Teilnahme an einer **Schulung** (50 Stunden) verpflichtend.[5] Auch für Fachkräfte empfiehlt sich die Teilnahme an einer Schulung, bevor diese ihre Tätigkeit im Bereich Begleiteter Umgang beginnen.

Nachdem der Begleitete Umgang durchaus Risiken bergen kann, ist es im Sinne des Schutzes von Kindern und Umgangsbegleitung sinnvoll, wenn es einen Raum mit Rückzugsmöglichkeit gibt. Notfallnummern (Polizei, Zweite Kraft, Träger) sollten der Umgangsbegleitung bekannt sein, wenn sie Hilfe benötigt. Wichtig ist es ebenfalls, die Telefonnummern der Eltern bzw. Umgangsberechtigten für Notfälle (Absage, Abbruch, Krankheit usw.) zu kennen. Beim Tausch von Handynummern gilt es zu berücksichtigen, dass die Umgangsbegleitung nur über eine vom Träger zur Verfügung gestellte Handynummer zu erreichen sein soll. Bezogen auf die Eltern muss geklärt sein, ob deren Telefonnummern gegenseitig geheim gehalten werden müssen.

Begleiteter Umgang ist eine herausfordernde Aufgabe, die durchaus belastend sein kann. Daher sollte die Möglichkeit zur regelmäßigen Supervision durch eine/-n Supervisor/-in und/oder kollegiale Beratung durch eine entsprechende Fachkraft gegeben sein.

→ *Weitere Ausführungen zur Supervision finden sich im Folgenden unter VI. 2.*

**Abbruch des Begleiteten Umgangs:** Die Umgangsbegleitung kann den Begleiteten Umgang selbstverantwortlich abbrechen, wenn Eltern bzw. Umgangsberechtigte sich nicht an die vorab gemeinsam vereinbarten Regeln halten.

Findet der Begleitete Umgang in neutralen Räumen eines Anbieters statt, hat die Umgangsbegleitung das Hausrecht während des Begleiteten Umgangs und die Umgangsbeteiligten haben ihren Anweisungen Folge zu leisten. Für die umgangsbegleitende Person sollte daher stets klar sein, wann in einen Begleiteten Umgang eingegriffen werden und wann dieser sogar abgebrochen werden sollte. Hier gibt es klare Vorgaben, sofern diese zuvor durch entsprechende Rahmenbedingungen sowie durch das vorherige Gespräch mit den Bezugspersonen festgelegt wurden.

5 Vgl. *DKSB*, Qualitätsstandards für den Begleiteten Umgang, siehe hier im Anhang II, Seite 341 ff.

**Mögliche Gründe für einen Abbruch:**

- Nichteinhaltung der vorab vereinbarten Regeln,
- Elternteil kommt sichtbar alkoholisiert bzw. unter Drogen zum Begleiteten Umgang,
- körperliche oder verbale Aggression und/oder Gewalt gegenüber Kind oder Umgangsbegleitung,
- Konflikte bei der Übergabe zwischen den Eltern,
- Dritte werden ungefragt mitgebracht und verlassen trotz Anweisung nicht den Raum,
- wiederholte Unpünktlichkeit eines Elternteils,
- nicht vorab abgesprochene Handyaufnahmen während des Begleiteten Umgangs vom Kind,
- wiederholtes Ausfragen des Kindes über den anderen Elternteil,
- schlechtes Reden oder Vorwürfe in Bezug auf den anderen Elternteil gegenüber dem Kind,
- Mitbringen von (großen) Geschenken, entgegen der Vereinbarung,
- Kind verweigert vehement den Umgang,
- Kind weint, hat Angst oder andere unangenehme Gefühle und lässt sich über längere Zeit nicht beruhigen (daher sollte der abgebende Elternteil bei kleinen Kindern oder anderen Erfordernissen in der Nähe oder so erreichbar sein, dass er gegebenenfalls früher zurückkommen kann) etc.

Was den Abbruch betrifft, so gilt es, gut zu überlegen, wann dieser erfolgt. Es besteht die Möglichkeit, den Begleiteten Umgang direkt nach dem Vorkommnis, der zum Abbruch führt, abzubrechen. Es besteht auch die Möglichkeit, den Begleiteten Umgang an dem konkreten Termin noch zu Ende zu führen und danach das Gespräch zu suchen und/oder mit Hilfe der verantwortlichen Fachkraft anschließend mit dem Elternteil die Konsequenzen zu besprechen. Wie sich die Umgangsbegleitung entscheidet, hängt von der Situation und der Auswirkung für das Kind ab.

Jede Umgangsbegleitung kennt die eigenen Grenzen und erbittet notfalls Unterstützung von (anderen) Fachkräften innerhalb des Trägers. Eine geschulte ehrenamtliche Umgangsbegleitung führt keine Beratung der Eltern bzw. Umgangsberechtigten durch, ändert keine vereinbarten Regelungen für den Umgang selbstständig, sondern verweist dafür immer auf die zuständige Fachkraft oder das Jugendamt.

### *Hinweis*

▶ *Eine Umgangsbegleitung muss ein spezielles Hintergrundwissen, eine stabile Persönlichkeit mit hoher emotionaler Intelligenz und sozialer Kompetenz haben, über eine gute Beobachtungsgabe verfügen und in der Lage zur Selbstfürsorge sein. Sie muss gleichzeitig freundlich sowie klar und bestimmt auftreten und Grenzen ziehen kön-*

*nen. Wichtig ist das Vorhandensein von Supervision und die Gelegenheit von kollegialem Austausch.*

**Umgangsbegleitungen bei Pflegekindern** sind hinsichtlich einer möglichen Retraumatisierung der Kinder und der Besonderheit des Umgangs mit leiblichen Eltern und Pflegeeltern sowie der nicht absehbaren Dauer der Begleiteten Umgänge (verbleibt das Kind in der Pflegefamilie oder gibt es eine Rückführung?) gesondert zu betrachten.

Es muss grundsätzlich vorab geklärt werden, ob der Begleitete Umgang überhaupt die passende Maßnahme für ein Pflegekind ist. Weiterhin braucht es hier in der Regel oft eine aktive Moderation des Umgangs durch die Umgangsbegleitung, um ein positives Erlebnis für die Kinder zu schaffen, das Verhältnis zwischen leiblichen Eltern und Pflegeeltern stabil zu halten und eine Retraumatisierung der Kinder zu vermeiden. Es ist daher eine hoch qualifizierte Fachkraft nötig, mit sehr guter Beobachtungsgabe sowie dem nötigen Hintergrundwissen über Traumata, deren Anzeichen, mögliche Auslöser und die dann nötige Unterstützung für das Kind. Aus dem Grund ist bei einem Begleiteten Umgang mit Pflegekindern die Grenze einer geschulten ehrenamtlichen Umgangsbegleitung häufig erreicht. Generell ist der Begleitete Umgang bei Pflegekindern in der Fachwelt aufgrund der genannten Punkte kontrovers diskutiert. Somit muss hier die Entscheidung besonders genau geprüft werden. Gesondert betrachtet wird auch der Begleitete Umgang im Kontext der häuslichen Gewalt (siehe dazu unter VII., S. 167 ff.).

→ *Zu Einzelheiten der Umgangsbegleitung bei Vollzeitpflege siehe den Beitrag von Bettina Müller, in Kapitel 5 A, Seite 177 ff.*

## 3. Aufgaben und Verantwortlichkeiten einer Fachkraft im Begleiteten Umgang

Die Fachkraft braucht eingehende Kenntnisse über den Begleiteten Umgang, die rechtliche Einbettung und seine Besonderheiten. Für ein konstruktives Arbeiten zum Wohle des Kindes ist die Kontaktpflege mit allen Beteiligten, wie Gericht, Jugendamt, Beratungsstellen, Verfahrensbeiständinnen und Verfahrensbeiständen, Sachverständigen usw., im Sinne einer Netzwerkarbeit dauerhaft unerlässlich.

Die Fachkraft trifft als mitwirkungsbereitete Dritte im Namen des Trägers gegenüber dem Jugendamt oder Gericht die Entscheidung über die Annahme eines Falles. Wird der Fall angenommen, begleitet sie das Kennenlernen und die Kontaktanbahnung mit Eltern, Kind und Umgangsbegleitung. Sie ist für das Aufstellen der Regeln (Verhalten) und Rahmenbedingungen (Zeiten, Dauer, Ort) mit den Eltern und Kindern zuständig (schriftlich). Je klarer und ausführlicher diese formuliert sind, desto besser kann Konflikten vorgebeugt werden.

→ *Das Muster für einen Anamnesebogen findet sich im Anhang I (Muster und Arbeitshilfen) unter 3.*

→ *Das Muster für eine Vereinbarung mit den Eltern findet sich im Anhang I (Muster und Arbeitshilfen) unter 5.*

Es ist hilfreich, vorab eine **Schweigepflichtentbindung** von beiden Eltern einzuholen und die vereinbarten Regeln unterschreiben zu lassen.

→ *Das Muster für eine Schweigepflichtentbindung findet sich im Anhang I (Muster und Arbeitshilfen) unter 6.*

Dies kann in einer **Kooperationsvereinbarung** zusammengefasst oder in verschiedenen Formularen erfolgen.

→ *Das Muster für eine Kooperationsvereinbarung findet sich im Anhang I (Muster und Arbeitshilfen) unter 4.*

Die Fachkraft begleitet die Eltern und Kinder flankierend zum Begleiteten Umgang mit Hilfe von Gesprächen. Gegebenenfalls hat das Kind eine eigene Beratungsperson parallel zu den Umgangsterminen, die es auf seinem Weg begleitet, Wünsche erfragt und mit dem Kind über seine Gedanken und Gefühle zum Umgang spricht. Wenn nötig kann die Beratungsperson und/oder die fallverantwortliche Fachkraft ergänzende Maßnahmen wie den Besuch einer Erziehungsberatungsstelle, eines Elternkurses, einer Therapie für einzelne Familienmitglieder empfehlen und anbahnen.

Die Fachkraft nimmt die **Verlaufsprotokolle** der Umgangsbegleitung entgegen, schreibt die Berichte für das Jugendamt, welche von dort bei Bedarf an das Gericht weitergegeben werden. Insgesamt hat sie die Verantwortung für den jeweiligen Fall.

→ *Vorlagen und Muster für Protokolle und Berichte finden sich im Anhang I (Muster und Arbeitshilfen) unter 9., 10., 12. Und 13.*

Die verantwortliche Fachkraft ist für den Schutz der geschulten ehrenamtlichen Umgangsbegleitung zuständig und muss im Auftrag des Trägers die notwendigen Maßnahmen dafür (Notfallhandy, Rückzugsmöglichkeit, zweite Kraft, gegebenenfalls Abbruch des Begleiteten Umgangs usw.) sicherstellen. Hierzu gehört auch das Angebot der kollegialen Beratung sowie eine regelmäßige Supervision. Sie ist die Kontaktperson zu den anderen Beteiligten wie Jugendamt, Gericht usw., auch über die Teilnahme an regionalen Arbeitskreisen. Zur Qualitätssicherung gehören u.a. die Planung oder Vermittlung sowie der Besuch von Fortbildungen für Fachkräfte und Umgangsbegleitungen. Ebenso ist die Fachkraft im Zuge der Qualitätssicherung und Weiterentwicklung in regelmäßigem Austausch mit dem Vorstand bzw. der Geschäftsführung des eigenen Trägers. Die Anbahnung der Abschlussphase des Begleiteten Umgangs gehört ebenfalls zu ihren Aufgaben sowie, wie bereits erwähnt, das Verfassen eines Abschlussberichtes, wenn vom Jugendamt gefordert oder vorab vereinbart.

## V. Aufgaben und Haltung in den verschiedenen Phasen im Begleiteten Umgang

### 1. Vorbereitungsphase

Nach der Prüfung über die Annahme des Falles im Auftrag des Jugendamtes ist es die Aufgabe des Trägers, in Abstimmung mit dem eigenen Konzept die Vorgaben von Jugendamt und/oder Familiengericht im Begleiteten Umgang nach Möglichkeit umzusetzen. Für das Gelingen eines Begleiteten Umgangs mit dem Ziel der Verselbstständigung der Umgänge ist das Aushandeln der Rahmenbedingungen und Regeln für die Umgänge ein entscheidender Faktor. Das Hauptaugenmerk beim Begleiteten Umgang liegt bei allen Entscheidungen immer auf dem Wohl des Kindes. Neben zuvor genannten Aspekten finden vor dem Beginn des Begleiteten Umgang Kennenlerngespräche und -treffen mit den Eltern und dem Kind statt, sodass auch die Familie gut auf den Begleiteten Umgang vorbereitet werden kann.

## 2. Durchführungsphase

Entsprechend den Vereinbarungen finden nun die Umgangskontakte statt. Parallel zu den Umgangsterminen finden in dieser Phase regelmäßig Beratungsgespräche mit den Eltern und der Fachkraft sowie im Idealfall mit dem Kind und einer Beratungsperson statt. Ob diese Beratung beim selben Träger oder in einer Beratungsstelle stattfindet, hängt vom Konzept des Trägers ab. Die Umgangsbegleitung begleitet und schützt das Kind während des Umgangs. Sie achtet auf die Einhaltung der Regeln sowie auf das Wohl des Kindes. Wenn nötig greift sie regulierend (an die Regeln erinnernd) oder unterstützend (Starthilfe beim Kennenlernen und Spielen) ein und bricht notfalls den Begleiteten Umgang ab, wenn Umgangsberechtigte sich nicht an die Regeln halten oder es dem Kind nicht gut geht. Die Umgangsbegleitung hat die Verantwortung und Entscheidungskompetenz während des Begleiteten Umgangs. Auch hier liegt der Fokus bei allen Entscheidungen auf dem Wohl des Kindes.

Für den konstruktiven Verlauf des Umgangs sind eine **wertschätzende Haltung sowie kommunikative Methoden/Fähigkeiten** der Umgangsbegleitung hilfreich, die beruhigend, ausgleichend und vertrauensvoll auf Eltern und Kinder wirken. Um eine gute Grundlage für eine gelingende Begegnung von Umgangsberechtigtem und Kind zu schaffen, ist es weiterhin sehr hilfreich, wenn altersgerechte Spielangebote und kindgerechte Räumlichkeiten vorhanden sind, welche die Interaktion von Umgangsberechtigtem und Kind fördern.

Auch Rückzugsmöglichkeiten für die Kinder können nützlich sein, wenn das Kind von der Situation überfordert ist, ohne dass der Begleitete Umgang sofort abgebrochen werden muss. Die Vereinbarung eines „Geheimzeichens“ kann für das Kind entlastend sein, sodass es z.B. durch ein bestimmtes Zeichen zum Ausdruck bringen kann, dass es eine Pause braucht, ohne dass dies die umgangsberechtigte Person mitbekommt. Nach dem Äußern des Geheimzeichens könnte, abhängig davon, was im Vorfeld verabredet wurde, die Umgangsbegleitung das Kind fragen, ob es zur Toilette muss oder ob es helfen könnte, noch eine Flasche Wasser zu holen. Das Kind bekommt so die Gelegenheit, den Raum kurz zu verlassen, ohne dass es unangenehm sein muss. In vielen Fällen zeigt allein dieses Angebot eine entlastende Wirkung auf die Kinder.

Während der Durchführungsphase ist die Aufgabe der Umgangsbegleitung in der Regel die Beobachtung der Interaktion zwischen Umgangsberechtigtem und dem Kind. Weiterhin dokumentiert/protokolliert sie die Beobachtungen für die spätere Einschätzung durch die Fachkraft oder das Jugendamt für die weitere Vorgehensweise in dem Fall. Wichtig ist hier, neben den Angaben zu Datum, Nummer, Ort und Dauer des Begleiteten Umgangs, die rein beschreibende Dokumentation des Verlaufs und gegebenenfalls von Zitaten der Eltern oder der Kinder, möglichst ohne Interpretation oder Bewertung (wenn, dann gekennzeichnet). Das kann als Fließtext geschrieben oder in ein einheitliches Formular des

Trägers eingetragen werden. Mit Hilfe der Interaktionsbeobachtung soll nicht nur das Verhalten von Eltern und Kindern beobachtet werden. Aus den beobachteten Handlungen sollen Fachkräfte auch Rückschlüsse auf die Kompetenz zur Interaktionsgestaltung (Feinfühligkeit) ziehen können.

Zentrale Fragen können, je nach Anlass für den Begleiteten Umgang, sein:

- Worin zeigt sich die Fähigkeit zur Selbstregulation des Kindes und seine Bereitschaft zur Interaktion?
- Was sind Merkmale von elterlicher Feinfühligkeit und Interaktionsbereitschaft?

Im Begleiteten Umgang gilt es immer, sich an der Passung zwischen Kind und der umgangsberechtigten Person zu orientieren. Das heißt, die eigenen Vorstellungen von Spiel, Erziehung oder anderen Dingen sind vonseiten der umgangsbegleitenden Person außen vor zu lassen, sofern das Kind keine Anzeichen einer Belastung zeigt.

→ *Vorlagen für Protokolle/Dokumentationen finden sich im Anhang I (Muster und Arbeitshilfen) unter 9. und 10.*

## 3. Abschlussphase

Im Idealfall wird zum Ende des vereinbarten Begleiteten Umgangs eine Regelung für den weiteren Fortgang des Umgangs erarbeitet sowie gegebenenfalls ergänzende Maßnahmen (z.B. Besuch eines Elternkurses, einer Beratungsstelle) besprochen. Nach und nach können Schritte hin zu weniger Begleitung erarbeitet werden, bis schließlich die Unterstützung nicht mehr nötig ist, angefangen beim Rückzug der Umgangsbegleitung aus dem Raum über Begleitete Übergaben hin zu Umgangscafés bis zur Verselbstständigung des Umgangs. Diese Veränderung erfolgt stets in Absprache mit dem Jugendamt, beiden Eltern und dem Kind (je nach Alter und Entwicklungsstand). Im Falle eines Abbruchs der Umgangsbegleitung ist ein Abschlussgespräch anzustreben, um den Verlauf zu reflektieren.

## 4. Nachbereitungsphase

Optimal ist es, wenn die am Ende eines Begleiteten Umgangs getroffene eigenverantwortliche Umgangsvereinbarung nach ein paar Monaten erneut zwischen Eltern und Träger reflektiert werden kann. Der Träger wäre für diesen Zeitraum noch erreichbar, sollte es Konflikte, Fragen oder anderen Gesprächsbedarf geben.

→ *Ein Muster für eine Umgangsvereinbarung findet sich im Anhang I (Muster und Arbeitshilfen) unter 11.*

# VI. Qualifizierung und Fortbildung

## 1. Allgemeines

Für die Begleitung der Kinder im Begleiteten Umgang sowie die gleichzeitige Wahrnehmung der Interessen der Kinder sind Vorbereitung, sprich Qualifizierung und Fortbildung, genauso unabdingbar wie eine regelmäßige Supervision. Die Beteiligten, Eltern wie Kinder, bewegen sich meist in einem emotional hoch aufgeladenen Klima und können daher in ihrem Verhalten sehr herausfordernd für alle Beteiligten sein. Die durch die Trennung oder andere schwierige Lebenslagen ausgelösten Stressreaktionen bleiben aufgrund der persönlichen Verletzungen meist nicht auf der Paarebene. Eine Trennung zwischen Partnerschaft und Elternschaft zum Wohle des Kindes ist meist zu Beginn des Begleiteten Umgangs von den Eltern schwer leistbar. Macht, Manipulation, Vereinnahmung, Aggression und vieles mehr an herausfordernden Verhaltensweisen zum Nachteil der Kinder werden eingesetzt und können bei dem anderen Elternteil und dem Kind Schaden anrichten sowie die neutrale/allparteiliche Haltung der Umgangsbegleitung und Fachkraft irritieren.

Um in einem solchen **Spannungsfeld** bestehen zu können und immer das Wohl des Kindes im Blick zu behalten, benötigen Beratungsperson und Umgangsbegleitung Erfahrung, Hintergrundwissen und Handlungsstrategien rund um die Themen Bindung, Entwicklungspsychologie, Familiendynamiken, Sucht, psychische Erkrankungen, Trennung und Scheidung, Interaktionsbeobachtungen, Trauma und gewaltfreie Kommunikation. Für die Kinder übernehmen die Umgangsbegleitungen in der Umgangssituation eine enorm wichtige Funktion. Sie garantieren den Schutz generell im Begleiteten Umgang und besonders in kritischen Momenten, z.B. wenn die Kinder in den Elternkonflikt hineingezogen, wenn sie zu Aussagen für oder gegen einen Elternteil aufgefordert oder über den anderen Elternteil ausgefragt werden. Wenn Gewalt ein Aspekt des Familienlebens gewesen ist, gewinnt die Schutzfunktion noch größere Bedeutung. Eine Qualifizierung zu Beginn der Tätigkeit sowie regelmäßige Fortbildungen zu im Begleiteten Umgang relevanten Themen sind Voraussetzung für qualitativ hochwertigen Begleiteten Umgang zum Wohle des Kindes. Sie gewährleisten ein sicheres und kompetentes Handeln von Beratungspersonen und Umgangsbegleitungen in diesem Setting.

## 2. Supervision

Supervision trägt im hohen Maße dazu bei, die Qualität der beruflichen Tätigkeit zu erhöhen, hilft, Konflikte im Team oder persönliche innere Konflikte (die Aufgabe betreffend) zu lösen, eigene Lösungskompetenzen zu entwickeln und aufgabenbedingte Belastungen zu reduzieren. Supervision stellt ein wichtiges Instrument effektiver Verbands- und Organisationsentwicklung dar, da es den Mitarbeitenden auch die Möglichkeit zur Psychohygiene gibt und sie somit dem Träger als gesunde und motivierte Mitarbeitende erhalten bleiben. Gleichzeitig dient sie dem Schutz der Eltern und Kinder im Begleiteten Umgang, da die Mitarbeitenden während des laufenden Begleiteten Umgangs regelmäßig die Möglichkeit zur Reflexion, Selbstfürsorge und Klärung haben.

# VII. Begleiteter Umgang bei häuslicher Gewalt

Bei häuslicher Gewalt geht es immer um (Gewalt-)Straftaten, die hauptsächlich von Männern in engeren, bestehenden oder ehemaligen Beziehungen zu Frauen ausgeübt werden und überwiegend im vermeintlichen Schutzraum der eigenen vier Wände, also „zu Hause“ stattfinden. Häusliche Gewalt (auch beobachtete Gewalttaten) bedeutet eine Gefährdung des Kindeswohls.

Es gibt viele Formen häuslicher Gewalt, die Übergänge sind fließend, zudem finden häufig mehrere Formen gleichzeitig statt:[6]

**Körperliche/physische Gewalt:** alle Handlungen, die Schmerzen verursachen, wie z.B. Schlagen, Treten, Würgen, Essensentzug, Einsatz von Waffen oder Bewerfen des Partners/der Partnerin mit Gegenständen.

**Sexualisierte Gewalt:** Nötigung zu sexuellen Handlungen bis hin zur Vergewaltigung.
**Psychische Gewalt:** Bedrohungen, Demütigung, Beschimpfungen, Schlafentzug, Unterdrückung mit Worten.

**Soziale Gewalt:** jede Form von Außenkontakten verhindern (Freundinnen, Freunde, Familie), d.h. soziale Isolierung und Kontaktverbote sowie Einsperren.

**Stalking:** eine Form der psychischen Gewalt, zu der es vor allem in Trennungssituationen kommen kann, z.B. Belästigungen von Seiten des verlassenen Partners/der verlassenen Partnerin durch ständiges Auflauern oder Kontaktieren.

**Ökonomische Gewalt:** Verbot von Erwerbstätigkeit, Verbot, eigenes Geld zu haben, Kontrolle von Ausgaben.

Durch die Abhängigkeit von Kindern gegenüber ihren Betreuungs- und Versorgungspersonen erleben sie die Gewalt, die gegen diese Personen ausgeübt werden, als sehr bedrohlich sowie als gegen sie selbst gerichtet. Miterlebte Gewalt löst starken Stress aus und kann für Kinder negative Auswirkungen auf ihre Entwicklung haben. Je kleiner sie sind, desto geringer sind ihre Reaktionsmöglichkeiten.[7]

In Fällen häuslicher Gewalt, in denen der Umgang zwischen Kind und gewaltausübendem Elternteil geregelt werden soll, gilt es, nicht nur die verschiedenen Umgangsrechte zu berücksichtigen, sondern vor allem das Recht des Kindes auf Schutz sowie das Recht des gewaltbetroffenen Elternteils auf körperliche und seelische Unversehrtheit zu berücksichtigen. Ein Begleiteter Umgang kommt dann infrage, wenn das Kind während der Kontakte weder direkt noch indirekt gefährdet ist. Dies bedeutet, dass es vor körperlichen Übergriffen, aber auch vor belastenden Gefühlszuständen geschützt werden muss.[8]

Besonders wichtig ist zudem die Berücksichtigung der kindlichen Bedürfnisse.

*Hinweis: Im Folgenden ist von der Mutter als gewaltbetroffener Person die Rede. Dies schließt nicht aus, dass auch andere betreuende Bezugspersonen von Gewalt betroffen sein können. Im Nachfolgenden ist vom Vater als gewaltausübendem Elternteil die Rede. Dies schließt nicht aus, dass auch andere Bezugspersonen gewaltausübend sein können.*

**Kinder haben das Bedürfnis nach Sicherung und Wahrung ihrer Grenzen.** Damit das Kind sich sicher und frei von Angst fühlen kann, muss es sich sicher sein, dass weder ihm noch seiner Mutter an dem Ort, an dem die Umgänge stattfinden, etwas passieren wird. Klare Absprachen unterstützen die Sicherheit, ebenso wie das Ernstnehmen der kindlichen

6 Vgl. Broschüre Arbeitskreis Neue Erziehung e.V., Extrabrief Häusliche Gewalt, 2018.
7 Vgl. *Meysen/Lohse*, Umgang in Fällen häuslicher Gewalt, 2021, S. 24.
8 Vgl. *Meysen/Lohse*, Umgang in Fällen häuslicher Gewalt, 2021, S. 41.

Ängste und die seiner Mutter. Das Kind sollte das Maß an Nähe selbst bestimmen, jederzeit etwas verändern können und hierbei unterstützt werden.[9]

**Kinder brauchen die Bestätigung ihrer Wahrnehmung.** Bezüglich der Gewalttaten darf es kein Schweigegebot geben. Die Umgänge können nur dann eine positive, vertrauensvolle Wirkung haben, wenn der Vater das Kind entlastet und zu seinem gewalttätigen Verhalten selbstkritisch Stellung bezieht.[10]

**Kinder brauchen die Verantwortungsübernahme durch Erwachsene.** Je nach Alter beziehen Kinder die Reaktionen ihrer Umwelt sehr stark bis ganz auf sich. Abhängig von ihrer Entwicklung können sie nicht ausreichend differenzieren und mögliche andere Gründe für das Verhalten von Menschen überblicken. Kinder übernehmen also Verantwortung für das, was passiert, und entwickeln damit ein großes Schuldgefühl. Diese schwierige Situation für die Kinder nährt sich durch fehlende Verantwortungsübernahme vonseiten der Erwachsenen bezüglich der Gewalt und Trennungen sowie Familienkonflikten, in denen es häufig auch um Sorgerechts- und Umgangsfragen geht.[11]

**Kinder wollen nicht unter Druck gesetzt werden.** Kinder, die häusliche Gewalt miterlebt haben, tendieren oftmals zu idealisierten Vorstellungen gegenüber dem gewaltausübenden Elternteil, zu dem sie gleichzeitig ein ambivalentes Verhältnis haben. Sie sehnen sich nach diesem Elternteil, haben liebevolle Gefühle, spüren Hoffnung. Parallel dazu haben sie Angst, sind enttäuscht und wütend. All diese Aspekte sowie die unterschiedlichen Persönlichkeitsanteile des gewaltausübenden Elternteils zusammen anzuerkennen, ist für die Kinder ein schmerzhafter Prozess und oft erst später möglich.[12]

**Kinder brauchen Verlässlichkeit und Kontinuität.** Die kindlichen Bedürfnisse nach Verlässlichkeit und Kontinuität lassen sich durch einen klaren Umgangsrahmen konkretisieren, den das Kind gut überblicken kann. Dieser Rahmen, der auch zuverlässige Verabredungen mit dem Vater bedeutet, ist für das Kind ein Anhaltspunkt, der Sicherheit vermittelt. Für das Kind ist es wichtig, zu spüren, dass es seinem Vater wichtig ist, für sein Kind einen bestmöglichen Kontakt zu ermöglichen, Kompromisse einzugehen und die Schutzbedürfnisse des Kindes zu akzeptieren. So lernt das Kind, dass seine Grenzen respektiert und seine Bedürfnisse ernst genommen werden.[13]

**Konsequenzen für den Begleiteten Umgang (beaufsichtigten Umgang):** Solange die Gefahr einer Gewaltausübung gegen das Kind oder den betreuenden Elternteil fortbesteht, sollte kein Umgang, auch kein Begleiteter Umgang, stattfinden. Sollte eine Gefährdung nicht komplett ausgeschlossen werden können, bietet sich das Angebot eines Begleiteten Umgangs an. Bei jeder Umgangsregelung im Kontext häuslicher Gewalt hat die Sicherheit für das Kind sowie den betreuenden Elternteil stets höchste Priorität., d.h., ein erneuter Gewaltvorfall muss zwingend vermieden werden. Daraus ergibt sich die Konsequenz, dass ein solcher Begleiteter Umgang immer ein beschützter/beaufsichtigter Umgang sein muss. Sollte also ein Umgang/Begleiteter Umgang stattfinden, muss zwingend

9 Vgl. BIG e.V., Begleiteter Umgang bei Häuslicher Gewalt, 2018, S. 11.
10 Vgl. BIG e.V., Begleiteter Umgang bei Häuslicher Gewalt, 2018, S. 11.
11 Vgl. BIG e.V., Begleiteter Umgang bei Häuslicher Gewalt, 2018, S. 11.
12 Vgl. BIG e.V., Begleiteter Umgang bei Häuslicher Gewalt, 2018, S. 12.
13 Vgl. BIG e.V., Begleiteter Umgang bei Häuslicher Gewalt, 2018, S. 13.

berücksichtigt werden, dass Kinder nach einer Trennung und Gewalterlebnissen Zeit brauchen, um alles zu verarbeiten und sich neu auf den gewaltausübenden Elternteil einzulassen. Dies ist oft nur mit Hilfe professioneller Unterstützung möglich. Wenn das Kind diese professionelle Unterstützung erhält, ist es in vielen Fällen sinnvoll, erst nach drei bis sechs Monaten mit einer Umgangsregelung zu beginnen. Vor einer solchen Regelung ist es für das Kind enorm bedeutsam, dass der gewaltausübende Elternteil dem Kind gegenüber für das Geschehene die Verantwortung übernimmt. Diese Verantwortungsübernahme entlastet das Kind und hilft ihm, seine eigenen Schuldgefühle abzubauen. Neben dem Gespräch mit seinem Kind sollte der Vater Unterstützung annehmen, um künftig eine Gefährdung des Kindeswohls auszuschließen und dem Kind nicht erneut Schaden zuzufügen. Im Rahmen eines Beaufsichtigten Umgangs kann ein für das Kind und Vater sicherer und fachlich begleiteter Umgang stattfinden. Flankierend dazu gilt es, die Eltern für die kindlichen Bedürfnisse im Allgemeinen und speziell bei häuslicher Gewalt zu sensibilisieren und sie bei der konstruktiven Ausübung ihrer jeweiligen elterlichen Verantwortung zu unterstützen. Dass das Kind die Kontakte zum gewaltausübenden Elternteil möchte, ist zwingende Voraussetzung für einen Begleiteten Umgang, d.h., dieser kann nicht stattfinden, wenn das Kind den Kontakt ablehnt. Besteht weiterhin eine Gefährdung des betreuenden Elternteils oder tritt diese im Verlauf der Umgangskontakte auf, muss der Begleitete Umgang ebenfalls unterbleiben bzw. sofort abgebrochen werden. In solchen Fällen ist es alternativlos, dem Recht auf körperliche Unversehrtheit und Leben dem Recht des umgangsberechtigten Elternteils gegenüber Priorität einzuräumen.[14]

**Konkret:** Der Beaufsichtigte Umgang muss durch eine Fachkraft begleitet werden, die während des Kontaktes ständig anwesend ist. Parallel zum Begleiteten Umgang hat der gewaltausübende Elternteil eine Beratung wahrzunehmen, um Strategien zu erarbeiten, für das Kind nicht erneut eine kindeswohlgefährdende Situation entstehen zu lassen. Die Erstgespräche vor dem Begleiteten Umgang werden mit den Eltern einzeln, d.h. getrennt voneinander geführt. Hier gilt es auch, für alle Beteiligten die bestmöglichen Bedingungen festzulegen, um keine Gefährdungssituation entstehen zu lassen. In der Kooperationsvereinbarung werden Ziele des Begleiteten Umgangs festgelegt sowie klare Regeln, Grenzen und Kriterien für einen Abbruch. Es muss u.a. klar sein, dass die Regeln eingehalten werden, der Begleitete Umgang nur stattfinden wird, wenn das Kind dies auch möchte, dass der Fokus beim Kind liegt, die Umgänge alkohol-, drogen- und gewaltfrei sind. Sollte es nicht möglich sein, sich zu Beginn der Zusammenarbeit mit dem Träger auf die Inhalte der Kooperationsvereinbarung zu einigen, kann der Begleitete Umgang nicht durchgeführt werden. Sollte der Begleitete Umgang stattfinden, so gilt es, alles exakt so durchzuführen wie festgelegt. Parallel muss fortwährend geprüft werden, ob die Bedingungen noch passen, und das Kind sollte beim Träger eine eigene Bezugsperson haben, welche nicht die Umgangsbegleitung ist.[15] Für den Schutz der Mutter ist es hilfreich, wenn der Vater bereits 15 Minuten vor dem Beginn des Begleiteten Umgangs in den Räumen des Trägers anwesend ist und diese erst 15 Minuten nach Ende des Begleiteten Umgangs verlässt. So kann gewährleistet werden, dass die Eltern sich weder vor noch nach dem Begleiteten Umgang begegnen.

---

14 Vgl. BIG e.V. Begleiteter Umgang bei Häuslicher Gewalt, 2018, S. 13.
15 Vgl. BIG e.V. Begleiteter Umgang bei Häuslicher Gewalt, 2018, S. 13.

**Gründe gegen einen Begleiteten Umgang nach häuslicher Gewalt:**

- Gefährdung des Kindeswohls,
- Ablehnung des Umgangs durch die Kinder,
- fehlende Einsicht und Verantwortungsübernahme durch den gewaltausübenden Elternteil,
- fehlende Mitwirkung des gewaltausübenden Elternteil,
- fortgesetzte Ausübung von Kontrolle und Ängstigung,
- körperliche Unversehrtheit und seelische Gesundheit des gewaltbetroffenen Elternteils ist in Gefahr.

  Die zu geringe Gewichtung der Gefährdung des gewaltbetroffenen Elternteils in einer oberlandesgerichtlichen Entscheidung hat dazu geführt, dass das Bundesverfassungsgericht diese Entscheidung aufgehoben hat: Eine Gefährdung der Hauptbezugsperson des Kindes bedeutet eine konkrete Kindeswohlgefährdung, die damit der Durchführung von Umgangskontakten entgegensteht (BVerfG, Beschluss vom 13.12.2012 – 1 BvR 1766/12[16]). Die Kinder sind auf die Unversehrtheit des betreuenden Elternteils angewiesen.[17]

# VIII. Weiteres

Zum Ende dieses Kapitels folgen hier zusätzliche Anmerkungen, Gedanken, Anregungen und Reflexionshilfen für die Praxis.

## 1. Begleiteter Umgang als ein Hilfebaustein

Die Durchführung des Begleiteten Umgangs ist stets sorgfältig zu planen, an der speziellen Familiensituation zu orientieren sowie mit der entsprechenden Fachlichkeit, Wertschätzung und Menschlichkeit anzubieten. Gleichzeitig ist der Begleitete Umgang kein therapeutisches Setting. Es geht im Begleiteten Umgang um „Begleitung", d.h., es geht weder um Bewertung noch um Einschätzung von Gefahren oder Vorkommnissen außerhalb des Begleiteten Umgangs – weder Situationen vor Beginn des Begleiteten Umgangs noch Situationen anschließend betreffend. Jeder fachliche Bericht, der am Ende entsteht, kann und darf nur das beschreiben und interpretieren, was im Begleiteten Umgang beobachtet wurde. Daraus sollten keinesfalls Rückschlüsse für spätere unbegleitete Situationen gezogen werden, welche unter ganz anderen Voraussetzungen stattfinden werden. Das, was im Bericht geschrieben wird, soll dazu dienen, an anderer Stelle (z.B. im Jugendamt) damit weiterzuarbeiten. Der Bericht dient sozusagen als einer von mehreren Bausteinen. Begleiteter Umgang allein verändert keine Familiensituation, verändert keine Konflikthaftigkeit, führt nicht zu einer verbesserten Kommunikation und Kooperation zwischen den Bezugspersonen des Kindes. Hierzu braucht es weitere Angebote.

16 Veröffentlicht z.B. in ZKJ 2013, S. 162
17 Vgl. *Meysen/Lohse*, Umgang in Fällen häuslicher Gewalt, 2021, S. 29–32.

## 2. Praktische Überlegungen, Reflexionsfragen, Rüstzeug

**Partizipation der Kinder:** Für eine gelingende Verselbstständigung des Umgangs sollten die Kinder bei der Vereinbarung der weiterführenden Regelung je nach Alter und Entwicklungsstand angemessen beteiligt werden. Das Kind sollte die Gelegenheit erhalten, diesbezüglich seine Wünsche und Bedürfnisse zu äußern. Die Erwachsenen müssen alle Wünsche ernst nehmen und verantwortungsbewusst in ihre Entscheidungen miteinbeziehen. Um Loyalitätskonflikte zu vermeiden, sollten die Eltern keine zwischen ihnen strittigen Themen mit dem Kind besprechen. Eine Regelung unter Beteiligung der Kinder erhöht ihre Tragfähigkeit.[18]

**Eigenverantwortung der Eltern:** Am Ende eines Begleiteten Umgangs sollte in vielen Fällen die eigenverantwortliche Fortführung der Umgangskontakte durch die Bezugspersonen des Kindes stehen. Aus diesem Grund empfiehlt sich ein frühestmöglicher Einbezug der Erwachsenen, d.h. gute Überlegungen, wie sehr diese in die Verantwortung genommen werden können. Hier ein paar Anregungen zur Reflexion:

- Wer stellt den Erstkontakt bzw. Folgekontakt (je nachdem, ob schon ein gemeinsames Gespräch mit dem Jugendamt stattgefunden hat) her? Meldet der freie Träger sich bei den Eltern oder umgekehrt?
  - Wie kann der Träger die Eltern unterstützen, die Verantwortung für ihr Kind nach und nach zurückzuerlangen?
- Wie sehr wird auf die Einhaltung von Rahmenbedingungen geachtet bzw. wie können Eltern in die Verantwortung genommen werden, wenn diese sich nicht an bestimmte Dinge halten? Wird ein Begleiteter Umgang wirklich abgesagt, wenn ein Elternteil die zuvor zugesicherte Frist, den Termin zu bestätigen, nicht eingehalten hat? Wo kann die Verantwortung beim Elternteil belassen werden?
  - Wie kann sichergestellt werden, dass Kinder bestmöglich vor der Unzuverlässigkeit der umgangsberechtigten Personen geschützt werden?
- An welchen Stellen übernimmt der Träger unter Umständen zu viel Verantwortung und kann davon wieder etwas an die Bezugspersonen abgeben?

**Interkulturalität im Begleiteten Umgang:** Bei allen Umgangsbegleitungen ist es wichtig, dass sich die beteiligten Fachkräfte und Ehrenamtlichen stets sensibel verhalten. Im interkulturellen Kontext kann es zusätzlich sinnvoll sein, sich vorab zu informieren, ob es kulturelle Besonderheiten gibt, die für das bessere Verständnis der Interaktion zwischen Kind und Bezugsperson hilfreich sein können. Möglicherweise kann die Familie bei der Suche nach herkunftssprachlicher Beratung unterstützt werden. Sofern möglich, sollte der Begleitete Umgang in der Herkunftssprache der Familie angeboten werden, indem z.B. ein Dolmetscher/eine Dolmetscherin eingesetzt wird oder die umgangsbegleitende Person die Herkunftssprache der Familie versteht und spricht. Sollte der Einsatz herkunftssprachlicher Unterstützung nicht möglich sein, ist es wichtig, die Familie für die Notwendigkeit, dass der Begleitete Umgang auf Deutsch stattfinden muss, zu sensibilisieren. Eine Umgangsbe-

18 Vgl. Deutsche Liga für das Kind in Familie und Gesellschaft e.V., u.a. (Hrsg.), Wegweiser für den Umgang nach Trennung und Scheidung, 2021, S. 49.

gleitung ist nur möglich, wenn die umgangsbegleitende Person versteht, was im Begleiteten Umgang gesprochen wird.

→ *Zu Einzelheiten der Umgangsbegleitung im interkulturellen Kontext siehe den Beitrag von Odete Cortiço in Kapitel 5 D*

**Überraschende Situationen im Begleiteten Umgang:** Man kann sich nicht auf jede mögliche Situation vorbereiten. Gleichzeitig lohnt es sich, im jeweiligen Team, beim jeweiligen Träger bestimmte Themen zu besprechen sowie diese auch im Rahmen von Supervision zu thematisieren. Hier ein paar Beispiele für Situationen, die rund um Umgangsbegleitung auftreten können. Es handelt sich um Situationen mit Eltern/Bezugspersonen, die bereits in Begleiteten Umgängen aufgetreten sind und in Schulungen des DKSB diskutiert wurden:

Wie reagiere ich, wenn

- ein Elternteil im Beisein des Kindes schlecht über den jeweils anderen redet?
- mir ein Elternteil vor/nach dem Begleiteten Umgang ein Geheimnis anvertrauen möchte?
- mir ein Elternteil eine Tüte mit Berichten und Akten in die Hand drückt und mich bittet, mich einzuarbeiten?
- entgegen den vorherigen Vereinbarungen agiert wird?
- Dinge passieren, die nicht kindgerecht sind? Was bedeutet überhaupt „nicht kindgerecht"?
- meine Grenzsetzung nicht respektiert wird?
- mir der betreuende Elternteil sagt, dass ich viel mehr Zeit mit dem umgangsberechtigten Elternteil verbringe?
- mich eine der beteiligten Bezugspersonen persönlich beleidigt?
- die Eltern mich fragen, ob man sich nicht duzen kann?
- das Kind das Geburtstagsgeschenk des Vaters auf den Boden legt und zerstört?
- ich als Umgangsbegleitung bzw. beratende Fachkraft eine der beteiligten Personen besonders sympathisch oder besonders unsympathisch finde und ich Gefahr laufe, Partei zu ergreifen?
- die umgangsberechtigte Person sich viel mit dem Smartphone beschäftigt?
- ich während des Begleiteten Umgangs merke, dass die umgangsberechtigte Person alkoholisiert ist, der Begleitete Umgang aber trotzdem harmonisch verläuft?
- die Mutter nicht möchte, dass das Kind weiß, dass es der Vater ist, den es im Begleiteten Umgang trifft?
- meine eigenen Werte und Vorstellungen sehr stark von dem abweichen, was ich im Begleiteten Umgang sehe?
- ich sehe, dass das Kind sich langweilt?
- mir das Kind in einem unbeobachteten Moment erzählt, dass es ihm zu Hause oder bei xy nicht gut geht?

- die umgangsberechtigte Person weitere Personen mitbringt?
- weitere Personen (z.B. betreuender Elternteil, Geschwister, Dolmetscher:in) dabei sind? Verändert das meine Rolle?
- ich weiß, dass beim/bei der Umgangsberechtigten eine psychische Erkrankung vorliegt?
- das Kind den Umgang verweigert? Reagiere ich anders, wenn das Kind vier, acht oder zwölf Jahre alt ist?
- ein Elternteil nicht erscheint?
- das Kind/die Kinder lieber mit mir als Umgangsbegleitung spielen/sprechen möchten als mit der umgangsberechtigten Person und immer wieder zu mir Kontakt aufnimmt/aufnehmen?
- die umgangsberechtigte Person nicht weiß, wie sie sich mit dem Kind beschäftigen soll?

**Weitere Reflexionsfragen, die die Aufgabe „Umgangsbegleitung" betreffen:**

- Sind die Aufgaben und Rollen der am Begleiteten Umgang beteiligten Personen eines Trägers immer klar? Habe ich alle nötigen Informationen? Wann ist wer erreichbar?
- Kenne ich alle geltenden Regeln? Kennen die Eltern diese Regeln?
- Wie gehe ich mit dem Nichterscheinen von Eltern um?
- Wie sehe ich meine eigene Rolle?
- Wie kann die umgangsbegleitende Person kurzfristig erreichbar sein, falls ein Begleiteter Umgang abgesagt wird? Wie können die Eltern erreicht werden, wenn die umgangsbegleitende Person ausfällt? Was ist hier unter datenschutzrelevanten Aspekten zu beachten?
- Ist das Vorgehen bei Anhaltspunkten zur Kindeswohlgefährdung klar?
- Gibt der Begleitete Umgang dem Kind die Möglichkeit, sich selbstwirksam zu erleben?
- Wird dem Kind eine gute Erfahrung im Begleiteten Umgang ermöglicht?
- Wird durch den Begleiteten Umgang die Beziehung zwischen Kind und umgangsberechtigter Person gestärkt?
- Wird das Kind im Begleiteten Umgang in seinen Bedürfnissen ernst genommen?

**Persönliche Reflexionsfragen für Umgangsbegleitungen:**

- Wie schaffe ich es, den Familien wertschätzend zu begegnen?
- Mit welchen Worten drücke ich meine Anerkennung aus?
- Kann ich andere Werte und Regeln wahrnehmen und akzeptieren? Wie mache ich das?
- Wie schaffe ich es, in Beziehung zu gehen und zu bleiben?
- Wann schaffe ich es gut, dem Gegenüber zuzuhören? Wann fällt es mir schwer?
- Was hilft mir, mit psychischen Belastungen umzugehen?
- Wie reguliere ich meine Emotionen?
- Wie schaffe ich es, anderen zu helfen, ihre Emotionen zu regulieren?

- Was hilft mir, mich innerlich von den Problemen und Konflikten anderer zu distanzieren?
- Was motiviert mich zur Tätigkeit der Umgangsbegleitung?
- Wie gelingt es mir, mich zu entscheiden und zu organisieren (Selbstmanagement)?
- Was trage ich dazu bei, dass andere mit mir kooperieren?
- Wie erkenne ich eigene und fremde Grenzen und schaffe es, diese zu wahren?
- Mit welchen Worten setze ich Grenzen, wenn sich eine beteiligte Person nicht an die Absprachen hält?
- Was ist mein Beitrag, in einer konflikthaften Situation beruhigend zu wirken?
- Zu welchen Themen, in welchen Situationen suche ich mir Unterstützung?

**Rüstzeug/Grundkompetenzen für Umgangsbegleitungen** (gesammelt in verschiedenen BU-Schulungen):

- Abgrenzungsfähigkeit
- Allparteilichkeit
- Anwendung von Hypothesen
- Aufmerksamkeit
- Bandbreite verschiedener BUs kennen
- Beispiele besprechen
- Belastbarkeit
- Beschäftigungsideen
- Dasein
- Denken in längeren Zeiträumen
- Einblick erhalten
- Fokus Kind
- Geduld
- Gelassenheit
- Haltung – freundlich und wertschätzend
- Haltung: „Die Eltern machen es so gut, wie sie es aktuell können."
- Haltung: „Jeder Termin ist wichtig."
- Klarheit bezüglich verschiedener Rollen
- Kleine Dinge anerkennen
- Kommunikationsmodelle kennen
- Kongruenz
- Kooperation

- Kooperationsvereinbarung kennen
- Kreativität
- Menschliche Begegnungen
- Motivation
- Mut, Dinge auszuprobieren
- Mut, nachzufragen
- Mut, sich situativ zu entscheiden
- Notfallnummern
- Offenheit
- Perspektiven
- Perspektivwechsel
- Phasen des Begleiteten Umgangs kennen
- Positives Selbstbild
- Rahmen
- Rechtliche Hintergründe
- Reflexion
- Regeln kennen
- Respekt vor verschiedenen Familienverhältnissen
- Rollenklarheit
- Ruhe
- Sich über verschiedene Situationen austauschen
- Sicherheit
- Struktur
- Supervision nutzen
- Theorie kennen
- Verlässlichkeit
- Verschiedene Reaktionen besprochen, reflektiert zu haben
- Verständnis
- Wertschätzende Haltung
- Wissen: „Alles ist möglich."
- Wissen: „Jeder Mensch ist anders und nimmt anders wahr!"
- Zuhören können

# Kapitel 5 Besondere Konstellationen beim begleiten Umgang/Praxisbeispiele

## A Begleiteter Umgang bei Vollzeitpflege

*Vera Mayer*

**Übersicht** Seite



### I. Vollzeitpflege als eine Form der Hilfe zur Erziehung nach § 27 SGB VIII

Der Pflegekinderdienst (Im Folgenden: PKD) des Amtes für Jugend und Familie der Stadt Regensburg (PKD) ist im Stadtgebiet für die Vermittlung von meist traumatisierten Kindern in Pflegefamilien zuständig. Manchmal sind Eltern mit der Verantwortung für ihr Kind aus unterschiedlichen Gründen überfordert. Wenn eine dem Wohl des Kindes entsprechende Erziehung nicht gewährleistet ist, besteht nach § 27 SGB VIII ein Anspruch auf Hilfen zur Erziehung. Bevor eine familienersetzende Hilfe in Form von Vollzeitpflege bewilligt wird, sind meist die ambulanten sowie stationären Hilfsangebote, wie z.B. sozialpädagogische Familienhilfe, soziale Gruppenarbeit, gemeinsame Wohnformen für Väter und/oder Mütter sowie Kinder- und Tagesgruppen, gewährt worden. Wenn die Eltern mit diesen familienunterstützenden bzw. familienergänzenden Hilfen in ihrer Erziehungsfähigkeit nicht so weit gestärkt werden können, dass sie ihre Kinder selbst erziehen und versorgen können, ist eine Vermittlung in eine Vollzeitpflegefamilie eine Möglichkeit der intensiveren Hilfe zur Erziehung.

Für diese Herausnahme des Kindes und Vermittlung in eine Pflegefamilie bedarf es der Antragstellung durch die sorgeberechtigten Personen auf Hilfe zur Erziehung gem. § 27 i.V.m. § 33 SGB VIII. Dies ist nicht zwangsläufig mit einem Sorgerechtsentzug verbunden. Wenn die Eltern mit der Hilfe einverstanden sind und mitwirken, kann das Sorgerecht bei ihnen verbleiben. Wenn das Jugendamt eine seelische, körperliche oder geistige Gefährdung des Kindeswohles gem. § 1666 BGB feststellt und die Eltern die Hilfe ablehnen oder gegen die

Ziele der Hilfe arbeiten, kann ihnen das Sorgerecht teilweise oder ganz entzogen werden. Hierzu ist ein Antrag beim hiesigen Familiengericht nötig, welches entscheidet, ob das Sorgerecht bei den Eltern verbleibt oder eine Ergänzungspflegschaft bzw. Vormundschaft angeordnet wird.

Die Aufgaben des Pflegekinderdienstes sind neben der Akquise, Überprüfung und Schulung potenzieller Pflegeeltern, Vermittlung der Kinder in Pflegefamilien u.a. die Begleitung der Pflegeeltern während des Hilfeprozesses sowie die Elternarbeit, insbesondere auch die Förderung der Zusammenarbeit von Eltern und Pflegeeltern zum Wohl des Kindes durch geeignete Maßnahmen, damit vor allem Loyalitätskonflikte für Pflegekinder vermieden werden können. Bei familiengerichtlichen Vorgängen (Anhörungen, Stellungnahmen usw.) ist die Fachkraft des PKD fallführend am Verfahren beteiligt.

Die Pflegeeltern übernehmen die soziale Elternschaft für ihre Pflegekinder. Hinter dem Begriff Pflegeeltern steckt inzwischen eine Vielzahl von Familienkonstellationen und -formen, denn Pflegeeltern können verheiratet, nicht verheiratet, gleichgeschlechtlich oder auch alleinerziehend sein, Regenbogen- oder Patchworkfamilie oder ein kinderloses Paar.

Beratung und Unterstützung der Herkunftseltern können helfen, die Rückkehr des Kindes innerhalb eines vertretbaren Zeitraums zu ermöglichen. Aber auch, wenn diese Perspektive nicht oder nicht mehr besteht, sind Beratung und Unterstützung der Eltern und die Förderung ihrer Beziehung zum Kind von zentraler Bedeutung. Ziel der Beratung ist es dann, gemeinsam eine langfristige Lebensperspektive für das Kind zu erarbeiten, die dem Kindeswohl entspricht. Der Anspruch auf Beratung der Herkunftseltern besteht auch dann, wenn eine Rückkehr des Pflegekindes zur Herkunftsfamilie keine Perspektive mehr hat.

Verbessern sich bei den Herkunftseltern die Erziehungsverhältnisse trotz angebotener und geeigneter Beratungs- und Unterstützungsmaßnahmen nicht nachhaltig und ist eine derartige Verbesserung mit hoher Wahrscheinlichkeit auch zukünftig nicht zu erwarten, kann das Familiengericht anordnen, dass das Kind auf Dauer bei der Pflegefamilie bleibt. Auch in diesem Fall betreut der Pflegekinderdienst kindeswohldienlich weiterhin alle Beteiligten.

Zum 31.12.2020 gab es in Deutschland 65.717 allgemeine Vollzeitpflegeverhältnisse, die nach § 33 Satz 1 SGB VIII vom Jugendamt genehmigt wurden. Davon wurden 12.498 Pflegeverhältnisse neu abgeschlossen und die Kinder entweder an fremde Personen (9.161) oder Verwandte (3.337) zur Pflege vermittelt.[1]

Wie Abbildung 1 zu entnehmen ist, werden meist jüngere Kinder in (nicht mit ihnen verwandte) Pflegefamilien vermittelt.

1 Destatis, 2021, S. 10, 18.

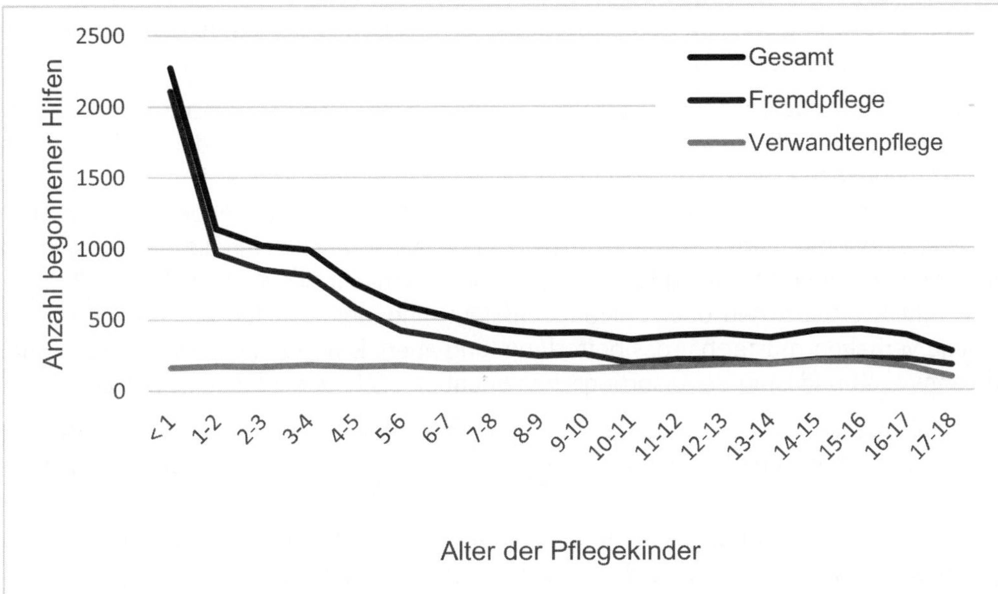


*Abbildung 1: Altersverteilung der im Jahr 2020 nach § 33 Satz 1 SGB VIII neu vermittelten Pflegekinder in Deutschland; eigene Abbildung nach Destatis 2021, S. 10*

Mit zunehmendem Alter sinkt die Fähigkeit zum Bindungsaufbau, weswegen ältere Kinder und Jugendliche vorwiegend in Heimeinrichtungen untergebracht werden. Jüngere Kinder können sich hingegen besser in neue Familien integrieren. Allerdings sind sie besonders auf die Unterstützung von Schutzpersonen angewiesen, da sie sich allein noch wenig selbst vertreten können. Bei den Umgängen der Pflegekinder mit ihren leiblichen Eltern ist dies zu berücksichtigen.

Warum Treffen gerade bei traumatisierten Pflegekindern begleitet werden sollen, wird im Folgenden erläutert.

## II. Bindungsverhalten vieler Pflegekinder

Säuglinge kommen bedürftig und abhängig auf die Welt, daher sind sie auf eine körperliche, psychische und emotionale Versorgung durch andere Menschen angewiesen. Daher sichern sie sich instinktiv die Nähe von Versorgungspersonen, unabhängig davon, ob diese die leiblichen Eltern sind. Eine dauerhafte Bindung entsteht durch die wechselseitige Beziehung zwischen dem Kind und seiner Pflegeperson. Nur wenn das Kind gut gebunden ist, kann es sich gesund entwickeln und seine Lebensaufgaben bewältigen.[2]

Eine sichere Bindung entsteht, wenn die Pflegeperson feinfühlig auf die Signale des Kindes reagiert. Dies bedeutet, dass sie die Signale des Kindes wahrnimmt, richtig interpretiert sowie prompt und angemessen darauf reagiert. Die Feinfühligkeit der Bezugsperson hängt von ihren eigenen Erfahrungen und der Unterstützung durch ihr soziales Umfeld ab. Je

2 Vollmer, 2021, S. 62 ff.

sicherer die Bindungsqualität ist, desto flexibler kann das Kind sein Bindungs- und Explorationssystem ausrichten.[3]

Kinder, die in Pflegeverhältnisse vermittelt werden, haben oftmals belastende oder sogar traumatisierende Erfahrungen in der frühen Kindheit gemacht. Kinder finden keinen Schutz mehr, wenn sie von ihren Eltern überwältigt werden und/oder ihre kindlichen Bedürfnisse nicht erkannt und erfüllt werden. Durch dieses angsterzeugende Verhalten, soziale oder emotionale Vernachlässigung, Gewalt oder Missbrauch durch die Bindungsperson entwickeln diese Kinder wenig Selbstwertgefühl. Dies macht sich auch an ihrem z.B. überängstlichen, distanzlosen oder überangepasstem Bindungsverhalten bemerkbar. Das jeweilige Verhaltensmuster hat das betroffene Kind aber als notwendige Überlebensstrategie entwickelt und ist in der ursprünglichen Situation als folgerichtig zu bewerten.[4]

Für die Ausgestaltung der Umgänge zwischen Pflegekindern mit ihren leiblichen Eltern ist die Vorgeschichte zu berücksichtigen, um das gezeigte Verhalten der Kinder richtig zu interpretieren.

Bei einem Großteil der Pflegeverhältnisse, die durch den Pflegekinderdienst der Stadt Regensburg betreut werden, werden den leiblichen Eltern Teile des Sorgerechts entzogen. Folglich war eine Gefährdung des Kindeswohles im Vorfeld gegeben – ein wichtiger Aspekt, der Kontakte zwischen getrennt lebenden bzw. geschiedenen Eltern mit deren Kindern maßgeblich unterscheidet, was sich auch in der Begleitung der Treffen widerspiegelt.

Um zu verdeutlichen, welche Gesichtspunkte bei der Begleitung von Umgängen zwischen Pflegekindern mit ihren leiblichen Eltern zu berücksichtigen sind, werden heir exemplarisch Erfahrungen aus den Pflegeverhältnissen der Kinder *Kevin* und *Bianca* vorgestellt. Die Autorin war in beiden Fällen umfänglich in der Betreuung aller Belange während eines Zeitraumes von mindestens drei Jahren zuständig. Mit Bianca besteht bis heute sporadisch Kontakt.

Die jeweiligen Pflegefamilien der im Folgenden beschriebenen begleiteten Umgänge zeigten sich durchgehend sehr bindungstolerant und verhielten sich im Kontakt mit den Herkunftseltern respektvoll und aufgeschlossen. Die leiblichen Eltern wurden während der Treffen laufend über die aktuelle Entwicklung ihrer Kinder von den Pflegeeltern (meist vertreten durch die Pflegemutter) ausreichend informiert.

## III. Vorgeschichte und Umgangsbeschreibung zweier Pflegekinder

Im Vorfeld sei betont, dass es sich bei der Beschreibung der Vorgeschichte und Umgänge lediglich um Beobachtungen und Bewertungen aus der Praxis handelt und nicht um eine wissenschaftliche Studie.

3 Becker-Stoll 2010, S. 5–9; Becker-Stoll 2018, S. 19 ff.
4 Becker-Stoll, 2010, S. 12–22; Nienstedt/Westermann, 1998, S. 92.

## 1. Pflegekind Kevin

### *a. Vorgeschichte von Kevin*

Kevin war zu Beginn des Pflegeverhältnisses zwei Jahre und fünf Monate alt. Zum Zeitpunkt des Verfassens dieses Beitrages besucht er die erste Klasse einer Regelschule.

Einem Bericht der Kinderkrippe von 2016 ist zu entnehmen, auf welche Art Kevin körperlich vernachlässigt wurde:

> „Die Körperhygiene war bei Kevin teilweise mangelhaft. In regelmäßigen Abständen wurden Ablagerungen im Intimbereich durch seine Ausscheidungen beim Wickeln festgestellt, was zur Folge hatte, dass Kevin unter einem schmerzhaften Windelpilz litt. Ebenfalls wurden Ablagerungen (durch Schweiß entstandene Verkrustung) unter den Armen und ein nahezu täglich verschmiertes Gesicht, bedingt durch angetrocknetes Nasensekret, festgestellt.
>
> Die Längen der Finger- und Zehennägel waren teilweise bedenklich, da sie nicht nur für Kevin eine Gefahr darstellen (Selbstverletzung), sondern auch für die anderen Kinder und das Personal. Zudem waren seine Haare teilweise so stark verklebt, dass ein leichtes Durchkämmen unmöglich war."

Diese Meldung der Kinderkrippe war u.a. Anlass für den Sozialpädagogischen Fachdienst, beim Gericht den Entzug des Sorgerechts anzuregen. Diesem Antrag hat das Familiengericht stattgegeben und die Entscheidung wie folgt begründet:

> „Bei einem Hausbesuch 2016 fand das Jugendamt eine zerbrochene Glasscheibe in der Wohnzimmertür, die absolut ungesichert war. Auf dem Boden der Wohnung befand sich, v.a. wenn die Mutter nicht da war und den Vater mit Kevin allein ließ, häufig zusammengefegter Unrat und offene Mülltüten. Die Wohnung war verraucht. Damals lebten neben Katzen, Kaninchen auch noch kleine Wildtiere in der Wohnung, die einen beißenden Gestank verbreiteten und deren artgerechte Haltung fraglich war.
>
> 2015 wurde von der Kinderklinik ein nicht frisches Hämatom an der linken Backe von Kevin festgestellt. Eine Kindesmisshandlung wurde von den Ärzten nicht ausgeschlossen. Anfang 2016 fiel in der Kinderkrippe bei Kevin am Oberschenkel ein blauer Fleck auf, der Bisspuren zeigte.
>
> Wenig später fielen bei Kevin Kratzspuren von ca. 3 cm Breite am Po auf. Im Folgenden bemerkte das Personal der Kinderkrippe bei Kevin blaue Flecken an der Handinnenseite. Die Eltern konnten die Verletzungen nicht erklären. Wenn Kevin die Trinkflasche auf den Boden fiel, nahm der Kindsvater die Trinkflasche weg, da er die Aktion als gegen sich gerichtet interpretierte. An heißen Sommertagen musste Kevin Durst erleiden."

Die vom Gericht bestellte Ergänzungspflegerin stellte aufgrund dieser Gefährdungssituationen einen Antrag auf Vollzeitpflege beim Pflegekinderdienst. 2017 kam Kevin mit zwei Jahren und fünf Monaten schließlich in die Pflegefamilie. Die Pflegemutter berichtete von folgenden Verhaltensauffälligkeiten Kevins:

> „Kevin braucht sehr viel Aufmerksamkeit. Wenn ich telefoniere oder kurz anderweitig beschäftigt bin, wird Kevin laut und buhlt um Aufmerksamkeit. Vermehrt ruft Kevin ‚Aua' und wird zusehends lauter. Beim Einkaufen hat Kevin grundsätzlich Probleme. Er schlägt um sich und beginnt ‚Aua' zu schreien. Kevin verweigert das eigenständige Spazierengehen, er schmeißt sich wutentbrannt auf die Straße.

In den ersten zwei Wochen hatte er massive Schlafstörungen mit nächtlichen Schreiattacken.

Er wehrt sich beim Wickeln, er strampelt, weint, windet sich, versucht Kleidungsstücke über Geschlechtsorgane zu halten.

Anfänglich aß Kevin ohne Unterlass und hatte dementsprechende Verdauungsprobleme.

Verbal ist Kevin nicht altersgemäß entwickelt, er spricht sehr verwaschen und undeutlich."

### *b. Umgangskontakte von Kevin*

Ca. vier Wochen nach Vermittlung Kevins in die Vollzeitpflege fand der erste Kontakt mit den leiblichen Eltern statt. Neben diesen nahmen am Umgang noch die Pflegemutter und die Verfasserin als Umgangsbegleiterin teil.

Vom PKD wird häufig beobachtet, dass Pflegekinder kurz nach Aufnahme in der Vollzeitpflege die Pflegeeltern mit „Mama" und „Papa" betiteln. Ursächlich ist, dass Pflegeeltern aus dem Blickwinkel der sehr kleinen Pflegekinder nach kurzer Zeit zu den sozialen Eltern werden. Diese Entscheidung treffen Kinder selbst, sie wird nicht von den Pflegeeltern forciert. So stellte sich die Situation auch bei Kevin dar. Als Unterscheidungshilfe für Pflegekinder werden die leiblichen Eltern kombiniert mit ihren Vornamen angesprochen. In Kevins Fall waren es Mama Beate und Papa Erich. Es ist dem Pflegekinderdienst der Stadt Regensburg ein Anliegen, den leiblichen Eltern dieses Vorgehen aus der Sicht ihres Kindes schonend und respektvoll zu erklären.

- **Der erste Kontakt**

Beim ersten Kontakt ging Kevin zunächst völlig unbedarft in das Gebäude des Jugendamtes. Als er seine leiblichen Eltern erblickte, weigerte er sich augenblicklich, körperlich und verbal, zum Spielzimmer in die Abteilung des Pflegekinderdienstes durchzugehen. Gemeinsam mit der Pflegemutter spielte Kevin im Vorflur mit einem großen Spielwürfel. Währenddessen suchte Kevin ständig Körperkontakt zur Pflegemutter, die hinter ihm saß. Nach und nach wurden die Eltern ins Spielwürfelspiel mit einbezogen. Die Eltern hatten eine Plastikgitarre dabei. Über dieses Geschenk nahm Kevin erstmals Kontakt zu den Eltern auf. Nach ca. 15 Minuten konnte Kevin dazu bewegt werden, ins Spielzimmer mitzugehen.

In Anwesenheit der leiblichen Eltern lachte Kevin kaum und redete weniger als normal, denn in der Pflegefamilie zeigte er sich sehr mitteilungsbedürftig, wenn auch sehr unverständlich. Kevin versicherte sich ständig verbal und visuell der Anwesenheit der Pflegemutter. Diese lächelte er an und suchte immer wieder ihre körperliche Nähe. Kevin konnte für sein Alter ausgesprochen intensiv und ausdauernd spielen. Beim Umgangskontakt war er lange Zeit nur mit Aus- und Einräumen der Matchboxautos (teilweise als sehr stereotypes Verhalten) und dem Malen mit Filzstiften beschäftigt. Die Umgangsbegleitung und die Pflegemutter waren während des ganzen Treffens anwesend. Das Beisein der Pflegemutter war für Kevins Sicherheitsbedürfnis unerlässlich, so suchte er wiederholt sowohl Blick- als auch Körperkontakt.

Nach Ankündigung des Endes vom Umgang verließ Kevin sofort das Spielzimmer und zog sich umgehend an. Die Verabschiedungen verliefen auf Distanz mit Zurufen. Ein körperlicher Kontakt wurde deutlich vermieden. Kevin zeigte keinerlei Trennungsschmerz oder Enttäuschung über das Ende der Stunde.

Für die Umgangsbegleiterin entstand der Eindruck, dass Kevin die Sicherheit der Pflegemutter brauchte, damit überhaupt ein Umgang stattfinden konnte. Zeitgleich war es wichtig, das Distanzbedürfnis von Kevin zu den Eltern zu wahren und ihnen die Bedürfnisse von Kevin einfühlsam zu vermitteln, was eine Aufgabe der Umgangsbegleiterin darstellte.

Während des Kontaktes konnte beobachtet werden, dass die leibliche Mutter sich eher zurückhaltend verhielt, wohingegen der Vater sehr fordernd auftrat. Er stellte sehr viele Fragen an Kevin, wie z.B. „Kevin, welche Farbe hat das?" oder „Wie viele Steine sind das?". Auch zeigte er deutliche Anzeichen von Angespanntheit und innerer Impulsivität, was u.a. durch einen grimmiger werdenden Gesichtsausdruck und eine lauter werdende Stimme deutlich wurde. Es entstand der Eindruck, dass der Vater sich stark kontrollierte, um seine innere Befindlichkeit nicht nach außen zu zeigen. Gerade wenn Kevin nicht seinen Anregungen folgte, zeigte er seine Erregung u.a. durch Ballen der Fäuste und Beinwippen.

- **Reaktionen nach dem ersten Kontakt**

Nach dem ersten Kontakt konnte die Pflegemutter fünf Tage lang überraschend auffällige Reaktionen an Kevin beobachten. So ließ er sich nicht mehr wickeln, da er laut schrie und die Pflegemutter immer wieder wegstieß. Seine Augenfehlstellung (Kevin litt seit Geburt daran) wurde deutlich stärker und er hechelte und keuchte. Sein Bindungsverhalten war völlig unstet. Einerseits konnte er keine Nähe zulassen, war aber andererseits sehr anhänglich. Konnte Kevin vorher problemlos Treppen steigen, gelang es ihm nicht mehr. Er stieß sich häufig an und stolperte ständig. Kevin ging auf einmal im Zehenspitzengang (was auch häufig zu Beginn der Umgangskontakte beobachtet werden konnte). Insgesamt war er sehr unruhig, schlang Essen in sich hinein und reagierte daraufhin mit starker Verstopfung. Besonders litt er unter extremen Schlafstörungen, bei denen er nachts aufschreckte, schrie und für ca. eine Stunde nicht mehr zu beruhigen war. Diese hielten sogar 14 Tage nach dem Umgang an.

- **Weitere Umgangskontakte**

Aufgrund der traumatischen Erlebnisse in der Herkunftsfamilie wurde seitens des Pflegekinderdienstes angenommen, dass die Umgänge auf Kevin retraumatisierend wirkten. Um Kevin zumindest eine kurze Erholungsphase zu ermöglichen, wurden Umgänge zunächst im Abstand von drei Wochen für je eine Stunde vereinbart. Da Kevins leibliche Eltern mit dieser Regelung nicht einverstanden waren, beantragte deren Anwalt beim Familiengericht einen zukünftigen Umgang von zweimal in der Woche für ein bis zwei Stunden. Die Vorkommnisse vor Inpflegenahme wurden von beiden Elternteilen verleugnet und vehement zurückgewiesen. Für sie war die Entscheidung der Ergänzungspflegerin und des Jugendamtes bezüglich der Fremdunterbringung von Kevin in keiner Weise nachvollziehbar. Es folgten mehrere gerichtliche Verfahren bezüglich einer Neuregelung der Umgänge zwischen Kevin und seinen leiblichen Eltern.

Beim letzten gemeinsamen Umgang der Kindseltern nach ca. eineinhalb Jahren kam es zu einer sehr einschneidenden Situation. Kevin lief aufgeregt im Gang auf und ab. Er lachte sehr laut und nach Einschätzung der Umgangsbegleiterin auch unangemessen und überdreht. Zudem rief er: „Ich muss mich verstecken." Plötzlich rief Kevin den Namen der Verfasserin und sagte: „Ich habe Angst." Die Pflegemutter hielt sich zu der Zeit im Spielzimmer auf. Die Umgangsbegleitung forderte Kevin aus ca. zwei Meter Entfernung auf,

auf sie zuzukommen. Kevin ging im großen Bogen an den leiblichen Eltern vorbei, währenddessen die Umgangsbegleiterin die Pflegemutter hinzuholte, diese nahm Kevin sofort auf den Arm. Kevin fing herzzerreißend an zu weinen und war nur von der Pflegemutter im separaten Nebenraum langsam zu beruhigen. In den nächsten 20 Minuten bis zum Ende des Umgangs konnte beobachtet werden, dass Kevin sich nicht mehr auf ein Spiel einlassen konnte.

Ab diesem Zeitpunkt mied Kevin die Umgangsbegleitung. Er versteckte sich hinter der Pflegemutter und sprach nicht mehr mit ihr. Eine spätere Reflexion in Teamgesprächen ergab, dass vermutlich der Schutzauftrag nicht in Kevins Sinne erfüllt wurde. Womöglich war die Gefahr für ihn zu groß, ohne Begleitung an den leiblichen Eltern vorbeizugehen. Hierbei wird deutlich, wie wichtig eine Analyse im Nachgang der Treffen ist, um zukünftiges Fehlverhalten der Umgangsbegleitung zu vermeiden.

Den folgenden Umgängen blieb der Kindsvater ausnahmslos fern. Beim nächsten Treffen kam Kevin völlig aufgedreht im Jugendamt an. Auf die Bitte, zur Ruhe zu kommen, verkroch er sich unter einer Bank und fing an zu weinen. Der emotionale Zustand von Kevin verschlechterte sich zunehmend und die Verhaltensreaktionen nach den Treffen waren nach Angaben der Pflegemutter sehr heftig.

- **Gerichtliche Festlegung der Kontakthäufigkeit**

Nach zwei Jahren, in denen mehrere gerichtliche Auseinandersetzungen stattfanden, wurde der Umgang im Abstand von sechs Wochen für eine Stunde begleitet gerichtlich angeordnet. Dies wurde auf Anraten eines familienpsychologischen Gutachtens vom Gericht per Beschluss festgelegt. Das Gutachten ergab, dass durch die Häufigkeit der Kontakte und die daraus resultierenden Verhaltensauffälligkeiten Kevins eine Kindeswohlgefährdung gegeben sei.

Die Paarkonstellation der leiblichen Eltern war in dieser Zeit verschiedenen Veränderungen unterworfen. Zunächst war das Ehepaar getrennt. Die leibliche Mutter verzog in ihre ca. vier Stunden von Regensburg entfernte Geburtsstadt. Hinweise, dass die große Entfernung sich ungünstig auf die zukünftige Umgangsplanung auswirken würde, wurden ignoriert. Sie verfolgte nach wie vor die Rückführung von Kevin und konnte seine Entwicklung in der Pflegefamilie nicht akzeptieren, denn nach mittlerweile zweieinhalb Jahren in der Pflegefamilie zeigte Kevin ein deutliches Bindungsverhalten an die Pflegemutter. Es wurde ersichtlich, dass sich die leibliche Mutter durch die Trennung von ihrem Mann eine Rückführung Kevins zu ihr erhoffte, denn laut eines alten psychologischen Gutachtens der Agentur für Arbeit ergaben sich bei ihm Hinweise auf ein komplexes psychisches Störungsbild. Eine ursprüngliche Begutachtung ergab, dass, sollte sich die Kindsmutter von ihrem Ehemann trennen, eine Rückführung von Kevin zu ihr angedacht werden könne.

Die Umgänge fanden über einen Zeitraum von einem Jahr in sechswöchigem Rhythmus statt. Während den Treffen nahm die leibliche Mutter kaum Kontakt zur Pflegemutter auf. Die Pflegemutter ihrerseits informierte regelmäßig über Kevins aktuelle Entwicklung und brachte Fotos mit. Im Spielverhalten zu Kevin verhielt sich die leibliche Mutter kindgerecht und sensibel das Distanzbedürfnis von Kevin betreffend. Sie kam stets pünktlich, gab Kevin genügend Zeit, anzukommen, und bedrängte ihn nicht. Kevin hingegen bestimmte das

Spielgeschehen und gab seiner leiblichen Mutter konkrete Anweisungen. Nach den Treffen zeigte Kevin wie bereits in der Vergangenheit auffälliges Verhalten.

- **Umgangsverweigerung**

Nach über drei Jahren – Kevin war inzwischen fünfeinhalb Jahre alt – verweigerte er den Umgang vehement. Bei der mittäglichen Ankündigung des Treffens mit seiner leiblichen Mutter (Umgänge wurden Kevin kurzfristig vor den bevorstehenden Treffen mitgeteilt, denn es konnte beobachtet werden, dass er ansonsten schon im Vorfeld mit erheblichen Schlafstörungen reagierte) fing Kevin völlig unvorhersehbar an zu weinen und verweigerte jegliche Mahlzeit mit der Äußerung, er wolle Mama Beate nicht treffen. Da den Pflegeeltern immer wieder seitens des Anwalts der Eltern unterstellt wurde, sie würden nicht die Wahrheit sagen, kam die Pflegemutter der Glaubwürdigkeit wegen zum vereinbarten Termin mit Kevin ins Jugendamt. Im Beisein der leiblichen Mutter vor dem Jugendamt stieg Kevin nicht aus dem Auto und äußerte deutlich, dass er nicht zum Spielen mit Mama Beate kommen wolle. Im nachfolgenden Gespräch mit der Umgangsbegleitung ging die leibliche Mutter davon aus, dass Kevin negativ von den Pflegeeltern beeinflusst werden würde.

Der Pflegekinderdienst geht stark davon aus, dass Kevin durch die Treffen mit seiner leiblichen Mutter sogenannte Trigger-Situationen erlebte, in denen im Unterbewusstsein die traumatischen Erfahrungen wiederbelebt wurden und zu starkem Unwohlsein bei ihm führten. Eine Artikulation von seiner Seite ist nicht möglich, da die Verletzungen im frühen vorsprachlichen Kindheitsalter erlebt wurden.

Die behandelnde Psychologin beurteilte daraufhin wie folgt:

> „Die Pflegemutter wurde zu den Ursachen der emotionalen Krisen im Rahmen der Umgangskontakte beraten. Kevins Verhalten im Kontakt mit der Mutter lässt auf Trigger-Reize schließen, die durch die Kontakte auftreten und die emotionale Stressreaktion verursachen. Aufgrund der frühen problematischen Erfahrungen mit den leiblichen Eltern sowie deren geringer Fähigkeit, auf die damaligen kindlichen Bedürfnisse einzugehen, kann man von einer hohen emotionalen Belastung im vorsprachlichen Alter (Kevin sprach bis zwei Jahre nicht) ausgehen. Diese Erfahrungen sind auf der emotionalen Ebenen gespeichert, jedoch nicht in Sprache übersetzbar. Somit reagiert Kevin, ohne dies klar über Worte auszudrücken zu können. Es ist als Fortschritt zu sehen, dass es Kevin nun gelungen ist, zu äußern, dass er die Kontakte nicht möchte. Das tat er auch im Gespräch hier in der Einrichtung zweimal sehr deutlich. Dies sollte unbedingt ernst genommen werden, um ihm das Gefühl von Kontrolle und Sicherheit zu erhalten, dass er über die Jahre in der Pflegefamilie entwickelt hat."

- **Einstellung der Umgangsbegleitung**

Seit diesem Zeitpunkt finden keine Umgänge mit der Herkunftsfamilie mehr statt. Im Anschluss daran wohnt die Pflegefamilie umzugsbedingt in einem anderen Jugendamtszuständigkeitsbereich. Kevin ist inzwischen siebeneinhalb Jahre alt. Die leibliche Mutter schickt bis heute regelmäßig zu Feierlichkeiten Päckchen an Kevin. Kevin reagiert darauf sehr „zerrissen". Er möchte den Päckcheninhalt in seinem Zimmer haben, dann auch wieder nicht. Die Pflegeeltern sind mit Kevin von Anfang an in regelmäßigen Abständen bei einer Psychologin zur Beratung, um adäquat auf Kevins Bedürfnisse reagieren zu können. Alle Geschenke werden sorgsam in einer Kiste verstaut und Kevin kann diese jederzeit einsehen.

Die Eltern von Kevin sind mittlerweile wieder ein Paar und wohnen vier Stunden von Regensburg entfernt und haben ein weiteres Kind bekommen, welches bei ihnen lebt.

## 2. Pflegekind Bianca

### *a. Vorgeschichte von Bianca*

Bianca war zum damaligen Zeitpunkt der Vermittlung bereits vier Jahre alt. Heute ist sie 13 Jahre und geht in die siebte Klasse eines Gymnasiums.

Als Bianca ein Jahr und zwei Monate alt war, bekamen ihre leiblichen Eltern Eheprobleme und trennten sich. Daraufhin zog sie mit ihrem Vater zu dessen Lebensgefährtin und deren gemeinsamem Neugeborenen. Bianca besuchte bereits damals ganztags die Krabbelstube und war immer wieder auch bei einer Verwandten des Vaters in Betreuung.

Die Paarbeziehung zwischen den leiblichen Eltern war hochgradig belastet. Auch die Beziehung zwischen ihrem Vater und seiner neuen Lebensgefährtin war dem Scheitern nahe.

Nach Angaben der begleitenden sozialpädagogischen Familienhelferin verhielten sich beide sehr unreif und pubertär. Treffen zwischen Bianca und ihrer leiblichen Mutter fanden unter Anwesenheit der Familienhelferin statt. Diese beobachtete ein schwieriges Verhältnis zwischen Biancas Mutter und ihrer damaligen Stiefmutter:

> „Im Rahmen der chaotischen und ungeregelten Umgangskontakte zwischen Bianca und ihrer leiblichen Mutter kommt es zu lautstarken Auseinandersetzungen im Beisein von Bianca zwischen der Kindsmutter und der Lebensgefährtin vom Kindsvater."

Die Familienhelferin konnte auch einige Verhaltensauffälligkeiten bei Bianca beobachten. So wies sie ein herabgesetztes Schmerzempfinden auf, war so aktiv, dass sie sich kaum stillhalten konnte, schrie sehr viel und biss sogar andere Kinder. Bianca hatte kein Sättigungsgefühl (bereits als Baby wurde sie mit Unterversorgung und Austrocknung in die Klinik eingewiesen). Auch waren Probleme im Hygienebereich festzustellen. Verschmutzte Windeln wurden oftmals nicht gewechselt und Bianca litt häufig an Durchfällen. Zudem wählten ihr Vater sowie dessen Lebensgefährtin keine wettergerechte Kleidung für Bianca aus.

Aufgrund erheblicher Überforderung trotz ambulanter Hilfe in Form einer sozialpädagogischen Familienhilfe (SPFH) und Unterbringung von Bianca mittlerweile ganztags im Kindergarten stellte ihr leiblicher Vater Bianca völlig unvorhergesehen ihrer Mutter „vor die Tür". Diese lebte damals mit ihrem Lebensgefährten, deren gemeinsamer Tochter und dem älteren Bruder von Bianca Sebastian zusammen. Dort verbrachte Bianca ca. drei Monate, in denen klar wurde, dass der Lebensgefährte der Kindsmutter Bianca deutlich ablehnte. Bianca wurde nach Angaben der SPFH tagelang allein im Zimmer weggesperrt. Die Mutter war Inhaberin der gesamten elterlichen Sorge von Bianca. Sie entschied sich, Bianca in eine Pflegefamilie zu geben. Der Pflegekinderdienst arrangierte ein Kennenlernen zwischen allen beteiligten Personen. Bereits zu diesem Zeitpunkt vereinbarte die Kindsmutter einen Termin für den Wechsel von Bianca in die Pflegestelle.

Eine Woche vor dem festgelegten Termin des Wechsels rief ihre Mutter vormittags an und bat um eine Aufnahme Biancas (vier Jahre alt) in der Pflegefamilie am Nachmittag des gleichen Tages. Die Pflegefamilie reagierte prompt und erklärte sich bereit, Bianca sofort bei sich aufzunehmen.

Gemeinsam mit der SPFH wurde Bianca gegen Mittag bei ihrer Mutter abgeholt. Diese wartete bereits im Vorgarten des Wohnhauses. Bianca hatte sichtbare Kratzer im Gesicht und eine blutende Stelle am linken Ohr und befand sich zudem in einem schlechten hygienischen Zustand. Die Verabschiedung verlief problemlos und Bianca zeigte keinerlei Trennungsschmerz. Angekommen in der Pflegefamilie äußerte Bianca als Erstes, dass sie großen Hunger habe.

Der Pflegemutter wurde wegen der sichtbaren Verletzungen empfohlen, am nächsten Tag einen Kinderarzt aufzusuchen. Dieser stellte Folgendes fest:

> „Bei der ersten Vorstellung zeigten sich mit den Hämatomen im Bereich der Ohrmuschel und mit Sugillationen im Bereich der Wange eindeutige Zeichen der Kindsmisshandlung."

### *b. Umgangskontakte von Bianca*

Aufgrund der ärztlich diagnostizierten Kindsmisshandlung mussten die Umgänge begleitet stattfinden. Sie wurden in einem 14-tägigen Rhythmus für eine Stunde begleitet mit der Kindsmutter vereinbart. Ein:e mögliche:r Täter:in konnte nicht festgestellt werden, die leibliche Mutter deklarierte die Verletzungen als Folgen eines Unfalls. Bianca äußerte immer wieder in der Pflegefamilie, dass sie ihren ein Jahr älteren Bruder Sebastian stark vermisse und sich Gedanken mache, wie es ihm wohl zu Hause ergehe.

- **Beginn der Umgänge**

Zu Beginn der Umgänge lief Bianca zunächst der Umgangsbegleitung in die Arme, welche mit einer heftigen Umarmung begrüßt wurde. Auch die Kindsmutter und der ältere Bruder Sebastian wurden herzlich begrüßt. Biancas Mutter grüßte sie hierbei mit den Worten: „Du bist aber dünn geworden."

Zu den Treffen brachte die leibliche Mutter Blätterteiggebäck und Süßigkeiten mit, welche von Bianca maßlos „verschlungen" wurden. Um den bestehenden Verdauungsproblemen von Bianca vorzubeugen, wurde die Kindsmutter gebeten, auf mitgebrachtes Essen zu verzichten. Wenn ihr älterer Bruder bei den Umgängen dabei war, fiel beim Spiel mit ihm auf, dass dieser Bianca immer wieder auf fehlerhaftes Verhalten hinwies. Bianca wurde daraufhin immer ärgerlicher, unkonzentrierter und zappeliger und konnte sich kaum auf die Spielsituation einlassen. Sie warf gelegentlich das Spielbrett mitsamt den Steinen um und beendete somit das Spiel. Die Treffen verliefen regelmäßig nach dem gleichen Muster. Es entstand der Eindruck, dass Biancas alte Rolle als „schwarzes Schaf" in der Ursprungsfamilie durch die ständigen Reglementierungen des älteren Bruders wiederholt wurden. Die Ambivalenz und Zerrissenheit Biancas wurde immer deutlicher. Trotz anfänglicher überschwänglicher Begrüßungen bei den Treffen zeigte Bianca während des Kontaktes eindeutige Anzeichen von Wut und Verzweiflung. Nach ca. einem Jahr äußerte Bianca, dass sie ihren Bruder nur noch ohne die leibliche Mutter sehen möchte. Dem stimmte die leibliche Mutter nicht zu. Auf die konkrete Frage von der Verfasserin, warum sie ihre Mutter nicht mehr treffen wolle, wurde Bianca ganz steif und stumm. Bianca war dies deutlich unangenehm, weswegen auf weitere Nachfragen sofort verzichtet wurde. Am Abend erzählte sie ihrer Pflegemutter, dass die Mama sie eingesperrt habe und dass es ihr bei ihr nicht gut gegangen sei.

Bei den regelmäßigen Hilfeplangesprächen äußerte Biancas leibliche Mutter immer wieder Kritik an der Erziehungsfähigkeit der Pflegemutter. Sie unterstellte dieser, Bianca dahingehend zu beeinflussen, dass sie den Umgang mit ihr verweigere. Sie meinte, Bianca müsse zum Umgang überredet werden, denn „[...] zum Kindergarten oder in die Schule müssen Kinder schließlich auch gehen, wenn sie nicht wollen". Auch bei der Schilderung von Biancas Aktivitäten im Sportverein stellte ihre leibliche Mutter in Frage, ob die Pflegemutter Bianca wohl zu ihrer Entlastung abschieben wolle.

Kontakt zum leiblichen Vater fanden im monatlichen Rhythmus für eine Stunde begleitet durch eine Honorarkraft statt. Diese verliefen größtenteils unproblematisch. Im Nachgang war Bianca allerdings sehr ruhelos und unkonzentriert.

Beim regulären Hausbesuch während der Pause von den Umgängen mit der leiblichen Mutter äußerte Bianca, dass sie ihren älteren Bruder vermisse. Da ein Kontakt ohne die leibliche Mutter aufgrund deren Verweigerung nicht stattfinden konnte, erklärte sich Bianca schließlich damit einverstanden, dass die leibliche Mutter mitkommt. Bianca war mittlerweile fünf Jahre und vier Monate alt. Sie war kognitiv sehr gut entwickelt, im sozialemotionalen Bereich dagegen teilweise noch sehr auffällig.

In Situationen von zu wenig Aufmerksamkeit oder Ungerechtigkeiten wurde sie handgreiflich, auch gegenüber dem Kindergartenpersonal. Sie schlug zu, versteckte sich unter dem Tisch und weinte. Aufgrund Biancas guter kognitiver Entwicklung stand eine Rückstellung von der Schule nicht zur Debatte, da sie bei einem weiteren Jahr im Kindergarten völlig unterfordert gewesen wäre.

- **Erneute Umgangskontakte**

Nach monatelanger Pause der Kontakte zwischen Bianca, ihrer leiblichen Mutter und ihrem älteren Bruder kam es am Nikolaustag wieder zur ersten Begegnung zwischen allen Beteiligten. Auch Biancas Halbschwester war dabei. Bianca stürmte zunächst auf die leibliche Mutter zu, umarmte sie und ihren Bruder, die kleine Halbschwester ignorierte sie gänzlich. Im Spielzimmer angekommen wurde Bianca immer unruhiger, sprach keine deutlichen Worte mehr, lallte, verkroch sich unter dem Tisch und schlug wild um sich. Bianca reagierte auf beruhigende Berührungen von der Verfasserin mit deutlicher Abwehr. Der Umgang musste vorzeitig abgebrochen werden, da Bianca nicht mehr steuerbar war.

Zuhause in der Pflegefamilie angekommen weinte Bianca bitterlich in ihrem Kinderzimmer und erzählte der erwachsenen Tochter der Pflegemutter. So habe Mike, der Freund der leiblichen Mutter, ihr auf die Nase geschlagen, sodass diese blutete. Grund hierfür sei gewesen, dass Bianca der kleinen Halbschwester den Schnuller weggenommen habe. Mike habe vorher aber geäußert, dass diese den Schnuller nicht mehr brauche.

Bianca berichtete, dass sie böse gewesen sei und eingesperrt worden sei. Sie habe sich dicht an die Tür gekauert. Plötzlich habe Mike die Tür aufgemacht und habe diese über die Zehen von Bianca gezogen. Die Mama habe sie so stark am Hals gedrückt, dass sie fast keine Luft mehr bekommen habe. Bianca bezeichnete sich als böses Kind, welches Strafen verdient hätte. Beim Papa habe sie nie genug zu essen bekommen. Auslöser für diese Erinnerungen war wohl der Nikolaustag. Bianca hatte die Vorstellung, dass der Nikolaus böse Kinder in den Sack stecke und sie dann mitnähme.

Seit diesem Zeitpunkt bezeichnet Bianca ihre Mutter nur noch in Kombination mit dem Vornamen des Bruders als „Sebastianmama". Es entstand der Eindruck, dass Bianca hiermit erste Versuche startete, Distanz zur Vergangenheit herzustellen. Immer wieder äußerte sie in der Pflegefamilie, dass sie sich Sorgen um ihren größeren Bruder mache und wie es dem wohl ergehen möge. Bianca wurde daraufhin in der Erziehungsberatungsstelle vorgestellt und therapeutisch behandelt. Sie setzte sich dabei intensiv mit ihrer Vorgeschichte auseinander.

Ein im Rahmen dieser Behandlung von ihr gemaltes Bild ist in Abbildung 2 ersichtlich. Auf Biancas Wunsch wurde die Zeichnung der leiblichen Mutter zugesandt, welche daraufhin keinerlei Reaktion zeigte.

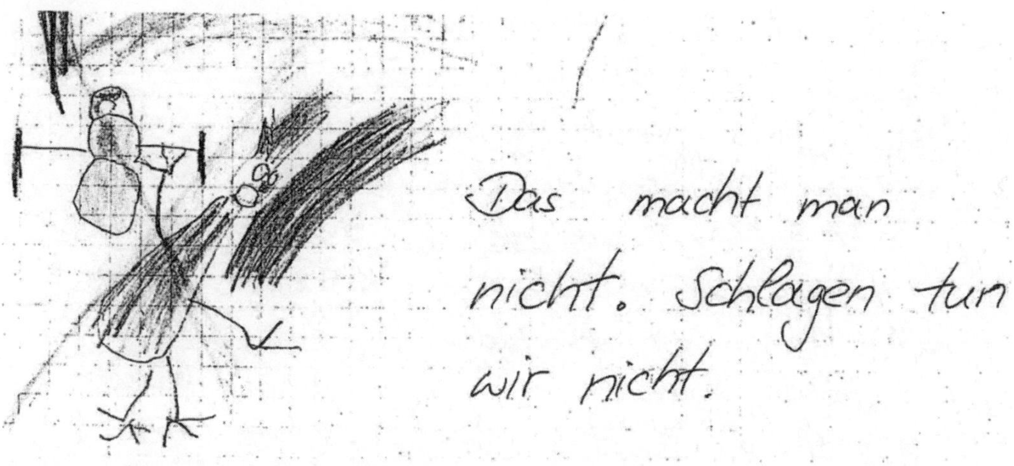


*Abbildung 2: Zeichnung von Bianca im Rahmen der therapeutischen Behandlung*

Bianca wurde im Regelalter eingeschult und hatte große Probleme, den Schulalltag zu bewältigen. Sie war stark unter Druck, hatte große Probleme, still zu sitzen, und mochte alles perfekt und schnell erledigen. Sobald sie das Klassenzimmer verließ, kam es zu einer Art „Explosion". Es erfolgte eine Untersuchung bezüglich einer möglichen ADHS-Störung. Nach positivem Befund wurde Bianca entsprechend medikamentös eingestellt, woraufhin es ihr wesentlich besser ging. Sie selbst äußerte, dass sie nach Einnahme des Medikaments nicht mehr so zappeln müsse.

Umgänge mit dem leiblichen Vater fanden zu dem Zeitpunkt noch einmal im Monat begleitet durch eine Honorarkraft statt. Bianca reagierte wie in der Vergangenheit im Nachgang mit großer Unruhe, die über etliche Tage anhielt. Ihr Vater war mit der dauerhaften Unterbringung Biancas einverstanden und äußerte dies auch verbal im Beisein von Bianca der Pflegemutter gegenüber: „Das Leben in der jetzigen Pflegefamilie hätte ich Bianca nie bieten können." Nach ca. fünf Jahren blieb ihr Vater den Umgängen ohne vorherige Absprache fern. Bis heute hat er sich nicht mehr gemeldet. Ein Bemühen um den Kontakterhalt über Briefe, Geschenke oder Ähnliches ist bis heute nicht zu erkennen.

Da sich Bianca abermals weigerte, ihre leibliche Mutter zu treffen, wurden die Umgänge ausgesetzt. Ihre Mutter konnte nach wie vor keinerlei Zusammenhang zwischen den Erlebnissen von Bianca bei ihr und der daraus resultierenden Verweigerungshaltung herstellen.

Stattdessen vermutete sie, dass die Pflegeeltern Bianca diesbezüglich negativ beeinflussten. Nach dem großen Bruder Sebastian erkundigte sich Bianca immer wieder.

Auch wurde Bianca viele Jahre von Trennungsängsten von ihren Pflegeeltern verbunden mit einer Rückkehr zu ihrer leiblichen Mutter geplagt. Einen sich wiederholenden Albtraum schilderte sie im Rahmen eines Schulaufsatzes zum Thema „Als ich das letzte Mal Angst hatte“. Dieser ist in Abbildung 3 dargestellt. Zu diesem Zeitpunkt befand sich Bianca schon sechs Jahre bei ihrer Pflegefamilie.

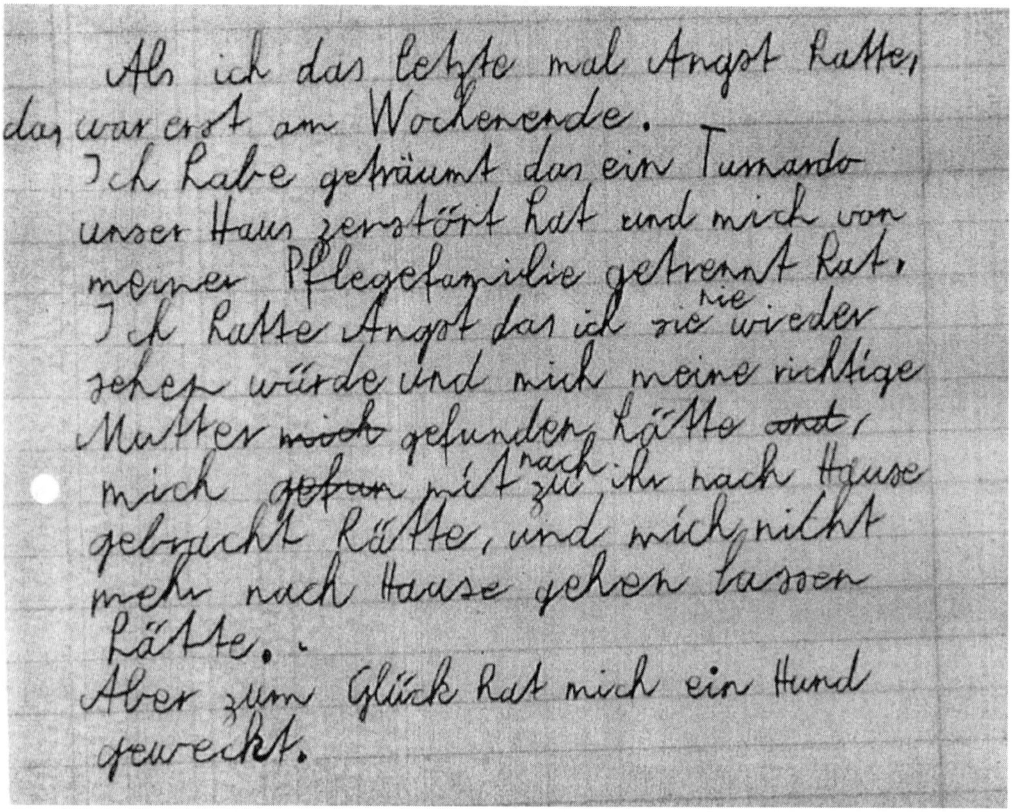

Als ich das letzte mal Angst hatte,
das war erst am Wochenende.
Ich habe geträumt das ein Turnado
unser Haus zerstört hat und mich von
meiner Pflegefamilie getrennt hat.
Ich hatte Angst das ich sie nie wieder
sehen würde und mich meine richtige
Mutter ~~mich~~ gefunden hätte ~~und~~,
mich ~~gefan~~ mit nach zu ihr nach Hause
gebracht hätte, und mich nicht
mehr nach Hause gehen lassen
hätte.
Aber zum Glück hat mich ein Hund
geweckt.

*Abbildung 3: Biancas Schilderung eines Albtraums mit dem Aufsatzthema in der Schule „Als ich das letzte Mal Angst hatte“*

Aufgrund des Umzuges der Kindsmutter ändert sich die Zuständigkeit des Jugendamtes und die damit verbundene Betreuung des Pflegeverhältnisses durch die Verfasserin.

### *c. Im Nachgang: Gespräch mit Bianca*

Heute, im Alter von 13 Jahren, kann Bianca über Vergangenes berichteten. Um herauszufinden, wie Bianca das damalige Handeln des Jugendamts empfunden hat, führte die Verfasserin mit ihr ein Gespräch. Im Folgenden sind die wichtigsten Inhalte wiedergegeben. Wörtliche Aussagen Biancas sind kursiv dargestellt.

> Bianca ist der Meinung, dass es sehr wichtig ist, wenn jemand bei den Umgängen dabei ist, *„damit leibliche Eltern Kinder nicht zu was überreden können, wo [sie sich] dann*

*nicht wehren [können]"*. Zudem soll die Begleitung *„dem Kind zuhören und verstehen und je nach Situation helfen"*. Zur Ausgestaltung der Hilfe sagt sie: *„Wenn es dem Kind nach dem Besuchskontakt schlecht geht, soll die Begleitung fragen, ob das Kind überhaupt dahin will"*.

Bianca bewertet das Verhalten der Umgangsbegleitung sowie des Jugendamtes sehr differenziert. So schilderte sie eine bestimmte Umgangsbegleitung als hilfreich: *„[Sie] hat mir geholfen, [mich] unterstützt und verstanden, mich aus der Familie rausgeholt, [es war eine] gute Behandlung, „[sie] ist auf mich eingegangen und [ich] konnte [...] viel erzählen. [Sie] unterstützte mich, wie ich sagte: ‚Ich will da nicht hin'. Die damit verbundenen Gefühle bei mir waren: froh, erleichtert, glücklich. Zum Jugendamt konnte ich nicht direkt sagen, dass ich nicht hinwill, das habe ich mich nicht getraut, da war das Vertrauen nicht so ganz da, aber zuhause ohne die anderen Menschen konnte ich es meiner Mama sagen und die hat es dann dem Jugendamt erzählt."*

Eine andere Umgangsbegleitung erlebte sie ganz anders: *„[Sie] hat mir nicht zugehört, ich wollte [die] Familie nicht treffen, musste aber. [...] Ich wurde nicht verstanden, wollte nicht zum Treffen. Ich habe mich deshalb immer schlecht gefühlt, wenn ich dahin musste, ich konnte hinterher nicht schlafen und es ging mir schlecht."* Die damit verbundenen Gefühle beschrieb sie als *„sauer, traurig, unglücklich"*. *„Ich denke, diese Umgangsbegleitung hat gedacht, dass ein Kind das nicht selbst entscheiden kann."*

Die Therapiesitzungen an der Erziehungsberatungsstelle interpretierte Bianca auch als sehr hilfreich.

Letztendlich hat Bianca eine Lösung gefunden, mit den vom Jugendamt angeordneten Kontakten umzugehen. *„Ich bin zum Besuchskontakt hingegangen und dann habe ich gleich nach Beginn meine Pflegemama angerufen, gesagt, dass es mir schlecht geht, und mich wieder abholen lassen. [...] Jetzt habe ich keinen Kontakt mehr zu meiner leiblichen Familie. Mir geht es jetzt gut und ich möchte meine Ruhe haben."*

Derartige Gespräche über das Erleben der Jugendamtsmitarbeiter:innen bei der Begleitung von Umgängen werden regelmäßig vom Pflegekinderdienst der Stadt Regensburg mit bereits erwachsenen Pflegekindern geführt. Deren Schilderungen ihres Erlebens als Kind liefern wichtige Anhaltspunkte, die zu Veränderungen bei der Ausgestaltung der Umgänge führen können.

Im Folgenden werden wichtige Aspekte wiedergegeben, die bei der Begleitung von Umgängen von Pflegekindern mit ihren Eltern zu beachten sind. Diese sollen verdeutlichen, dass eine Umgangsbegleitung zur Sicherstellung des Kindeswohls (bis auf wenige Ausnahmen) nötig ist.

## IV. Notwendigkeit der Begleitung von Umgängen aus Sicht des Pflegekinderdienstes der Stadt Regensburg

Zunächst gilt es, für klare zeitliche und örtliche Rahmenbedingungen zu sorgen. Um Konflikte zwischen Herkunftsfamilie und Pflegefamilie vorzubeugen, ist es wichtig, dass diese Regelung die Umgangsbegleitung übernimmt. Diese muss auch für ausreichend Schutz vor verbaler Beeinflussung sorgen. So gilt es, irritierende Versprechungen der leiblichen

Eltern vom Pflegekind fernzuhalten. Aussagen wie beispielsweise „Du darfst demnächst zu mir nach Hause kommen und du darfst bei mir bleiben" irritieren das Kind sehr. Folgen der elterlichen Einwirkung kann die Umgangsbegleitung, sofern es sich nicht um für den Fall zuständige Mitarbeiter:innen vom Pflegekinderdienst handelt, Folgendes entgegensetzen: „Das können Sie gerne nach dem Umgang mit der Fachkraft des Jugendamtes besprechen. Jetzt haben Sie eine schöne Spielzeit mit Ihrem Kind."

Wie aus Abbildung 1 ersichtlich wird, bewegt sich die Altersspanne der zu vermittelnden Pflegekinder hauptsächlich im Alter von null bis vier Jahren. Kinder in diesem Alter benötigen besonderen Schutz und Aufmerksamkeit, da sie ihre Bedürfnisse zum Teil verbal noch nicht äußern können. Die Umgangsbegleitung hat die verantwortungsvolle Aufgabe, die nonverbalen Signale richtig zu deuten. Säuglinge geben sehr deutlich Anzeichen, wenn sie gestresst sind, z.B. verkrampfen sich die Fäustchen, sie biegen den Rücken durch und bekommen immer wieder Schluckauf. Beispielsweise konnte bei einem schwerstmisshandelten Säugling (vierfacher Bruch an den Oberschenkeln im Alter von drei Wochen) beobachtet werden, dass dieser sich beim Kontakt mit den leiblichen Eltern von einer Sekunde auf die andere wegschlief. Die Vermutung liegt nahe, dass sich das inzwischen fünf Wochen alte Baby totstellte, um sich einer möglichen Gefahrensituation zu entziehen.

Immer wieder kommt es vor, dass Herkunftseltern versuchen, Pflegeeltern in Diskussionen zu verwickeln, z.B.: „Warum glauben Sie, dass mein Kind solche Auffälligkeiten bei Ihnen zuhause nach den Treffen mit mir zeigt?" Die Umgangsbegleitung hat für deutliche Abgrenzung zu sorgen. Die Aufgabe der Pflegeeltern ist vorrangig die Erziehung des ihnen anvertrauten Pflegekindes. Wichtige Entscheidungen und Auskünfte zu erteilen ist Arbeitsgebiet der betreffenden Fachkraft des Pflegekinderdienstes. An dieser Stelle sollte die Umgangsbegleitung sofort auf ein Nachgespräch mit der Fachkraft des Pflegekinderdienstes verweisen. Anregungen der leiblichen Eltern werden von den Fachkräften ernst genommen und nachbesprochen, aber nicht während des Umgangs.

Oft brauchen leibliche Eltern die Anleitung zum Spiel mit ihren Kindern. Viele dieser abgebenden Eltern verfügen über ein sehr begrenztes Repertoire bezüglich eines kindgerechten Gestaltens von Kontakten. Aufgabe der Umgangsbegleitung ist es, leibliche Eltern nicht nur zu korrigieren, sondern auch für ihr Engagement zu loben und zu bestärken. Immer wieder gelingt es leiblichen Eltern nach einer gewissen Zeit, die Umgänge kindgerecht und für alle Beteiligten angenehm zu gestalten. Dies ist mit viel Beziehungsarbeit und Einbindung in Alltägliches das Kind betreffend (Arztbesuche, Bilder, Geburtstage, Information über die Entwicklung etc.) verbunden. Nur so fühlen sich Herkunftseltern nicht völlig aus dem Leben ihrer Kinder ausgeschlossen. Dies gilt es auch in der Vorbereitung den Pflegeeltern zu vermitteln. Je wohlwollender Pflegeeltern den leiblichen Eltern gegenübertreten, umso kooperativer verlaufen in der Regel die Kontakte. Dies schafft eine Basis für eine gute Atmosphäre.

Die Umgänge werden von der Begleitung protokolliert. In Teamgesprächen findet ein regelmäßiger Austausch bei auftretenden Problemen statt.

In einer Vielzahl der Umgänge reagieren Pflegekinder nach den Kontakten. Die Nachbearbeitung und die Betreuung der Pflegeeltern im Umgang mit ihrem Pflegekind sind mit Hauptbestandteil der Arbeit der Umgangsbegleitung.

Es stellt sich die Frage, warum Kontakte zu Eltern, die ihre Kinder misshandelt, vernachlässigt oder missbraucht haben, stattfinden. Grund- und menschenrechtlich hat das Recht der Eltern auf Umgang mit ihrem Kind einen sehr hohen Stellenwert. So haben gem. § 1684 Abs. 1 BGB Eltern ein Recht auf Umgang mit ihrem Kind. Zwischen Scheidungskindern und Pflegekindern findet keine Unterscheidung statt, obwohl die Situationen sehr unterschiedlich sind. Deswegen ist ein Ausschluss der Umgänge als gerichtliche Maßnahme nur möglich, wenn die in §§ 1684 Abs. 4 Satz 2, 1666 Abs. 1 BGB genannten gravierenden und kindeswohlgefährdenden Situationen für das betroffene Pflegekind **während** des Umgangs festgestellt werden können. Aus Sicht des Pflegekinderdienstes der Stadt Regensburg ist der geäußerte Wille des Kindes ein wichtiges und maßgebliches Entscheidungskriterium für die Umgangsregelung. Diesem muss unbedingt Gehör geschenkt und dementsprechend gehandelt werden.

Oftmals findet eine Unterbringung in Vollzeitpflege entgegen dem Willen der leiblichen Eltern statt. Diese sind mit einer dauerhaften Unterbringung meist auch langfristig nicht einverstanden. Wie in den angeführten Beispielen führt dies in aller Regel zu einem langfristigen Abbruch der Kontakte von Seiten der Pflegekinder. Sie empfinden ihren „sicheren Hafen" in ihrer Pflegefamilie als gefährdet. So berichtet z.B. Bianca aus obiger Fallgeschichte heute noch von der damaligen ständigen Angst vor einer Rückführung zu ihrer leiblichen Mutter. Aufgabe der Fachkräfte des Pflegekinderdienstes ist es, die Herkunftseltern über den Bindungsaufbau von Pflegekindern in der neuen Familie aufzuklären und sie in ihrer Trauer und den damit verbundenen Gefühlen über den dauerhaften Verbleib ihrer Kinder zu begleiten.

Leibliche Eltern tragen einen erheblichen Teil zum dauerhaften Gelingen der Kontakte zwischen ihnen und ihren Kindern bei. Immer wieder ist zu beobachten, dass bei Pflegekindern, deren Eltern ihnen die Erlaubnis geben, ihren Lebensmittelpunkt in der Pflegefamilie zu behalten, die Treffen harmonisch verlaufen. Die Kinder freuen sich auf die Treffen und genießen dabei meist die doppelte Elternschaft.

Der Pflegekinderdienst der Stadt Regensburg hat eine Art „Checkliste" für begleitete Umgänge entworfen:

- *Das Wohl des Kindes steht im Mittelpunkt*
- *Kinder haben ein Recht auf Umgang mit ihren Eltern und Eltern haben ein Recht und die Pflicht auf Umgang mit ihren Kindern*
- *Die Umgangsbegleitung und zuständige Fachkraft arbeiten eng zusammen*
- *Die Kontinuität in der Person der Umgangsbegleitung ist zu gewährleisten*
- *Im Vorfeld werden klare Absprachen getroffen, z.B. wer bei einem Kontakt anwesend sein darf, wie mit verpassten Terminen umgegangen werden soll*
- *Gespräche sollen auf Deutsch geführt werden, um eine sonst mögliche negative Beeinflussung durch die leiblichen Eltern zu verhindern*
- *Genaue Zeitabsprachen über die Dauer des Umgangs*

- *Die Benennung der leiblichen Eltern soll gemeinsam besprochen werden (z.B. als Mama bzw. Papa und Vorname), damit Kinder die doppelte Elternschaft verbal unterscheiden können*
- *Eine Kontaktverweigerung des Kindes muss respektiert und berücksichtigt werden*
- *Wo nötig, werden leibliche Eltern angehalten, ein negatives Drogen-Screening vorzulegen*
- *Der Grund für die Herausnahme des Kindes (z.B. Misshandlung) muss berücksichtigt werden*
- *Für alle Beteiligten soll eine angenehme Atmosphäre geschaffen werden (z.B. Getränke anbieten, auf den Spielplatz gehen)*
- *Im Spielzimmer sollen für das Kind Rückzugsmöglichkeiten zur Verfügung stehen*
- *Abstände und Dauer der Kontakte müssen auf das Alter und die Bedürfnisse des Kindes abgestimmt werden*
- *Beim Ankommen muss dem Kind die nötige Zeit, die es braucht, um auf die Eltern zugehen zu können, gegeben werden*
- *Das Risiko einer (erneuten) Traumatisierung des Kindes ist auszuschließen*
- *Die Auswirkungen der begleiteten Umgangskontakte für das Kind sind systematisch zu beobachten (z.B. durch die feinen Signale des Kindes) und fachlich einzuschätzen*
- *Pflegeltern müssen gerade bei kleinen Kindern greifbar sein, um einen erneuten Beziehungsabbruch zu verhindern (z.B. durch Offenlassen der Tür zum Spielzimmer, wenn die Pflegeeltern im Nebenzimmer sitzen)*
- *Ein Körperkontakt mit den leiblichen Eltern soll nur auf Initiative des Kindes hin gewährt werden*
- *Beobachtete Wut des Kindes soll zugelassen und auch benannt werden (z.B. nach längerer Abwesenheit der leiblichen Eltern)*
- *Bei Verstoß gegen Absprachen sowie bei Überschreitung der Grenzen des Kindes muss deutlich interveniert werden*
- *Eine positive Atmosphäre zwischen leiblichen Eltern und Pflegeltern ist zu fördern*
- *Das Kind ist vor Reizüberflutung zu schützen*
- *Wo nötig sollen die Eltern zum Spiel angeleitet werden*
- *Kontakte sind mit den Eltern vor- und nachzubesprechen (z.B. durch Äußerung von Lob und/oder Kritik, durch Erklärung des Verhaltens des Kindes)*
- *Das Ende des Umgangs ist rechtzeitig anzukündigen; damit die Beendigung eingeleitet werden kann (z.B. Aufräumen der Spielsachen)*
- *Verabschiedungen sollen nicht unnötig in die Länge gezogen werden*

- *Bei Unternehmungen sind die Kosten für leibliche Eltern durch das Jugendamt zu übernehmen*
- *Geschenke sollen nicht im Übermaß mitgebracht werden*
- *Auch die Signale, die das Kind vor und nach dem Kontakt zeigt, müssen beim Gestalten der Umgänge berücksichtigt werden*
- *Wo nötig soll eine Möglichkeit zur Supervision geschaffen werden*

## V. Schlussworte

Um die Umgänge den Bedürfnissen des jeweiligen Kindes angepasst zu begleiten und vor Gericht als stellvertretendes kindliches Sprachrohr zu fungieren, ist eine intensive Auseinandersetzung mit der jeweiligen Vorgeschichte des betroffenen Kindes aus Sicht des Pflegekinderdienstes der Stadt Regensburg unverzichtbar. Nur so ist unseres Erachtens individuell kindgerechtes Handeln möglich. Einer unserer wichtigsten Leitsätze lautet: „Wir sind Anwalt des Kindes, das Kind steht im Mittelpunkt all unserer Bemühungen."

Allein die biologische Abstammung eines Kindes ist unserer Einschätzung nach kein Garant für eine dauerhafte tiefe Verbundenheit. Pflegeeltern leisten eine wichtige und intensive Arbeit für unsere Gesellschaft. Diese wird von unserem Jugendamt außerordentlich geschätzt.

# B Begleiteter Umgang bei hochstrittigen Elternpaaren

*Markus Dietrich*

**Übersicht** Seite



## Vorbemerkung

Die Arbeit mit hochstrittigen Elternpaaren im Kontext eines begleiteten Umgangs bietet für die Berater:innen, die den begleiteten Umgang durchführt, andere Chancen und Risiken als etwa die Arbeit im Rahmen einer konfliktregulierenden Beratung.

So kann das Wohl des Kindes unmittelbar durch die beteiligten Fachkräfte vertreten und, wenn nötig, auch durchgesetzt werden. Dem Ansinnen des betreuenden Elternteils, für das elf Monate alte Kind eine Umgangsfrequenz von einmal im Monat festzulegen, kann dann z.B. ebenso entgegengetreten werden wie dem Wunsch des umgangsberechtigten Elternteils, dasselbe Kind gleich zu Beginn der Maßnahme für mehrere Stunden in Abwesenheit des betreuenden Elternteils zu sehen, obwohl es in der Vergangenheit nie einen gefestigten Kontakt zum Kind gab.

Die Chancen der Maßnahme „Begleiteter Umgang" liegt in der Möglichkeit, als eine, vom Jugendamt beauftragte, neutrale Instanz eine konkrete Zusammenarbeit der Elternteile zu organisieren und zu beaufsichtigen. Dabei kann mit dem Misstrauen, das im hochstrittigen Kontext häufig anzutreffen ist, gearbeitet und es im geglückten Fall abgebaut werden. Die Vereinbarung entsprechender Rahmenbedingungen – Dauer und Frequenz der Umgänge, Vermeidung eines direkten Kontaktes der Elternteile – kann dazu geeignet sein, beiden Elternteilen zu signalisieren, dass man ihn sieht und ernst nimmt. Die Berücksichtigung der Wünsche und Vorstellungen beider Elternteile kann so den Anfang einer gedeihlichen und vor allem für das Kind entlastenden Zusammenarbeit markieren.

Der Auftrag für einen begleiteten Umgang ergibt sich aus den Geschehnissen der Vergangenheit. Die angeführten Gründe können dabei sehr vielfältig sein; sie reichen von der Umgangsverweigerung des Kindes – vielleicht aufgrund des Erlebens häuslicher Gewalt – bis zu dem Wunsch des betreuenden Elternteils, den Kontakt des umgangsberechtigten Elternteils zum gemeinsamen Kind mindestens zu stören, wenn nicht gar zu unterbinden.

Die Vereinbarung von Zielen – zwischen Jugendamt als Auftraggeber, den Eltern als Verantwortlichen für das Kind und dem beteiligten Träger als durchführende Instanz – formuliert einen gewünschten zukünftigen Zustand. So rahmen die Vergangenheit und die Zukunft die Gegenwart, hier: die umgesetzte Praxis des begleiteten Umgangs.

Ein Charakteristikum der Beratungsgespräche eines begleiteten Umgangs ist ein fortwährendes Pendeln zwischen dem Fortgang des Beratungsprozesses an sich und der Klärung von aktuell entstehenden Fragen, die sich aus der Durchführung des begleiteten Umgangs ergeben. Diese Pendelbewegung kann von Fall zu Fall unterschiedlich sein. In der Regel ist sie zu Beginn einer Maßnahme stärker ausgeprägt und schwächt sich der Tendenz nach im weiteren Verlauf ab. Basierend auf dieser Erfahrung kann es also sinnvoll sein, am Anfang der Maßnahme eine höhere Frequenz von Gesprächen zu planen, um so dem Klärungsbedürfnis aller Beteiligten Rechnung zu tragen. Die Berater:innen können sich so sehr schnell anhand leicht überprüfbarer Fakten eine eigene Wahrnehmung darüber erarbeiten, wie die jeweiligen Elternteile „ticken", über welche Ressourcen sie verfügen und wo die Fallstricke liegen.

Grundsätzlich stellt die Umsetzung eines begleiteten Umgangs, also die Begleitung des Kontaktes zwischen Kind und Elternteil, für den Elternteil, der im Rahmen des Umgangs sein Kind sehen soll, häufig eine massive Kränkung dar. Je nachdem, über welche Ressourcen die betroffenen Elternteile verfügen, kommen sie mit dieser Kränkung zurecht.

# I. Settings und Methoden

In der Beratung hochstrittiger Eltern sind über weite Teile der Beratung immer wieder Entscheidungen darüber notwendig, welches Setting das im Moment passende ist. Von einer linearen, kontinuierlichen Verbesserung der Beratungsfähigkeit der beteiligten Eltern, die sich im Setting widerspiegelt – vom Einzelsetting zum dauerhaften Paarsetting –, kann nicht ausgegangen werden. Unter Umständen wird eine Durchführung der Gespräche im Paarsetting nie möglich sein.

## 1. Das Fragebogen-Telefonat

Manche Träger benutzen einen Fragebogen zur Erfassung der Situation des Familiensystems. Er beleuchtet zum einen die rechtliche Seite (etwa Reglung des Sorgerechts, Beschluss zum Umgang usw.), aber auch die soziale Seite (etwa bereits unternommene Umgangsversuche, Länge der Kontaktunterbrechung, Umgangsverweigerung des Kindes usw.) sowie die fachliche Seite (etwa was die Ziele aus der Sicht des Jugendamtes sein können).

Auch wenn hier noch nicht direkt mit den beteiligten Eltern gearbeitet wird, so ist es doch eine Vorbereitung dafür. Sie kann dabei helfen, die Zusammenarbeit zwischen Eltern und Berater:in von Beginn auf „das richtige Gleis" zu setzen.

Nach der Anmeldung durch das Jugendamt beim Träger vereinbaren die fallzuständigen Berater:innen einen Telefontermin mit den zuständigen Sachbearbeiter:innen des Jugendamtes. Durch die konzentrierte Beantwortung der Fragen und den sich daraus entwickelnden Austausch zwischen dem Jugendamt und den Berater:innen können Letztere schon häufig eine erste Einschätzung darüber treffen, auf welcher Eskalationsstufe des dreistufigem Eskalationsmodells von *Alberstötter*[1] sich die Elternteile bewegen.

Natürlich handelt es sich hierbei vor allem um die Wahrnehmung der zuständigen Sachbearbeiter:innen, die nicht die eigene Wahrnehmung ersetzen kann.

Im Anschluss an den Fragebogen kann dann noch der Ablauf des Übergabegespräches besprochen werden: Wer eröffnet das Gespräch? Wann übernehmen die Berater:innen? Welche Fragen müssen unbedingt schon beim Übergabegespräch besprochen werden?

## 2. Das Übergabegespräch

### *a. Vorbereitungen eines Übergabegesprächs*

Zu Beginn eines begleiteten Umgangs steht in der Regel das Übergabegespräch. In diesem beauftragt und übergibt das Jugendamt die Organisation und Durchführung eines begleiteten Umgangs dem kooperierenden Träger.

Für die beiden Elternteile ist das üblicherweise die erste Gelegenheit, den Berater:innen zu begegnen. Dabei werden die Eltern sehr genau registrieren, wie sich die Berater:innen in ihrer Rolle darstellen – wie sie etwa die Kooperation mit dem Jugendamt gestalten, wie sie Kontakt zu beiden Elternteilen herstellen, ob sie Neutralität und Wertschätzung ausdrü-

1 Weber/Alberstötter, 2022, S. 70–89.

cken, ob und wie sie die Wünsche und Vorstellungen der beiden Elternteile mit einbeziehen, kurz: ob eine Zusammenarbeit erfolgversprechend scheint. Für die Berater:innen ist das Übergabegespräch also die erste Möglichkeit, Grundlagen für ein gutes und belastbares Arbeitsbündnis zu legen. Sofern der begleitete Umgang von einem Tandem, also einer Begleitperson und einer Beraterin oder einem Berater, durchgeführt wird, können beide Elternteile die Begleitperson auch sehr gut in diesem Rahmen kennenlernen. So wissen sie von Beginn an, mit wem sie es zu tun haben.

Die Berater:innen und die Kolleg:innen vom Jugendamt können im Vorfeld eine **Sitzordnung** absprechen, etwa dergestalt, dass die Elternteile den Professionellen gegenübersitzen. Auf einer symbolischen Ebene kann den Eltern die Zusammenarbeit („Wir befinden uns auf derselben Seite") vermittelt werden.

### *b. Ablauf eines Übergabegesprächs*

Der Verlauf eines Übergabegespräches kann so aussehen, dass das Jugendamt zunächst berichtet, wie es zu dem begleiteten Umgang gekommen ist, was schon versucht wurde und wie eine Perspektive aus Sicht des Jugendamtes aussehen könnte. Hier können schon wichtige Informationen platziert werden, die dann im weiteren Beratungsprozess aufgegriffen werden können.

Im Anschluss daran können dann etwa die Berater:innen erläutern, wie sie üblicherweise einen begleiteten Umgang durchführen. Bei einer Arbeit im Tandem muss den Eltern auch erläutert werden, welches die Aufgaben der Begleitperson sind, was sie mit ihr besprechen können und was sie nur mit der Beraterin oder dem Berater besprechen können. Dies ist wichtig, um parallele Beratungen zu vermeiden.

Weiter muss geklärt werden, um welche Art des Umgangs es sich handeln soll: ein *begleiteter* oder *kontrollierter* Umgang? Was bedeuten die Unterschiede in der Praxis?

Soll ein **kontrollierter Umgang** durchgeführt werden, kann es sinnvoll sein, ein voraussichtliches Ende des kontrollierten Umgangs zu benennen. Das ist möglich, wenn es z.B. um die Anbahnung eines Kontaktes zwischen dem Kind und dem umgangsberechtigten Elternteil geht. Das schafft für beide Elternteile, vor allem aber für den umgangsberechtigten Elternteil, eine Perspektive der Endlichkeit und verstärkt wahrscheinlich die Bereitschaft zur Kooperation. Das halte ich für wichtig, denn für den umgangsberechtigten Elternteil handelt es sich bei dem kontrollierten Umgang um ein besonders kränkendes Setting. Vor allem dann, wenn die Einrichtung eines kontrollierten Umgangs aufgrund (unbewiesener) Anschuldigungen des anderen Elternteils erfolgt.

Gerade in einem solchen Zusammenhang halte ich eine **Befristung** des kontrollierten Umgangs auch für den betreuenden Elternteil für sinnvoll. Die Befristung setzt eine Grenze und deren Aufhebung oder auch Verlängerung ist an beobachtbare Kriterien gebunden:

- Wie ist der Kontakt zwischen Kind und Elternteil?
- Zeigt das Kind Angst?
- Reagiert der Elternteil adäquat auf das Kind?

Das könnten u.a. Fragen sein, von deren Beantwortung abhängt, unter welchen Vorzeichen die Maßnahme fortgesetzt wird.

Der nächste Punkt des Übergabegespräches kann die **allgemeinen Regeln** beinhalten, die für die Umgänge gelten sollen. In diesen Regeln sollte enthalten sein, dass vor dem Kind über den anderen Elternteil nicht negativ gesprochen oder es nicht über dessen Lebenssituation ausgefragt werden darf. Bewährt haben sich außerdem Regelungen etwa in Bezug auf Geschenke, die Verwendung von elektronischen Medien oder welches Essen gegeben werden darf. Das bietet eine gute Gelegenheit, mit beiden Elternteilen ins Gespräch zu kommen. Das ist wichtig, weil die genaue Absprache der Regeln bestenfalls beiden Elternteilen Transparenz und Sicherheit vermittelt. Dem Verlauf der Maßnahme wird das zumindest nicht abträglich sein.

Besonders wichtig zu klären ist die Frage, ob beide Elternteile es sich zutrauen, sich bei den Übergaben zu begegnen, ohne vor dem Kind in Streit zu geraten, und ob sie es schaffen, sich mit einem Mindestmaß an Höflichkeit zu begrüßen. Eine permanent eisige Atmosphäre während der Übergaben ist dem Kind mit Sicherheit nicht zuträglich. Wenn ein oder beide Elternteile Zweifel erkennen lassen, dass eine für das Kind verträgliche Übergabe möglich ist, kann die sogenannte 15-Minuten-Regelung hilfreich sein. Bei dieser Regelung findet sich der umgangsberechtigte Elternteil 15 Minuten vor der vereinbarten Umgangszeit in den Räumlichkeiten ein, in denen der begleitete Umgang stattfinden soll. Diese verlässt er dann erst 15 Minuten nach dem Umgangsende.

Im weiteren Verlauf kann diese Regelung immer wieder in Beratungsgesprächen aufgegriffen werden: Braucht es diese Regelung noch oder kann man eine direkte Begegnung wagen? Für das Kind wäre das ein schöne Entwicklung.

Wenn die Regeln abschließend besprochen sind, können diese auf einem vorbereiteten Blatt unterschrieben werden. So bietet bereits das Übergabegespräch die erste Möglichkeit, mit beiden Elternteilen eine Vereinbarung zu treffen. Eine gute Grundlage ist damit schon einmal gelegt.

### *c. Kennenlerntreffen von Kind und Begleitperson*

Ein wichtiger Punkt für das Übergabegespräch ist das **Kennenlerntreffen**; bei diesem lernt das Kind die Begleitperson kennen. Hier können die Berater:innen schon einiges über das Kind erfahren und gleichzeitig die Expertise desjenigen Elternteils in Anspruch nehmen, bei dem das Kind lebt: Ist es eher schüchtern oder offen gegenüber fremden Menschen? Plant man vielleicht schon lieber gleich zwei oder mehr Kennenlerntreffen ein?

Die Berater:innen können so verschiedene Dinge gleichzeitig demonstrieren; für

- beide Elternteile, dass das Wohlergehen des Kindes für die Berater:innen im Vordergrund steht,
- den betreuenden Elternteil, dass seine Expertise abgefragt und einbezogen wird,
- den umgangsberechtigten Elternteil, dass die Berater:innen dafür sorgt, dass der Kontakt zum Kind so schnell wie möglich hergestellt wird.

### *d. Absprache von Terminen*

In einem nächsten Schritt sind die Terminmöglichkeiten der beiden Elternteile zu erfragen. Wann kann der Vater zu Beratungsgesprächen kommen? Wann die Mutter? An welchen Tagen, zu welchen Uhrzeiten können die Umgänge stattfinden?

Nach dem Gespräch, wenn die Termine feststehen, kann dann eine Übersicht aller Termine an das Jugendamt, die Eltern und gegebenenfalls an die Begleitperson verschickt werden. Dies vermittelt Verbindlichkeit und verringert die Wahrscheinlichkeit von Missverständnissen. Beiden Elternteilen gibt es die Möglichkeit, sich die Termine zu notieren. So können sie schon recht frühzeitig auf Terminkollisionen reagieren und Änderungsvorschläge machen. Das kann in der Folge dazu geeignet sein, eine Vertrauensbasis herzustellen – ein weiterer Baustein für eine gelingende Kooperation der beiden Elternteile.

## 3. Einzelsetting

In der Paarberatung oder -therapie arbeiten die Berater:innen überwiegend im Paarsetting (siehe dazu unten 5. und 6.). Das liegt auch nahe, denn die beiden Ratsuchenden haben *gemeinsam* eine Krise, die sie gemeinsam lösen wollen – auch wenn am Ende des Prozesses vielleicht nur noch die Trennung bleibt.

Hochstrittige Eltern hingegen haben eher ein Problem *gegeneinander*. Dieses „Gegeneinander" manifestiert sich im Kampf um das gemeinsame Kind. Bei diesem Kampf treten die Interessen des Kindes bereits ab der zweiten Stufe des Konfliktmodells nach *Alberstötter*[2] („Häufiges verletzendes Agieren und Ausweitung des Konfliktfeldes") in den Hintergrund; für die Berater:innen macht das die Konfrontation mit dem einen oder anderen Elternteil wahrscheinlich.

Das Einzelsetting zu Beginn eines Beratungsprozesses soll das Arbeitsbündnis ausbauen und vertiefen. Die Eltern können im Einzelsetting viel eher ihre verletzte Seite, gerade was die Bindungsverletzungen betrifft, zeigen; zurücktreten kann die kampfbereite Seite, die eine Sicht auf die verletzte Seite verhindert. So können sich die Eltern von den Berater:innen in dem Leid gesehen und verstanden fühlen. Es ermöglicht, zu verstehen, was die verletzte Seite braucht, um sich sicherer zu fühlen; das kann z.B. ein verändertes Verhalten des anderen Elternteils oder eine entsprechend getroffene Vereinbarung sein.

Im Falle einer Konfrontation mit den Berater:innen kann ein starkes Arbeitsbündnis wichtig werden. Die Wahrscheinlichkeit, dass der betreffende Elternteil die Konfrontation als Parteinahme der Berater:innen gegen sich erlebt, ist (hoffentlich) vermindert.

Genauso wichtig wie für die beiden Elternteile ist es jedoch auch für die Berater:innen, „anzudocken". Es hilft ihnen, das Verhalten der Eltern in einen Kontext zu bringen, der es erlaubt, dieses nachzuvollziehen. Ebenso kann ein erfolgreiches Andocken die Berater:innen gegen eine Parteinahme für einen der beiden Elternteile „immunisieren".

In der Tandemberatung – für jeden Elternteil ist je eine Beraterin oder ein Berater zuständig, wenn möglich Beraterin zur Mutter und Berater zum Vater – findet das automatisch statt.

Nicht ungewöhnlich ist es, dass das Einzelsetting immer mal wieder aktiviert werden muss.

Es kann jedoch auch Konstellationen geben, die ein Einzelsetting für den gesamten Verlauf der Maßnahme erforderlich machen.

2 Weber/Alberstötter, 2022, S. 70–89.

*Eine Mutter weigerte sich konstant, sich gemeinsam mit dem Kindesvater in einem Raum aufzuhalten. Sie berichtete sowohl von verbaler als auch körperlicher Gewalt. Der Kindesvater bestritt diese Vorwürfe.*

*Trotz der Vorwürfe sah die Kindesmutter die Notwendigkeit, einen Kontakt des Kindes zum Kindesvater zuzulassen. Sie selbst, so erzählte sie in den Gesprächen, habe sehr darunter gelitten, als ihre Mutter nach der Trennung keinen Kontakt zu ihrem Vater zugelassen habe; das wolle sie ihrem Kind ersparen. Eine mittelbare Kontaktaufnahme über E-Mail oder auch Telefon war ihr möglich.*

*In der Folge vereinbarte ich mit den Elternteilen zunächst Einzeltermine. Diese nutzte ich – wie oben beschrieben –, um ein belastungsfähiges Arbeitsbündnis zu etablieren.*

*In einem nächsten Schritt, als es um die Vereinbarung konkreter Absprachen ging, lud ich beide Elternteile zur gleichen Zeit in die Beratungsstelle ein, redete aber getrennt mit ihnen (eine genaue Darstellung siehe unter 6. „Paarsetting variiert").*

## 4. Methoden für das Einzelsetting

Charakteristisch in der Arbeit mit hochstrittigen Eltern ist der innere Aufruhr, das emotionale Kochen, mit dem die Eltern in die Beratung kommen. Damit einher geht häufig eine hohe Sprechgeschwindigkeit, die den Druck, unter dem die Eltern stehen, spürbar werden lässt. Sie ist dazu geeignet, das „Kommando" im Beratungsprozess zu übernehmen. Die Gefahr, als Berater:in die Steuerung über diesen Prozess zu verlieren, ist damit ungleich höher als in einer herkömmlichen Paarberatung. Es gilt also, diesen Prozess zu strukturieren und zu kanalisieren. Aus einem reißenden Wildbach soll ein langsam fließender Strom werden.

Für die Arbeit mit hochstrittigen Eltern stellt bereits die klassische Beratung Methoden zur Verfügung, die dafür gut geeignet sind. Einige davon will ich im Folgenden vorstellen.

### *a. Joining*

Für den Anfang einer jeden Beratung hat sich ein Joining bewährt. Es stellt eine gute Möglichkeit dar, mit den Klienten in Kontakt zu kommen.[3] Im zwanglosen Small Talk können die Berater:innen einen Menschen kennenlernen, der eben nicht nur verstrickt ist in einen hochstrittigen Konflikt. Vielmehr hat er einen Beruf (oder auch keinen), der ihm Spaß macht oder eben auch nicht; ein Hobby, für das er nur noch selten Zeit findet; vielleicht teilen Berater:in und Elternteil ein Hobby, was in den nachfolgenden Gesprächen dann immer mal wieder aufgegriffen werden kann.

Während all diesem „Geplauder" lernen die Berater:innen das Sprachniveau des Elternteils kennen, dem sie sich anpassen können. Vielleicht benutzt er auch wiederkehrende Formulierungen oder Metaphern, die von den Berater:innen aufgegriffen werden können. Das ermöglicht ihnen, dem Elternteil auf diesem Niveau zu antworten.

3 Schwing/Fryszer, 2009, S. 33–35.

### *b. Das Kind*

In jedem Einzel-, erst recht in jedem Paargespräch können die Berater:innen zu Beginn das Kind zum Thema machen. Dabei kann es um die Welt des Kindes gehen: Womit beschäftigt es sich gerade? Was spielt es am liebsten? Hat es den Tod des geliebten Haustiers gut verkraftet? Oder ist es noch traurig?

Die Berater:innen sprechen damit die gute Mutter und den guten Vater im jeweiligen Elternteil an, stärken diese vielleicht und dämmen so eventuell nach und nach jenen Teil ein, der „wie eine Löwin" um das Kind kämpft.

Natürlich werden die durch die Situation bedingten Unterschiede zwischen den beiden Elternteilen deutlich. Der betreuende Elternteil kann sehr detail- und facettenreich vom Kind erzählen. Das ist dem Elternteil, der nur im Rahmen des begleiteten Umgangs sein Kind sehen kann, in diesem Facettenreichtum nicht möglich. Für die Beratung – gleichgültig ob im Einzel- oder Paarsetting – kann es förderlich sein, wenn die Berater:innen diesem Elternteil die Möglichkeit geben, von seinen Eindrücken, die dieser während eines Umgangs von dem Kind bekommen hat, zu sprechen. Auf diese Weise können die Berater:innen die Wichtigkeit des Kontaktes zwischen diesem Elternteil und seinem Kind ausdrücken.

Im Einzelsetting können die Berater:innen dafür sorgen, dass ein Elternteil erfährt, was sie vom anderen Elternteil gehört haben. Sie initiieren auf diese Weise ein „Gespräch" zwischen den Elternteilen, in dem sie sich als die guten Eltern begegnen können, die das Kind braucht: die Mutter, die mit dem Kind zum Arzt gefahren ist, der Vater, der das Kind erfolgreich getröstet hat …

Es ist nicht ungewöhnlich, dass ein Kind, das wieder – meist nach einer längeren Unterbrechung – Kontakt zu seinem umgangsberechtigten Elternteil bekommt, auf diesen Kontakt reagiert. Das kann das Verhalten unmittelbar nach einem Umgangskontakt betreffen, das kann sich in Schlafschwierigkeiten oder Albträumen zeigen. Psychosomatische Erscheinungen, etwa sich erbrechen, können ebenso vorkommen wie auch ein stark verändertes Verhalten in Kita und Schule kurz nach einem Umgangskontakt. Das kann verschiedene Ursachen haben, so etwa dass das Kind

- real schlechte Erfahrungen mit dem betreffenden Elternteil gemacht hat,
- die Anspannung des betreuenden Elternteils gegen die Umgangskontakte spürt,
- den „Auftrag" des betreuenden Elternteils spürt, die Kontakte ablehnen zu müssen,
- mit negativen Informationen über den umgangsberechtigten Elternteil belastet wird.

*Die Kindesmutter berichtete, dass das vierjährige Kind nach einem Umgangskontakt sehr müde sei und einen Mittagsschlaf halten müsse, was es sonst nicht mehr tue (die begleiteten Umgänge fanden vormittags statt). Aus den Umgängen selbst war eine Belastung nicht ersichtlich; der Junge rannte zur Begrüßung zu seinem Vater, suchte während der Kontaktzeit körperlichen Kontakt zu seinem Vater.*

*Jedoch wurde aus Erzählungen des Jungen während des Umgangs sichtbar, dass die Kindesmutter ihn zuhause mit Erzählungen aus der Vergangenheit konfrontierte. Auch lehnte die Mutter die vom Vater überreichten Geschenke ab und gab sie an die Begleitperson im Beisein des Jungen zurück.*

Dieses Fallbeispiel illustriert nur einen von vielen möglichen Gründen, die zu einem veränderten Verhalten des Kindes führen können.

Greifen die Berater:innen die Beobachtungen der Eltern auf, nehmen sie diese ernst. Sie vermitteln den Eltern auf diese Weise ihre Sorge um das Wohlergehen des Kindes. Und sie räumen dieser Sorge dadurch, dass sie diese an den Anfang des Gespräches setzen, eine hohe Priorität ein: children first.

Die Berater:innen können helfen, ein verändertes Verhalten nach einem Umgangskontakt einzuordnen. Denn nicht selten verliert sich dieses Verhalten im Laufe der darauffolgenden Wochen, wenn alle Beteiligten, und hier natürlich vor allem das Kind, sich mit dem gesamten Verfahren vertraut machen konnten. Dieser Prozess kann durch die Einhaltung der Regeln befördert werden.

Jedoch kann das abweichende Verhalten eines Kindes nach einem Umgangskontakt tatsächlich ein Hinweis auf die (zu) hohe Belastung für ein Kind sein. Dem muss selbstverständlich seitens der Berater:innen nachgegangen und, wenn möglich, die Ursache beseitigt werden.

### *c. Die Timeline-Arbeit*[4]

Mit Hilfe einer Timeline-Arbeit können die Berater:innen sich eine gründliche Kenntnis der elterlichen Beziehung verschaffen. Jedes Elternpaar bringt seine eigene Geschichte mit, seine eigenen Verletzungen und, vor allem, seine eigenen Ressourcen.

Beide Elternteile können im Einzelsetting, unter der Anleitung der Berater:innen, in einer Timeline-Arbeit die gesamte Beziehungsgeschichte in einer chronologischen Ordnung visualisieren. Bedeutsame Punkte können durch weiterführende Fragen zu einem farbenfrohen Gemälde beitragen. Drei Leitfragen sind dabei hilfreich:

- **Wie ist das System entstanden?**

  Also: Wie haben sich die Eltern kennengelernt? Was war am anderen attraktiv? Sind die Eltern zusammengezogen? Wenn ja: wann? Und wer hatte zuerst die Idee?

  Oder: War die Schwangerschaft geplant? Falls nicht: Wie war die eigene Reaktion darauf? Und wie die des anderen?

  Die Geburt: War der Vater dabei? Wie hat die Geburt das gemeinsame Leben verändert? Was war nach der zweiten Geburt?

  Hier können die Berater:innen erfahren, ob es schöne und einfache Zeiten gab oder ob die Liebesbeziehung von Anfang an als schwierig beschrieben wird. Vielleicht war die Schwangerschaft Anlass für die erste Krise, etwa wenn der Vater die Abtreibung gefor-

4 Schwing/Fryszer, 2009, S. 88–93.

dert hat oder der Mutter klar wird, dass sie mit diesem Mann kein Kind gemeinsam erziehen möchte.

- **Konfliktentwicklung**

  Also: Wann fingen die Konflikte an? Um was ging es? Wie lange dauerten sie an? Wurden sie zunächst gelöst? Wenn ja: wie?

  Hier bietet sich für die Berater:innen die Möglichkeit, zu verstehen, wie die Konflikte beschaffen sind; insbesondere wo es in der Vergangenheit bereits Ansätze zur Konfliktlösung gab. Aus dem zunächst eher schwarzen Bild („war alles schlecht und immer schwierig") lässt sich vielleicht ein graues Bild zeichnen. Eventuell können die Berater:innen an diese Zwischenfarben anknüpfen, wenn es um belastbare Vereinbarungen geht.

- **Lösungsversuche**

  Also: Wurden Lösungsversuche unternommen? Welche? Waren sie zumindest zeitweise erfolgreich? Warum dann nicht mehr? Wurde eine Paartherapie gemacht? Oder wurde diese Idee von einem der beiden abgelehnt („Du bist das Problem, nicht ich")?

Mit dieser Methode können die Berater:innen viel über die beteiligten Menschen, ihr Zusammenleben und ihren Weg in die Hochstrittigkeit erfahren. Selbstverständlich handelt es sich bei den hier formulierten Fragen lediglich um Anregungen.

Vielleicht reicht eine Sitzung nicht aus, um diese Arbeit abschließen zu können. Das hängt maßgeblich davon ab, wie sehr der betreffende Elternteil „ins Reden kommt".

Oder sie muss immer wieder unterbrochen werden, da wichtige Fragen bezüglich des Umgangs geklärt werden müssen.

- **Zukunftsvision**

Die Timeline-Arbeit erweitern können die Berater:innen mit einem Blick in die Zukunft. Denn die Elternschaft bleibt ja weiter bestehen.

Der Blick in die Zukunft soll mehrere Funktionen erfüllen:

- Damit kann eine Perspektive eröffnet werden, die wegführt vom gegenwärtigen Streitgeschehen; der Blick soll sich der Zukunft zuwenden.
- Den Eltern kann verständlich gemacht werden, dass sie zwar ein Elternpaar bleiben, aber kein Liebespaar mehr sein müssen. Vielleicht fallen manche Streitpunkte weg, persönliche Begegnungen können reduziert oder anders gestaltet werden.
- Die Berater:innen erhalten noch einmal einen genaueren Eindruck davon, wie optimistisch die beiden Elternteile sind. Wo sehen sie die Stolpersteine? Was schließen sie (noch) kategorisch aus? Aber auch: Was ist heute schon vorstellbar? Welche Erleichterungen könnte das bringen? Entsprechend können sie dann die Beratung gestalten.

Interessant an dieser Stelle kann die Frage sein, welchen Beitrag der betreffende Elternteil selbst zu einer konfliktfreieren Zukunft beisteuern kann. Vermutlich wird zu diesem Zeitpunkt noch keine erschöpfende Antwort erfolgen können; zu verhaftet sind die Eltern noch in der Vorstellung, dass vor allem der andere sein Verhalten ändern muss.

### *d. Visualisierungen*

Nicht nur in der Arbeit mit Hochstrittigen arbeite ich gerne mit Visualisierungen ganz allgemein (die Timeline-Arbeit ist ja ebenfalls eine). Sie sind gut dazu geeignet, über konkrete Punkte ins Gespräch zu kommen. Einige möchte ich hier kurz vorstellen.

#### aa. Das (abwesende) Kind in der Beratung

Gleichgültig ob im Einzel- oder Paarsetting, kann das Kind einen sichtbaren Platz während der Gespräche erhalten. Es kann symbolisiert werden durch einen Stuhl (auf dem vielleicht eine Puppe oder ein Tier sitzt), durch ein mitgebrachtes Foto (am besten ohne neuen Partner bzw. neue Partnerin) oder auch einem anderen Gegenstand, etwa ein Lieblingsspielzeug des Kindes.

Die Berater:innen haben dann während des Gespräches die Möglichkeit, das Kind in das Gespräch mit einzubeziehen, etwa durch die Frage, wie es sich wohl fühlen würde, wenn es jetzt da wäre und hören würde, wie seine Eltern übereinander sprechen. Ob es sich wohl freuen würde oder eher traurig wäre.

#### bb. Skalierung

Skalierungsfragen können die Berater:innen nutzen, wenn sie den „Schweregrad" zu einer bestimmten Fragestellung erfassen möchten. Auf einer Skala von 1 bis 10 können sie übergeordnete Fragen durch den Elternteil skalieren lassen, etwa:

- *Wie belastet sind Sie durch die Konflikte?*
- *Aus welchen Komponenten besteht dieser Belastungsgrad?*
- *Mit welchem Belastungsgrad könnten Sie gut leben?*
- *Wie wäre dieser zusammengesetzt?*
- *Was können Sie dazu beitragen, diesen erträglichen Belastungsgrad zu erreichen?*
- *Was könnten Sie dann tun, was Sie jetzt nicht tun können?*

Sie kann aber auch Skalierungsfragen als eine Art „Blitzlicht-Skalierung" nutzen:

- *Wie wütend sind Sie jetzt im Moment?*
- *Auf welchen Wert möchten Sie jetzt kommen?*
- *Was können Sie dafür tun?*
- *Was kann die Beratung beitragen?*

#### cc. Verteilungskuchen

Möchten die Berater:innen sich einen Überblick z.B. darüber verschaffen, welche Konfliktthemen immer wieder auftauchen und wie groß ihr Beitrag zum Konfliktgeschehen ist, können sie den Elternteil bitten, einen Verteilungskuchen auf einer Flipchart aufzuzeichnen.

Sie können dann Anschlussfragen stellen, etwa:

- *Was macht ihre Größe aus?*
- *Kann der Elternteil sie allein verkleinern?*
- *Welches Kuchenstück sollte zuerst verkleinert werden? Vielleicht mit Blick auf das Kind?*

### dd. Familienbrett

Mit dem Familienbrett können die Berater:innen sehr schnell und anschaulich verschiedene Situationen visualisieren, etwa

- die Gesamtsituation jetzt,
- wie sie in der Zukunft sein soll oder
- wohin das Kind sich selbst stellen würde,
- wie das Kind die Familie stellen würde, um sich wohlfühlen zu können.

Diese und andere Themen können die Berater:innen durch die entsprechenden Fragen noch vertiefen.

### *e. Psychoedukation*

Psychoedukation kann ein beständig wiederkehrender Bestandteil der Arbeit mit Hochstrittigen sein. Das betrifft vor allem die Auswirkungen der fortgesetzten Auseinandersetzungen auf das Kind, wie sie etwa von *Walper* und *Fichtner*[5] beschrieben wurden. Psychoedukation soll vor allem dazu dienen, den Eltern das Erleben des Kindes wieder nahezubringen. Im Idealfall wird dann das tatsächliche Wohlergehen des Kindes zum Leitmotiv für das eigene Handeln.

Psychoedukation können die Berater:innen sowohl im Einzelsetting als auch im Paarsetting zur Anwendung bringen. Das kann spontan während eines Gespräches erfolgen oder für eine Sitzung geplant werden.

**Fallbeispiel1: Situativ, Einzelsetting:**

Während eines Gespräches berichtete ein Vater, dass er auf die Frage seines fünfjährigen Sohnes, ob er die Mama mögen würde, mit „Nein" geantwortet habe. Auf Nachfrage der Beraterin, warum er so geantwortet habe, erläutert der Vater, dass er

a) seinen Sohn nicht habe anlügen wollen (hochstrittige Eltern fühlen sich, ohne die Folgen für das Kind abzuwägen, häufig der Wahrheit gegenüber ihrem Kind verpflichtet, besonders wenn es den anderen Elternteil betrifft) und

b) er sowieso nicht glaube, dass seine Aussage einen größeren Einfluss auf seinen Sohn gehabt hätte, da er (der Vater) kaum noch über Einfluss auf seinen Sohn verfüge. Schließlich habe die Mutter den Kontakt zu seinem Sohn über Jahre hinweg nachhaltig behindert.

5 Walper/Fichtner, 2013, S. 91–104.

Die Beraterin zeichnete dem Vater daraufhin auf einer Flipchart ein sehr vereinfachtes, schematisches Bild von dem Aufbau der Persönlichkeit seines Sohnes auf. Zur Darstellung zeichnete sie einen Kreis, der aus drei Teilen bestand: in der Mitte die ureigene Persönlichkeit seines Sohnes, auf der einen Seite einen Persönlichkeitsaspekt, der der Mutter zuzurechnen sei, und auf der anderen Seite einen, der ihm, dem Vater, zuzurechnen sei. Anhand dieses Bildes setzte die Beraterin dem Vater dann auseinander, dass er mit jeder negative Äußerung über die Mutter sich im Erleben seines Sohnes auch negativ über ihn äußern würde; geschehe dies häufiger, hinterlasse das Spuren in der Seele seines Sohnes. Durch die Ablehnung der Mutter durch ihn, den Vater, fühle sein Sohn sich zu einem Teil auch von ihm abgelehnt.

Der Vater reagierte sichtlich betroffen. Über das Erleben seines Sohnes hatte er sich diesbezüglich noch keine Gedanken gemacht.

**Fallbeispiel 2: Geplant, Einzelsetting**

Ausgangssituation war der begleitete Umgang für ein achtjähriges Mädchen. Die Eltern, die schon seit einigen Jahren Konflikte auch vor dem Familiengericht austrugen, wiesen sich gegenseitig die „Schuld" für die Konzentrationsschwächen des Mädchens in der Schule, aber auch andere Auffälligkeiten im Sozialverhalten ihrer Tochter zu.

Im Einzelsetting nutzte die Beraterin die Möglichkeit, den Eltern die Auswirkungen ihrer fortgesetzten Auseinandersetzungen auf ihre Tochter zu beschreiben. Das Einzelsetting wählte sie, um den beiden Elternteilen nicht weitere „Munition" für ihre Konflikte zu liefern. Sie konnte außerdem ihren Vortrag auf das jeweilige Verhalten des betreffenden Elternteils „abstimmen".

Schwerpunkte waren in diesem Fall die verringerte kognitive Leistungsfähigkeit des Mädchens, das internalisierende Problemverhalten (ängstliches und zurückgezogenes Verhalten) sowie ein ungünstiges Verhalten in stressreichen Situationen im Alltag. Auch zu möglichen Langzeitfolgen[6] äußerte sich die Beraterin den Eltern gegenüber recht ausführlich.[7]

Ein positiver Effekt dieser Gespräche war, dass beide Elternteile den Fokus ihrer Aufmerksamkeit mehr in die Richtung schieben konnten, was ihre gemeinsame Tochter braucht und wo beide Elternteile wichtig und hilfreich für sie sein könnten. In der weiteren Folge konnten die Eltern erste Formen der Kooperation entwickeln.

## 5. Das Paarsetting klassisch

Das Paarsetting ist in der Arbeit mit hochstrittigen Eltern das Setting, das sowohl für die Eltern als auch für die Berater:innen die größte und anstrengendste Form darstellt. Selbst eine gute Vorbereitung dieser Gespräche durch vorher geführte Einzelgespräche bewahrt die Berater:innen nicht mit absoluter Sicherheit davor, von der Dynamik des Streitgeschehens regelrecht überrollt zu werden.

Vergleicht man das Paarsetting mit hochstrittigen Eltern mit einem reißenden Fluss, kann man leicht Analogien herstellen. Damit der Fluss nicht über die Ufer tritt und Teile der um-

6 Figdor, 2011, S. 70–88.
7 Weber/Alberstötter, 2022, S. 104–105.

gebenden Landschaft in Mitleidenschaft zieht, ist man gut beraten, vorbeugende Maßnahmen zu ergreifen. Das heißt, das Ufer muss entsprechend befestigt und Überlaufflächen müssen vorhanden sein. Vielleicht kann man zusammen mit den Eltern eine Verbreiterung des Flussbettes erreichen, sodass die reißende Dynamik des Flusses sich abschwächt. Aus dem tobenden Wasser wird ein breiter Strom.

Vorbeugende Maßnahmen können sein:

### *a. Länge der Sitzung*

Die Länge der Sitzung kann sich an den Möglichkeiten der Eltern orientieren. Das ist eine gute Möglichkeit, mit den Elternteilen getrennt ins Gespräch darüber zu kommen, was sie für sich selbst als möglich erachten. Das kann durch die Vorerfahrungen, die die Berater:innen in den Gesprächen mit den Elternteilen allein gemacht haben, abgeglichen und als Regulativ verwendet werden.

### *b. Die (Kunst-)Pause*

Von der Möglichkeit, eine Pause zu verordnen, sollten die Berater:innen nicht zögern, Gebrauch zu machen. Das kann auch für sie sehr hilfreich sein. Sie können die Eltern an die frische Luft schicken, müssen aber dafür Sorge tragen, dass die Auseinandersetzung dort nicht weitergeführt wird. Im Anschluss können die Berater:innen gemeinsam mit den Eltern schauen, wie sinnvoll es ist, das Gespräch an diesem Tag noch fortzusetzen.

### *d. Die Sitzordnung oder das Gespräch über Bande*

Beginnen die Berater:innen mit einem hochstrittigen Elternpaar, gemeinsame Gespräche zu führen, können sie die Stühle so arrangieren, dass die beiden Elternteile nebeneinandersitzen und ihr Blick auf die Berater:innen gerichtet ist; wollen sie sich anschauen, müssen sie den Kopf wenden. Für ausreichend Abstand zwischen den Eltern sorgt der Stuhl für das Kind (bei mehreren Kindern eine entsprechende Anzahl von Stühlen). So wird auf einer symbolischen Ebene dargestellt, dass das Verbindende zwischen den beiden, inzwischen getrennten, Erwachsenen das Kind ist. Verstärkt wird diese symbolische Anordnung durch die bereits oben beschriebene Gesprächseröffnung. Das gemeinsame Kind ist erst einmal Thema (siehe unter 3.2). Dafür können sich die Berater:innen Zeit nehmen und achten darauf, dass beide Elternteile ausreichend zu Wort kommen.

Diese Sitzordnung verknüpfen die Berater:innen mit der Aufforderung an die beiden Elternteile, nur mit ihr zu sprechen, nicht miteinander. Dadurch verlangsamen sie die Geschwindigkeit des Geschehens und alle Beteiligten – auch die Berater:innen selbst – bekommen mehr Zeit, genau zu verstehen, was ein Elternteil sagen möchte: durch Nachfragen, durch Paraphrasieren, und zwar so lange, bis sichergestellt ist, dass sie – und damit wahrscheinlich auch der zuhörende Elternteil – den sprechenden Elternteil so verstanden haben, wie er es tatsächlich gemeint hat. Alternative Handlungsmöglichkeiten können so eher in den Blick genommen werden.

Hilfreich kann es sein, wenn die Berater:innen die Position des „Nichtwissens"[8] einnehmen. Dabei hat dieses Verfahren folgende Vorteile:

- Die Eltern reden nicht miteinander, wenn die Berater:innen das unterbinden, und verstricken sich nicht in ihren Eskalationsschleifen.
- Der zuhörende Elternteil hat mehr Zeit für eine ruhigere Antwort als in einer direkten Konfrontation, in der ein Wort das andere gibt.

Entwickeln sich die Gespräche positiv, lösen die Berater:innen dieses besondere Setting auf und können zu einer sonst mehr üblichen Gesprächsführung übergehen. Oft geschieht dies en passant, d.h., die Elternteile beginnen, sich direkt anzusprechen, auch aus dem Gefühl heraus, dieses Hilfsmittel nicht mehr zu brauchen.

### *e. Orientierungspunkte schaffen*

Auch in einem Fluss braucht man Orientierung. Eine Flusskarte ist da sehr hilfreich. Sie kann helfen, Untiefen und Strudel zu vermeiden. Und hat eine Gesprächssequenz doch einmal Schiffbruch erlitten, hilft sie, schiffbare Passagen wiederzufinden.

In der ersten gemeinsamen Sitzung können die Berater:innen mit den Eltern einige grundlegende Gesprächsregeln besprechen, etwa

- keine Beleidigungen,
- den anderen ausreden lassen,
- nicht lauter als Zimmerlautstärke,
- keine abwertenden Kommentare, Mimik, Gestik.

Diese Gesprächsregeln werden von den Berater:innen für alle sichtbar aufgeschrieben, etwa auf einer Flipchart.

Auf einem weiteren Flipchartpapier schreiben sie die Themen des Tages auf. Das können Themen sein, die bereits zu einem früheren Zeitpunkt vereinbart worden sind oder zu Beginn einer Sitzung. Bei Themen, die zu einem früheren Zeitpunkt notiert wurden, sollten die Berater:innen sich vergewissern, ob diese Themen noch Bestand haben oder ob weitere Themen aufgetaucht sind, die bearbeitet werden müssen.

Durch die Visualisierung an der Flipchart sind die Gesprächsregeln und -themen allgegenwärtig. Sie markieren die „Fahrrinne" des Flusses. Das allein wird aber nicht reichen. Die Aufgabe der Berater:innen ist es, auf die Einhaltung der Gesprächsregeln und der Tagesordnung zu achten und sie gegebenenfalls auch durchzusetzen.

Vereinbarungen, und seien sie noch so klein, können die Berater:innen verschriftlichen und sie den Eltern nach dem Gespräch schicken. Das kann auch in Form einer E-Mail geschehen. Den Eltern können sie so vermitteln, dass Erfolge möglich sind. Im günstigen Fall erfahren die Eltern so Selbstwirksamkeit.

Vereinbarungen sollten möglichst unmissverständlich formuliert sein. Das können die Berater:innen noch während des Gespräches sicherstellen. Und sollte es doch einmal missverständlich gewesen sein, können sie das im nächsten Gespräch noch einmal aufgreifen und

8 Schlippe/Schweitzer, 2016, S. 215.

korrigieren. Die Eltern bekommen so die Möglichkeit, zu erfahren, dass Fehler einfach mal passieren können und nicht gleich ein böser Hintergedanke die Feder (bzw. die Tastatur) geführt hat.

## 6. Paarsetting variiert

In der Arbeit mit hochstrittigen Eltern zeigt sich immer wieder, dass die klassische – und durchaus richtige – Vorstellung von Paarberatung als einer gemeinsam durchgeführten Beratung nicht so ohne Weiteres durchführbar ist. Im Spannungsfeld zwischen den Polen der Notwendigkeit, für das gemeinsame Kind zu tragfähigen Vereinbarungen zu kommen, und der schieren Unmöglichkeit, ein Gespräch so zu führen, dass keine neuen Verletzungen entstehen, öffnet sich ein Raum, der verschiedene Settings notwendig machen kann.

In der Arbeit mit Hochstrittigen kann man davon ausgehen, dass bei beiden Elternteilen der Stresspegel grundsätzlich hoch ist. Je näher nun ein gemeinsamer Gesprächstermin rückt, desto höher steigt der Stresspegel (siehe auch die Mutter aus dem Fallbeispiel oben unter 3.). Verbunden damit ist die Abnahme von Fähigkeiten, die für ein gelingendes Gespräch wichtig sind; so etwa

- die Fähigkeit, empfundene Spannungen – etwa die Anwesenheit der Ex-Partnerin oder des Ex-Partners – auszuhalten und dafür zu sorgen, dass sie nicht handlungsbestimmend werden,
- die Fähigkeit, mehr als nur selektiv zu hören, d.h. mehr zu hören als nur das, was einem „in den Kram passt“,
- die Fähigkeit, Widerspruch zu ertragen, ohne gleich in die Luft zu gehen und den Gegenüber als Lügner:in zu titulieren,
- die Fähigkeit, die eigene Sichtweise zu verlassen und temporär die der Gegenseite zu übernehmen, und schließlich
- die Fähigkeit und Bereitschaft, Kompromisse einzugehen.

Parallel dazu nimmt die Bereitschaft zu,

- vorhandene Spannungen abzureagieren, etwa durch Schreien, Beleidigungen, Den-Raum-Verlassen usw.,
- bereits angelegte Spaltungen (gut – böse) zu reaktivieren bzw. zu intensivieren, was ein Gespräch erschwert oder sogar unmöglich macht.

Um diesen Stresspegel so weit wie möglich zu minimieren, kann es sinnvoll sein, die Gespräche jeweils einzeln mit den Elternteilen zu führen. Vielleicht zunächst nur als Übergang, um eine Form der elterlichen Zusammenarbeit einzuüben, bevor man gemeinsame Gespräche führt. Oder als dauerhafte Gesprächsform, die nicht in eine gemeinsame überführt werden kann.

### *a. Das klassische Setting für Vereinbarungen*

Bei dieser Anordnung ändert sich an der Art der Terminierung wie bei einem herkömmlichen Einzelgespräch nichts, d.h., es werden Termine so vereinbart, wie es die Terminkalender des einen Elternteils und der Berater:innen möglich machen. Dieses Verfahren zeichnet sich oft durch eine gewisse Zähigkeit aus, da man die Möglichkeit einer Vereinbarung immer nur bis zu einem gewissen Grad besprechen kann, was dann erst mit dem anderen Elternteil rückgekoppelt werden muss, was dann schon mal einige Tage in Anspruch nimmt, bis überhaupt ein Gesprächstermin stattfinden kann.

Um dem Prozess insgesamt ein wenig das Tempo vorzugeben, können die Berater:innen mehrere Themen parallel mit den Elternteilen verhandeln. Das erfordert aber eine gewisse Frustrationsbereitschaft, vor allem für die Eltern, denn unter Umständen hat man über zwei oder drei Sitzungen hinweg drei offene Themen zu „tragen".

### *b. Die Pendeldiplomatie*

Eine etwas verbindlichere Form des Einzelgespräches im Kontext von Hochstrittigkeit ist die Pendeldiplomatie. In diesem Setting wechseln die Berater:innen zwischen zwei Räumen, in denen jeweils ein Elternteil sitzt, hin und her und überbringen die zuvor besprochenen Vorschläge des anderen Elternteils. Das ergibt eine deutlich höhere Dynamik, lässt den Berater:innen mehr Möglichkeiten, spontan eigene Ideen einzubringen, zu besprechen und so zu einer Vereinbarung beizutragen.

Der Vorteil dieses Verfahrens ist, dass es einen gewissen „Druck" auf beide Elternteile erzeugt durch die stärkere Dynamik und Verbindlichkeit. Ein weiterer Vorteil ist, dass eher die Möglichkeit besteht, ein Thema in einem doch sehr überschaubaren zeitlichen Rahmen zu Ende zu besprechen. Dieses Verfahren war bei den Eltern des im III. Abschnitt vorgestellten Fallbeispiels recht erfolgreich.

Wenn keine zwei Räume zur Verfügung stehen, können die Berater:innen auch die beiden Elternteile abwechselnd in ihr Beratungszimmer bitten.

### *c. Das Videogespräch*

Die Digitalisierung, noch einmal beschleunigt durch die Corona-Pandemie, hat auch im psychosozialen Bereich ihre Spuren hinterlassen und Möglichkeiten eröffnet. Nicht nur Teamsitzungen, Supervisionen oder Netzwerktreffen werden über Videoplattformen durchgeführt, sondern auch Beratungsgespräche in verschiedenen Settings.

Für den Bereich der Hochstrittigkeit hat sich das zu dritt durchgeführte Beratungsgespräch per Video durchaus bewährt. Für die Elternteile hat dieses Setting den Vorteil, sich in ihrer jeweils vertrauten Umgebung aufhalten zu können, was den Stresspegel mutmaßlich doch signifikant beeinflusst. Techniken der Selbstberuhigung sind leichter zu handhaben als in einem Präsenzsetting. Dabei ist die Verbindlichkeit mit der eines „normalen" Beratungsgespräches vergleichbar. Aufbauend auf der inzwischen recht verbreiteten Praxis des Homeoffice, kann sich eine Atmosphäre von Arbeit einstellen, in der Menschen Probleme und Hindernisse eben besprechen und klären.

Natürlich müssen für diese Gesprächskonstellation noch einmal gesonderte Gesprächsregeln vereinbart werden. So sollten das einfache Ausschalten des Laptops – das Pendant zum „Aus-dem-Raum-Stürmen" – und der Umgang damit vorher schon besprochen sein. Die Berater:innen können etwa im Vorfeld mit den Elternteilen vereinbaren, dass ein Abbruch des Gespräches angekündigt werden muss und/oder der abbrechende Elternteil unmittelbar danach für die Berater:innen erreichbar sein muss.

## 7. Weitere Settings

In der Praxis mag es vielleicht nicht sehr häufig vorkommen, aber für einen erfolgreichen Verlauf einer Beratung im Rahmen eines begleiteten Umgangs kann es durchaus hilfreich sein, weitere Gesprächskonstellationen in Betracht zu ziehen. Natürlich sollte die Hinzunahme weiterer Personen der Vermittlung oder auch Pufferung dienlich sein. Wenn die betreffende Person jedoch eher streitverschärfend wirkt, sollten die Berater:innen besser von einer Beteiligung dieser Person absehen.

Selbstverständlich sollten alle Beteiligten mit der Beteiligung weiterer Personen am Beratungsprozess einverstanden sein. In vorbereitenden Gesprächen können die Vor- und Nachteile eines solchen Vorgehens diskutiert werden. Vielleicht entscheidet man sich dann auch gegen dieses Vorgehen und sucht nach einer Alternative.

Unter Umständen hat dieses Setting keine lange Lebensdauer, weil ein Elternteil nach dem ersten Gespräch dagegen opponiert. Dann war es immerhin ein Versuch, der einfach nicht gepasst hat.

### *a. Großeltern*

Der Einbezug der Großeltern liegt aufgrund der familiären Verbindung schon nahe. Daher kommt es immer wieder vor, dass die Großeltern an den begleiteten Umgängen selbst teilnehmen. In der Regel sind das die Eltern des umgangsberechtigten Elternteils, eher seltener die Eltern des betreuenden Elternteils. Manchmal haben Großeltern sogar ihren eigenen begleiteten Umgang.

Für die Beratungsgespräche mit beiden Elternteilen können sie dann von Nutzen sein, wenn sie selbst nicht in die Konflikte verstrickt sind. Denn vielleicht hatten sie eine gute Verbindung zur Schwiegertochter bzw. zum Schwiegersohn, die zur Entspannung der Konflikte beitragen kann. Vielleicht können sie hilfreiche Vorschläge machen, die zu machen ihnen vor allem dadurch möglich ist, dass sie beide Elternteile gut kennen. Vielleicht können sie auch, wenn es um konkrete Vereinbarungen für die Zeit nach einem begleiteten Umgang geht, zumindest für diese Anfangszeit die Übergabetermine begleiten.

Die Berater:innen sollten darauf achten, dass die Großeltern zu ihrem eigenen Kind ein hinreichend gutes Verhältnis haben. Ist das nicht der Fall, werden unter Umständen alte Konflikte aus dieser Beziehung aktualisiert. Diese können dann im Kontext begleiteter Umgang eher nicht bearbeitet werden.

### *b. Freund:innen*

Ganz ähnlich kann es sich mit Freund:innen eines Elternteils oder beider Elternteile verhalten. Waren die Beziehungen vor der Trennung gut und sind sie durch die Konflikte nicht allzu sehr in Mitleidenschaft gezogen, können diese eine wichtige Ressource für den Beratungsprozess sein, wenn sie bereit sind, daran teilzunehmen.

Besonders hilfreich können Freund:innen sein, wenn ein Elternteil jemanden braucht, der das Gesagte „übersetzt" und nicht an einer selektiven Taubheit (*Alberstötter*[9]) leidet. Das eröffnet die Möglichkeit, dass der Elternteil und dessen Freund:in sich zu einem späteren

9 Weber/Alberstötter, 2022, S. 71.

Zeitpunkt über das Gespräch austauschen. Unter Umständen werden so Gesprächsinhalte für den Elternteil leichter zu verarbeiten oder die Suche nach einem weiteren Lösungsweg kann in einem geschützteren Rahmen erfolgen.

### c. *Neue Partner:innen*

Es mag ein wenig delikat anmuten, die neuen Partner:innen in den Beratungsprozess mit hineinzunehmen. Selbstverständlich muss das mit den beteiligten Menschen gründlich überlegt und erst recht sehr gut vorbereitet sein.

Die Partner:innen können eine ähnliche Funktion übernehmen wie in Bezug auf Freund:innen im vorherigen Abschnitt bereits beschrieben. Sie können aber auch wichtig sein, um die Ängste eines Elternteils abzubauen. Für manche ist es nur sehr schwer aushaltbar, das eigene Kind mit einem fremden Menschen zusammen zu wissen. Dabei spielt es nicht unbedingt eine Rolle, ob es sich um die neue Partnerin bzw. den neuen Partner des betreuenden oder des umgangsberechtigten Elternteils handelt.

Es kann aber noch einen weiteren guten Grund für die Einbeziehung geben.

*Nach einem begleiteten Umgang von ca. 16 Monaten für ein fünfjähriges Mädchen, von denen bereits die letzten drei Monate als begleitete Übergabe durchgeführt wurden, sollten die Elternteile Vereinbarungen für unbegleitete Umgänge treffen. Knackpunkt waren die Rückübergaben am Sonntagabend, denn die Kindesmutter zeigte große Angst, dem Kindesvater allein zu begegnen. In einem der Beratungsgespräche erwähnte sie, dass bei einer der begleiteten Übergaben die neue Partnerin des Kindesvaters anwesend gewesen sei. Die habe sie sympathisch gefunden, sie hätten sich sogar zugelächelt. Auch habe sich ihre Tochter positiv über die neue Frau an Papas Seite geäußert.*

*Der Berater griff das auf und lotete die Möglichkeit einer Anwesenheit der neuen Partnerin bei den Rückübergaben aus. Nachdem beide Elternteile sich positiv zu dieser Idee geäußert hatten, lud der Berater die Frau zu einem gemeinsamen Gespräch mit den Eltern ein. Dort hatten dann die beiden Frauen die Gelegenheit, sich persönlich kennenzulernen. In einem nächsten Schritt konnte dann eine Vereinbarung darüber erzielt werden, wie die Rückübergabe gestaltet sein sollte. Auch wurde noch ein „Plan B" für den Fall vereinbart, dass die Partnerin einmal nicht bei der Rückübergabe anwesend sein könne.*

Neue Partner:innen müssen also nicht per se als Feindbild fungieren, sondern können als Pufferelement hilfreich sein.

## II. Kooperationen

In der Arbeit mit hochstrittigen Eltern können die beteiligten Professionen – also Familiengericht, Jugendamt, Gutachter:in, Verfahrenspfleger:in und Berater:in – schnell an ihre Grenzen kommen, wenn sie nicht hinreichend miteinander kooperieren. Dabei orientieren sich das Kooperationsnetz und die Intensität der Kooperation am jeweiligen Fall: Nicht immer sind alle Kooperationspartner gleichermaßen gefordert.

Die Notwendigkeit der Kooperation entspringt vor allem der Einsicht, dass eine Profession allein nicht alle Bereiche abdecken kann, die zu bearbeiten erforderlich sind. So

- kann das Jugendamt die notwendige Kenntnis des Familiensystems zur Verfügung stellen und Hilfen entsprechend koordinieren,[10]
- kann ein vom Familiengericht beauftragter Gutachter bzw. eine Gutachterin an einem begleiteten Umgang teilnehmen und im weiteren Verlauf die fallzuständigen Berater:innen zu deren Wahrnehmungen bezüglich des begleiteten Umgangs befragen. Dies kann die Grundlage für einen richterlichen Beschluss sein,
- verschafft der Verfahrensbeistand der Stimme des Kindes Gehör und nimmt dessen Interessen vor Gericht wahr,
- sorgen die Berater:innen für eine Gesprächsatmosphäre, die Verletzungen und Ängsten Raum gibt und im idealen Fall Veränderungen und Vereinbarungen ermöglicht, ohne den unmittelbaren Druck, den eine Verhandlung vor Gericht erzeugt,
- kann das Familiengericht aber genau diesen Druck erzeugen, wenn es ohne das nicht vorwärtsgeht.

Die Berater:innen sollten die Möglichkeiten zur Kooperation nutzen. Die Vorteile überwiegen oft den zusätzlichen Aufwand, dessen es bedarf, einen gemeinsamen Termin zu finden.

## 1. Das Jugendamt

Bei einem begleiteten Umgang ist eine wichtige Kooperationsschiene schon gelegt. Das Jugendamt beauftragt einen Träger mit der Durchführung; dafür stellt es die maßgeblichen Informationen zur Verfügung. In einem gemeinsamen Auftaktgespräch wird der Rahmen des begleiteten Umgangs festgelegt; insbesondere dem Erstellen eines Berichtes über den Verlauf der Maßnahme kommt hier unter Umständen eine wichtige Rolle zu. In ihm ist festgehalten, wie der Kontakt zwischen dem Kind und dem umgangsberechtigten Elternteil wahrgenommen wurde, ob die Umgangs- und Beratungstermine verlässlich stattfinden konnten und wie ein nächster Schritt aussehen könnte. Gerade wenn hier Schwierigkeiten auftreten sollten, kann dies das Jugendamt an das Gericht berichten, und zwar ohne spezielle Entbindung von der Schweigepflicht für die Berater:innen. Das Familiengericht hat dann die Möglichkeit, durch entsprechende Entscheidungen zur Klärung beizutragen.

Neben dem zu erstellenden Bericht kann es aber sehr nützlich sein, das Jugendamt schon vorher in die Entwicklung der Maßnahme mit einzubeziehen, gerade wenn Umgangs- und/oder Beratungstermine regelmäßig nicht stattfinden können. Ein schon frühzeitig anberaumtes Krisengespräch kann den Kooperationswillen aller Beteiligten stärken.

10 Weber/Alberstötter, 2022, S. 221–231.

## 2. Das Familiengericht

*Ein Familiengericht forderte das zuständige Jugendamt auf, einen Stufenplan, versehen mit einem Zeitrahmen bis zur Beendigung der Maßnahme, vorzulegen, um diesen in den Gerichtsbeschluss mit aufzunehmen. Das Jugendamt leitete dieses Ansinnen des Gerichtes an die zuständige Beraterin weiter; diese erstellte in Absprache mit den Eltern einen Plan, in dem mit den jeweiligen Daten notiert wurde, wann der begleitete Umgang zu einer begleiteten Übergabe werden sollte, wann im Rahmen dieser begleiteten Übergabe Übernachtungen erlaubt waren und wann die Maßnahme beendet werden sollte.*

In diesem Fall entlastete es die Kindesmutter, denn die Entscheidung wurde ihr vom Familiengericht abgenommen (bei einer zufälligen Begegnung auf der Straße drei Monate nach der Beendigung der Maßnahme erzählte die Kindesmutter der Beraterin, dass die getroffenen Vereinbarungen gut eingehalten würden).

Um noch einmal das Bild vom Fluss aufzugreifen: Das Familiengericht gab sozusagen das Flussbett vor, in dem der Fluss sich zu bewegen habe, insbesondere was Richtung und Geschwindigkeit betrifft, bis das Ziel – Beendigung der Maßnahme – erreicht ist.

## 3. Verfahrensbeistand

Der Verfahrensbeistand mit seinem direkten Draht zum Gericht kann sich von einer neutralen Seite, hier: den Berater:innen, die den begleiteten Umgang verantworten, berichten lassen, wie sich der Kontakt zwischen dem Kind und dem umgangsberechtigten Elternteil entwickelt, also wie das Kind reagiert, wie die Elternteile handeln und wie die Zukunft gestaltet sein kann.

## 3. Gutachter:in

Nicht selten hat das Gericht parallel zum begleiteten Umgang die Erstellung eines Gutachtens – etwa eines zur Erziehungsfähigkeit – in Auftrag gegeben. Gerade in hocheskalierten Elternkonflikten kann ein begleiteter Umgang dazu dienen, den Kontakt zwischen dem Kind und dem umgangsberechtigten Elternteil so lange sicherzustellen, bis auf der Grundlage des Gutachtens das Familiengericht eine Entscheidung treffen kann.

Im Rahmen dieses Auftrages nehmen die Gutachter:innen Kontakt mit den fallverantwortlichen Berater:innen auf. Sie nehmen an einem (oder mehreren) Umgangskontakt teil, um sich einen eigenen Eindruck zu verschaffen, und/oder wollen Informationen darüber, wie sich der begleitete Umgang gestaltet.

Die Eltern sollten darüber im Vorfeld informiert werden, so kann ein vielleicht bereits vorhandenes Vertrauen erhalten bleiben.

Auch empfiehlt es sich, die Gutachter:innen zu bitten, den zuständigen Berater:innen vorab die sie betreffende Passage zum Gegenlesen zukommen zu lassen. Auch Gutachter:innen sind nur Menschen und machen Fehler.

## 4. Kita, Schulen und andere Institutionen

Es ist zu erwarten, dass Kinder, deren Eltern sich hochstrittig miteinander auseinandersetzen, in Kita oder Schule ein verändertes Verhalten zeigen (siehe auch 4. b). Sollte der betreuende Elternteil dies berichten, kann es sinnvoll sein, nach einer entsprechenden Entbindung der Schweigepflicht Kontakt zu der Einrichtung aufzunehmen. Die Berater:innen können sich so direkt berichten lassen, was für ein Verhalten in welchen Situationen das Kind zeigt. Die Berater:innen ihrerseits können etwas zu dem begleiteten Umgang sagen, sodass der Institution eine Einordnung möglich ist.

Tatsächlich kann sich während eines solchen Kontaktes herausstellen, dass das Verhalten des Kindes vielleicht nicht so extrem ist wie von dem Elternteil dargestellt. Oder es können missverständlich weitergegebene Informationen bezüglich des begleiteten Umgangs durch die Berater:innen korrigiert bzw. erläutert werden.

## 5. Therapeut:in des Kindes

Eine Kontaktaufnahme zu der Therapeutin oder dem Therapeuten des Kindes gestaltet sich in der Praxis häufig schwierig.

Völlig zu Recht verweisen die Therapeut:innen auf die Erhaltung des geschützten Raumes, der die Therapie für ein Kind sein soll; besonders dann, wenn es aus einem hochstrittigen Kontext kommt. Denn diese Kinder haben in der Regel bereits die Erfahrung machen müssen, dass ihre Äußerungen, etwa gegenüber einem Verfahrensbeistand oder einer Richterin bzw. einem Richter, im laufenden Verfahren verwendet wurden. Das darf sich in Bezug auf die Therapie auf keinen Fall wiederholen. Es soll also nicht darum gehen, den Eltern Inhalte aus der Therapie des Kindes mitzuteilen, sondern darum, wie sich aus der Sicht der Therapeut:innen die aktuelle Situation auf das Wohl des Kindes auswirkt und was, aus der Sicht der Therapeut:innen, für das Kind hilfreich sein kann.

Vielleicht können sich die Berater:innen mit der Therapeut:innen dahingehend verständigen, dass die Berater:innen in den Gesprächen mit den Eltern nur das an sie weitergeben, was die Therapeut:innen ihrerseits in den Bezugspersonengesprächen mit den Eltern bereits besprochen haben.

# C Begleiteter Umgang mit psychisch kranken Eltern und ihren Kindern

*Anita Plattner*

**Übersicht** Seite



## Vorbemerkungen

Psychisch kranke Eltern und ihre Kinder sind in den letzten 20 Jahren zunehmend in den Blickpunkt der Helfersysteme gerückt.[1] Für einige Krankheiten sind auch genetische Risiken gut belegt – vor allem schwere, chronische Störungen lassen sich zu etwa 50 % durch Vererbung erklären.

Eine psychische Krankheit kann psychosoziale Belastungen auslösen. Umgekehrt werden aber durch psychosoziale Belastungen auch psychische Erkrankungen mitbedingt, da die verantwortlichen Risikogene – soweit vorhanden – erst bei hohem/dauerhaftem Stressniveau aktiviert werden. Zuletzt war während der COVID-Pandemie eine Zunahme von Störungen mit Angstsymptomatik zu beobachten.[2] Neben spezifischer krankheitsbezogener Unterstützung der Eltern und Kinder ist immer auch soziale Unterstützung auf vielfältigen Ebenen notwendig. Dazu gehören nicht zuletzt die Betonung und die Würdigung von Stärken und liebenswürdigen Persönlichkeitsanteilen.

Die „schematische" Einordnung von Klient:innen mit psychischen Krisen und Krankheiten ist nützlich für eine Beurteilung geeigneter Umgangsmodalitäten sowie um eine hilfreiche Prognose für die weitere Entwicklung wie einen möglichen Übergang in unbegleitete Umgänge abgeben und passende Anschlusshilfen empfehlen zu können.[3]

1 Siehe hierzu Lenz, 2005, sowie Mattejat/Lisofsky, 2008.
2 Roth-Sackenheim/Vogel, 2020, S. 29.
3 Ein ausführlicher Überblick zur Erziehungsfähigkeit psychisch kranker Eltern, möglichen Kindeswohlgefährdungen und Hilfen findet sich bei Plattner, 2019b.

## I. Was heißt psychisch krank?

Es gibt eine breite Palette verschiedenster milder oder stärker ausgeprägter psychischer Krisen und Erkrankungen, die eines gemeinsam haben: Betroffene leiden und/oder es leiden die Menschen, die mit ihnen in Kontakt kommen, unter den Auswirkungen der Erkrankung.

Es erweist sich als hilfreich, psychische Störungen mit externalisierendem Charakter von denjenigen mit internalisierendem Charakter grob zu unterscheiden. Externalisierend bedeutet, dass im Verhalten Aggression, Impulsivität und regel- bzw. grenzüberschreitendes Verhalten dominieren. Konflikte werden eher ausagiert. Internalisierend bedeutet, dass das Verhalten zurückgezogen, depressiv, ängstlich und vorsichtig ist. Bei Konflikten kommt es eher zu sozialem Rückzug.

### 1. „Externalisierende" psychische Krankheiten

Zu den in Bezug auf das Kindeswohl wichtigsten Erkrankungen gehören diejenigen aus dem schizophrenen Formenkreis, vor allem die paranoid-halluzinatorische Schizophrenie.

Abhängig vom Alter des Kindes sind in Bezug auf die Erziehungsfähigkeit des betroffenen Elternteils verschiedene Faktoren zu berücksichtigen. Bei Säuglingen kann eine auch körperliche Kindeswohlgefährdung bestehen, insbesondere, wenn die Wahninhalte des kranken Elternteils dem Kind gegenüber feindlich gefärbt sind und wenn der Elternteil keine Krankheitseinsicht zeigt und sich nicht behandeln lassen möchte. In seltenen Fällen kann es dann bei schizophrenen Eltern zu Kindstötungen kommen.

In weniger brisanten Fällen ist davon auszugehen, dass das Kind mit den Verwirrtheitszuständen des jeweiligen Elternteils konfrontiert ist und im Alltag häufiger eine mangelnde Strukturierung vorhanden ist. Es besteht die Gefahr eines Übertrags der ängstigenden Wahninhalte des kranken Elternteils auf das Kind. Vor allem Kinder vor dem siebten Lebensjahr können dabei nicht ausreichend ihre eigene Wahrnehmung von derjenigen des Elternteils trennen. Auch begleitete Umgangskontakte können unter Umständen für das Kind belastend sein, wenn der Elternteil sich in einer akuten Krankheitsphase befindet.

Bei manisch-depressiven Eltern kommt es vor allem bei häufigen manischen Phasen des Elternteils ebenfalls zu einer Verwirrung der Kinder. Manisch Erkrankte können sich in das Kind nicht einfühlen, sondern hetzen von einer Aktivität zur nächsten und von einem Ort zum anderen. Die Manie bringt auch eine große Gereiztheit und (verbale) Impulsivität/Aggressivität mit sich, sodass die Kinder wüsten Beschimpfungen des Elternteils und manchmal auch körperlichen Übergriffen ausgesetzt sein können. Problematisch ist es, dass die Eltern zu Beginn einer manischen Phase oft die verordneten Medikamente absetzen, da sie sich für völlig gesund halten.

Hierdurch entstehen hohe Anforderungen zunächst auch an die Umgangsbegleiter:innen. Das Anbringen von Kritik kann rasch eskalieren. Klare, zu Beginn kommunizierte Regeln und Abläufe sind neben dem üblichen Bewahren von Ruhe und Empathie besonders wichtig.

Eine Schizophrenie kann auch mit eher internalisierenden Auffälligkeiten einhergehen, so kommt es etwa beim Abklingen der Akutsymptomatik bei einigen Patient:innen zu einer ausgeprägten Negativsymptomatik mit Apathie und sozialem Rückzug und es gibt Erkrankungen aus dem schizophrenen Formenkreis, die vorwiegend durch eine Negativsymptomatik charakterisiert sind.

## 2. „Internalisierende" psychische Krankheiten

Zu den sogenannten internalisierenden psychischen Krankheiten gehören **Depressionen**, soweit sie nicht mit Aggression verbunden sind. Depressionen können zwar auch mit nach außen gerichteten Aggressionen verbunden sein, in Form von Neigung zu Kritik, Ironie, Sarkasmus und Streitsucht, was sich auf die Kinder herabwürdigend und seelisch verletzend auswirkt. In der Regel herrschen aber nach innen gerichtete Aggressionen vor. Bei akuten nachgeburtlichen Depressionen, die mit oder ohne Psychose auftreten können, kann es wichtig sein, das Kind vorübergehend aus der Familie zu nehmen.

Depressionen tragen von allen psychischen Erkrankungen das mit Abstand höchste Suizidrisiko. Eine entsprechende Abklärung durch Psychiater:innen ist daher unbedingt notwendig, sobald ein begleiteter Umgang in unbegleitete Kontakte übergeleitet werden soll. Auch wenn dies insgesamt ausgesprochen selten ist, besteht bei einer schweren Depression zudem die Gefahr eines erweiterten Suizids. Auch hier besteht bei einer Depression das höchste Risiko.

Menschen mit **Angststörungen** kommen im Kontext des begleiteten Umgangs in der Praxis öfter vor. Auch diese Ängste übertragen sich auf die Kinder, beispielsweise wenn im Rahmen eines begleiteten Umgangs ein Kontakt wieder angebahnt werden soll. Die Kinder zeigen dann Trennungsängste, die bei jüngeren Kindern mit heftigem Weinen und Panik einhergehen können. Günstig ist dann eine Unterstützung des hauptbetreuenden Elternteils, in Gespräche mit ihm sollten auch unterstützende Bezugspersonen wie Partner:innen, Geschwister oder Eltern einbezogen werden, um das Zutrauen des Elternteils in sich selbst sowie in die Fachkraft zu stärken.

Für das Kind ist es wichtig, zu lernen, dass keine Gefahr droht. Werden Zeichen von Panik bemerkt, sollte es in einem Nebenraum beruhigt werden, dann sollte jedoch unmittelbar ein neuer Kontaktversuch gemacht werden.

Dieses Vorgehen ist natürlich nicht zu empfehlen, wenn das Kind durch das Miterleben von häuslicher Gewalt oder eigenen Gewalterlebnissen tatsächlich traumatisiert ist. Dies sollte im Zweifel bei einer geeigneten kinder- und jugendpsychiatrischen Fachstelle abgeklärt werden.

Bei internalisierenden Symptombildern ist ein eher aktivierendes und ermutigendes Vorgehen von Umgangsbegleiter:innen hilfreich, es muss aber bei schwerer Passivität des Elternteils darauf geachtet werden, dass durch zu lange Umgangstermine der Elternteil und das Kind hierdurch nicht zu stark belastet werden.

## 3. Risikogruppe Säuglinge

Das Risiko einer Kindstötung ist im ersten Lebensjahr eines Kindes am höchsten, was bei den schwereren Ausprägungen einer psychischen Erkrankung gegen unbegleitete Umgangskontakte spricht.

Säuglinge sind aber auch im Bereich der zuverlässigen Beaufsichtigung und Versorgung sowie im seelischen Bereich besonders verletzlich.

Die Bindungsentwicklung zwischen Mutter und Kind entwickelt sich in der Schwangerschaft und nach der Geburt kontinuierlich und ist im Kern ab dem Alter von etwa zweieinhalb Jahren abgeschlossen. Die soziale Selbstständigkeit des Kindes beginnt ab dieser Zeit, eine soziale Kompetenz im engeren Sinn entwickelt sich sprunghaft ab dem Alter von sechs bis sieben Jahren weiter. Die Bindungsentwicklung betrifft auch Väter, bei Säuglingen und Kleinkindern umso stärker, je mehr sie in die Versorgung wichtiger, auch körperlicher Bedürfnisse des Kindes einbezogen sind.

Ist ein Kleinkind, vor allem aber ein Säugling mit einem psychisch kranken Elternteil konfrontiert, ist die Bindungsentwicklung, also das Erleben von Vertrauen zu dem Elternteil und in die Umwelt insgesamt, bedroht.

Eine starre und/oder traurige oder bedrohliche Mimik und Körpersprache des Elternteils – wie bei einer Depression oder Schizophrenie der Fall – verhindert, dass der Säugling Blickkontakte aufnimmt und sich die notwendigen spielerischen und emotional zugewandten Kontakte zwischen Elternteil und Kind entwickeln.[4] Die Kinder entwickeln in der Folge häufig selbst eine zurückhaltende Emotionalität, die beim Kind zu der Entwicklung einer Depression führen kann.

Mangelnder oder fehlender Blickkontakt, Angstzeichen beim Kind wie rasches Atmen oder Augenaufreißen, Erstarren bzw. Versteifung des kindlichen Körpers oder aktives Abwenden des Kindes sind in jedem Fall Warnzeichen, die genauer betrachtet werden müssen. Je nach Ausprägung der Symptomatik gilt es im Rahmen der Umgangskontakte, aktivierende Handlungen und emotionalen Austausch zwischen Bezugsperson und Kind anzuregen, die Umgangskontakte kurz zu gestalten oder gegebenenfalls auch auszusetzen.

## II. Exkurs: Übertragung von Ängsten von umgangsbegleitenden Personen oder Pflegeeltern auf die Kinder

In der Praxis fällt es auf, dass umgangsbegleitende Personen oder Pflegeeltern bei Säuglingen und Kleinkindern von Abwehr- bzw. Belastungsreaktionen während eines begleiteten Umgangs berichten. Pflegeeltern oder auch Heimpersonal schildern auch häufig psychosomatische oder emotionale Auffälligkeiten der Kinder nach den Umgangsterminen, wie Einnässen, Einkoten oder Ein- und Durchschlafschwierigkeiten. Hierzu ist auszuführen, dass in der Praxis in diesen Fällen immer wieder einmal zu beobachten ist, dass es zu einem Übertrag der Ängste der genannten Personen auf das Kind kommt und die kindlichen Auffälligkeiten hiermit zusammenhängen.

Dies ist insbesondere dann der Fall, wenn es – auch in Abwesenheit des Kindes – im Vorfeld zu Spannungen zwischen dem Elternteil und den genannten Fachpersonen gekommen ist.

Woran lässt es sich unterscheiden, ob ein Kind so einem Einfluss unterliegt oder ob es tatsächlich mit Auffälligkeiten auf den Elternteil reagiert? Lächelt das Kind den Elternteil zur Begrüßung an und kooperiert es nach anfänglicher Scheu gegenüber dem Elternteil in

4 Siehe Papousek et al., 2004, S. 77 ff.

Form eines gemeinsamen Spiels, ist von einer zumindest teilweise vertrauensvollen Basis beim Kind auszugehen. Die Umgangsbegleiter:innen sollten auch prüfen, ob eine aufmunternde Interaktion mit dem Elternteil und eine dadurch einsetzende Entspannung des Elternteils und des Kindes den Kontakt günstig beeinflusst oder nicht. Bei einer maßgeblich gestörten Bindung/Beziehung wird die Aufmunterung keinen Erfolg zeigen.

## III. Exkurs: Parentifizierung

Eine Eltern-Kind-Beziehung kann besonders vertraut und emotional warm erscheinen, da das Kind den Elternteil emotional unterstützen möchte und der Elternteil diese Zuwendung besonders braucht. Es kommt zu einer nicht altersentsprechenden Verschiebung der Verantwortungsübernahme vom Elternteil auf das Kind, einer sogenannten Parentifizierung. Die Kinder übernehmen im Rahmen einer sogenannten instrumentellen Parentifizierung Aufgaben der Eltern, d.h. bei der Organisation des Haushalts, z.B. Einkaufen, Saubermachen und Wäschewaschen.

Schwerwiegendere Folgen hat jedoch eine „seelische Parentifizierung" – hier unterstützen die Kinder ihre Eltern in emotionaler Hinsicht, indem sie versuchen, die Eltern aufzumuntern. Diese Kinder sprechen auch mit anderen Menschen tunlichst nicht über die Belastungen durch ihre Eltern, um das System Familie aufrechtzuerhalten. Wissenschaftliche Untersuchungen zeigen, dass diese internalisierende Überanpassung ein Risikofaktor für eine gesunde seelische Entwicklung ist.[5]

Die seelische Parentifizierung kann im Rahmen begleiteter Umgangskontakte reaktiviert werden. Dies ist insbesondere dann der Fall, wenn der Elternteil es nicht unterdrücken kann, das Ausmaß seiner Belastung dem Kind gegenüber immer wieder zu zeigen, indem er z.B. oft weint und klagt oder das Kind aufgrund der eigenen Belastung häufig kritisiert. Eine längerfristige Begleitung kann für das Kindeswohl notwendig sein.

## V. Eltern mit Persönlichkeitsakzentuierungen und -störungen

Bei den deutschen Familiengerichten dauern etwa 24,9 % der Scheidungsverfahren länger als zwölf Monate (im Mittel sechs Monate), sodass in vielen dieser Fälle von einer überdurchschnittlichen Konflikthaftigkeit auszugehen ist. Es ist anzunehmen, dass Persönlichkeitsstörungen, deren Häufigkeit bei ca. 10 % liegt, hierbei eine Rolle spielen, auch wenn hierzu keine Statistiken vorliegen.[6]

Bei begleitetem Umgang wegen Kindeswohlgefährdungen, aber auch aufgrund von Hochstrittigkeit der Eltern spielen Persönlichkeitsstörungen und erfahrungsgemäß auch milder ausgeprägte Persönlichkeitsakzentuierungen eine große Rolle. Gerade bei hochstrittigen Eltern sind die Auffälligkeiten der Persönlichkeit oft nicht diagnostiziert. Persönlichkeitsakzentuierungen können sich unter der Streitigkeit verschärfen sowie später wieder abmildern.[7]

---

5 Siehe Plass et al., 2011, S. 247 ff.

6 Siehe Sonderauswertung des Statistischen Bundesamts zur Familiengerichtsstatistik 2018, S. 42.

7 Siehe Lenzenweger, 2004, S. 1021.

Auch hier lassen sich grob externalisierende von internalisierenden Symptombildern unterscheiden: Externalisierende Symptombilder finden sich im sogenannten Cluster B, hierzu gehören die histrionische, narzisstische, antisoziale und die Borderline-Persönlichkeitsstörung. Zu den internalisierenden Symptombildern in Cluster C gehören die ängstlich-vermeidenden, dependenten und zwanghaften Persönlichkeiten. Unterschieden wird noch das Cluster A mit misstrauischen, paranoiden Symptombildern. Hierbei bestehen große Ähnlichkeiten zu den Schizophrenien, weswegen im Folgenden hierauf nicht gesondert eingegangen wird.

## 1. Externalisierende Persönlichkeitsauffälligkeiten

Besonders hohe Anforderungen an die Interaktion mit den Eltern – von Seiten der Kinder und von Seiten der beteiligten Fachkräfte – stellen externalisierende Persönlichkeitsakzentuierungen.

Diese Persönlichkeiten zeigen eine erhöhte Kränkbarkeit sowie eine Tendenz zu übermäßiger Idealisierung oder Abwertung des Gegenübers, z.B. des Partners oder des Kindes. Zugrunde liegt eine Abspaltung eigener „böser" oder „schwacher" Persönlichkeitsanteile. Soweit möglich wird die eigene Person als ausschließlich „gut" oder „stark" wahrgenommen. Bei der Konfrontation mit eigenen unerwünschten Anteilen wird die Person von diesen „überschwemmt" und reagiert entweder mit extremer Angst oder extremer Wut.[8] Solange der Leidensdruck der Person noch nicht groß genug ist, steht die Wut meist im Vordergrund.

Histrioniker:innen, Narzisst:innen und Borderliner:innen haben ein übergroßes Bedürfnis an „unkritischer" und symbiotischer Zuwendung. Aus diesem Grund gelingt die Beziehung zwischen den betroffenen Eltern und ihren Babys manchmal zunächst gut, gerade bei den noch nicht krankheitswertigen Persönlichkeitsakzentuierungen. Säuglinge lieben ihre Eltern bedingungslos, sind von diesen abhängig und üben keine Kritik. Mit zunehmender Selbstständigkeitsentwicklung des Kindes, spätestens ab der (Vor-)Pubertät, kommt es zu größeren Konflikten zwischen Eltern und Kindern. Der Elternteil wertet das Kind ab, wenn es abweichende Meinungen oder Verhaltensweisen äußert. Wegen des übergroßen Beziehungsbedürfnisses der betroffenen Eltern kann es dazu kommen, dass die Kinder Kindergarten und Schule wechseln oder in der Schule häufig krankgeschrieben werden.

Die Eltern wenden in der Kommunikation mit ihrem Kind, aber auch mit anderen Personen Manipulation an, da sie abweichende Meinungen und Verhaltensweisen als bedrohlich erleben und durch unbewusste Manipulationen und Erpressungen das von ihnen Gewünschte zu erreichen versuchen. Das „Bauchgefühl" der Fachkräfte meldet sich dann und signalisiert, dass irgendetwas an der Kommunikation nicht in Ordnung ist. Die Botschaft, die wesentlich durch die Körpersprache wie Nahetreten, Fixieren mit Blicken, laute Stimme transportiert wird, lautet bei genauerer Betrachtung z.B.: „Ich habe nur zu Ihnen Vertrauen, alle anderen wollen mir nur schaden. Daher können und müssen Sie mir helfen, sonst bin ich verloren und Sie sind schuld."

8 Siehe Sendera/Sendera, 2010, S. 44 ff.

Im Folgenden betrachten wir die verschiedenen Ebenen der Kommunikation nach dem Kommunikationsmodell von *Schulz von Thun*[9]:

Sachinhalt der Botschaft:

> „Ich habe nur Vertrauen zu Ihnen, alle anderen bisher wollten mir schaden oder waren inkompetent."

Appell (Absicht):

> „Jetzt müssen Sie (sofort) alles für mich tun, das in Ihrer Macht steht."

Beziehungshinweis:

> „Sonst bin ich verloren und Sie sind schuld."

Selbstoffenbarung (nicht sprachliche Triebe, Werte, Emotionen):

> laute Stimme (oder erpresserisches Weinen), Fixieren mit Blicken, aggressive Körperhaltung, Elternteil tritt sehr nahe.

Hier ist zu klären, wie der Arbeitsauftrag von Professionellen lautet, z.B.: „Meine Aufgabe ist es, eine Lösung zu finden, die für Sie und Ihren Sohn am besten ist. Ich kann Ihnen nicht versprechen, dass die Lösung so ausfallen wird, wie Sie es wünschen. Ich bin aber dazu bereit, Ihnen zuzuhören. Ich denke, wir brauchen noch etwas Zeit. Als Nächstes wäre es wichtig, dass ich mit XY (dem Sohn? den Kolleg:innen?) sprechen kann. Dann rufe ich Sie wieder an."

Ein wichtiger Grundsatz für die Arbeit mit manipulativen Klienten ist es, sich mit anderen Professionellen und/oder dem Team abzusprechen, da es häufig zu Spaltungen des Teams mit sich widersprechenden Einschätzungen kommt, da die Kommunikationsstile der betroffenen Eltern oftmals den wundesten Punkt von Menschen in „Helferberufen" treffen, nämlich die Hilfsbereitschaft.[10] Das professionelle und zielführende Handeln kann dann beschädigt werden, zuungunsten der seelischen Stabilität des Kindes, der Professionellen und letztlich auch der Eltern.

Bei **antisozial getönten Persönlichkeiten** ist eine sorgfältige Dokumentation des Vorgehens besonders wichtig, da diese Personen dazu neigen, den Professionellen inhaltlich inkorrektes Verhalten nachzuweisen, wenn der Verlauf nicht der gewünschte ist.

## 2. Internalisierende Persönlichkeitsauffälligkeiten

Betreffend die **ängstlich-vermeidende Persönlichkeit** treffen die obigen Ausführungen zu Eltern mit Angststörungen ebenfalls zu.

Bei der **dependenten Persönlichkeit** handelt es sich um Menschen, die stets um positive Rückmeldungen des Gegenübers bemüht sind und sich daher oft unterwürfig verhalten. Es ist insofern Vorsicht geboten, da ein solcher Elternteil sich – außer an die Vereinbarungen mit Professionellen – noch stärker an die Einflüsse von Partner:innen, Großeltern etc. hält, da er von diesen Personen emotional abhängt. Bei entsprechend ungünstigen Einflüs-

9 Das Modell wird ausführlich dargestellt in Schulz von Thun, 2011.

10 Siehe Theorie des „hilflosen Helfers" nach Schmidbauer, 2013.

sen dominanter Sozialpartner:innen kann es dazu kommen, dass der dependente Elternteil das Kind nicht vor schädlichen, kindeswohlgefährdenden Verhaltensweisen Dritter schützen kann.

**Zwanghafte Persönlichkeiten** legen großen Wert auf Regeln und hinterfragen mündlich oder per E-Mail/WhatsApp viele einzelne Punkte in der Kommunikation mit Professionellen. Dahinter steht das Bedürfnis, die Umwelt unter Kontrolle zu behalten, und es entsteht starke Angst, wenn das nicht der Fall ist. Transparenz und eindeutiges Erklären und Erläutern des Vorgehens und der Prognose sind hier besonders wichtig, ebenso wie emotionale Beruhigung.

## VI. Arbeit mit psychisch kranken Eltern

Häufig kommt es bei psychisch kranken Eltern zusätzlich zu der Erkrankung zu starken Stressreaktionen. Bedrohungen der ohnehin brüchig erlebten Eltern-Kind-Beziehungen werden bei den Eltern leicht zu „lebensbedrohlich" eingestuften Gefahren. Die Eltern werden – auch krankheitsbedingt – von Ängsten überschwemmt, welche logische Denkvorgänge und das Abwägen von Für und Wider zumindest vorübergehend hemmen. Aus biologischer Sicht wird dadurch ein Stress-System aktiviert, das den Organismus entweder auf Erstarren, Flucht oder auf Kampf „programmiert".

Erstarren oder Flucht ist bei den eher internalisierenden Symptombildern zu erwarten. Bei diesen Klient:innen, also solchen mit ängstlichen, dependenten oder depressiven Symptomen, kann ein eher aktives und direktives Vorgehen von Berater:innen hilfreich sein. Diese Menschen brauchen eine aktive Unterstützung und profitieren beispielsweise davon, dass sie von Angehörigen oder Bekannten zu Terminen begleitet werden. Die internalisierende Symptomatik führt ansonsten dazu, dass starke Hemmungen bestehen, welche die Regelmäßigkeit der Wahrnehmung von Umgangs- oder Beratungsterminen behindern oder verunmöglichen.

Kommt es in Zusammenhang mit externalisierenden Symptombildern vermehrt zu **Wut und Aggressionen**, können bei der Kommunikation und Beratung psychisch kranker Eltern deeskalierende Gesprächstechniken bei den Eltern – je nach Art ihrer psychischen Erkrankung – eingesetzt werden.[11]

Folgende Punkte sind zusammenfassend bei Gesprächen mit psychisch kranken Eltern zu beachten:

- **Sorgfältige inhaltliche und emotionale Vorbereitung auf das Gespräch**

  Inhaltlich ist es oft nützlich, sich auf einen wichtigsten Punkt oder möglichst wenige Inhalte zu konzentrieren, die es zu klären gilt. Am besten diese Punkte zum eigenen Gebrauch vorher schriftlich fixieren. Emotional ist es wichtig, sich vor dem Gespräch zu entspannen und mögliche Vorbehalte gegen den Elternteil, ausgelöst durch Akteninhalte oder durch Informationen von Kolleg:innen, als „nicht eigene Erfahrungen" bewusst zu machen. Eigene Erwartungen an das Gespräch sollten reflektiert und mög-

11 Überblick über deeskalierende Gesprächstechniken bei Bärsch/Rohde, 2008.

lichst heruntergeschraubt werden. Dies begünstigt eine wertfreie Geisteshaltung, die wesentlich zum Gelingen der Kommunikation beitragen dürfte.

- **Ressourcen und Stärken des Elternteils und des Kindes benennen und das Gespräch damit beginnen**

  Auch aktuell oder längerfristig nicht ausreichend erziehungsfähige Eltern lieben in fast allen Fällen ihre Kinder. Andere Eltern verhalten sich überstimulierend oder überfürsorglich mit ihrem Baby. Auch hinter diesem Verhalten steckt eine gute Absicht, auch wenn das Ergebnis nicht das erwünschte ist. Das Ansprechen dieser elterlichen Stärken erleichtert erfahrungsgemäß den Einstieg ins Gespräch und erlaubt es, die Eltern „ins Boot" zu holen.

- **Problematische Verhaltensweisen benennen, aber nicht bewerten**

  Hierbei ist es günstiger, erwünschte Verhaltensweisen zu benennen, als sich zu sehr auf die unerwünschten Verhaltensweisen zu konzentrieren. Der Elternteil weiß dann genau, was zu tun ist, und kann das unerwünschte Verhalten sinnvoll „ersetzen". Nennt man lediglich die problematischen Verhaltensweisen, entsteht Abwehr und es kann sein, dass der Elternteil „aussteigt". Zudem wissen die Betroffenen zwar, was sie nicht tun sollen, jedoch nicht, was sie tun sollen. Am besten ist es sicherlich, gemeinsam mit dem Elternteil eine günstige Problemlösung in Bezug auf die betroffene Situation zu erarbeiten. Hierbei kann die bzw. der Professionelle Lösungsvorschläge machen.

- **Die Gesundheitsüberzeugung des psychisch kranken Elternteils akzeptieren**

  Insbesondere bei an schizophrenen bzw. paranoiden Erkrankungen leidenden Eltern können wahnhafte Überzeugungen (z.B. „Ich darf kein Leitungswasser trinken, es ist sicher vergiftet") nicht durch Gegenargumente entkräftet werden. Psychiatrische Diagnosen sollten nur dann angesprochen werden, wenn der Elternteil diesbezüglich reflexionsbereit ist. Vermutungen über Diagnosen sollten nicht geäußert werden und auch nicht ohne Rücksprache mit Ärzt:innen oder Psycholog:innen von Kolleg:innen übernommen werden. Ebenso sollten keine voreiligen Behandlungsratschläge erteilt werden.

Kommt es im Verlauf des Gesprächs zu **Wut und Aggressionen** Ihres Gegenübers und werden Sie selbst dadurch emotional aufgewühlt, kann es sinnvoll sein, das Gespräch zu unterbrechen. Verlassen Sie den Raum für ca. fünf Minuten. Kündigen Sie vorher an, dass Sie – nach fünf Minuten – zurückkommen werden. Atmen Sie tief durch und entspannen Sie sich. Führen Sie dann das Gespräch weiter. Nützt auch das nichts, kann es sinnvoll sein, die Fortsetzung des Gesprächs auf einen anderen Termin zu verlegen.

Bei **hochstrittigen Eltern** wird statt einer gemeinsamen Beratung eine **Einzelberatung** der Eltern empfohlen.[12] Bei auffälligen Persönlichkeiten ist zudem Psychotherapie zu empfehlen.

Bei **medikamentenpflichtigen Eltern** mit schwereren psychischen Erkrankungen hat es sich bewährt, dass der Elternteil in Absprache mit behandelnden Psychiater:innen zu Beginn des begleiteten Umgangs eine schriftliche Bescheinigung der Psychiater:in übergibt,

12 Siehe Fichtner et al., 2010, S. 10.

dass der Spiegel der **Psychopharmaka** im therapeutischen Bereich liegt. Dies verhindert, dass Symptome während des Umgangs eskalieren können, und sichert unter Umständen zugleich eine regelmäßige Vorstellung des psychiatrischen Elternteils.

Aus demselben Grund sind Informationen zu den hier skizzierten Themen für die in den Bereichen Jugendhilfe und Familienrecht tätigen Berufsgruppen von großer praktischer Relevanz. Dies erfordert Fortbildungen und interdisziplinäre Zusammenarbeit für Fachkräfte aus den Bereichen Sozialpädagogik, Erziehung, Psychotherapie, Geburtshilfe, Kinderkrankenpflege, Psychiatrie und gerichtsnaher Berufsgruppen.

## VII. Weitere Hilfemöglichkeiten für Eltern und Kinder

Generell kann festgestellt werden, dass begleiteter Umgang in der Praxis der Jugendhilfe üblicherweise **zeitlich auf ein halbes Jahr begrenzt** wird, jedoch dies nicht immer dem Bedarf psychisch kranker Eltern und deren Kinder entspricht. Je nach Krankheitsbild, Schwere und Verlauf kann eine Begleitung über einen teilweise deutlich längeren Zeitraum erforderlich sein.

Studien zeigen, dass psychisch kranke Eltern von **Gruppenangeboten** zur Verbesserung ihrer Erziehungsfähigkeit profitieren können. Hierzu gehören Programme, welche direkt auf bestimmte elterliche Erziehungskompetenzen abzielen, wie Triple-P. [13] Zur Stärkung der Eltern-Kind-Beziehung ist die von *Lenz* entwickelte Intervention zur Mentalisierungsfähigkeit der Eltern[14] von großer Relevanz. Es geht dabei um die Fähigkeit, die eigenen Gedanken, Gefühle, Bedürfnisse und Überzeugungen zu verstehen und damit auch das Verständnis und die Feinfühligkeit für die Gedanken, Gefühle, Bedürfnisse und Überzeugungen der Kinder im Besonderen und anderer Personen im Allgemeinen zu verbessern.

Für Kinder ist eine altersgemäße **Psychoedukation** – also aufklärende und unterstützende Gespräche über das Krankheitsbild des Elternteils – wichtig, um diffuse Krankheitsvorstellungen und diesbezügliche Befürchtungen zu klären. Ein informatives Gespräch über die Erkrankung vermittelt Hoffnung und positive Zukunftserwartungen, fördert ein Gefühl der Kontrolle und Selbstwirksamkeit und gewährt Einsichten in problematische Erklärungszusammenhänge. Hilfreiche Materialien finden sich hierzu bei *Lenz*[15]. Erziehungsberatungsstellen und verschiedene Träger bieten für Kinder psychisch kranker Eltern psychoedukative Gruppen an.

Des Weiteren können niedergelassene Kinder- und Jugendpsychiater:innen sowie Kinder- und Jugendlichenpsychotherapeut:innen im Rahmen des Beratungsprogramms für Kinder kranker Eltern, ohne eine formale Psychotherapie zu beantragen, bis zu acht **Beratungsstunden** für psychisch kranke Eltern und ihre Kinder anbieten und (leider nicht mit allen Krankenversicherungen) abrechnen.[16] Dies ist ein für alle Kinder psychisch kranker Eltern unterstützendes Angebot.

13 Siehe Propp et al., 2013, S. 123.
14 Siehe Lenz, 2021; Lenz et al., 2016.
15 Siehe Lenz, 2010.
16 Siehe Kassenärztliche Vereinigung Bayern, www.kvb.de/abrechnung/verguetungsvertraege/kinder-kranker-eltern (Abruf: 25.3.2023).

Vor allem für Kinder mit schwer psychisch kranken Eltern sollte eine kinder- und **jugendpsychiatrische Beratung** vor Eintritt in die Pubertät in Anspruch genommen werden, da sie ein genetisch erhöhtes Risiko tragen, selbst zu erkranken. Hierüber sollten die Kinder etwa ab dem Alter von zehn bis zwölf Jahren aufgeklärt werden. Die Kinder suchen oft selbst im Internet Informationen dazu, die aber katastrophisierenden Inhalt haben können und eine entsprechende Verarbeitung bei den Kindern auslöst. Ferner ist eine Anbindung im seelisch stabilen Status besonders günstig, um für den Fall einer eigenen Erkrankung auf ein bereits etabliertes Vertrauensverhältnis zurückgreifen zu können (Broschüren für die Psychoedukation mit Jugendlichen finden sich unter http://bag-kipe.de/eltern-und-kinder/).

Psychotherapeutische Anbindung ist sowohl für die Kinder als auch für die Eltern dringend zu empfehlen. Bei fremduntergebrachten Kindern reicht auch eine hochqualifizierte Betreuung in einer Einrichtung dafür oft nicht aus. Bei Eltern mit Persönlichkeitsstörungen gibt es spezialisierte therapeutische Angebote, wie ebenfalls Mentalisierungsbasierte Psychotherapie (MBT) oder die Dialektisch-Behavoriale Therapie (DBT). Beides begünstigt die Introspektionsfähigkeit, den Umgang mit Gefühlen und eine Verbesserung der Empathiefähigkeit.

Besonders empfehlenswert für alle mit psychisch kranken Eltern und ihren Kindern befassten Berufsgruppen ist eine Ausbildung im Bereich der Interaktionsbeobachtungen. Die in Finnland entwickelte Weiterentwicklung der Marschak-Interaktionsmethode (MIM/D-EIS)[17] ermöglicht eine detaillierte standardisierte Erfassung der Interaktion und erstmalig auch eine Identifikation der überangepassten, parentifizierten Kinder, die ansonsten durch ihre „Unauffälligkeit" besonders schwer erkannt werden.

Im Jugendhilfebereich etablieren sich erfreulicherweise zunehmend spezifische Unterstützungsangebote für **ambulante familiäre Hilfen**, wie z.B. die sozialpädagogische Familienhilfe von AMSOC in Berlin oder das umfassendere Unterstützungsangebot SwiM in München.

Besonders gerne werden von psychisch kranken Eltern **Patenschaftsprogramme** in Anspruch genommen, die mit Ehrenamtlichen arbeiten. Das Programm beinhaltet wöchentliche Treffen zwischen Pat:in und Kind und dass der/die Pat:in das Kind bei Bedarf auch wochenweise aufnimmt. Die Familie muss für diese Programme nicht über die Jugendhilfe angebunden sein. Da viele betroffene Eltern fürchten, dass ihnen die Kinder „weggenommen werden", genießt dieses niederschwellige Programm ein höheres Vertrauen.

17 Siehe (MIM/D-EIS), deutsche Version des Handbuchs von Plattner, 2019a.

# D Familien mit Migrationsbiografie – Das Dilemma der Kulturalisierung

*Odete Cortiço*

**Übersicht** Seite



## Einleitung

Was ist die Besonderheit der Beratungsarbeit im Rahmen des begleiteten Umgangs mit Menschen mit Migrationsbiografie? Es geht nicht darum, spezielle Arbeitsmethoden zu entwickeln, es geht vielmehr darum, sowohl die spezifische Lebenssituation und die damit verbundenen Herausforderungen und Konfliktthemen zu kennen als auch sich als Fachkraft der eigenen Prägung mit all ihren Vorurteilen und Stereotypen bewusst zu werden, „damit diese das professionelle Vorgehen und Handeln nicht auf subtile Weise beeinflussen können"[1]. Diese Bewusstwerdung ermöglicht den Berater:innen, eine diversitätssensible, vorurteilsbewusste und rassismuskritische Haltung einzunehmen. Dies schafft die Voraussetzung für einen differenzierten professionellen Umgang mit den Themen „Kultur" und „Herkunft", die weder komplett außer Acht gelassen noch als determinierend für alle Probleme und Konflikte betrachtet werden sollen.

Die Familien werden häufig an den Verband binationaler Familien und Partnerschaften verwiesen mit der Erwartung, dass die Berater:innen sowohl viele Sprachen sprechen als auch mit vielen „Herkunftskulturen" vertraut sind.[2] Die Annahme und die Erwartung, dieses Wissen und diese Erfahrung seien von Vorteil, gründen auf dem Fokus des Andersseins und des Fremden. Die wertschätzende und respektvolle Begegnung mit den individuellen Ratsuchenden erfordert immer von den Berater:innen ein vorurteilsbewusstes Handeln und ein Bewusstsein für mögliche Kulturfallen. „Basis des beraterischen Vorgehens ist eine therapeutische Haltung der Offenheit und des Respektes, insbesondere auch gegenüber Sichtweisen und Wertvorstellungen, die von den eigenen divergieren. Dazu gehört einerseits die Reflexion der eigenen kulturellen Geprägtheit, andererseits die Bereitschaft, die Sichtweisen der Ratsuchenden individuell zu erfragen, um kulturelle Stereotypisierungen zu vermeiden. Der Faktor Kultur darf weder über- noch unterbewertet sein, wobei die Vielschichtigkeit und Dynamik einer jeden Kultur zu beachten ist. Aspekte wie Bildungsstand, soziale Situation und der Unterschied zwischen städtischer oder ländlicher Herkunft sagen mehr aus als die bloße nationale Herkunft. Mit Recht reagieren viele Ratsuchende sehr abwehrend, wenn sie das Gefühl haben, in klischeehafter Weise wahrgenommen zu werden."[3]

Wir stehen vor dem Dilemma der Kulturalisierung, das nicht aufzulösen ist. Über „Herkunft" oder über „Kultur" zu sprechen, egal wie differenziert wir es tun, birgt immer die Gefahr der Reproduzierung von Stereotypen und Rassismus. Der Begriff „Kultur" bezieht sich oft auf nationale Zugehörigkeit und auf religiöse Orientierung. Die Fixierung auf diese Aspekte lässt oftmals die ebenso wichtigen und prägenden Aspekte wie individuelle Biografie, Milieuzugehörigkeit oder geschlechtsspezifische Sozialisation außer Acht. Begriffe wie „Migrationshintergrund" oder „Kultur" fördern das Schubladendenken und den Prozess des *Otherings*, der Konstruktion von „Wir und die Anderen".

> „Mit dem *Othering* geht ein Verlust von Individualität einher. Die Norm hat nicht nur das Privileg der Zugehörigkeit, sondern auch das Privileg, ein Individuum sein zu dürfen. Nicht in Sippenhaft genommen zu werden."[4]

Trotz des Dilemmas der Kulturalisierung befasst sich der weitere Beitrag gezielt mit der Frage, wo „Kultur" und „Herkunft" eine Rolle spielen, wo dies zu hinterfragen ist und wie damit gearbeitet werden kann.

1 Abdallah-Steinkopff, 2018, S. 105.

2 Im weiteren Text wird der Verband binationaler Familien und Partnerschaften als Verband oder Verband binationaler Familien genannt.

3 Dorsch, in: Verband binationaler Familien (Hrsg.), 2008, S. 53.

4 Ogette, 2022, S. 108.

Der Anteil der Menschen mit Migrationsbiografie in Deutschland nimmt stetig zu. Auch im Bereich begleiteter Umgang steigt der Bedarf an diversitätssensibler Beratung, die sowohl die Migrationsgeschichte der Ratsuchenden, ihre aktuelle Lebenssituation in Deutschland, ihre Erfahrungen von Benachteiligungen und Diskriminierung als auch ihre individuelle Lebenserfahrung berücksichtigt und reflektiert. Zugewanderte Eltern sind oft multiplen Stressoren und großen Herausforderungen ausgesetzt. Daraus resultierende psychische Belastungen können dazu führen, dass die Eltern sich in ihren Erziehungsaufgaben massiv überlastet fühlen. Trennung und Scheidung kommen als zusätzliche Belastungen hinzu. „Die Eltern zeigen sich oft unsicher und hilflos, mit der schwierigen Trennungssituation umzugehen. Sie benötigen selbst viel Raum und Unterstützung.“[5] Die Interessen und Bedürfnisse des Kindes werden oft vernachlässigt oder übersehen. Dadurch können vielschichtige negative Folgen entstehen. Der begleitete Umgang ist eine kindzentrierte Maßnahme, die das Kind, trotz aller Probleme der Eltern, immer in den Mittelpunkt stellt.

Dieses Kapitel erläutert und reflektiert anhand von Beispielen aus der Praxis den Arbeitsansatz, Interventionsmöglichkeiten und die Haltung der Berater:innen. Die vorgestellte Herangehensweise basiert auf der Auswertung und Reflexion der langjährigen Erfahrung im Verband binationaler Familien Regionalstelle München. Der Gesamtprozess des begleiteten Umgangs und viele kindzentrierte Interventionen, wie z.B. die Vorbereitung des Kindes oder der Umgang mit Kontaktverweigerung, werden hier nicht thematisiert, da der Fokus im vorliegenden Beitrag auf der Migrationsbiografie der Familie liegt. Die Gruppe der zugewanderten Familien ist sehr heterogen und erfordert von den beratenden Personen Flexibilität und Kreativität. Dieser Beitrag erhebt daher keinen Anspruch auf Vollständigkeit.

## I. Begleiteter Umgang beim Verband binationaler Familien Regionalstelle München

Das Angebot des Verbandes richtet sich an Familien, bei denen mindestens ein Elternteil eine Migrationsbiografie hat. Es können unterschiedliche Konstellationen entstehen, wie z.B.:

- Die Eltern kommen aus dem gleichen Herkunftsland und haben den gleichen soziokulturellen Hintergrund.
- Die Eltern kommen aus dem gleichen Herkunftsland, haben aber unterschiedliche soziokulturelle Hintergründe, z.B. Stadt versus Land oder in Deutschland versus im Herkunftsland aufgewachsen.
- Die Eltern kommen aus unterschiedlichen Herkunftsländern und unterschiedlichen soziokulturellen Hintergründen.

Besonderheiten des begleiteten Umgangs beim Verband binationaler Familien Regionalstelle München:

- Mindestens ein Elternteil muss eine Migrationsbiografie haben.
- Der begleitete Umgang wird nur in Kombination mit Elternberatung angeboten.

5 Prinz/Klinkhammer in: Klinkhammer/Prinz (Hrsg.), 2017, S. 167.

- Die umgangsbegleitende Person ist eine der beratenden Personen.
- Die Beratung erfolgt durch zwei beratende Personen (Frau/Mann), idealerweise mit Migrationsbiografie.
- Bei Bedarf wird eine dolmetschende Fachkraft für die Elternberatung hinzugezogen.
- Die Umgangskontakte finden in der Muttersprache statt.

## II. Beratungspraxis

Die Einwanderungserfahrung zumindest eines Familienmitglieds kann das Familienleben auf unterschiedliche Art und Weise beeinflussen und bestimmen. Die interkulturelle Lebenssituation einer Familie lässt eine eigene Dynamik entstehen und die soziokulturellen Unterschiede können zusätzliche Belastungen und Konfliktpotenziale erzeugen. Diese Konfliktpotenziale können durch eine Trennung und Scheidung verschärft werden und den Blick auf spezifische Themen erforderlich machen.

Im Kontext des begleiteten Umgangs beim Verband binationaler Familien spiegeln sich diese Konflikte in der Beratung wider. Einige dieser Konfliktpotenziale oder Aspekte, die häufig vorkommen, werden hier thematisiert. Beispiele sind:

- geringe Deutschkenntnisse
- Verständnis von Beratung
- Mehrsprachigkeit beim begleiteten Umgang
- das Familienmodell (autonomieorientiert versus verbundenheitsorientiert)
- Geschlechterrollen
- Angst vor Kindesentführung
- Aufenthaltsstatus
- Werte und Ziele der Erziehung
- Diskriminierung und Rassismus

Die Konfrontation mit den unterschiedlichen Lebenswelten der Ratsuchenden verlangt ein Bewusstsein für spezifische Themen sowie ein hohes Maß an Selbstreflexion und Flexibilität von den Berater:innen. Wie gehen die Berater:innen mit den Wertesystemen der Ratsuchenden und ihren eigenen um? Wie gehen die Berater:innen mit der potenziellen Nähe zur Lebenswelt eines der Elternteile um? Wo sind ihre eigenen Grenzen? Wo liegen die „blinden Flecken" der Berater:innen beim Verstehen von Wertesystemen, die ihnen fremd sind? Was sind typische „Kulturfallen"?[6]

Unabhängig von der Migrationsbiografie oder von den Konfliktthemen der Eltern steht das Wohl des Kindes im Kontext begleiteter Umgang immer im Mittelpunkt.

Der Umgang mit diesen Themen wird mit Hilfe dreier Fallbeispiele erläutert. Die Beispiele basieren auf konkreten Beratungssituationen beim Verband binationaler Familien, sind

6 Curvello, in: Verband binationaler Familien (Hrsg.), 2008, S. 15–17.

aber selbstverständlich anonymisiert. Die Herkunftsländer der Ratsuchenden werden bewusst nicht genannt.

## III. Fallbeispiele – die Vorgeschichten

### 1. Fallbeispiel 1: Lali (31) und Jeevan (39) mit Tochter Tamina (6 Jahre)

Ich habe Angst, er und seine Familie nehmen mir Tamina weg.

Wenn sie Tamina nicht will, nehme ich sie mit.

Lali und Jeevan kommen aus dem gleichen Herkunftsland aus einer ländlichen Region.

Lali lebt mit ihrer Tochter in einem Wohnheim. Sie hat keine Ausbildung, keine Arbeit und spricht Deutsch auf A2-Niveau. In Deutschland bekommt sie Schutz und Unterstützung und lernt Deutsch. Lali wirkt verunsichert und ängstlich und erzählt unter Tränen: Sie habe Jeevan vor fast zwei Jahren mit ihrer Tochter verlassen und sei zu ihrer Herkunftsfamilie in ihr Heimatland geflüchtet, ohne ihn darüber zu informieren. Jeevans Familie habe davon erfahren und sei unangekündigt zu Besuch gekommen, um sie beide zu sich zu holen. Weil sie sich dagegen gewehrt habe, habe Jeevans Familie darauf bestanden, das Kind mitzunehmen, was sie und ihre Familie kategorisch abgelehnt hätten. Nach vier Wochen habe ihre Familie kapituliert, da sie ihr und Tamina nicht genügend Schutz hätten bieten können. Daraufhin sei sie mit Tamina zurück nach Deutschland geflogen. Sie habe die Scheidung beantragt. Ihre größte Angst sei und bleibe, dass Jeevan ihre Tochter entführen könne. Sie sei bereit, die Tochter zu bringen, damit sie den Vater in Begleitung treffen könne. Sie selbst möchte Jeevan auf keinen Fall treffen.

Jeevan ist sehr aufgeregt und bittet unter Tränen um Hilfe, seine Tochter wiedersehen zu können. Jeevan zeigt Bilder von Tamina, allein oder lachend mit ihm und erzählt: Er mache sich große Sorgen, da er nicht wisse, wie es Tamina gehe, ob sie etwas brauche und ob die Mutter für sie gut sorgen könne. Er liebe seine Tochter sehr. Es sei seine Aufgabe, Geld für die Tochter zu verdienen, und er würde sie auch sehen wollen. Lali habe ihn verlassen und Tamina mitgenommen. Er habe Lali nie geschlagen. Es sei nicht o.k., die Familie solle zusammenbleiben. Lali wolle die Scheidung, das sei aber nicht möglich, weil die Hochzeit nicht in Deutschland gewesen sei. Die Berater:innen sollten Lali sagen, dass sie zurückkommen dürfe, wenn sie es wolle, er verzeihe ihr. Und falls sie Tamina nicht haben wolle, nehme er sie gerne mit zu sich nach Hause. Er lebe seit Langem in Deutschland, er wolle alles richtig machen und keine Probleme haben. Auch seine Familie, bei der er lebe, wolle Tamina sehen. Ihm glaube keiner und in Deutschland hätten die Frauen alle Rechte.

### 2. Fallbeispiel 2: Rosi (39) und Oluwa (27) mit Sohn Michael (6 Monate)

Oluwa will durch Michael seine Aufenthaltserlaubnis erhalten.

Ich will in Deutschland bleiben, unter anderem weil ich Michael über alles liebe.

Rosi ist Deutsche aus einer Familie ohne Migrationsgeschichte. Oluwa flüchtete vor zwei Jahren nach Deutschland. Sein Aufenthaltsstatus ist nicht geklärt und er darf deshalb nicht arbeiten. Seine Situation stellt für ihn eine große Belastung dar. Rosi weiß zwar, aus welchem Land Oluwa kommt, sie kennt aber seine Fluchtgeschichte nicht. Rosi und Oluwa sind nicht hochstrittig und können sich gemeinsame Sitzungen auf Englisch vorstellen.

Rosi wirkt sehr selbstbewusst und erzählt, dass sie sich auf einer Party kennengelernt hätten. Sie hätten sich sofort verstanden und eine Wochenendbeziehung geführt, weil Oluwa in einer anderen Stadt in einer Gemeinschaftsunterkunft für Geflüchtete gelebt habe. Sie sei nach drei Monaten schwanger geworden. Beide hätten sich über die Schwangerschaft sehr gefreut und gemeinsam die Vaterschaftsanerkennung und das gemeinsame Sorgerecht beantragt. Oluwa habe viel freie Zeit gehabt und statt sie zu unterstützen, habe er sich mit Freunden getroffen und viel Zeit mit dem Handy verbracht. Er sei ständig gereizt gewesen und habe sehr wenig Geld gehabt. Kurz nach der Geburt habe sie die Beziehung beenden wollen, Oluwa sei aber damit nicht einverstanden gewesen. Nach einer heftigen Auseinandersetzung habe sie die Polizei gerufen und Oluwa habe die Wohnung verlassen müssen. Sie habe nichts dagegen, dass Oluwa Michael treffe, aber er dürfe ihn nicht mitnehmen, weil er noch zu klein sei. Sie wisse nicht, ob er sich um Michael kümmern könne, und frage sich, ob er wirklich Interesse an Michael habe oder nur seine Aufenthaltserlaubnis durch ihn erhalten wolle.

Oluwa kommt 15 Minuten zu spät in die Beratung. Er sitzt mit verschränkten Armen, wirkt sehr misstrauisch und hält keinen Blickkontakt. Oluwa erzählt, dass alles sehr komisch gewesen sei. Er verstehe nicht, wie Rosi mit ihm umgegangen sei. Rosi habe ihre Eltern erst von ihm erzählt, nachdem Michael geboren worden sei. Als die Eltern zu Besuch gekommen seien, hätten sie nur wissen wollen, was und wo er arbeite. Nach einem Streit habe Rosi ihn gebeten, die Wohnung zu verlassen. Ein Streit sei aber kein Grund, zu gehen. Er könne nicht gehen, da sei doch auch noch Michael und er habe mit Rosi reden wollen. Ja, er sei laut gewesen, er sei immer laut beim Reden, aber er sei nicht aggressiv. Er habe wütend gesagt, dass er Michael mitnehme. Das habe er aber nicht ernst gemeint. Rosis Eltern seien gekommen und statt zu helfen, die Situation zu beruhigen, hätten sie die Polizei gerufen, als sei er ein Krimineller. Er habe die Wohnung verlassen müssen und Rosis Eltern hätten ihm den Schlüssel gleich abgenommen. Er würde seinen Sohn gerne sehen, sonst würde er ihn gar nicht mehr kennen. Er könne Michael zu Hause besuchen oder irgendwo anders mit Rosi, aber sie wolle ihn nicht treffen. Warum müsse eine fremde Person aufpassen, wenn er mit seinem Sohn zusammen sei? Wie hätten Rosi, ihre Familie und die Behörden ihm unterstellen können, dass er kein Interesse an Michael habe? Ja, er habe ein Problem mit seinem Aufenthaltsstatus. Er liebe Michael über alles und allein deswegen müsse er in Deutschland bleiben.

## 3. Fallbeispiel 3: Sevil (32) und Malik (33) mit Sohn Omar (4 Jahre)

Der Streit ist zwischen unseren Familien.

Das ist aber doch meine Mutter.

Sevils Eltern und Malik stammen aus dem gleichen Herkunftsland. Sevil ist in Deutschland geboren und aufgewachsen. Sie lernten sich bei einem Familienurlaub kennen. Nach der Hochzeit lebten sie für circa ein Jahr in seinem Heimatland. Die Eltern von Sevil und Malik sind wegen der Finanzierung der Verlobungsfeier und der Hochzeit zerstritten. Maliks Mutter ist bei Sevils Eltern verschuldet. Der Streit der Herkunftsfamilien eskalierte so weit, dass Malik zwei Jahre lang keinen Kontakt mehr mit seinem Sohn hatte.

Sevil erzählt, dass sie nach Omars Geburt nach Deutschland gezogen wären, weil sie das Leben in Deutschland sehr vermisst und das Zusammenleben mit Maliks Familie sie sehr belastet hätte. Sie schaffe es, sich aus dem Streit der Eltern herauszuhalten, aber Malik halte immer zu seiner Mutter. Seitdem sie in Deutschland lebten, sei Malik von Sevil abhängig. Jetzt wolle sie nichts mehr für Malik organisieren. Wenn er Omar sehen wolle, müsse er das selbst in die Hand nehmen und zuverlässig sein. Omar verstehe seine Muttersprache, aber er antworte immer auf Deutsch. Sie wisse nicht, ob Malik ihn verstehe. Sie seien aus zwei Welten gekommen und ihre Probleme seien alle kulturell. Malik sei spielsüchtig und auch die Spielsucht sei kulturell. Malik sei in seiner Religion sehr konservativ. Die Religion erlaube ihm nicht, Alkohol zu trinken oder zu rauchen, deshalb spiele er.

Malik erzählt, dass er seit seinem Schulabschluss hätte arbeiten müssen, da sein Vater verstorben sei und die Familie nicht genügend Geld gehabt habe. Mit dem Umzug nach Deutschland habe er gehofft, genügend Geld zu verdienen, um seine Mutter finanziell zu unterstützen. Der Umzug nach Deutschland sei für ihn nicht einfach gewesen. Er habe zuerst Deutsch lernen müssen und es habe lange gedauert, bis seine aufenthaltsrechtliche Situation geklärt gewesen sei. Die Arbeitssuche sei mühsam gewesen. Die finanzielle Abhängigkeit von Sevil habe ihn so frustriert, dass er angefangen habe, sein Einkommen durch Glücksspiele aufbessern zu wollen. Er habe dadurch Verluste gemacht, was die finanzielle Situation der Familie noch mehr belastet hätte und zur Trennung geführt habe. Er habe jetzt eine feste Arbeit und wolle regelmäßig Omar besuchen.

## IV. Kommunikation mit den Ratsuchenden

### 1. Geringe Deutschkenntnisse

#### *a. Sprache der Beratung*

Am Anfang des Beratungsprozesses muss erwogen werden, in welcher Sprache die Beratung stattfinden soll. Können sich die Ratsuchenden ausreichend auf Deutsch ausdrücken? Sprechen die Berater:innen eine andere Sprache, in der sich die Ratsuchenden besser als auf Deutsch verständlich machen können? Ist es notwendig, eine dolmetschende Fachkraft hinzuzuziehen?

Es bewährt sich, das Sprachniveau an die Ratsuchenden anzupassen. Es ist nicht nur wichtig, in einfacher Sprache zu sprechen, sondern auch geduldig und verständnisvoll zu sein, wenn Ratsuchende Schwierigkeiten haben, sich auf Deutsch auszudrücken. Sich zu bemühen, die Ratsuchenden zu verstehen, ihnen Zeit für Umformulierungen zu geben und Selbstvertrauen zu vermitteln, entspannt die Beratungssituation und erleichtert die Kommunikation mit den Ratsuchenden.

Das Hinzuziehen einer dolmetschenden Fachkraft kann punktuell, bei Bedarf und in Abstimmung mit den Ratsuchenden entschieden werden:

- Es ist wichtig, dass durch die Sprache keine Asymmetrie zwischen den Eltern entsteht, damit kein Elternteil aus dem Beratungssetting ausgeschlossen wird. In einer solchen

Situation sollte entweder eine dritte Sprache gesprochen werden, z.B. Englisch, oder eine dolmetschende Fachkraft hinzugezogen werden.

- Bei der Vorbereitung des ersten Umgangs ist es essenziell, dass keine Missverständnisse entstehen. Der Ablauf muss mit den Eltern sehr genau abgestimmt werden. Wenn sich die Kommunikation aufgrund der Sprache schwierig gestaltet, sollte für die Beratung eine dolmetschende Fachkraft hinzugezogen werden.

### *Zu Fallbeispiel 3*

*Malik fühlte sich im Vergleich zu Sevil im Nachteil, weil er sich nicht so gut wie sie auf Deutsch ausdrücken konnte. Für die gemeinsamen Beratungen wurde eine Dolmetscherin hinzugezogen, für die Einzelberatungen war hingegen keine dolmetschende Fachkraft notwendig.*

### *b. Arbeiten mit dolmetschenden Fachkräften*

Die Präsenz einer zusätzlichen Person kann den Vertrauensaufbau oder den Beratungsverlauf erschweren. Deswegen sind folgende Faktoren für die Entscheidungsfindung, ob und wann eine dolmetschende Fachkraft hinzugezogen wird, relevant:

- Es werden nur professionell ausgebildete Fachkräfte hinzugezogen.
- Die dolmetschende Fachkraft soll aus dem gleichen Sprachraum wie die Ratsuchenden kommen. Gesprochene arabische Sprachen z.B. können sich so stark voneinander unterscheiden, dass eine reibungslose Kommunikation zwischen arabischen Muttersprachlern unterschiedlicher Herkunft nur sehr schwer gelingt.
- Das Geschlecht der dolmetschenden Fachkraft kann für manche Ratsuchende relevant sein. Dies kann lebenssituationsbedingt, kann aber auch soziokulturell bedingt sein.
- Einige Ratsuchende wünschen sich trotz geringer Deutschkenntnisse keine dolmetschende Fachkraft, z.B. weil
  - sie Angst haben, dass ihre persönliche Situation dadurch in ihrer „Community" bekannt wird. Der ausdrückliche Hinweis auf die Gültigkeit der Schweigepflicht der dolmetschenden Fachkraft kann in diesem Fall hilfreich sein.
  - sie sich durch die Präsenz einer zusätzlichen fremden Person gehemmt fühlen, über ihre Situation zu sprechen.

Viele dolmetschende Fachkräfte bieten neben sprachlichen Kompetenzen Informationen über kulturelle Hintergründe an. Diese Kompetenzen können für die Berater:innen nützlich sein, um Aussagen oder Verhalten der Ratsuchenden besser zu verstehen oder bei der Klärung sprachlicher und kultureller Missverständnisse zu helfen. Dabei sollte darauf geachtet werden, dass die dolmetschende Fachkraft ihre Rolle nicht verlässt und keine zusätzlichen Kommentare einbringt.

## 2. Andere Aspekte der Kommunikation

Unterschiedliche Kommunikationsstile und die Interpretation nonverbaler Ausdrucksformen unterliegen einer kulturellen Prägung. Direkter Blickkontakt gilt z.B. in vielen Herkunftsländern der Ratsuchenden als Zeichen von Indiskretion und Missachtung. Das Verständnis von geschlechtsspezifischen Rollen und hierarchischen Strukturen kann in sozialen Kontakten den Umgang miteinander beeinflussen. Für viele Ratsuchende ist es z.B. unüblich, Anliegen und Meinungen direkt und offen anzusprechen oder ein eindeutiges Nein auszusprechen. Alle diese Aspekte können für die Berater:innen irritierend und schwer einzuordnen sein. Es kann lange dauern, bis sich Berater:innen und Ratsuchende gegenseitig verständigen und verstehen, was auch zu längeren Beratungsprozessen führen kann. Ebenso können solche Aspekte für Missverständnisse zwischen Berater:innen und Ratsuchende führen.[7]

## V. Rahmenbedingungen und Aufgabe der Beratung

In den meisten Fällen wird der begleitete Umgang in einem familienrechtlichen Verfahren vereinbart oder vom zuständigen Jugendamt empfohlen. Die Beratungsstelle wird dadurch von den Ratsuchenden als Teil des Gerichtes oder des Jugendamtes gesehen. Viele Ratsuchende wissen nicht, was eine Beratungsstelle ist und was sie dort erwartet. Dorthin zu gehen und über ihre Probleme zu sprechen, kann für sie fremd sein. Beides kann dazu führen, dass sowohl Missverständnisse als auch Vorbehalte gegenüber einer Beratung entstehen.

Am Anfang des Beratungsprozesses sollten sich die Berater:innen genügend Zeit für die Erläuterung folgender Themen nehmen:

- die Funktion der Beratungsstelle in Abgrenzung zu Gericht, Polizei oder Jugendamt,
- der begleitete Umgang als Kinderschutzmaßnahme,
- die Bedeutung der Schweigepflicht,
- Nutzen der Elternberatung.

### 1. Vorgespräche

Bevor eine Familie in den begleiteten Umgang aufgenommen wird, finden getrennte Vorgespräche mit den Eltern statt. Diese Gespräche sind eine wichtige Voraussetzung und essenziell für das Herstellen einer ersten Vertrauensbasis.

> „Eine wertschätzende Haltung, das Ernstnehmen der geschilderten Probleme sowie die Zuversicht im Blick auf mögliche Lösungen sind gute Voraussetzungen dafür, einen tragfähigen Kontakt aufzubauen."[8]

Viele Ratsuchende haben bereits Diskriminierungen oder Zuschreibungen erfahren. Sie sind deswegen misstrauisch und befürchten, aufgrund ihrer „Herkunft" oder „Kultur" nicht verstanden zu werden. Die meisten befinden sich in großer Not. Sie haben eine schmerzhafte Trennung und/oder eine Scheidung hinter sich, nicht selten mit langwierigen Gerichtsverfahren. Der umgangsberechtigte Elternteil fühlt sich ungerecht behandelt. Der umgangsgewährende Elternteil fühlt sich mit der neuen Umgangssituation überfordert. Der begleitete Umgang ist für viele Ratsuchende eine Zwangsmaßnahme. Wenn es ge-

7 Abdallah-Steinkopff, 2018, S. 95–97.
8 Dorsch, in: Verband binationaler Familien (Hrsg.), 2008, S. 53–54.

lingt, dass Ratsuchende einen Nutzen für sich und ihre Kinder darin sehen, erhöht dies die Motivation und die Kooperationsbereitschaft.

## 2. Geringe Gesetzeskenntnisse – das Kindeswohl steht im Vordergrund

Viele Ratsuchende fühlen sich mit den gesetzlichen Bestimmungen in Deutschland überfordert. Es geht oft um Themen wie Sorgerecht, Umgangsrecht, Vollmacht, Scheidung oder Kindeswohl. Bei Bedarf sollten diese erklärt werden oder sollte auf die Möglichkeit einer Rechtsberatung verwiesen werden.

Der begleitete Umgang wird oft von dem umgangsberechtigten Elternteil als eine Strafmaßnahme empfunden. Die Erklärung des begleiteten Umgangs als eine Maßnahme, die sowohl dem Kinderschutz als auch dem Umgangsrecht dient, wirkt auf einige Ratsuchende überraschend und entlastend. In diesem Kontext wird auch erklärt, dass „der Begleitete Umgang eindeutig eine klare Positionierung und Parteilichkeit der Berater:innen für das beteiligte Kind beinhaltet"[9]. Gegenüber den Eltern sind die Berater:innen allparteiisch.

### *Zu Fallbeispiel 1*

*Neben dem Wunsch, Tamina wiederzusehen, hatte Jeevan die Erwartung, die Familie wieder zusammenzubringen. Die Scheidung war für ihn keine Option. Jeevan fragte auch, warum er die Tochter nicht sehen dürfe, obwohl er das Sorgerecht habe.*

*Bevor der Blick auf die Tochter, auf die Beziehung Vater-Tochter und auf die Elternschaft gelenkt werden konnte, war es notwendig, zu erklären:*

- *dass Lali das Recht hat, sich zu trennen und scheiden zu lassen,*
- *was der Unterschied zwischen Sorgerecht und Umgangsrecht ist,*
- *dass der begleitete Umgang eine Schutzmaßnahme für Tamina (Kindeswohl) und nicht eine Strafe für Jeevan ist.*

## 3. Die Auftragsklärung – Visualisierung

Am Anfang der Beratung ist es wichtig, eine gemeinsame Arbeitsgrundlage zu finden. Es sollte deutlich geklärt werden, welche Erwartungen erfüllt werden können und welche nicht. Die Erwartung einer Parteinahme für einen der Elternteile, eine Schuldzuweisung oder die Vorstellung einer klaren Anweisung durch die Berater:innen, wer was zu tun hat, muss freundlich und klar als nicht erfüllbar zurückgewiesen werden.

Aufgrund des hohen Konfliktniveaus sind viele Eltern auf Themen der Paarebene fokussiert. Vorwürfe und Anschuldigungen gegenüber dem anderen Elternteil können die Beratungsgespräche dominieren. Die Bearbeitung dieser Themen sprengt den Rahmen des begleiteten Umgangs und muss möglichst in der Beratung ausgeklammert werden. In solchen Fällen ist es hilfreich, eine Visualisierungsmethode anzuwenden. Die Berater:innen

9 Engel, in: Klinkhammer/Prinz (Hrsg.), 2017, S. 347.

stellen mehrere Bereiche auf dem Boden mit Kissen oder mit Seilen dar und die unterschiedlichen Themen werden den verschiedenen Themenbereichen zugeordnet. Auf diese Weise ist es für die Ratsuchenden einfacher, zu visualisieren und abzugrenzen, welche Anliegen durch die Beratung erfüllt werden können (Eltern- und Kinderthemen) und welche nicht (Paar- oder Gerichtsthemen).

Nicht nur die „Herkunft", sondern auch Bildungsstand, Milieu, religiöse Orientierung sowie die eigene Biografie, individuelle Werte oder Erziehungsvorstellungen spielen eine wichtige Rolle bei der Ausgestaltung des Elternseins.[10] Über alle Unterschiede hinweg wollen alle Eltern das Beste für ihre Kinder. Den Fokus auf die Kinder zu lenken und die Ratsuchenden zu unterstützen, eine lösungsorientierte Einstellung einzunehmen, ist die Herausforderung der Beratung. Den Eltern zu zeigen, dass durch die Beratung die Möglichkeit besteht, selbst an einer für ihr Kind passenden Lösung zu arbeiten, hilft den Ratsuchenden, sich auf den Beratungsprozess einzulassen und gemeinsame Ziele zu finden. Das gemeinsame Sprechen über das Kind, seine Bedürfnisse und was beide Elternteile machen können, damit das Kind gut mit der Trennung der Eltern zurechtkommt, kann die Ressourcen und Kooperationsbereitschaft der Eltern aktivieren.

### *Zu Fallbeispiel 1*

*Jeevan erwartete von den Berater:innen eine Beurteilung der Familiensituation sowie eine klare Anweisung, was sie als Eltern zu tun haben. Auf der anderen Seite befürchtete Lali, dass die Berater:innen sie dazu zwingen würden, einen von ihnen entwickelten Umgangsplan umzusetzen.*

*Im Beratungsverlauf machen die Eltern die Erfahrung, dass ihre Ideen und Vorstellungen berücksichtigt werden. Tamina wird in der Beratung immer wieder durch ein von den Eltern ausgesuchtes Stofftier oder durch einen kleinen Stuhl repräsentiert. Dies ermöglicht den Eltern, die Perspektive der Tochter einzunehmen.*

*Tamina braucht längere Zeit, bis sie sich auf den Vater einlassen kann. Daran merkt Jeevan, dass, egal wie die Lösung aussieht, die Wünsche und Bedürfnisse der Tochter berücksichtigt werden müssen.*

## 4. Vorbehalte der Ratsuchenden

> „In vielen Gesellschaften ist es ein Tabu, familiäre Probleme nach außen zu tragen. Das wird als Gesichtsverlust und Kränkung wahrgenommen und ist zum Teil sehr schambesetzt. Der Besuch einer Beratungsstelle ist vielen Ratsuchenden (…) fremd und/oder widerspricht den Spielregeln der eigenen Kultur."[11]

Damit die Ratsuchenden sich auf die Beratung und auf den begleiteten Umgang einlassen und Vorbehalte abbauen können, ist es hilfreich,

- den Besuch der Beratungsstelle zu würdigen,
- zu erfragen, wie das Problem im jeweiligen Heimatland gelöst werden würde,

10 Mappala, in: Verband binationaler Familien (Hrsg.), Jahresbericht 2020, S. 14.
11 Dorsch und Sitorus, in: Verband binationaler Familien (Hrsg.), 2008, S. 54, 169.

- die Funktion der Beratungsstelle als neutrale und unparteiische Hilfestellung in einer Konfliktsituation zu erläutern,
- die Bedeutung der Schweigepflicht zu erläutern.

***Zu Fallbeispiel 2***

*Für Oluwa ist es sehr unangenehm, in die Beratungsstelle zu kommen. Mit Fremden über familiäre Probleme zu sprechen und seinen Sohn nur in Begleitung von Fremden treffen zu dürfen, empfindet Oluwa als eine Demütigung. Auf die Frage, wie das Problem in seinem Heimatland gelöst werden würde, erzählt Oluwa, dass seine Eltern als Allererste helfen würden, die Situation zu beruhigen. Danach würden sie möglichst mit Rosis Eltern zusammen beide Seiten hören und gemeinsam nach einer Lösung suchen. Wenn keine Einigung möglich sei, würden sie selbst eine Lösung vorgeben.*

*Die Sichtweisen der Eltern wurden gewürdigt und in die Lösungsfindung miteinbezogen. Die Eltern wurden durch einen leeren Stuhl repräsentiert und durch zirkuläres Fragen mitberücksichtigt.*

*Auf die Frage: „Was denken Sie, wie würden Ihre Eltern ein solches Problem lösen?", sagt Oluwa, dass seine Mutter ihn begleiten würde, um Michael zu treffen, bis Rosi und Oluwa sich beruhigt hätten.*

*Diese Sichtweise konnte benutzt werden, um die Motivation für die Teilnahme am begleiteten Umgang zu steigern. Seine Mutter kann ihn nicht begleiten und Rosis Mutter steht für diese Aufgabe nicht zur Verfügung.*

## VI. Hypothesen/Fragestellung zur Familiensituation

### 1. Grundlagen

Im Laufe des Beratungsprozesses ist es nützlich, Hypothesen über die Familiensituation aufzustellen. „Die Vielfalt der Hypothesen führt zu einer Vielfalt von Perspektiven und Möglichkeiten" in der Betrachtung der Familiensituation.[12] Die Hypothesen sollen die Haltung des Fragenden unterstützen und dürfen auf keinen Fall als Wahrheiten angenommen werden.

Gerade bei der Hypothesenbildung ist es wichtig, sich als beratende Person mit dem vermeintlichen Wissen über die „Kultur" der Ratsuchenden auseinanderzusetzen und ein Bewusstsein für potenzielle Stereotypen und „Kulturfallen" zu entwickeln. Die Kenntnis der Stereotypen als Bezugsrahmen ist wichtig und die Stereotypen dürfen sich sogar bestätigen. Das Wichtige dabei ist, bereit zu sein, stereotypisierte Hypothesen wieder zu verwerfen. Die Hypothesen müssen mit großer Sorgfalt überprüft werden und die Berater:innen sollten sich dabei mit den eigenen Werten auseinandersetzen und reflektieren, wie sie zu

12 Von Schlippe/Schweitzer, 2003, S. 117.

ihnen fremden Realitäten oder Werten stehen. „Negative Vorurteile bieten die Grundlage für Diskriminierung und menschenfeindliche Haltungen."[13]

Im interkulturellen Kontext können zusätzliche Wertediskrepanzen auftreten. Die Berater:innen müssen ihr eigenes Wertesystem nicht aufgeben, sondern es gut kennen und bereit sein, andere wahrzunehmen, zu akzeptieren und nicht zu verurteilen. Bei binationalen Familien, die unterschiedliche Wertesysteme mitbringen, gibt es immer die Gefahr, parteiisch zu werden. Darum wird die Beratung idealerweise durch ein interkulturelles Paar (eine Beraterin und einen Berater) durchgeführt. Dies bietet die Möglichkeit einer zeitnahen gemeinsamen Reflexion und Intervision, wodurch ein Perspektivwechsel geübt wird und negative Wertungen aufgelöst werden können.

Wenn dies nicht möglich ist, können ein Austausch und eine Reflexion mit Kolleg:innen auch hilfreich sein. Die Supervision in einem interkulturellen Team ist ebenfalls wichtig und für diese Reflexion unentbehrlich. Sie bietet außerdem einen Rahmen, um mögliche diskriminierende oder rassistische „blinde Flecken" der Berater:innen aufzudecken und zu reflektieren.

Es stellt sich auch die Frage, ob es Grenzen für die Toleranz/Akzeptanz anderer Werte gibt. Die Antwort ist ein klares Ja. Im Kontext begleiteter Umgang gibt es z.B. zwei Bereiche, die keine Toleranz erlauben: Gewalt und Kindeswohlgefährdung.

Wenn die Berater:innen merken, dass sie die Ratsuchenden nicht mehr wertschätzen können und diese mangelnde Wertschätzung sich nicht auflösen lässt, ist eine Grenze erreicht und die Beratung sollte beendet werden. Dies kann selbstverständlich auch bei in Deutschland sozialisierten Ratsuchenden geschehen.

## 2. Hypothesen und Reflexionen zu den Fallbeispielen

### a. *Fallbeispiel 1:*

(1) Die Ehe wurde arrangiert.

(2) Jeevan und seine Familie betrachten Lali und Tamina als ihren Besitz.

(3) Trennung/Scheidung wird bei den Familien nicht akzeptiert und stigmatisiert.

(4) Jeevan fühlt sich gekränkt, weil er verlassen wurde.

(5) Jeevans Familie setzt ihn unter Druck, um Tamina zu sich zu holen.

(6) Lalis Familie setzte Lali unter Druck und ließ sie im Stich.

(7) Jeevan kümmerte sich nie um seine Tochter.

**Zu (1) und (2) Kulturfalle:** In diesem Herkunftsland werden alle Ehen arrangiert. Eine Frau ist nach der Hochzeit Besitz der Familie des Mannes.

**Eigene Werte:** Wie stehen die Berater:innen zu arrangierten Ehen? Wichtig: nicht verwechseln mit Zwangsehen!

13 Abdallah-Steinkopff, 2018, S. 101.

*Lalis und Jeevans Ehe wurde arrangiert. Dies ist in vielen Regionen dieser Welt ein von allen Beteiligten als sinnvoll und richtig erachteter Weg, Paare zusammenzubringen. Das sollte ohne Wertung angenommen und nicht als Begründung für die Probleme der Eltern angesehen werden.*

*Lali befürchtete, von Jeevans Familie misshandelt zu werden. Um dem zu entkommen, kam sie nach Deutschland. Dass Lali ein Recht auf ein selbstbestimmtes Leben hat, wurde mit den Eltern in Einzelsitzungen intensiv besprochen.*

**Zu (3) und (4) Kulturfalle:** Ist Jeevans Problem mit der Trennung ein „Kulturthema", eine Kränkung oder beides?

*Im Beratungsverlauf wurde klar, dass die Trennung ein großes Problem für beide Herkunftsfamilien ist. Dass Lali ihn verlassen hat, ist für Jeevan eine persönliche Kränkung.*

**Zu (5) und (6) Kulturfalle:** Die Herkunftsfamilien haben einen großen Stellenwert. Nur wenn Berater:innen dies respektieren und hierin auch die Ressourcen erkennen, können sie wertschätzend mit den Eltern arbeiten. Dabei ist es wichtig, mit den Ratsuchenden zu reflektieren, was ihre eigenen Wünsche und Bedürfnisse sind und wie sie diese umsetzen können.

*Die Meinungen der Herkunftsfamilien waren sowohl für Jeevan als auch für Lali sehr wichtig. Trotzdem haben sie für das Wohl der Tochter Entscheidungen getroffen, die dem Wunsch der Familien nicht entsprachen, z.B. die Scheidung zu vollziehen.*

*Jeevans Eltern befürchteten, durch die Trennung/Scheidung den Kontakt zu ihrer Enkelin zu verlieren. Lali und Jeevan haben vereinbart, dass Tamina mit den Großeltern regelmäßig telefoniert.*

**Zu (7) Kulturfalle:** Patriarchale Rollenvorstellungen oder problematische Väterbilder gibt es bei Männern sowohl mit als auch ohne Migrationsbiografie. (siehe auch unten VII 3., Geschlechterrollen).

*Für Jeevan bedeutet Vater sein Geld zu verdienen, um eine gute Schulausbildung und eine gute Gesundheit für Tamina zu ermöglichen. Ihm war es wichtig, zu wissen, wie es Tamina geht, ob sie gesund ist und gute Noten in der Schule hat. Außerdem liebt er seine Tochter innig und leidet darunter, sie nicht sehen zu können.*

*Die Eltern haben für den freien Umgang drei bis vier Stunden monatlich vereinbart, dazu regelmäßige Video-Telefonate. Da Jeevan 400 Kilometer entfernt wohnt, blieben Wochenend- oder Ferienbesuche offen, bis Tamina älter ist.*

### *b. Fallbeispiel 2*

(1) Menschen aus diesem Land kommen immer zu spät.

(2) Oluwa wird von Rosi und ihrer Familie diskriminiert und rassistisch behandelt.

(3) Rosi hat ihren Eltern von Oluwa nichts erzählt, weil sie sich für ihn als Schwarzen und Geflüchteten schämt.

(4) Rosi hat sich in Oluwa verliebt und die Chance ergriffen, sich ihren lang gehegten Kinderwunsch zu erfüllen.

(5) Oluwa benutzt Michael, um eine Aufenthaltserlaubnis zu erhalten.

(6) Oluwa war finanziell von Rosi abhängig.

(7) Rosi weiß nichts über Oluwa und seine Migrationsgeschichte.

(8) Oluwa war gewalttätig gegenüber Rosi.

**Zu (1) Kulturfalle:** Verspätungen sollen nicht verallgemeinert werden. Es ist wichtig, zu hinterfragen, warum die Ratsuchenden zu spät kommen.

*Oluwa kam oft zu spät und hat seine Verspätungen „kulturell" begründet. Diese Begründung wurde nicht akzeptiert und pünktliches Erscheinen gefordert. Zuverlässigkeit, nicht nur gegenüber den Berater:innen, sondern auch gegenüber dem anderen Elternteil und vor allem gegenüber dem Kind wird stets gefordert.*

**Zu (2) Diskriminierung und Rassismus:** Abwertende Verhaltensweisen zwischen den Eltern dürfen nicht vernachlässigt werden und müssen angesprochen werden. Im Kontext von begleitetem Umgang kommt die Abwertung des anderen Elternteils relativ oft vor. Diskriminierung und Rassismus sind Anteile davon, die bearbeitet werden müssen. (siehe auch unten VII. 6, Verhalten gegenüber dem anderen Elternteil).

*Rosi äußerte sich über Oluwas Aufenthaltsstatus sehr abwertend. Sie gab zu, sich für ihre Partnerwahl zu schämen und ihm nicht auf Augenhöhe zu begegnen. Sie schämte sich, dass Oluwa zwar Geflüchteter, aber als solcher nicht anerkannt war. Sie schämte sich, weil er keinen finanziellen Beitrag leistete. Während des Beratungsprozesses erfuhr Rosi vieles über Oluwa, wie z.B. seine Fluchtmotive. Als sie ihn fragte, warum er ihr davon nichts erzählt habe, antwortete er, dass sie sich dafür noch nie interessiert habe. Rosi reflektierte ihr Verhalten, erkannte es als diskriminierend und entschuldigte sich bei Oluwa.*

**Zu (3) Diskriminierung:** Das Verhalten von Rosi darf nicht nur auf Diskriminierung reduziert werden. Gibt es ungelöste Konflikte in der Beziehung von Rosi zu ihren Eltern?

*Rosi hatte eine sehr gespannte Beziehung zu ihren Eltern und sie haben sich selten gesehen. Sie wusste, dass die Eltern aus verschiedenen Gründen die Beziehung missbilligen würden, und sie wollte eine Auseinandersetzung mit ihnen vermeiden. Sie konnte nicht verstehen, warum es Oluwa so wichtig war, ihre Familie kennenzulernen.*

**Zu (4), (5) und (6) Wertediskrepanz:** Die Berater:innen dürfen die Partnerschaft, den Kinderwunsch oder die finanzielle Abhängigkeit nicht verurteilen. Vielleicht sind Rosi und Oluwa die Partnerschaft aus unterschiedlichen Motiven eingegangen: Rosi wollte ein Kind bekommen und Oluwa wollte seine Situation und seinen Aufenthalt in Deutschland sichern. Die eigene Werte oder moralischen Vorstellungen der Berater:innen dürfen hier keine Rolle spielen. Was im Kontext von begleitetem Umgang zu beachten ist, sind das Kindeswohl, die Gestaltung und Entwicklung der Beziehung Vater-Sohn und die Gestaltung der gemeinsamen Elternschaft.

*Oluwa pflegte von Anfang an einen liebevollen Umgang mit seinem Sohn und im Laufe der Zeit entwickelte sich eine vertrauensvolle Beziehung. Durch den bestätigten Kontakt mit seinem Sohn erhielt Oluwa eine Aufenthaltserlaubnis. Er durfte danach arbeiten und konnte seiner Verantwortung als Vater nachkommen.*

**Zu (8) Kulturfalle:** Gewalt ist Gewalt! „Kultur" darf nie als Begründung für Gewalt akzeptiert werden!

*Oluwa wurde aufgefordert, sich mit seinem Verhalten auseinanderzusetzen und seine Androhung, das Kind mitzunehmen, als Gewalt anzuerkennen.*

### c. *Fallbeispiel 3*

(1) Sevil musste auf Druck ihrer Familie einen Mann aus ihrem Herkunftsland heiraten.

(2) Malik trägt eine große Verantwortung für seine Mutter.

(3) Die Beziehung zwischen Sevil und Malik ist durch den Streit ihrer Eltern sehr belastet.

(4) Sevil und Malik stehen unter starkem Einfluss ihrer Herkunftsfamilien.

(5) Durch den Umzug nach Deutschland entstand ein großes Machtgefälle zwischen Sevil und Malik, z.B. finanziell, sprachlich.

(6) Maliks Abhängigkeit von Sevil stellt eine große Belastung für beide dar.

(7) Malik ist spielsüchtig.

(8) Sevil und Malik haben unterschiedliche Vorstellungen von der Gestaltung der religiösen Erziehung von Omar.

(9) Trotz gleichem Herkunftsland sind Sevil und Malik unterschiedlich geprägt.

**Zu (1), (2), (3) und (4) Kulturfalle:** Die Familie hat „das Sagen".

**Eigene Werte:** Welchen Einfluss erlaube ich meiner Herkunftsfamilie? Der Einfluss der Herkunftsfamilien darf nicht immer als negativ betrachtet werden, da diese auch eine große Ressource für die Ratsuchenden darstellen kann. Für eine erfolgreiche Arbeit mit den Eltern muss die erweiterte Familie mitgedacht und berücksichtigt werden.

*Die Berater:innen reflektierten mit Sevil und Malik, welche Ratschläge von den Familien für Omar, für sie und ihr Leben in Deutschland sinnvoll sind. Wie können sie zu den Familien halten, ohne Verhaltensweisen anzunehmen, die für Omar oder für sie schädlich sind? Malik gab zu, dass seine Mutter ihm geraten hatte, den Kontakt zu Sevil abzubrechen. Das tat er, hatte dabei aber nicht berücksichtigt, dass der Abbruch auch zu einem Kontaktabbruch zu Omar führen würde. Malik bat in der Beratung um Unterstützung, überzeugende Argumente zu finden, um seiner Mutter zu erklären, dass der Kontakt mit Omar immer über Sevil laufen müsse.*

**Zu (5), (6) und (7) Kulturfalle und Diskriminierung:** Die Spielsucht von Malik als „kulturell" zu betrachten, ist nicht nur diskriminierend, sondern hindert die Berater:innen, den individuellen Menschen mit seinen Lebenserfahrungen, Ängsten, Wünschen und den Veränderungspotenzialen wahrzunehmen.

*Die Migration nach Deutschland führte für Malik (und dadurch auch für Sevil) zu vielen neuen Herausforderungen und Belastungen. Er musste eine neue Sprache lernen und sich in neuen gesellschaftlichen Strukturen zurechtfinden. Die entstandene Abhängigkeit von Sevil, nicht nur finanziell, sondern auch bei behördlichen Erledigungen, führte zu einer deutlichen Abnahme seines Selbstwertgefühls. Die durch Migration entstandenen Belastungen müssen wahrgenommen werden und dürfen nicht mit „kulturellen" Aspekten verwechselt werden.*

**Zu (9) Kulturfalle:** Die Ratsuchenden stellen oft selbst ihre Schwierigkeiten miteinander als „interkulturelle" Konflikte dar. Es ist wichtig, die Elternkonflikte nicht auf „Kulturkonflikte" zu reduzieren, sondern die gesamte persönliche Lebenssituation der Ratsuchenden in allen Aspekten zu berücksichtigen. Nicht selten wird die „Kultur" von den Ratsuchenden als Ausrede benutzt, um auf Verhaltensweisen zu bestehen oder nichts ändern zu müssen. Interessant ist, dass die „Kultur" auch wichtige Hinweise für potenzielle Lösungen liefern kann.

*Sevils Meinung nach seien viele der Konflikte mit Malik „Kulturkonflikte", z.B., dass Malik zu seiner Mutter hält und sich nicht von der Familie ablösen kann. Sevil ließ mit der „kulturellen" Begründung außer Acht, dass Malik durch den frühen Tod des Vaters sehr früh viel Verantwortung für seine Familie/Mutter übernehmen musste.*

*Während der Phase des begleiteten Umgangs ging Sevil eine neue Partnerschaft ein. Da sie den Kontakt zu Malik vermeiden wollte, begründete sie die Kontaktvermeidung mit ihrer „Kultur". Es stellte sich heraus, dass der neue Freund den Kontakt mit dem Ex-Mann missbilligte, was ihr starken Stress verursachte. Später, beim freien Umgang, übernahm Sevils Vater häufig die Übergabe des Kindes.*

# VII. Typische Themen im Kontext von begleitetem Umgang

## 1. Mehrsprachigkeit – Sprache während des Umgangskontaktes

> „Sprache und Identität sind eng miteinander verbunden. Über Sprache vermitteln sich Erfahrungen, Wissen und Werte. Oft werden in Deutschland andere Sprachen als Bedrohung empfunden – nicht Deutsch zu sprechen wird mit Nicht-Integration gleichgesetzt. Zum Glück mehren sich im öffentlichen Leben die Beispiele, wie bereichernd ein mehrsprachiges Aufwachsen für unsere Gesellschaft ist."[14]

Viele Kinder von Eltern mit Migrationsbiografie sind es gewohnt, mehrere Sprachen zu sprechen. Die Eltern werden von den Berater:innen ermutigt, hauptsächlich in der Sprache zu sprechen, in der sie die beste Beziehung zu ihrem Kind aufbauen können. Das gilt auch für den begleiteten Umgang, selbst wenn die begleitende Person diese Sprache nicht spricht.[15]

Dass ein Elternteil den anderen nicht abwerten oder keine Fragen über den anderen stellen darf, ist im Kontext begleiteter Umgang immer ein Thema in der Beratung, unabhängig von der Umgangssprache oder von der Migrationsbiografie der Eltern. Die Begleitung eines Umgangs in einer Sprache, die die begleitende Person nicht beherrscht, erfordert allerdings eine sehr gute Beobachtung der Umgangssituation, um gegebenenfalls zu intervenieren, falls das Kind verunsichert oder auffällig wirkt. Die Erfahrung zeigt, dass die meisten Eltern und Kinder zeitweise auch Deutsch sprechen, insbesondere wenn die begleitende Person im Raum ist.

## 2. Herkunftsfamilien – Arbeiten mit Genogramm oder Nachstellen mit Figuren

Wissen über die Herkunftsfamilien der Eltern kann wertvolle Information für den Beratungsprozess liefern. Um mehr über die Herkunftsfamilien zu erfahren, werden das Genogramm oder Aufstellungen mit Holzfiguren oder Stofftieren angewandt. Diese Methoden regen die Ratsuchenden zum Erzählen an und mit Hilfe gezielter Fragen machen sie auf nonverbale Weise Hierarchien, Abhängigkeiten, Verantwortlichkeiten und Konflikte in den Familien sichtbar. Zugleich werden Unterschiede zwischen den Herkunftsfamilien verdeutlicht. Diese darstellenden Methoden ermöglichen Ratsuchenden, auch jenen mit geringen Sprachkenntnissen, einen besseren Zugang zu dem Thema.

---

14 Verband binationaler Familien, Familiäre Mehrsprachigkeit – die vergessene Ressource 2014, S. 1.

15 Für weitere Informationen bezüglich Mehrsprachigkeit siehe auf der Webseite Verband binationaler Familien und Partnerschaften Frankfurt, www.verband-binationaler.de/ (> Themen > Mehrsprachigkeit) und Verband binationaler Familien, 2010.

Anschließend können weitere zukunftsorientierte Fragen gestellt werden. Welche Erwartungen haben die Eltern aneinander? Wie wollen sie ihr gemeinsames Elternsein gestalten? Wer übernimmt welche Versorgungs- oder Erziehungsaufgaben? Wie wichtig ist der Kontakt des Kindes mit Familienangehörigen? Wie soll dieser Kontakt gestaltet werden?

Welche Haltung haben die Berater:innen zu ihren eigenen Familien oder zu Familie im Allgemeinen? Darüber zu reflektieren und der Versuchung zu widerstehen, die Einflüsse der Herkunftsfamilien als ausschließlich problematisch zu betrachten, kann für den Beratungsprozess von Vorteil sein. Falls jedoch Familienkonflikte zu sehr im Vordergrund stehen und negative Auswirkungen auf die Interaktion zwischen den Eltern und dadurch auf das Kind haben, ist es hilfreich, diese Auswirkung mit den Eltern zu reflektieren.

### *Zu Fallbeispiel 3*

*Der Konflikt zwischen Sevils und Maliks Herkunftsfamilien eskalierte so weit, dass sie den Kontakt untereinander komplett abbrachen. Das führte auch zu einem Kind-Vater-Kontaktabbruch. Sevil und Malik machten sich gegenseitige Vorwürfe, die eigentlich den jeweiligen Familien galten. Mit einer Nachstellung der Familien mit Stofftieren wurde ihnen die negative Auswirkung des Konfliktes auf das Kind bewusst. Sie erarbeiteten, wie sie zu ihren Familien stehen und trotzdem ihr Kind vor dem Konflikt schützen können.*

## 3. Geschlechterrollen

Migrantische Väter fühlen sich oft abgestempelt und unverstanden. Väter werden in ihrer Wahrnehmung von vornherein als die Schuldigen an Konflikten betrachtet und ihre „Herkunft" oder Religionszugehörigkeit (z.B. Muslime) wird mit frauenfeindlichem Verhalten assoziiert.[16] Die meisten umgangsberechtigten Elternteile im begleiteten Umgang sind Väter. Unabhängig von ihren Anteilen an den Konflikten haben viele Väter das Gefühl, dass sie im Trennungsprozess schlecht wegkommen. Sie berichten über falsche Zuschreibungen, Unterstellungen von mangelnder Erziehungskompetenz oder darüber, als eine Gefahr für das Kindeswohl betrachtet zu werden.

In der Arbeit mit den Vätern ist es wichtig,

- Vorurteile bezüglich Geschlechterrollen abzulegen oder zumindest sich der eigenen Vorurteile bewusst zu sein,
- die Anliegen und Ziele der Väter ausreichend zu berücksichtigen,
- die Beteiligung der Väter an der Erziehung der Kinder individuell zu erfragen,
- positive Aspekte, wie z.B. die väterliche Fürsorge, hervorzuheben und wertzuschätzen,
- wenn möglich, mit einer Beraterin und einem Berater mit der Familie zu arbeiten.

16 Großer-Kaya/Karadeniz/Treichel, 2014, S. 19, 24–25.

Unangemessene Verhaltensweisen, wie z.B. Gewalt, werden selbstverständlich nicht akzeptiert. In Fällen von häuslicher Gewalt sind die Übernahme von Verantwortung und die Bereitschaft, das eigene Handeln zu verändern, Voraussetzung für einen gelingenden Beratungsprozess.

## 4. Das Familienmodell – Umgang mit anderen Familienangehörigen

In der Beratung begegnen wir unterschiedlichen Verständnissen von Familie, z.B. autonomieorientiert versus verbundenheitsorientiert, die Orientierung auf die Kleinfamilie gegenüber der Orientierung und Einbindung in eine weitverzweigte Herkunftsfamilie. Viele Ratsuchende leiden darunter, dass nicht nur sie das Kind lange nicht gesehen haben, sondern auch ihre Herkunftsfamilie, z.B. Großeltern, Tanten und Onkel. Im Kontext begleiteter Umgang ist es wichtig, zusammen mit dem umgangsberechtigten Elternteil Prioritäten zu setzen und den Kontakt zwischen dem Elternteil und dem Kind in den Vordergrund zu stellen. Dennoch darf die Wichtigkeit der Familie nicht außer Acht gelassen werden. Bei langanhaltenden Beratungsprozessen kann es sogar hilfreich sein, den Umgangskontakt oder die Beratung gelegentlich um andere Familienangehörige zu erweitern. In Abstimmung mit den Eltern und dem Kind können während des Umgangskontaktes kurze Video-Telefonate mit anderen Familienangehörigen stattfinden.

### *Zu Fallbeispiel 1*

*Beim ersten Umgangskontakt stand Jeevan vor der Tür, begleitet von seiner Schwester, seinem Schwager und zwei Neffen. In diesem Fall war ein schnelles Handeln notwendig. Die Familie musste schnellstmöglich weggehen, bevor Lali und Tamina kamen. Mit dem Versprechen, nach dem Umgang mit ihnen zu sprechen, um zu erklären, warum sie nicht dabei sein dürfen, ging die Familie ohne Problem weg. Jeevan war offensichtlich sehr verlegen und es stellte sich später heraus, dass die Familie ihn, ohne sein Einverständnis, begleitet hatte.*

*Nach dem Umgang nahm sich die beratende Person Zeit, um mit der Familie zu sprechen. Die Familie erzählte, wie sehr sie Tamina vermisse und wie wichtig es ihr sei, in einer solchen Situation als Familie zusammenzuhalten. Die beratende Person würdigte, dass die Familie Jeevan begleitete, und zeigte volles Verständnis, dass sie Tamina vermisse, aber die Priorität liege jetzt bei dem Kontakt Vater-Tochter. Gleichzeitig wurden Hoffnung und Zuversicht vermittelt, dass die Eltern mit der Hilfe der Beratungsstelle eine gute Lösung für die Zukunft finden werden.*

*Später wurde Jeevans Schwester in zwei Beratungssitzungen miteinbezogen. Folgende Themen wurden besprochen:*

- *Nach so langer Trennung gestaltet sich der Kontakt Vater-Tochter nicht einfach. Der Ablauf muss mit allen Beteiligten (Kind, Mutter und Vater) sehr gut vorbereitet werden.*
- *Als Erstes muss Vertrauen zwischen Kind und Vater entstehen. Die Präsenz anderer Familienangehöriger kann eine Überforderung für das Kind darstellen.*
- *Wenn die Umgangskontakte gut eingespielt sind, kann auch die Familie mitkommen, z.B. zuerst die Schwester. Dies muss aber vorher gut abgestimmt werden.*

- *Die Familie kann dazu beitragen, dass die Eltern eine gute Lösung finden.*
- *Die Familie muss respektieren, dass Lali zurzeit keinen Kontakt mit ihnen haben möchte.*

*Die Schwester kam später zu zwei Umgangskontakten dazu. Davor wurde sowohl der Kontakt mit Tamina vorbereitet als auch die Begegnung mit Lali. Während der Vater mit der Tochter im Spielzimmer spielte, sprachen die beiden Frauen miteinander. Die Schwester sicherte Lali zu, dass die Familie Tamina nur sehen wolle, nie mitnehmen werde. Diese Begegnung wirkte sich auf den Beratungsverlauf positiv aus.*

## 5. Begegnung der Eltern – Arbeit mit Geschichten und Rollenspiele

Viele Eltern in Trennung und Scheidung sind nicht in der Lage, sich höflich zu begrüßen oder miteinander zu sprechen. Für den Beratungsverlauf ist es wichtig, zu verstehen, was dazu geführt hat. Es ist empfehlenswert, mit den Eltern zu erarbeiten, wie sich die Unterlassung der Begrüßung oder eine feindselige Begegnung auf das Kind auswirkt, und zu überlegen, welche Schritte ihnen hinsichtlich einer höflichen oder freundlichen Begegnung möglich sind. Die Arbeit mit Geschichten kann helfen, den Eltern ihr Verhalten indirekt zu spiegeln, und Anregungen für eine Verhaltensveränderung liefern. Die Geschichte wird bei Bedarf an das Sprachniveau der Ratsuchenden angepasst.

### *Zu Fallbeispiel 1*

*Lali würde Jeevan am liebsten nie mehr sehen. Sie wisse, dass er sehr böse auf sie sei, weil sie ihn verlassen habe. Sie habe Angst vor einer direkten Begegnung.*

*Beiden Eltern wurde die unten wiedergegebene Geschichte erzählt, um ein Bewusstsein dafür zu schaffen, welche Auswirkung ihr Umgang miteinander auf Tamina und auch auf sie selbst hat. Beide waren zunächst nachdenklich und später traurig. Sie merkten, wie bedrohlich ihre feindliche Haltung von Tamina empfunden werden kann.*

„Der Tempel der tausend Spiegel

Einst kam ein Hund in den Tempel der tausend Spiegel und erblickte tausend andere Hunde, die ihn anschauten. Da begann er unruhig zu werden und sich misstrauisch umzuschauen, und tausend andere Hunde wurden unruhig und schauten sich misstrauisch um. Da begann er die Augenbrauen zusammenzuziehen und zu knurren, und tausend andere Hunde zogen die Augenbrauen zusammen und knurrten.

Da begann er wütend zu werden und fletschte die Zähne, und tausend andere Hunde wurden wütend und fletschten die Zähne. Da begann er zu bellen und versuchte zähnefletschend zuzubeißen, und tausend andere Hunde begannen zu bellen und versuchten zähnefletschend zuzubeißen. Da packte ihn die Angst, und er stürzte in Panik aus dem Tempel.

Ein weiterer Hund kam in den Tempel der tausend Spiegel und erblickte tausend andere Hunde, die ihn anschauten. Da erhob er erfreut den Kopf, und tausend andere Hunde hoben erfreut den Kopf. Da begann er freundlich zu schauen, und tausend andere Hunde schauten ihn freundlich an. Da begann er voller Freude mit dem Schwanz zu wedeln, und tausend andere Hunde wedelten voller Freude mit dem Schwanz."[17]

Eine andere Möglichkeit, den Eltern ihre Interaktion lebhaft zu spiegeln, bietet die Anwendung von Rollenspielen. Das ist möglich, wenn die Beratung durch eine Beraterin und einen Berater erfolgt. Die Rollenspiele eignen sich sehr gut in der Arbeit mit Menschen mit geringen Deutschkenntnissen, da Körpersprache, Mimik und Humor zum Einsatz kommen. Eine Situation spielerisch zu erleben, hilft den Ratsuchenden, andere Perspektiven einzunehmen. Der Einsatz von Humor bei Rollenspielen sollte dabei nicht vernachlässigt werden. Das Miteinanderlachen führt zur Entspannung und ermutigt die Ratsuchenden, neue Verhaltensweisen in Einzelsitzungen zu probieren und zu üben.

### *Zu Fallbeispiel 1*

*Mit Hilfe von Rollenspielen übten Lali und Jeevan die Übergabe der Tochter. Für die Tochter suchten sie sich eine große Puppe aus. Zwei Erlebnisse waren für die Eltern besonders wichtig:*

- *Jeevan machte am Anfang einen abweisenden und verschlossenen Gesichtsausdruck. Seine Körperhaltung war ebenfalls verschlossen. Das Spiegeln seiner Mimik und Gestik durch eine beratende Person brachte ihn so zum Lachen, dass er Spaß daran entwickelte, andere Haltungen zu probieren und zu üben.*
- *Lali wollte die Tochter zum Vater nicht begleiten, sondern sie aus einer großen Entfernung entlassen. Eine der beratenden Personen spiegelte ihr Verhalten, indem sie ihr die Puppe zuwarf. Sie war zunächst beleidigt, weil sie empfand, dass sie die Tochter nicht auf diese Weise behandelt hatte. Bei der folgenden Sitzung erzählte sie, wie die gespielte Situation sie immer noch beschäftige. Sie wolle versuchen, die Tochter aus einer geringeren Entfernung an den Vater zu übergeben. Die beratende Person ermutigte Lali, sich zunächst nur zu beobachten und nicht sofort etwas zu ändern.*

## 6. Verhalten gegenüber dem anderen Elternteil

Die Kooperationsfähigkeit zwischen den Eltern ist am Anfang der Beratung oft sehr eingeschränkt. Gegenseitige Vorwürfe, gegenseitige Abwertungen, die Leugnung der Wichtigkeit des Kontaktes zum anderen Elternteil liegen häufig vor. Die Eltern sind oft nicht fähig, Verständnis füreinander zu entwickeln oder sogar die schwierige Situation des Kindes zu erkennen oder die negativen Auswirkungen ihrer Konflikte auf das Kind wahrzunehmen. Grundsätzliches Ziel der Beratung ist immer, das Wohl und die Bedürfnisse des Kindes in den Vordergrund zu stellen. Die Berater:innen sind in diesem Sinn für das Kind parteiisch.

Eine hilfreiche Methode, diese Situationen jeweils mit einem Elternteil zu bearbeiten, ist die Teilearbeit mit Tierfiguren nach *Aichinger*.[18] Der Elternteil sucht jeweils ein Tier für sich und ein Tier für den anderen Elternteil aus, z.B. ein Schaf und ein Pferd. Für das Kind wer-

17 Holdt/Schönherr, 2015, S. 47.
18 Aichinger, 2013, S. 77–78, 232–236.

den zwei Tierkinder, die den Tieren der Eltern entsprechen, ein Lamm und ein Fohlen, genommen. „Zunächst können die Eltern nicht abstreiten, dass ihr Kind väterliches wie mütterliches Erbgut mitbekommen hat. Indem ich dafür Tierfiguren wähle, wird auch auf einer emotionalen Ebene Eltern einsichtig, dass ihr Kind immer beide Elternteile in sich vereinigt und dass ihr Kind für eine gesunde Persönlichkeitsentwicklung daher auf zwei emotional tragfähige Elternbeziehungen angewiesen ist." Es wird dem umgangsgewährenden Elternteil bewusst, dass bestimmte Bedürfnisse des Kindes nur von dem umgangsberechtigten Elternteil erfüllbar sind. Das Fohlen z.B. kann nur mit dem Pferd das Galoppieren lernen. Mit dieser Methode wird dem jeweiligen Elternteil auch bewusst, dass eine Abwertung des anderen Elternteils auch eine Abwertung des Kindes ist oder dass eine Aggression gegen den anderen Elternteil auch eine Aggression gegen das Kind ist. Mit den Tierfiguren wird das Problem externalisiert und visualisiert. Das Problem wird nicht an den Eltern festgemacht, sondern an ihrem Konfliktverhalten. Mit den Tierfiguren werden die negativen Auswirkungen auf das Kind ohne viele Worte eindrucksvoll verstanden. Deswegen eignet sich diese Methode auch sehr gut für Menschen mit geringen Deutschkenntnissen.

Eine diskriminierende Haltung und Rassismus können zwischen den Eltern bei allen Familienkonstellationen vorkommen. Dies sind besonders verletzende Formen von Abwertung, die in der Konflikteskalation als zusätzliche Waffen verwendet werden können. Wenn betroffene Ratsuchende darüber sprechen oder wenn die Berater:innen diskriminierende oder rassistische Verhaltensweisen wahrnehmen, können diese Themen ebenfalls gut mit den Holztieren bearbeitet werden.

## 7. Angst vor Kindesentführung

Die Angst vor einer Kindesentführung kommt häufig in Trennungsverläufen bei Familien mit Migrationsbiografie vor. Ein Elternteil hat Angst, der andere Elternteil könnte das Kind ins Heimatland entführen. Diese Angst muss immer ernst genommen und in der Beratung bearbeitet werden. Wenn diese Angst sehr ausgeprägt und dominant ist, wird eine gesonderte Beratung zum Thema Kindesentführung mit einer dafür spezialisierten Person durchgeführt.[19]

Einige Eltern haben Angst, dass das Kind während des Umgangskontakts entführt werden könnte. Die absolute Sicherheit kann nie gegeben werden. „Die Risikoabwägung kann im Einzelfall sehr schwierig sein. Die Vorgeschichte, die Fragen nach möglichen Motiven für eine Kindesentführung, vorausgehende Drohungen können helfen, zu einer Einschätzung zu gelangen."[20] In den meisten Fällen hilft die detaillierte Planung des Umgangskontaktes dem umgangsgewährenden Elternteil, ein Sicherheitsgefühl zu entwickeln und die Angst vor einer Kindesentführung abzubauen.

19 In der Münchener Regionalstelle des Verbands binationaler Familien wird Hilfestellung bei befürchteter oder vollzogener internationaler Kindesentführung angeboten.

20 Sitorus, in: Verband binationaler Familien, 2008, S. 46.

### *Zu Fallbeispiel 1*

*Lali hat große Angst, Jeevan könnte seine Tochter mitnehmen und ins Heimatland entführen. Dort hätte sie keine Chance, die Tochter wiederzubekommen. Lali erzählt glaubhaft, dass dort, wo sie herkomme, eine Trennung, insbesondere durch eine Frau initiiert, nicht akzeptiert werde. Sie kenne einen Fall, in dem das Kind von der Familie des Mannes genommen worden sei, um Druck auf die Frau auszuüben. Den Druck habe die Frau nicht aushalten können und sie sei zurückgekommen, zunächst zu der Familie des Mannes, später zu dem Mann. Auch Jeevans Familie habe versucht, ihr Tamina wegzunehmen. Auch sie würde es nicht aushalten, ihre Tochter zu verlieren. Diese Angst war bei Lali sehr lange präsent und ließ sich erst später im Beratungsverlauf reduzieren:*

- *nach einer Beratung zum Thema Kindesentführung,*
- *nachdem die Scheidung rechtskräftig war,*
- *nachdem Jeevan ihr glaubhaft zusicherte, dass er in Deutschland weiterleben und keine Probleme haben möchte und dass er Tamina niemals ohne ihr Einverständnis irgendwohin mitnehmen würde,*
- *nachdem Jeevans Schwester ihr zusicherte, Tamina von ihr nicht wegnehmen zu wollen,*
- *nachdem Jeevan sie als Mutter wertschätzte.*

### *Zu Fallbeispiel 2*

*Oluwa hatte Rosi gedroht, Michael mitzunehmen. Es ließ sich sehr schnell klären, dass diese Aussage im Affekt gemacht wurde und nicht ernst gemeint war. Oluwa würde seinen Aufenthalt in Deutschland riskieren, was er auf keinen Fall wollte.*

## 8. Aufenthaltsstatus

Einige Ratsuchende haben einen unsicheren Aufenthaltsstatus. Das stellt für sie eine große Belastung dar, da „eine Teilhabe am gesellschaftlichen Leben nahezu unmöglich" ist.[21] Einige umgangsgewährende Elternteile unterstellen dem anderen Elternteil, kein Interesse an dem Kind zu haben, sondern nur eine Aufenthaltserlaubnis erlangen zu wollen. Die Berater:innen nehmen den Vorwurf oder die Sorge zur Kenntnis, lenken aber den Fokus auf das Kind und auf die aufzubauende Beziehung zwischen Kind und umgangsberechtigtem Elternteil.

Hilfreiche Fragen sind z.B.:

- *Was wäre gut für Ihr Kind im Kontakt mit dem anderen Elternteil?*
- *Was wünschen Sie sich von dem anderen Elternteil?*
- *Was müsste passieren, damit Sie Ihre Meinung ändern können?*

21 Abdallah-Steinkopff, 2018, S. 18.

## 9. Werte und Ziele der Erziehung

In der Abschlussphase des begleiteten Umgangs steht im Vordergrund die Befähigung der Eltern, den Umgang und die Sorge für ihr Kind selbstständig zu organisieren. In den meisten Fällen werden die Punkte, auf die sich die Eltern geeinigt haben, in Form einer Elternvereinbarung festgehalten. Im Rahmen der Elternvereinbarung werden Umgangsregeln vereinbart und über die Aufteilung der elterlichen Sorge gesprochen. Dabei werden die Erziehungsvorstellungen der Eltern thematisiert.

Bei bikulturellen Familien gibt es in der Regel andere oder zusätzliche Themen, mit denen sich die Eltern auseinandersetzen müssen, im Vergleich zu monokulturellen Familien. Welche Sprachen soll das Kind sprechen? Welche Werte wollen die Eltern weitergeben? Welche Haltung haben die Eltern zur Religion? In welchem Erziehungsstil soll das Kind erzogen werden? Ist die Familie verbundenheits- oder eher autonomieorientiert? Die Differenzen bei den Wertvorstellungen in interkulturellen Familien können größer sein als bei monokulturellen Familien und deshalb können zusätzliche oder andere Konfliktthemen entstehen. Derjenige Elternteil, der nicht der Mehrheitsgesellschaft angehört, muss in der Regel mehr für seine Werte kämpfen.[22] Die Berater:innen sollten dabei beachten, dass

- ihre eigenen Vorstellungen von guter Erziehung nicht als universell gültig gesehen werden dürfen,
- sie unvertraute Verhaltensweisen und Einstellungen der Eltern als nicht normal und falsch ablehnen,[23]
- sie sich nicht aus Fürsorglichkeit mit dem Elternteil solidarisieren, der der Minderheitsgesellschaft angehört.[24]

In diesem Zusammenhang werden sowohl die individuellen Werte und Ziele der Erziehung der Eltern als auch die Ziele der Erziehung zwischen verschiedenen „Kulturen" thematisiert. Folgende Fragen helfen den Eltern, ihre eigenen Werte und Ziele der Erziehung zu reflektieren.[25] Die Fragen werden bei Bedarf vereinfacht und an den Bildungsstand der Eltern angepasst.

**Individuelle Ziele der Eltern:**

- *Was ist für Sie besonders wichtig und wertvoll in Ihrer Familie und welche Ziele wünschen Sie sich für Ihr Kind?*
- *Welche Werte und Ziele waren Ihren Eltern wichtig?*
- *Was soll Ihr Kind später einmal in seiner eigenen Familie genauso machen?*
- *Welche Stärken und Fähigkeiten, glauben Sie, wird Ihr Kind brauchen, wenn es erwachsen ist? Wie können Sie Ihr Kind dabei unterstützen?*

22 Curvello/Merbach, 2012, S. 57–61.
23 Abdallah-Steinkopff, 2018, S. 55.
24 Kunze, in: Oetker-Funk/Maurer, 2009, S. 55.
25 Abdallah-Steinkopff, 2018, S. 82–83; Chaabane, 2021.

**Erziehung zwischen mehreren Kulturen:**

- *Welche Ziele sind in der Herkunftsgesellschaft wichtig?*
- *Welche Aufgaben waren für Sie in der Herkunftsgesellschaft wichtig?*
- *Welche Aufgaben sind von anderen Familienmitgliedern in der Heimat übernommen worden?*
- *Welche Werte und Ziele sind für Sie in Deutschland in der Erziehung Ihrer Kinder wichtig?*

Alle Eltern lieben ihre Kinder und wollen alles tun, damit es den Kindern gut geht. Es ist erstaunlich, wie viele Gemeinsamkeiten sie trotz unterschiedlicher „Kulturen" finden können.

***Zu Fallbeispiel 3***

*Beide Eltern waren sich einig, dass Omar islamisch erzogen werden sollte. Malik hätte gerne, dass Omar eine Koranschule besucht. Sevil hatte prinzipiell nichts dagegen, aber die ihr bekannten Koranschulen waren ihr zu „konservativ". Die Eltern konnten einen Kompromiss finden, welche islamischen Grundprinzipien in der Erziehung berücksichtigt werden müssen.*

## 10. Feste und Traditionen

In jeder Familie gibt es Feste und Traditionen, die sie beibehalten wollen. Die Abstimmung, welche Feste mit welchem Elternteil wann gefeiert werden, ist auch Teil der Elternvereinbarung. Die Ratsuchenden werden ermutigt, ihre Traditionen weiterhin zu pflegen und die entsprechenden Feste zu feiern. Wenn die Eltern unterschiedliche religiöse Orientierungen haben, werden sie ermutigt, mit dem Kind alle wichtigen Feste beider Religionen zu feiern und dies als Bereicherung für das Kind zu sehen. Bei Bedarf werden die Prinzipien der Religionen betrachtet und meistens finden die Ratsuchenden darin viele Gemeinsamkeiten.

## 11. Essen

Gemeinsame Familienmahlzeiten sind ein wichtiges Ritual. In der Regel bringt der umgangsberechtigte Elternteil Essen für sich und für das Kind mit und sie essen gemeinsam während des begleiteten Umgangs. Das Thema Essen ist ein wiederkehrendes Thema in der Beratung. Abgesehen von unterschiedlichen Vorstellungen über gesundes Essen (z.B. keine Süßigkeiten) oder Ernährungsformen (z.B. vegetarisch) gibt es auch „kulturelle" Essensgepflogenheiten (z.B. auf dem Boden sitzen oder mit den Händen essen) oder Regeln (z.B. Halal). Alle diese Vorstellungen sind zu respektieren und zu beachten.

Nicht selten ist seitens eines Elternteils eine diskriminierende oder rassistische Haltung gegenüber dem anderen Elternteil in Bezug auf Essen zu beobachten. Auf dem Boden sitzen oder mit den Händen essen wird von vielen Menschen als „unzivilisiert" betrachtet. Das Thema wird mit den Eltern ausführlich bearbeitet, mit folgenden Zielen:

- eine Ernährungsform für das Kind zu vereinbaren, die die „kulturellen" und/oder religiösen Essensgepflogenheiten berücksichtigt und respektiert,

- diskriminierende Haltungen zu reflektieren und möglichst abzulegen,
- Vereinbarung von Ausnahmen oder Tabus.

Der Wert der Gastfreundschaft in Bezug auf Essen kann eine große Rolle beim begleiteten Umgang spielen. Für einige Ratsuchende ist es selbstverständlich, dass die begleitende Person mitisst. Das kann verunsichernd wirken, da das gemeinsame Essen mit den Ratsuchenden in Konflikt mit der professionellen Distanz stehen könnte. Wenn es der begleitenden Person gelingt, sich auf das Wertesystem der Ratsuchenden einzulassen, kann das gelegentliche gemeinsame Essen für den Beratungsprozess hilfreich sein. Die Ratsuchenden empfinden diese Geste als eine große Wertschätzung und Vorbehalte gegenüber der Maßnahme begleiteter Umgang können abgebaut werden. Die professionelle Distanz wird dadurch nicht automatisch durchbrochen, sondern durch die Reflexion des eigenen Verhaltens wird diese aufrechterhalten oder wiederhergestellt.

## 12. Geschenke

Die Größe und die Menge der Geschenke können auch soziokulturell bedingt sein. Dieses Thema stellt für die Berater:innen eine große Herausforderung dar, insbesondere wenn die Vorstellungen der Eltern sich sehr stark voneinander unterscheiden. Die Berater:innen müssen „kultursensibel" damit umgehen und sich ihrer eigenen Haltung und Prägung zum Thema „Geschenke" bewusst werden. Ihre eigenen Vorstellungen von guter Erziehung dürfen nicht als universell gültig gesehen werden.

Einige umgangsgewährende Elternteile empfinden, dass der andere zu viele oder zu große Geschenke macht. Andere empfinden das Gegenteil. Das gegenseitige Verständnis für die Bedeutung von Geschenken für den jeweiligen Elternteil sowie der Umgang mit Geschenken in den jeweiligen Herkunftsfamilien erweitert die Bereitschaft, eine gute Lösung für das gemeinsame Kind zu finden. Ebenso muss die finanzielle Lage der Eltern berücksichtigt werden. In den meisten Fällen können die Eltern sich einigen, zu welchen Anlässen große Geschenke gemacht werden. Die Freude des umgangsberechtigten Elternteils am Schenken darf zwar nicht unterbunden werden, aber die Bedürfnisse des Kindes sollen auch hier in den Mittelpunkt gestellt werden und die Eltern sollen sich abstimmen, welche Geschenke für das Kind angemessen und nützlich sind.

### *Zu Fallbeispiel 1*

*Jeevan hatte ein starkes Bedürfnis, viele und große Geschenke zu machen. Darauf angesprochen, erklärte er, dass seine „Kultur" ihn dazu verpflichte, auch wenn er wenig Geld habe.*

- *Wenn er jemand besuche, müsse er ein Geschenk mitbringen. Er müsse also ein Geschenk mitbringen, wenn er Tamina besuche.*
- *Geschenke seien für ihn Zeichen der Liebe und der Zuwendung. Die Tochter solle wissen, dass er sie liebe und dass er bereit sei, ihre Wünsche zu erfüllen.*
- *Ein Vater müsse seine Tochter beschenken, sonst wäre er kein guter Vater. Außerdem müsse er vieles nachholen, nachdem er so viele Anlässe für Geschenke verpasst habe.*

*Lali hat sich über die Geschenke für die Tochter gefreut, es war ihr aber irgendwann zu viel. Mit Humor wurde das Thema angesprochen: „Entweder zahlt Jeevan für eine größere Wohnung oder er muss die Menge der Geschenke reduzieren." Darüber hinaus hat sich etabliert, dass Lali Jeevan informiert, was Tamina gerade braucht, z.B. Kleidung, Schul- oder Sportmaterial.*

***Zu Fallbeispiel 3***

*Malik hat sehr wenig Geschenke für Omar gekauft, was Sevil enttäuschte und als mangelnde Zuwendung empfand. Es stellte sich heraus, dass Malik sehr gerne mehr Geschenke für Omar gekauft hätte, aber er befand sich in einer schwierigen finanziellen Situation. Außerdem war die Fahrt zum Treffen mit Omar sehr teuer. Sevil und Malik haben sich geeinigt, dass Malik zum Umgang nur Kleinigkeiten mitbringen würde. Für wichtige Anlässe, wie z.B. Geburtstag oder Zuckerfest, würden sie sich gemeinsam abstimmen, was Malik Omar schenken könnte.*

## VIII. Weiterführende Hilfe für Eltern mit Migrationsbiografie

In einigen Fällen können nach dem begleitetem Umgang weiterführende Maßnahmen zur Stärkung der Elternkompetenzen sinnvoll sein. Beispiele sind:

- Kinder im Blick für interkulturelle/bikulturelle Eltern in Trennung und Scheidung beim Verband binationaler Familien Regionalstelle München
- Interkulturelle Kinder- und Elterngruppe bei Trennung und Scheidung beim Verband binationaler Familien Regionalstelle München
- Projekt „Papa kann das – Abu, Baba, Tata auch!" beim Verband binationaler Familien Regionalstelle Frankfurt
- Projekt Fachzentrum Mehrsprachigkeit beim Verband binationaler Familien Regionalstelle Frankfurt
- Muttersprachliches Elterntraining bei Refugio München

## IX. Fazit

Menschen, die „mit Migrationshintergrund" oder „aus einem anderen Kulturkreis" gekennzeichnet werden, sind im *„Alltagsleben oft Vorurteilen, negativen Zuschreibungen und Verallgemeinerungen ausgesetzt. (…) Die Vielfalt ihres Lebensalltags und ihre Potenziale (…) werden genauso wenig wahrgenommen wie ihre individuellen Perspektiven, Ressourcen und Anpassungsleistungen"*.[26] Strukturelle Diskriminierungen und Rassismus erschweren die Lebenssituation von Menschen mit Einwanderungsgeschichte und lassen sie vielfältige Benachteiligungen erfahren. Einige Ratsuchende dürfen nur eingeschränkt am gesellschaftlichen Leben teilhaben. Selten erfahren sie Anerkennung für die mitgebrachten Kompetenzen oder Ressourcen.

26 Mappala, in: Verband binationaler Familien (Hrsg.), Jahresbericht 2020, S. 14.

Eine diversitätssensible Beratung im Kontext begleiteten Umgangs muss auch die Migrationsbelastungen der Ratsuchenden berücksichtigen, weil diese den Verlauf des begleiteten Umgangs auf verschiedene Art und Weise beeinflussen können. Die Berater:innen sollten dabei darauf achten, dass Themen, die außerhalb ihres Kompetenzbereichs liegen, nicht zu viel Raum einnehmen. Bei Bedarf sollten die Ratsuchenden auf andere Beratungs- und Hilfsangebote hingewiesen werden. Eine diversitätssensible Beratung muss darüber hinaus die persönlichen Kompetenzen und Ressourcen der Ratsuchenden sowie ihre migrationsbedingten Ressourcen berücksichtigen. Dabei ist sehr wichtig, diese anzuerkennen und wertzuschätzen.

Der Faktor Zeit darf in der Arbeit mit Menschen mit Migrations- oder Fluchtbiografie nicht vernachlässigt werden. Die Berater:innen sollten sich daher auf längere Beratungsprozesse einstellen.

In den Fallbeispielen wurden einige häufig vorkommende Themen behandelt. Es gibt allerdings kein Patentrezept oder keine Anleitung, wie eine beratende Person mit diesen Themen umgehen soll. Jede Familie, jedes Kind, jeder Vater, jede Mutter ist einzigartig und bringt eine spezielle und einmalige Konstellation mit, die individuell betrachtet und begleitet werden muss. *„Das Wohl des Kindes als handlungsleitendes Ziel muss für jedes Kind im konkreten Einzelfall immer wieder neu definiert werden."*[27]

27 Prinz/Klinhammer in: Klinkhammer/Prinz (Hrsg.), 2017, S. 191

# E Trauma und Begleiteter Umgang

*Bettina Müller*

**Übersicht** Seite



## Vorbemerkungen

Kinder, die im Begleiteten Umgang Mutter oder Vater in Anwesenheit eines Umgangsbegleiters treffen, haben meist in der Vergangenheit belastende Erfahrungen in der Familie gemacht wie z.B. Vernachlässigung, psychische Erkrankung eines Elternteils oder häusliche Gewalt.

Inwieweit die früheren Erfahrungen für ein Kind ein Trauma waren und das Kind in der Folge ein posttraumatisches Belastungssyndrom entwickelt hat, bleibt bisher oft bei den Überlegungen, einen Begleiteten Umgang einzurichten, unbeachtet. „Das Kind soll doch nur geschützt seine Eltern beim Umgang treffen." Diese Aussage wischt alle Zweifel einer möglichen Schädigung für das Kind durch die Treffen im Begleiteten Umgang weg.

Die möglichen seelischen Verletzungen des Kindes durch den Kontakt bleiben unberücksichtigt.

In unserer Praxis stellt sich dabei immer öfter die Frage, inwieweit das Angebot des Begleiteten Umgangs zu einer Retraumatisierung der Kinder beiträgt (siehe „Kind im Zentrum" Kapitel 5 G).

Darum ist es von entscheidender Bedeutung, dass alle Fachkräfte, die einen Begleiteten Umgang verantworten oder umsetzen, Kenntnisse über die Auslöser eines Traumas, seine psychischen und physiologischen Folgen und die Traumaanzeichen bei Kindern haben. Dies wird im ersten Abschnitt des Kapitels dargestellt.

Im zweiten Teil geht es um die Umsetzung eines traumasensiblen Begleiteten Umgangs in der Praxis.

# I. Grundlagen

## 1. Was ist ein Trauma?

### *Definition*

▶ *Ein Trauma (altgriechisch: Wunde) bezeichnet ein „vitales Diskrepanzerlebnis zwischen bedrohlichen Situationsfaktoren und den individuellen Bewältigungsmöglichkeiten, das mit Gefühlen von Hilflosigkeit und schutzloser Preisgabe einhergeht und eine dauerhafte Erschütterung von Selbst- und Weltverständnis bewirkt"*[1].

Bei dieser Definition wird deutlich, dass Kinder besonders verletzlich sind, wenn sie traumatisierenden Situationen ausgesetzt sind: Die Bewältigungsfähigkeiten der Kinder entwickeln sich erst im Laufe ihres Lebens durch die Interaktion mit ihren Bindungspersonen und durch ihre eigenen Erfahrungen, die sie mit der Welt machen.

*Scheuer-Englisch*[2] beschreibt folgende Merkmale von traumatischen Erfahrungen bei Kindern:

> „Es handelt sich um eine einmalige oder fortdauernde Erfahrung,
>
> - die zu einer psychischen Verletzung führt,
> - die für das Kind überwältigend und mit seinen physischen und psychischen Möglichkeiten nicht kontrollierbar ist,
> - die Todesangst und Angst vor Vernichtung des physischen oder psychischen Selbst auslöst
> - und bei der das Kind in der Situation auf niemanden zurückgreifen kann, bei dem es Schutz oder Hilfe erfährt.
>
> Als traumatisch erlebte Ereignisse können bei fast jedem Menschen eine tiefe seelische Erschütterung mit der Folge einer Überforderung des angeborenen biologischen Stresssystems verursachen. Somit wirkt sich ein Trauma nicht nur seelisch, sondern auch körperlich aus. Die Überflutung des Gehirns im Rahmen einer überwältigenden Stressreaktion behindert die angemessene Verarbeitung des Erlebten mit der Folge, dass der Betroffene die gemachte

1 Fischer/Riedesser, 2003, S. 22.
2 Scheuer-Englisch, 2002, S. 66 ff.

Erfahrung nicht wie gewohnt in seinen Erlebnisschatz integrieren und dann wieder Abstand davon gewinnen kann.

Dieser Umstand kann dazu führen, dass der Organismus auf einem erhöhten Stressniveau verharrt und charakteristische Folgebeschwerden entwickelt."[3]

**Typ-I- und Typ-II-Trauma**: *Terr*[4] unterscheidet zwischen Traumata nach Typ I und Typ II:

| Ereignis-faktoren | Typ-I-Trauma *(einmalig/kurzfristig)* | Typ-II-Trauma *(wiederholt/langfristig)* |
|---|---|---|
| **interpersonelles Trauma** *(man made)* | • sexueller Übergriff<br>• körperliche Gewalt<br>• kriminelle Gewalt (z.B. Raubüberfall) | • lang anhaltende oder wiederholte sexuelle und/oder körperliche Gewalt<br>• Kindesmisshandlung<br>• Kriegserleben, Folter, politische Haft |
| **akzidentelles Trauma** | • Verkehrsunfälle<br>• Naturkatastrophen | • lang andauernde Katastrophen |

Kinder, die sexualisierte, körperliche, emotionale, häusliche Gewalt oder Vernachlässigung in der Familie (Typ-II-Trauma) erlebt haben, sind von innerfamiliärer Traumatisierung betroffen. Die Bindungspersonen, die für Geborgenheit und Schutz sorgen sollen, werden zu Aggressoren gegenüber dem Kind oder einer anderen nahen Person. Je näher das Kind der Person steht, die das Trauma verursacht, desto schwerer sind die Folgen. Wiederholte, lang andauernde Traumata in der Kindheit wie Gewalt, Vernachlässigung oder massiver Elternkonflikt schädigen Kinder in viel höherem Maße als ein einmaliges Trauma im Erwachsenenalter.

„Die Entwicklung eines Kindes kann stagnieren, da das betroffene Kind häufig all seine Entwicklungskräfte benötigt, um sich dem traumatischen Geschehen anzupassen und sowohl körperlich als auch psychisch zu überleben. Chronische Traumatisierungen in der Kindheit führen im Erwachsenenalter zu vielfältigen Störungsbildern, die sich nur unzureichend mit der Diagnose einer Posttraumatischen Belastungsstörung abdecken lassen."[5]

Traumatisierungen des Typs II sind in den meisten Fällen Beziehungstraumata (interpersonelle Traumata, siehe Tabelle oben)[6], die von nahestehenden Bezugspersonen ausgelöst werden. Diese Traumatisierungen bedeuten eine besonders starke Verletzung des Vertrauens in zwischenmenschliche Beziehungen. Kinder verlieren in der Folge ein fundamentales Gefühl von Geborgenheit, Sicherheit und vom Bewusstsein des eigenen Wertes.[7]

Häufig werden Typ-II-Traumata von den Kindern nicht erinnert.

3 www.degpt.de/informationen/fuer-betroffene/trauma-und-traumafolgen/ (Abruf: 15.3.2023).
4 Terr, 1995, S. 10 ff.
5 Fischer/Riedesser, 2020, S. 250 f.
6 Fischer/Riedesser, 2003, S. 326 ff.
7 Fischer/Riedesser, 2003, S. 326 ff.

## 2. Wie reagiert der Körper?

Ein traumatisches Erlebnis löst eine Stressreaktion aus. Menschen stehen drei Reaktionsmuster bei einer Stresssituation zur Verfügung, die evolutionär bedingt sind: Flucht – Angriff – Sich-tot-Stellen.

In dieser Situation ist das Zusammenspiel zwischen dem Hippocampus und der Amygdala wichtig. Der Hippocampus ist die Region, die für das Lernen neuen Wissens und die Einschätzung von neuen Reizen verantwortlich ist. Die Amygdala speichert die Gefühle, die mit diesen Erfahrungen verbunden sind.

Durch das gestörte Zusammenspiel zwischen Amygdala und Hippocampus können traumatische Ereignisse nicht verarbeitet und in einen Gesamtzusammenhang eingeordnet werden. Die Erinnerungen werden als Gefühlszustände, körperliche Reaktionen oder Bilder gespeichert, können aber nicht mit den realen Ereignissen in Verbindung gebracht werden. Die Erinnerung ist zersplittert und kann nicht in das neuronale Netzwerk des Großhirns integriert werden. Durch den fehlenden Prozess der Verarbeitung kann auch keine Einordnung und Distanzierung von der traumatischen Erfahrung als vergangenes Ereignis stattfinden. Stattdessen stehen die Erinnerungen unverbunden nebeneinander und gleichzeitig bestehen Erinnerungslücken zum konkreten Ereignis.

Wird ein Kind zu seinen traumatischen Erfahrungen befragt, wird es gegebenenfalls keine Antwort darauf geben können, auch wenn es an den Folgen einer Traumatisierung leidet. Die unzureichende Verankerung der Erinnerung im Netzwerk des Gehirns ist gerade bei Befragungen von Kindern bei gerichtlichen Verfahren zur Einschätzung einer guten Umgangslösung ein Problem.

## 3. Trauma und kindliche Entwicklung

Erleben Kinder eine traumatische Situation, beeinflusst dies die kindliche Gehirnentwicklung nachhaltig.

*Hüther*[8] beschreibt auf der Grundlage des oben dargestellten Konzepts die frühkindliche Gehirnentwicklung anhand eines Schichtmodells. Die Neuronen sind zu einem Netzwerk und zu Systemen verschaltet. Der Frontalcortex steuert zielgerichtetes Handeln und das Treffen rationaler Entscheidungen. Das limbische System kontrolliert die Gefühle und speichert Sinneseindrücke. Der Hirnstamm reguliert die vitalen Funktionen wie Herzfrequenz, Atmung, Blutdruck etc.

Eltern und Kindern kann das Zusammenspiel im Gehirn sehr anschaulich z.B. durch das dreiteilige Modell von *Krüger*, das er in seinem Powerbook darstellt, erklärt werden.[9]

Bei Kindern sind der Hirnstamm und das limbische System ausgereift. Im Frontalcortex werden im Verlauf der kindlichen Entwicklung Netzwerke aufgebaut (Plastizität des Gehirns). Dies geschieht auf Grundlage der Erfahrungen des Kindes mit seiner Umwelt (Exploration). Damit das Kind die Welt entdecken kann, benötigt es ein ausreichend aktivierbares Bin-

8 Hüther/Streeck in: Fischer/Sachse/Özkan, 2001, S. 94 ff.
9 Krüger, 2011, S. 44 ff.

dungssystem, das sich durch die Interaktionen mit einer sicherheitsgebenden Bindungsperson entwickelt.

Erleben Kinder eine traumatische Situation, reagieren sie mit einer Notfallreaktion im Hirnstamm und dem limbischen System. Die synaptischen Verschaltungen im Cortex können nicht gebahnt werden, wodurch die Situation nicht in einen Gesamtkontext eingebettet werden kann. Da sich bei Kindern die Netzwerke im Gehirn aufgrund ihres Entwicklungsalters gerade im Aufbau befinden, haben traumatische Erfahrungen, die mit der Störung der Vernetzung von Ereignissen einhergehen, schwerwiegende Folgen auf die Gehirnentwicklung.

Diese Traumareaktion wird dann bei Reizen, die an die traumatische Reaktion erinnern (Trigger), erneut aufgerufen, sodass die Entwicklung der Vernetzung im Cortex dadurch gestört oder verändert wird. Emotionen wie Wachsamkeit, Anspannung und Erregung werden z.B. aktiviert, wenn ein Kind einer zwar ungefährlichen Situation ausgesetzt ist, diese aber bestimmte traumatische Erinnerungen auslöst.

Das Traumaerleben kann das Lernen und die Entwicklung der Kinder stören, da immer wieder Notfallreaktionen aufgerufen werden, die die Aktivierung des Cortex hemmen. Fehlt die Unterstützung der Bindungsperson bei einem Traumaereignis, verankert sich zusätzlich im Gehirn die grundlegende Erfahrung, dass andere Menschen keine Sicherheit bieten können.[10]

Darum ist die Vorstellung vieler Fachkräfte „Das Kind war noch so klein und kann sich an die Gewalt und Misshandlung nicht erinnern. Darum ist es nicht geschädigt" durch die Traumaforschung eindeutig widerlegt.

Das Kind kann tatsächlich das traumatische Ereignis nicht beschreiben, dennoch sind diese Erfahrungen neurologisch und psychisch gespeichert und bestimmen die Reaktionen und das Lernen von Kindern im Alltag.

## 4. Symptome nach einer traumatischen Erfahrung

Im Zusammenhang mit einer traumatischen Situation werden in der Literatur[11] die folgenden Symptome beschrieben; die Symptome lassen sich in die drei Gruppen der Symptome des Wiedererlebens, der Vermeidung und der Veränderung der Erregbarkeit unterscheiden.

### *a. Symptome des Wiedererlebens*

**Albträume:** Kinder können Albträume haben, ohne dass der Inhalt des Traums einen offensichtlichen Bezug zu dem Erlebten hat.

**Intrusionen:** Wiederkehrendes, unfreiwilliges, belastendes Erinnern und Wiedererleben einer Traumasituation. Manche Kinder drücken diese Erinnerungen in einem repetitiven Spiel aus.

10 Vgl. Hüther/Streeck in: Fischer/Sachse/Özkan, 2001, S. 94 ff.

11 Reddemann/Dehner-Rau, 2020, S. 30 ff.; Ford/Courtois in: Courtois/Ford, 2011, S. 32–50.

**Flashbacks:** Flashbacks sind meist plötzliche Intrusionen, ausgelöst durch einen Trigger. Die Erinnerung an die traumatische Situation ist so überwältigend, als ob sie real nochmals stattfindet. Der Bezug zur Realität im Hier und Jetzt geht dabei zeitweise verloren.

**Dissoziation:** Die Dissoziation wird als Schutzreaktion, indem man sich von dem Hier und Jetzt löst, beschrieben. *Jegodtka und Luitjens*[12]benennen u.a. folgende Symptome einer Dissoziation:

- Verlust des Zeit- und Raumgefühls,
- fragmentierte Informationsverarbeitung,
- Null-Reaktion auf die Umwelt,
- Bewegungslosigkeit,
- Reduzierung der Schmerzwahrnehmung,
- Verlust des Körpergefühls,
- kein Blickkontakt,
- automatisierte Handlungsmuster,
- keine Erinnerung.

Physiologische Reaktionen in einer Situation, die einen Bezug zum Trauma hat, sind z.B. Zittern, Schmerzen, Schwitzen.

### *b. Vermeidungsreaktionen*

Reaktionen der Vermeidung sind erkennbar, wenn bestimmte Orten, Situationen oder Menschen vermieden werden, die mit dem Trauma verbunden sind.

Zur Vermeidung gehören auch Reaktionen der Distanzierung von Gedanken und Gefühlen, z.B. von Gefühlen der Ohnmacht, Ärger etc., in denen ein Kontrollverlust drohen könnte.

### *c. Übererregbarkeit (Hyperarousal) – Untererregbarkeit (Hypoarousal)*

Menschen, die ein Trauma erlebt haben, beschreiben in der Folge häufig eine Übererregung bzw. eine Untererregung.[13]

Die Übererregbarkeit des Gehirns ist mit gesteigerter Empfindungsfähigkeit, erhöhter Aufmerksamkeit und desorganisierter kognitiver Verarbeitung verbunden. Das Muster der Übererregung bleibt als Folge der erlebten Aktivierung bei traumatischem Stress bestehen.

Beim Hypoarousal wird das Erleben eher teilnahmslos, die Bewegungen werden reduziert, emotional stellt sich eine Taubheit ein und die kognitive Verarbeitung wird blockiert.

Hyperarousal war in der akuten traumatischen Situation die Grundlage für Angriff bzw. Flucht, Hypoarousal ist die Grundlage für die Erstarrung.

12 Jegodtka/Luitjens, 2016, S. 92–93.
13 Jegodtka/Luitjens, 2016, S. 80 ff.

Das Toleranzfenster, d.h. der Zustand optimaler Erregung mit regulierter Aufmerksamkeit, angenehmen Gefühlen und einer guten kognitiven Verarbeitung der Reize, wird durch Selbstregulation bzw. bei Kindern durch Regulation der Bindungspersonen erreicht.

Die Regulationsmechanismen sind bei traumatisierten Menschen reduziert, umso wichtiger ist es deshalb, eine entspannte und beruhigende Atmosphäre zu schaffen.

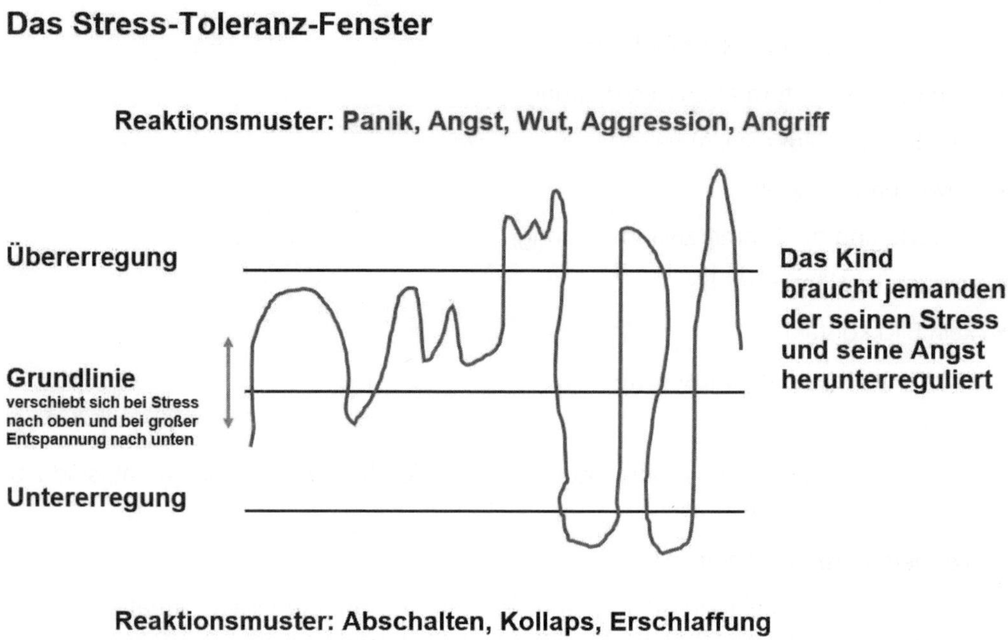


*Abbildung: Pfeiffer (2018)*

Verbunden mit der Übererregung sind Schlafprobleme, Schreckhaftigkeit und Konzentrationsstörungen.

Weitere Traumafolgen können negative Annahmen von sich selbst, Aggression, Schuld- und Schamgefühle, das Gefühl der Entfremdung und selbstverletzendes Verhalten sein.

Zur Diagnostik einer posttraumatischen Belastungsstörung wird auf die Diagnoseinstrumente ICD 10 bzw. DSM V verwiesen.

## 5. Traumafolgen bei Kindern

Die AACAP (Association for Child and Adolescent Psychiatry) empfiehlt, ein Kind oder einen Jugendlichen mit einer posttraumatischen Belastungsstörung dann als behandlungswürdig anzusehen, wenn das Alltagsleben des Kindes oder Jugendlichen beeinträchtigt ist, auch wenn nur ein einziges Kriterium erfüllt ist.[14] Kinder unterscheiden sich in ihren Symptomen von Erwachsenen. Der Wechsel der Symptome ist deutlich schneller und stärker ausgeprägt als bei Erwachsenen (z.B. Wechsel von Übererregung und Dissoziation). Die Übererregbarkeit von Kindern aufgrund eines Traumas wird oft als allgemeine Regulations-

14 Hofmann/Besserer in: Brisch/Hellbrügge, 2012, S. 172–202.

störung oder bei älteren Kindern als ADHS-Symptomatik fehlinterpretiert. Die bei vielen Erwachsenen sehr auffällige Symptomatik der Flashbacks (intrusive Erinnerungen) ist bei Kindern und Jugendlichen viel schwerer zu erkennen und kann sich z.B. in der Wiederholung einer Spielszene äußern.

Nicht bei jedem Kind, das eine traumatische Situation erlebt hat, entstehen Traumafolgestörungen. Dies hängt sehr von vielen individuellen Faktoren ab. Dazu gehören auch die Schutz- und Resilienzfaktoren, die das Kind und die Familie ausgebildet haben, der Umgang mit der Traumasituation seitens der Bindungspersonen und dem Umfeld usw. Darum ist es immer wichtig, jedes Kind und jede Familie mit seinen und ihren Besonderheiten zu sehen.

Familien im Begleiteten Umgang haben häufig eine hohe Problemlage, die zu einer frühen Traumatisierung des Kindes durch Vernachlässigung, Beziehungsabbrüche oder Gewalt geführt hat.

### 6. Transgenerationale Weitergabe des Traumas

Wichtig zu beachten ist, dass die Eltern oft eigene Traumaerfahrungen haben, die schon aus den Generationen zuvor weitergegeben wurden (transgenerationale Weitergabe).

Umso wichtiger ist es, die Kinder nicht aus dem Blick zu verlieren. Dazu gehört auch bei dem Verdacht des Vorliegens einer möglichen Traumafolgestörung, die Eltern zu motivieren, dies diagnostisch abklären zu lassen und traumatherapeutische Hilfe anzunehmen.

Gleichzeitig ist es von großer Bedeutung für die Mitarbeitenden im Begleiteten Umgang, Fachwissen über die Entstehung von Traumata und deren Folgen zu haben. Nur so kann eine angemessene haltgebende Umgebung für die Kinder und Eltern gestaltet werden, wie sie im folgenden Abschnitt beschrieben wird. Dies ermöglicht, den Familien mit einer traumasensiblen Haltung zu begegnen.

## II. Traumasensibler Begleiteter Umgang

Bevor ein Begleiteter Umgang starten kann, ist es von großer Wichtigkeit, sich mit den Eltern und Fachkräften von den Jugendämtern, der Familienhilfe etc., die bereits die Familie kennen, auszutauschen, was das Kind konkret erlebt hat. Es ist dabei zu klären, inwieweit die Eltern das Trauma ausgelöst haben und ob es einen schützenden Elternteil gab.

Die gemeinsame Haltung im Sinne der Kinder ist bei einem Begleiteten Umgang mit traumatisierten Kindern, nicht nur die äußere Sicherheit, sondern auch die innere psychische Sicherheit des Kindes zu gewährleisten.

Waren die Eltern die Verursacher für die traumatische Situation, ist die Frage, inwieweit sich die Eltern mit ihrem Handeln auseinandergesetzt haben und ihr Verhalten kritisch sehen und verändern. Dieser Prozess ist die notwendige Bedingung für die Einrichtung eines Begleiteten Umgangs.

Die sofortige Einleitung eines Begleiteten Umgangs nach einer Traumasituation, ausgelöst durch die Eltern, bedeutet, das Kind mit Anteilen, z.B. dem gewalttätigen Vater, erneut zu konfrontieren. Dies stellt eine massive Belastung für das Kind dar und kann Traumareaktionen auslösen.

Häufig wird bei der Entscheidung für Begleiteten Umgang übersehen, dass eine traumatische Situation in der Familie in der Regel nicht ein einmaliges Ereignis in einer sonst geborgenen Umgebung darstellt, sondern die Kinder oft seit Jahren vielfältige traumatische Erfahrungen mit ihren nahen Bezugspersonen gemacht haben. Die Vorstellung, dass das Kind ausreichend psychisch geschützt sei, wenn ein Begleiteter Umgang eingerichtet wird, greift hier viel zu kurz.

Kinder werden durch traumatische Erfahrungen, ausgelöst durch ihre Bindungspersonen, einer massiven Schädigung ausgesetzt. Auch wenn ein Kind Zeuge von häuslicher Gewalt zwischen den Eltern bzw. wichtigen Bindungspersonen wird, ist dies eine traumatisierende Erfahrung. „Das Kind wurde ja nicht geschlagen. Dem Kind ist doch nichts passiert" – diese Sätze hören wir in der Praxis sehr oft.

Sie stehen mit dem Stand der Forschung[15] im Widerspruch, weil das Wissen aus der Traumaforschung zur Rolle der Spiegelneuronen außer Acht gelassen wird. Die Spiegelneuronen werden aktiviert, damit das Kind von den Bindungspersonen als Modell lernen kann. Erlebt das Kind als Zeuge häusliche Gewalt, sind die Spiegelneuronen auch aktiviert. Das Kind zeigt die gleichen physiologischen und psychischen Reaktionen, wie wenn es selbst Opfer der Gewalt geworden wäre. Zusätzlich ist das Kind in dieser Situation völlig alleingelassen. Keiner der Eltern kann dem Kind in dieser Situation Schutz geben – eine traumatisierende Situation.

## 1. Einrichtung eines Begleiteten Umgangs

Um eine Einschätzung zu treffen, inwieweit eine weitere mögliche Schädigung für das Kind mit einem Begleiteten Umgang verbunden ist, braucht es eine sorgfältige Sammlung der Informationen zur Vorgeschichte und Gespräche mit den Eltern über die bisherigen traumatischen Erfahrungen des Kindes und deren Folgen. Auch das Kind benötigt Gespräche und spieltherapeutische Stunden, damit es seine Gedanken und Gefühle äußern kann. Nur so können die Mitarbeitenden einschätzen, was die geplanten Eltern-Kind-Treffen auslösen.

Bei einem fachlichen Austausch unter Berücksichtigung des Traumawissens mit den beteiligten Institutionen und den Eltern kann dann überlegt werden, unter welchen Voraussetzungen ein Begleiteter Umgang gestartet werden kann, was die Rahmenbedingungen sind bzw. welche Gründe für eine Ablehnung eines Begleiteten Umgangs zu dem jetzigen Zeitpunkt sprechen.

Hierbei ist die Haltung der Eltern von großer Bedeutung: Verstehen die Eltern, dass durch ihr Verhalten das Kind eine traumatisierende Situation erlebt hat? Und wie viel Bedeutung wird dieser Tatsache zugeschrieben? Stehen die Erwachseneninteressen im Vordergrund bzw. geht es darum, das eigene Recht durchzusetzen? Erst wenn Eltern die Verantwortung für ihr Handeln erkennen und zu einer Mitarbeit bereit sind, ist die Umsetzung des Begleiteten Umgangs mit traumatisierten Kindern möglich.

15 Ford/Courtois in: Courtois/Ford, 2011, S. 55; Hüther, 2002, S. 7–22.

### *a. Der sichere Ort*

Der äußere sichere Ort ist ein Raum, der für die Kinder überschaubar, freundlich gestaltet und klar strukturiert ist, damit die Kinder auch in der Umgebung Halt, Wertschätzung und Struktur finden. Der Raum braucht eine entsprechende Größe, damit Kinder ausreichend ihr Bedürfnis nach Nähe und Distanz zu den Erwachsenen selbst herstellen können und sich in dem Raum sicher fühlen.

### *b. Anwesenheit von zwei Umgangsbegleiter:innen*

In der Regel sind zwei Umgangsbegleiter anwesend. Damit ist gewährleistet, dass bei auftretenden Belastungen oder Konflikten ein Umgangsbegleiter mit dem Kind die Situation verlassen und der Notfallplan umgesetzt werden kann. Ziel ist, dass das Kind nicht erneut in eine Ohnmachtssituation gerät und z.B. den Konflikten der Eltern ausgesetzt ist, was zu einer Aktivierung der traumatischen Erfahrungen führen kann.

### *c. Die Haltung der Umgangsbegleiter:innen*

Die Begleitung traumatisierter Kinder und deren Eltern setzt voraus, dass die Reaktionen der Beteiligten immer wieder vor dem Hintergrund von deren Traumaerfahrungen eingeordnet werden. Eine wütende, aufbrausende Mutter im Umgang ist z.B. in der Situation mit ihren eigenen Gefühlen gegenüber dem Kind überfordert und benötigt vor allem Beruhigung und Unterstützung, um die Emotionen einordnen und ihre Impulse steuern zu können.

## 2. Das Erleben von Selbstwirksamkeit

**Kinder gestalten die Umgänge mit:** Kinder, die ein Trauma erlebt haben, brauchen das Gefühl, eine ihnen unbekannte Situation kontrollieren zu können. Umso wichtiger ist es, gemeinsam mit den Kindern die Begegnung mit Mutter oder Vater gut vorzubereiten. Wenn Kinder selbst aktiv die Eltern-Kind-Treffen gestalten können, fördert dies die Selbstwirksamkeit und reduziert Gefühle von Hilflosigkeit und Ohnmacht.

Darum brauchen traumatisierte Kinder therapeutische Unterstützung im Projekt „Kind im Zentrum" (siehe Kapitel 5 G) vor und parallel zu den begleiteten Umgängen. Durch die positive korrigierende Beziehungserfahrung mit dem Therapeuten können die Kinder Zugang zu ihren eigenen Gefühlen und Gedanken bekommen und lernen sich selbst besser regulieren.

Sie werden Akteure in der Gestaltung der Umgänge und damit auch in der Beziehung zu Mutter oder Vater, indem sie Wünsche und Befürchtungen äußern. Diese werden in der Vorbereitung der Eltern auf den Begleiteten Umgang besprochen. Auch die Eltern erleben Selbstwirksamkeit, indem sie in den Beratungsstunden mit dem/der Berater:in überlegen, wie sie auf die Bedürfnisse der Kinder adäquat eingehen können. Damit werden auf der Grundlage des Resilienzmodells die Lösungsorientierung, Gefühlswahrnehmung und soziale Kompetenz gefördert. Die Beratung von Kindern und Eltern mit jeweils einem eigenen/einer eigenen Berater:in hilft so, positive Beziehungserfahrungen zwischen Eltern und Kindern bei den Umgängen zu ermöglichen. Aspekte der traumatischen Erfahrungen können so mit dem kortikalen Netzwerk verbunden werden.

Kinder haben oft sehr gute Ideen, wie der Kontakt zu Mutter oder Vater schrittweise wieder aufgebaut werden kann: Erst schreibt die Mutter eine Postkarte, dann ist ein zeitlich sehr begrenztes Treffen nur in Anwesenheit des sicherheitsgebenden Elternteils möglich, etc.

## 3. Kontaktanbahnung aus Sicht des Kindes

Bei den Schritten der Kontaktanbahnung sind individuell in Absprache mit dem Kind immer wieder der erlebte Kontrollverlust und die Gefühle der Hilflosigkeit der Kinder seitens des Beraters/der Beraterin zu berücksichtigen – das Kind ist allein mit dem eigenen Schutz überfordert.

Unterstützt werden kann die Sicherheit für das Kind, indem klare Absprachen, die dann auch eingehalten werden, getroffen werden. Halten sich die Eltern nicht an die Vereinbarungen, z.B. weil sie nicht zum Treffen kommen, benötigt hier das Kind Trost und die Information, dass es selbst nicht schuld an dem Nichteinhalten der Vereinbarung durch den Erwachsenen ist.

Die Botschaft „Du bist nicht schuld!" ist gerade für traumatisierte Kinder von großer Bedeutung. Kinder bis ins Schulalter schreiben sich zum einen unerklärliche Situationen aufgrund ihres egozentrischen Weltbildes selbst zu, zum anderen haben die Kinder aufgrund ihrer oft belastenden Beziehungserfahrung mit ihren Bindungspersonen Denkmuster der eigenen Abwertung erlernt. Das klare Benennen der Verantwortlichkeit hilft dem Kind, neue Denkmuster zu entwickeln.

Zusätzlich ist ein wertschätzender Umgang mit den Kindern und Eltern im Begleiteten Umgang von besonderer Bedeutung, um einen ressourcenorientierten Blick auf sich selbst zu bekommen.

Traumatisierte Kinder können häufig erst aktiv werden, wenn sie die neue Umgebung nach Gefahrenquellen abgesucht (gescannt) haben. Veränderungen in einem ihnen bekannten Raum werden zielsicher erkannt. Hier ist der Austausch mit dem Umgangsbegleiter über das neue Spielzeug oder ein neues Möbelstück wichtig, um wieder Sicherheit zu gewinnen. Eine Mitarbeitende, die unvermutet in den Raum kommt, führt zu deutlich mehr Irritation als bei einem Kind ohne Traumavorerfahrung.

## 4. Die Haltung der Mitarbeitenden

Die Begegnung der Mitarbeitenden ist von großer Bedeutung für die Kinder: Sie steht für Sicherheit und Klarheit. Dabei ist vor allem die Haltung der Umgangsbegleitenden von großer Bedeutung. Förderlich im Kontakt mit traumatisierten Kindern sind dabei nach *Schmidt*[16] Berechenbarkeit, dem Kind Beachtung schenken, Wertschätzung, die Beachtung der kindlichen Bedürfnisse, Partizipation bei Entscheidungen, Ermutigung, Lob und Freude.

Dabei wird es auch darauf ankommen, dass das Kind den Umgangsbegleiter sicher und gelassen erlebt und nicht in Ohnmacht und Hilflosigkeit dem besuchenden Elternteil gegenüber.

---

16 Schmid in: Gahleitner/Hensel/Baierl/Kühn/Schmid, 2017, S. 59 ff.

**Was möchtest du?**

Viele Kinder werden oft kaum über das Angebot des Begleiteten Umgangs und das Zustandekommen der Vereinbarung seitens ihrer Eltern informiert. Sie werden in hohem Maße in die Auseinandersetzung der Erwachsenen miteinbezogen mit der Idee „Mein Kind muss doch wissen, was los ist". Beide Vorgehensweisen lassen das Kind mit seinen eigenen Bedürfnissen und seiner Kindersicht allein. Kinder brauchen Erwachsene, die sich in die Sicht der Kinder hineinversetzen und ihnen kindgerecht erklären, was ein Begleiteter Umgang ist. Kinder brauchen aber auch Erwachsene, die sie nicht in die konfliktgeladene Auseinandersetzung der Eltern hineinziehen.

Kinder über den Begleiteten Umgang zu informieren, heißt, gut zuzuhören.

***Hinweis***

***Fragen der Kinder können sein:***

- *Was ist Begleiteter Umgang?*
- *Warum muss ich zum Begleiteten Umgang?*
- *Was gibt es für Spielsachen?*
- *Sind da auch noch andere Kinder dabei?*
- *Was ist, wenn ich keine Lust mehr habe?*
- *Gibt es bei euch etwas zu essen und zu trinken?*

***Fragen der Beratenden können sein:***

- *Was weißt du denn, warum du hierherkommen sollst?*
- *Was sind deine Sorgen und Ängste?*
- *Worauf freust du dich?*
- *Willst du den Raum mal sehen?*

## 5. Traumareaktionen bei den Eltern-Kind-Treffen

Kinder brauchen Zeit, um den Ort der Eltern-Kind-Treffen und den Umgangsbegleiter kennenzulernen. Wichtig ist hier, individuell auf die Bedürfnisse der Kinder zu achten und diese Zeit am Anfang auch zu geben.

Bei jungen Kindern wird ein Treffen ohne die Anwesenheit der Hauptbindungsperson anfangs nicht möglich sein. Hier ist es wichtig, zusätzlich das Wissen der Eltern über Bindung abzuklären und gegebenenfalls die Grundzüge zu vermitteln (Bindung: siehe Kapitel 3, III.).

Für den Elternteil, bei dem das Kind lebt, kann die Begegnung mit dem besuchenden Elternteil eine besondere Herausforderung darstellen: Hat ein Elternteil gemeinsam mit dem Kind eine Traumatisierung erlebt, kann die Begegnung im Begleiteten Umgang eine Traumaaktivierung zur Folge haben. Oft sind den Eltern die eigenen Traumatisierungen und die damit verbundenen Mechanismen in keiner Weise bewusst. Eltern berichten dann: „Mir wird es immer schwindelig, wenn ich bei Ihnen auf den Hof fahre." Oder: „Ich fühle mich wie weggetreten, wenn ich in dem Raum mit dem Vater meines Sohnes bei Ihnen sitze."

In diesen Situationen ist es wichtig, die Traumatisierung der Mutter zu erkennen und nicht als Verweigerung zu interpretieren. Ein Umgang in Anwesenheit der Mutter ist aufgrund des Traumas nicht möglich, ein Umgang ohne Anwesenheit der Hauptbindungsperson ist aufgrund des jungen Alters des Kindes nicht möglich. Lösungen sind z.B., Umgang erst anzubieten, wenn die Mutter traumatherapeutische Hilfe erfahren hat oder das Kind alt genug ist, um Umgänge ohne die Mutter zu bewältigen.

### a. Nähe – Distanz – Regulierung

Haben die Kinder in nahen Beziehungen z.B. Gewalt erfahren, ist Nähe für diese Kinder nicht mit Geborgenheit gekoppelt, sondern mit einer möglichen Gefahr. Der Wunsch nach Nähe einerseits und den bisherigen Erlebnissen der Kinder mit den Eltern anderseits drückt sich in Reaktionen aus, die von außen chaotisch und unberechenbar wirken. Oft zeigen sie das Bedürfnis nach Nähe gepaart mit aktivierten traumatischen Erfahrungen. Umso wichtiger ist, die Nähe bzw. Distanz zum Gegenüber, die das Kind sich wünscht, einzuhalten. Die Regulierung von Nähe und Distanz geht vom Kind aus.

Stürzen Mutter oder Vater den eigenen Impulsen folgend auf das Kind zu, um es abzuküssen, kann dies zu einer hohen Belastung bei einem traumatisierten Kind führen.

### b. Dissoziation

Ein Kind, das im Begleiteten Umgang dissoziiert, benötigt einen Erwachsenen, der es z.B. mit seinem Namen anspricht oder kurz berührt, um es wieder ins Hier und Jetzt zu holen. Gleichzeitig ist es ein wichtiger Hinweis, dass das Kind mit der Situation der Begegnung aktuell überfordert ist.

### c. Hyperarousal

Wenn ein Kind ein Hyperarousal zeigt, sehr wild ist, sehr schnell wütend wird und völlig unausgeglichen wirkt, ist die Frage, inwieweit das Kind durch den Umgangsbegleiter ausreichend Sicherheit und Schutz erfährt und mit dem Kontakt zu Mutter oder Vater nicht zurechtkommt.

Hier bedarf es der Beobachtungsfähigkeit seitens des Umgangsbegleiters und des Gesprächs mit den Eltern, welche Reaktionen das Kind im Alltag zeigt.

### d. Der Notfallplan

Traumatisierte Kinder brauchen Sicherheit. Darum ist es wichtig, mit den Kindern ein Vorgehen zu besprechen, wenn ihnen in der Umgangssituation eine Begegnung mit Mutter oder Vater zu viel wird.

Der Notfallplan wird in den therapeutischen Stunden bei „Kind im Zentrum" (siehe Kapitel 5 G) erarbeitet. Dann kann in der akuten Situation darauf zurückgegriffen werden. „Wir gehen jetzt in ein anderes Zimmer, wie wir es schon mal besprochen haben. Den Streit regeln die Erwachsenen."

## 6. Elternarbeit

Bei der Arbeit mit traumatisierten Kindern im Begleiteten Umgang wird deutlich, dass das Recht der Eltern auf Kontakt mit dem eigenen Kind fachgerecht gegen die mögliche weitere Schädigung des Kindes durch Aktivierung von traumatischen Erfahrungen abgewogen werden muss. Dies braucht Fachkräfte, die über die langfristige Wirkung von Traumata auf Kinder informiert sind.

Klar ist auch, dass traumatisierte Kinder auf Eltern angewiesen sind, die die Verantwortung für das Geschehene übernehmen und ihr eigenes Verhalten verändern. Erst dann können neue Beziehungserfahrungen entstehen, die eine Chance für eine Verarbeitung und zukünftige Begegnungen bieten.

Ein wichtiger Teil der Elternarbeit ist, Eltern über die Folgen der traumatischen Erfahrungen ihrer Kinder zu informieren, damit Mutter und Vater verantwortungsvoll aktuell die begleiteten Umgänge und wenn möglich zukünftige Umgänge kindorientiert gestalten können.

Dieses Traumawissen den Eltern zur Verfügung zu stellen, ist umso wichtiger, da viele Eltern im Begleiteten Umgang oft selbst Bindungstraumata in der frühen Kindheit erlebt haben.

Nach *Schmidt et al.*[17] ist das Dilemma dieser Eltern, dass sie neue Beziehungserfahrungen benötigen, um ihre traumatischen Vorerfahrungen bewältigen zu können. Gleichzeitig sind sie aber aufgrund ihrer eigenen Lebensgeschichte nur sehr schwer in der Lage, vertrauensvoll auf positive Beziehungsangebote einzugehen und diese zu gestalten. Misstrauen und Beziehungsabbruch prägen ihre bisherigen Kontakte. Außerdem haben die Eltern nur eingeschränkte Fähigkeiten zur Gefühlsregulation und Impulssteuerung, wodurch sie vielfältige Probleme im Kontakt mit ihrem Gegenüber erleben und auf Ablehnung stoßen. Dies führt dann erneut zu negativen Erfahrungen in zwischenmenschlichen Beziehungen und reduziert das Selbstwerterleben.

Die Eltern werden von den Fachkräften oft sehr fordernd, aggressiv und wenig verlässlich erlebt. Beziehungen werden dann als Reinszenierung der eigenen früheren Erfahrungen mit Macht, Druck und Gewaltandrohung gestaltet. Geben Mitarbeitende diesem Druck unreflektiert nach und üben ihrerseits Druck im Hilfesystem auf andere am Umgang Beteiligte aus, wird das Gewaltsystem fortgeführt und die beteiligten Kinder verlieren letztlich ihren sicheren Ort im Begleiteten Umgang.

Die Eltern machen dann keine korrigierende Erfahrung, dass wertschätzende Beziehungsgestaltung zu Lösungen führt.

Traumatisierte Kinder verhalten sich häufig ähnlich und werden dann als schwierig, hyperaktiv und aggressiv wahrgenommen. Oft bleiben die oben beschriebenen Mechanismen aufgrund einer Traumaerfahrung bei den Kindern unerkannt.

Diesen Situationen setzen wir das Modell der Resilienz im Umgang mit den Familien im Begleiteten Umgang gegenüber (siehe Kapitel IV.3). Wird die aggressive Beziehungsgestaltung als Traumafolge verstanden, sind das Modell der Resilienz und der beschriebene trau-

17 Schmidt/Kaiser/Ziegenhain, 2014, S. 57 ff.

masensible Ansatz der Schlüssel für eine nachhaltige Veränderung im Kontakt mit den Eltern im Begleiteten Umgang (Trauma Kapitel VI.2).

## 7. Institutionelle Sicherheit

Erleben Mitarbeitende ausreichend Unterstützung und Sicherheit im Team und durch die Leitung, können sie auch den Familien ausreichend Unterstützung geben.

Arbeit mit traumatisierten Kindern und Erwachsenen heißt für Mitarbeitende immer, dass sie sich mit der Möglichkeit von eskalierenden Situationen und Grenzüberschreitungen auseinandersetzen müssen. Gleichzeitig benötigen alle Mitarbeitenden das vertrauensvolle Miteinander mit den Kollegen und die Wertschätzung der individuellen Unterschiedlichkeit der Einzelnen als Bereicherung für das Team. Wie können wir gemeinsam fair, respektvoll, humorvoll miteinander umgehen, wenn wir gleichzeitig mit Klienten arbeiten, die wenig Vertrauen in zwischenmenschliche Beziehungen mitbringen und auf Belastungen mit hoher Erregung und Impulsdurchbrüchen reagieren?

Die Leitung ist dafür verantwortlich, die Rahmenbedingungen so mitzugestalten, dass die Arbeit mit traumatisierten Menschen ohne zu hohe Belastung für die eigene Person möglichen wird. Leitung heißt – aus traumapädagogischer Sicht –, haltgebende Strukturen zu schaffen. Dazu gehören Team- und Fallbesprechungen, Supervisionen sowie Fortbildungsmöglichkeiten. Außerdem ist die Aufgabe der Leitung, Informationen weiterzugeben und einen Austausch darüber zu ermöglichen sowie Wünsche nach Weiterentwicklungen in der Institution transparent gemeinsam zu besprechen. Dazu gehören aber auch faire Arbeitsbedingungen wie ein fester Arbeitsvertrag und das Bemühen, einvernehmliche Urlaubsregelungen zu finden.

Wichtig ist, eine Haltung des Vertrauens zu den Mitarbeitenden zu leben, die sich in der Unterstützung des Teams bei ihrer Arbeit mit den Kindern und Familien ausdrückt. Ist ein Austausch mit einem Kollegen oder der Leitung bei fachlichen Fragen zeitnah möglich? Habe ich Möglichkeiten, mich im Gespräch zu entlasten, wenn ich z.B. eine schwierige Situation im Begleiteten Umgang erlebt habe?

Und: Ist die Leitung in einer Krisensituation bereit, sich schützend vor die Mitarbeitenden zu stellen?

Dabei geht es nicht primär um die fachlichen Fragen, die intern auch kontrovers diskutiert werden können, sondern um das Vertrauen in das Team und die Verantwortlichkeit für die Kollegen, die jeden Tag Kindern und Eltern Beziehungen anbieten, die schon oft in ihren ersten Lebensjahren jegliches Vertrauen in die Tragfähigkeit von zwischenmenschlichen Beziehungen verloren haben.

Gelingt dies, wird die Arbeit mit traumatisierten Kindern und Eltern im Begleiteten Umgang möglich: Dann wird Begleiteter Umgang ein Angebot, das langfristig Kindern nach einer Traumaerfahrung eine Beziehung zu ihren Eltern ermöglicht.

**Nachsatz:** Begleiteter Umgang mit traumatisierten Kindern hat seine Grenzen. Diese sind erreicht, wenn durch den Kontakt mit den Eltern eine Gefährdung des Kindes durch eine Retraumatisierung stattfindet. Eine Kindeswohlgefährdung ist gemeinsam mit den Eltern unter Einbeziehung des Kindes abzuwenden und gegebenenfalls wird das Angebot dann beendet.

# F Umgangsverweigerung

*Anja Federle/Sonja Kroggel*

**Übersicht** Seite



## I. Umgangsverweigerung und Beratung

Jährlich kommen viele Familien in unsere Beratungsstelle zum Begleiteten Umgang. Sie werden vom Familiengericht oder dem Jugendamt zum Thema Umgangsverweigerung geschickt.

Wir begegnen diesem Thema mit unserem Projekt „Kind im Zentrum" (siehe dazu Kapitel 5 G).

Unsere fachlichen und inhaltlichen Überlegungen werden wir im Folgenden anhand von Familienbeispielen erläutern.

„Wenn Tom seinen Erzeuger sehen will, darf er es natürlich. Das muss er mir nur sagen."

„Als ich noch ein Baby war, hat Papa die Mama geschlagen, das weiß ich noch ganz genau."

„Immer nach dem Umgang ist er völlig durcheinander."

### Am Anfang steht das „Nein!"

Der Beratungsauftrag startet mit einem „Nein!" – geäußert von mindestens einem Familienmitglied.

Dieses „Nein" stellt unser Team regelmäßig vor eine große Herausforderung, arbeiten wir doch sonst mit den Ratsuchenden sehr grenzachtend.

Trotz des „Neins" versuchen wir, weiterzuarbeiten. Auch entgegen unserem Verständnis, dass wir von allen beteiligten Familienmitgliedern einen Auftrag zur Beratung brauchen.

Wir versuchen, unserem Gegenüber ein Beziehungsangebot zu machen und gemeinsam in Kontakt zu kommen.

Manchmal gelingt es – manchmal gelingt es nicht. Manchmal frustriert uns die Ablehnung – manchmal haben wir Verständnis dafür.

Kurzum: Jede Familie ist anders und jede Familie hat auf ihre Art eine Lösung gefunden – denn auch ein „Nein!" ist eine Lösung. Nach jedem Kennenlernen überlegen wir aufs Neue, welche Erlebnisse hinter dem „Nein" stehen.

### Unser Konzept

Wir arbeiten prinzipiell mit unterschiedlichen Berater:innen für Eltern und Kinder.

Das heißt, es arbeiten mindestens zwei Berater:innen mit einer Familie: eine/r für die Eltern, eine/r für das Kind. Je nach Situation arbeiten oftmals noch mehr Kolleg:innen mit: Mutter und Vater erhalten getrennte Berater und jedes Geschwisterkind auch.

Die Kinder haben mit ihrer Beraterin/ihrem Berater jeweils eine eigene Schweigepflicht.

Informationen aus der Beratung des Kindes werden von dem/der Kinderberater:in, in vorheriger Absprache mit dem Kind, an den/die Elternberater:in weitergegeben, der dann mit den Eltern spricht.

Durch die Arbeit mit den Kindern erhalten wir einen Eindruck davon, wie sehr das Kind in den elterlichen Konflikt einbezogen ist.

Grundlage ist ein intensiver Austausch zwischen den Kolleg:innen, die mit der Familie arbeiten. Fallverantwortlich ist dabei immer der/die Elternberater:in.

Zentral für das Gelingen der Beratungsarbeit ist, dass die Situation der Familie kontinuierlich fachlich eingeschätzt wird und mit dem entwicklungspsychologischen Fachwissen bezogen auf die Kinder verbunden wird.

Die Eltern erhalten immer auch psychoeduaktive Informationen in den Beratungsgesprächen.

### Vorüberlegungen

Bevor wir mit der Familie einen Beratungsprozess beginnen, schätzen wir im Team ein, ob die Beratung sinnvoll und zielführend ist oder welche alternativen Angebote in der Region sonst hilfreich sein können. In der Regel bilden wir folgende Hypothesen:

**Hypothese 1:** Das Kind zeigt eine erwartbare Trennungsreaktion zum betreuenden Elternteil.

**Hypothese 2:** Das Kind hat noch keine Sicherheitsbasis beim besuchsberechtigten Elternteil.

→ Umgang nicht aussetzen, sondern Beratung von beiden Elternteilen

**Hypothese 3:** Das Kind hat belastende/traumatische Erfahrungen gemacht, die aktiviert werden.

→ Beratung des Kindes und Umgang aussetzen, bis genug Sicherheiten da sind, oder Traumatherapie

**Hypothese 4:** Das Kind agiert Konflikte oder eigene Unsicherheiten oder Unsicherheiten der Bindungspersonen aus.

→ Beratung für die ganze Familie

Welche Hypothese stimmt, gilt es durch Beratungsgespräche mit beiden Elternteilen und das Kennenlernen des Kindes herauszufinden.

### Voraussetzungen im Team

Unsere Arbeit hat die Bedürfnisse des Kindes als Grundlage. Unsere Haltung ist geprägt von Neugier und Verstehenwollen, manchmal aber auch von Unsicherheiten und Zweifeln.

Zunächst ist formal zu klären, ob wir im Team genügend Kapazitäten haben.

Die Arbeit zum Thema Umgangsverweigerung braucht Zeit, mehrere Mitarbeitende und ausreichend fachlichen Austausch.

Wichtig ist vor Beginn der Arbeit, die Situation im Team und die der einzelnen Berater einzuschätzen. Wie viele Familien zum Thema Umgangsverweigerung beraten wir aktuell? Habe ich die Möglichkeit für Supervision, Austausch im Team und genügend Möglichkeiten zur Psychohygiene?

Habe ich genug Kraft, den Druck, der zwangsläufig bei diesem Thema dazukommt, auszuhalten? Es gibt so viele Beteiligte mit unterschiedlichen Interessen, dass jeder Anruf potenziell zum Shitstorm werden kann. Kann ich dies aushalten? Welche Strategien habe ich, damit umzugehen?

Weitere Voraussetzungen für unser Konzept beschreiben die Autorinnen im Kapitel „Kind im Zentrum" (Kapitel VI.8).

Ist dies alles geklärt, kann es losgehen.

**Die Arbeit mit den Familien kann beginnen**

Bevor wir mit den Kindern arbeiten, gibt es immer ein gemeinsames Gespräch mit dem/der Kinderberater:in, dem/der Elternberater:in, dem Kind und dem betreuenden Elternteil.

Darin formuliert der betreuende Elternteil in eigenen Worten dem Kind gegenüber die Erlaubnis, dass es mit dem/der Berater:in sprechen darf und dass auch Mama und Papa hier Unterstützung bekommen, um die Konflikte zu lösen.

## II. Fallbeispiele

Sehen wir uns im Folgenden drei Familien genauer an.

### 1. Mina

#### a. Ausgangslage

***Fallbeschreibung***

▶ *Mina ist neun Jahre alt und geht in die dritte Klasse einer Grundschule. Ihre Eltern wurden vom Familiengericht zu uns zum Begleiteten Umgang geschickt. Die Eltern kommen zu getrennten Erstgesprächen und berichten, dass sie sich vor vier Jahren getrennt haben. Zunächst regelten sie die Umgänge selbstständig und Mina sah ihren Vater alle zwei Wochen von Freitag bis Montag und jeden Mittwochnachmittag. Mit dem Schuleintritt wurde Mina zunehmend „bockig", schrie ihre Eltern an oder weinte viel in ihrem Zimmer.*

*Die Eltern gerieten über die Ideen, was zu Minas Verhalten führte, zunehmend in Streit und sahen die Schuld beim jeweils anderen Elternteil. Der Streit ging so weit, dass die Mutter Mina nicht mehr zum Vater ließ und bei Gericht einen Umgangsausschluss beantragte.*

*Die Eltern sprachen zum Zeitpunkt unseres Kennenlernens seit fast zwei Jahre nicht mehr miteinander und Mina hatte ihren Vater über ein Jahr nicht mehr gesehen.*

*Die Mutter berichtete im Erstgespräch, dass Mina den Vater nicht sehen wollte.*

Nach den beiden Erstgesprächen entschieden wir uns, Mina kennenzulernen und den Eltern regelmäßige Beratungstermine anzubieten, da zum momentanen Zeitpunkt der Beginn von begleitetem Umgang nicht möglich schien. Hintergrund unserer Entscheidung war, dass beide Eltern zunächst Psychoedukation benötigten und Vertrauen zu uns fassen sollten. Beide Eltern sahen die Schuld beim jeweils anderen Elternteil und übernahmen keine Verantwortung für ihr eigenes Verhalten. Dies wurde Minas Bedürfnissen nicht gerecht.

Wir sind nicht der verlängerte Arm des Gerichts, wir können die Vereinbarung oder den Beschluss nicht ohne die Mitwirkung der Eltern umsetzen.

Was wir aber können, ist, Beziehung anbieten und den Eltern die Möglichkeit geben, wieder Verantwortung für ihre Kinder zu übernehmen und Lösungen zu finden, die tatsächlich praktikabel und umsetzbar sind.

### *b. Überlegungen im Team zu Mina und ihrer Familie*

Folgende Überlegungen stellten wir im Team an:

Beim Loyalitätskonflikt stellt das Kind die eigenen Bedürfnisse zurück. Das Kind geht ein Bündnis mit einem Elternteil ein – dies dient der Spannungsreduktion. Das Kind hat über die Zeit gelernt, dass es keine unbeschwerte Beziehung zu beiden Elternteilen haben kann. Das ist eine normale und auch gesunde Reaktion in feindseligen Kontexten, um psychisch überleben zu können. Das Kind orientiert sich in diesem Alter an den Beziehungen.

Der Beziehungsabbruch hat nichts mit der Beziehung zum abwesenden Elternteil zu tun, sondern ist eine Lösung *für* das Kind. So gibt es scheinbar keinen Konflikt mehr und das Kind erlebt Ruhe. Mit diesem Bündnis rettet sich das Kind, auch wenn es einen großen Verlust in Kauf nimmt. Es muss nämlich auf die Beziehung zum Vater verzichten.

Als weitere Hypothese überlegten wir uns, dass Mina sich vielleicht vom Vater distanziert, weil sie einige seiner Verhaltensweisen nicht mag.

Klar war für uns im Team, dass hinter der Ablehnung des Kontaktes verschiedene Motivationen stehen können. Für eine wirkliche Kontaktablehnung braucht Mina eine eigene Aggression oder Enttäuschung und muss bereits eine Vorstellung von moralischem Denken entwickelt haben. Somit müsste Mina einen bestimmten Entwicklungsstand haben.

Alle unsere Hypothesen und Ideen gilt es nun, in den Gesprächen mit Mutter, Vater und Mina herauszufinden und zu überprüfen.

### *c. Wissen für die Beratung des Kindes*

Das Bündnis mit der Mutter ist eine normale Reaktion von Mina im feindseligen Kontext.

Im Kontakt mit Mina gilt es, herauszufinden, ob dies schon in der gemeinsamen Zeit mit beiden Eltern so war oder ob es eine unmittelbare Reaktion auf die Trennung ist.

Mina kann sich auch vom verlassenden Elternteil, also dem Vater, verlassen fühlen.

Für Mina kann die Situation nur aufgelöst werden, wenn beide Elternteile sich verändern. Beide Eltern brauchen eine gegenseitig wertschätzende Haltung. Wie kann für Mina nach dem Kontaktabbruch wieder ein Zugang zum Vater möglich werden? Gibt es gemeinsame Erfahrungen, die fortgeführt werden können? Wer braucht was dafür, dass es gelingt?

Die Beraterin hat nach einigen Stunden eine beraterische Beziehung zu Mina aufgebaut. Durch den Schutzraum in der spieltherapeutischen Beratung ist es gelungen, dass Mina eigene Ideen entwickelte und sich als selbstwirksam erlebte.

### *d. Methoden in der Beratung mit dem Kind*

Folgende Fragen hat die Beraterin Mina im Laufe der Treffen gestellt:

- *Wie ist es dir in deiner Familie ergangen, bevor sich deine Eltern getrennt haben?*
- *Wie geht es dir heute in deiner Familie?*
- *Wie geht es dir, wenn du an Mutter, Vater, Geschwister, Großeltern, … denkst?*
- *Wie geht es dir heute? Hier mit mir?*

Wir arbeiten auch mit Satzergänzungen:

- *Ich wünsche mir, dass mein Vater…*
- *Ich wünsche mir, dass meine Mutter…*
- *Ich wünsche mir, dass ich …*
- *Wenn ich etwas ändern könnte, dann …*
- *Das Beste an der Trennung ist, …*
- *Das Zweitbeste an der Trennung ist,…*
- *Das Schlechteste an der Trennung ist, …*
- *Das Zweitschlechteste an der Trennung ist …*
- *Ich kann es meiner Mutter nicht erzählen, aber wenn ich es so haben könnte, wie ich es will, dann …*
- *Ich kann es meinem Vater nicht erzählen, aber wenn ich es so haben könnte, wie ich es will, dann …*

Im Laufe der Arbeit stellte sich heraus, dass Mina durchaus eigene schöne Erinnerungen an die Zeit mit ihrem Vater hatte. Durch die therapeutische Arbeit mit Tieren im Sand und im Puppenhaus konnte sie auch zwischen den Haushalten von Mutter und Vater differenzieren und sich zunehmend als eigenständige Persönlichkeit sehen. Manchmal traute sie sich sogar zu sagen, was an ihrem Vater toll und an ihrer Mutter manchmal blöd ist.

So wurde nach einigen Terminen deutlich, dass Mina den Vater „nur" deswegen nicht mehr treffen will, weil sie den Streit zwischen den Eltern nicht mehr ausgehalten hat. Ihr eigentlicher Wunsch ist, dass die Eltern sich wieder vertragen und sie wieder eine Familie sind.

Auch die Sehnsucht nach dem Vater wurde deutlich. Auf Nachfrage hatte Mina aber auch Sorge, dass der Vater nun richtig sauer auf sie sei, sie „blöd" findet und gar nicht mehr treffen mag.

Mit diesen Informationen konnte die Elternberaterin weiter mit den Eltern arbeiten.

Mit Mina ging das Gespräch danach so weiter:

Mina hat mit ihrer Beraterin überlegt, dass sie den Vater im Begleiteten Umgang treffen möchte.

Gemeinsam mit der Beraterin hat Mina die Umgangsbegleiterin kennengelernt und sich das Zimmer angeschaut. Sie haben sich ein Spielzeug ausgesucht und die Regeln für das Treffen gemeinsam überlegt:

- *Wer bringt Mina?*
- *Was darf ihre Mutter im Auto fragen/was nicht?*
- *Was darf der Vater auf keinen Fall machen oder fragen?*
- *Was soll der Vater mitbringen: Essen, Trinken, Spielzeug, …?*

Diese Wünsche wurden mit beiden Eltern besprochen und eine Vereinbarung getroffen. Mit dem Vater wurde der Ablauf des ersten Umgangs besprochen.

Nach dem ersten Umgang werteten Mina und ihre Beraterin das Treffen aus. Mina war aufgeschlossen und konnte ihre Freude über die schönen Stunden mit dem Vater unbeschwert äußern. Sie wollte den Vater unbedingt schnell wiedertreffen.

Für das Team war klar, dass die Eltern weiterhin intensive Beratung brauchen, um Minas Bedürfnisse im Blick zu behalten und von ihren eigenen Befindlichkeiten abzugrenzen.

### *e. Verlauf der Beratung der Eltern*

Nach dem Erstgespräch folgten weitere Einzelgespräche mit den Eltern, mit jeweils eigenem Berater. Inhalt war eine genauere Auftragsklärung sowie Psychoedukation.

#### aa. Inhalte mit der Mutter

Neben den Themen Elternstreit, Bindung und psychologische Entwicklung bei Kindern stellte die Beraterin immer Mina in den Mittelpunkt der Beratungsgespräche. Typische Sätze der Mutter wurden mit folgender Methode besprochen:

- **Trennschärfeübung:**

Satz: „Er ist so ein Depp!"

Vorbereitung: Drei Stühle stehen auf einer Seite, ein Stuhl für den Klienten gegenüber.

Thema: Vieles, was den Klienten belastet, wird immer wieder Thema. Ziel ist, die Auswirkungen auf das Kind zu zeigen. Auf den drei Stühlen sitzen imaginativ eine Freundin, auf dem anderen das Kind und auf dem dritten der ehemalige Partner. Nur der Stuhl des Klienten wird bewegt. Gemeinsam wird überlegt, welcher Satz wohin gehört und wie das Kind entlastet werden kann.

Durch diese Übungen und das Erlernen der Unterscheidung der eigenen Bedürfnisse („Ich möchte den Vater meiner Kinder möglichst wenig sehen") von Minas Bedürfnissen („Ich vermisse den Vater") gelang es der Mutter, den Konflikt mit dem Vater als Konflikt, der auf die Erwachsenen begrenzt ist, zu sehen. In der Folge konnte die Mutter Mina gegenüber deutlich formulieren, dass es in Minas Leben Mutter und Vater braucht und geben darf.

Um Mina die Erlaubnis zu geben, emotional und real zum Vater Kontakt aufzubauen, waren mehrere Beratungstermine mit der Mutter nötig. Wichtige Fragen waren dabei:

- *Welche Sorgen hat sie, wenn Mina beim Vater ist?*
- *Welche Auswirkung auf ihre Beziehung zu Mina befürchtet sie durch den Kontakt?*
- *Welche Chancen gibt es?*
- *Was braucht sie vom Vater, dass sie Mina gut dorthin gehen lassen kann?*
- *Welche Form des Austausches gibt der Mutter Sicherheit?*

Am Ende konnte die Mutter Mina tatsächlich sagen, dass sie Verständnis dafür hat, wie wichtig der Vater für Mina ist.

Auch gemeinsame Elterngespräche konnten in der Folge stattfinden.

#### bb. Inhalte mit dem Vater

Neben den psychoedukativen Themen war für den Vater vor allem wichtig, wie er wieder mit Mina in Kontakt kommen konnte.

In der Beratungsstunde formulierte der Vater einen kurzen Brief, dass er Mina mag, nicht sauer ist und sich sehr auf ein Treffen freut. Sehr detailliert wurde die erste Begegnung besprochen und auch, wie es ihm bei dem Treffen gelingt, seine Sehnsucht nach Mina zu begrenzen und ihre Wünsche vor allem zu berücksichtigen.

Von ihm war Geduld, Geduld und nochmals Geduld gefordert. Durch die Außensicht des Beraters gelang es auch dem Vater, Minas Verhalten zu verstehen und nicht die Mutter dafür als alleinig verantwortlich zu sehen. Er konnte nach einiger Zeit seine eigene Verantwortung bei den früheren Konflikten sehen und verstehen, wieso Mina den Kontaktabbruch als Lösung sah.

Auch der Vater profitierte von den gemeinsamen Elterngesprächen, nachdem er sich von den Schuldvorwürfen der Mutter gegenüber distanzieren konnte und Verantwortung für seine Handlungen übernahm.

### *f. Fazit*

Wenn das Kind ein Bündnis mit einem Elternteil eingeht und dies eine Reaktion auf die Trennung ist, sind die Chancen auf eine Lösung sehr gut. Hierfür ist es nötig, dass beide Elternteile sich verändern und einen eigenen Beratungsauftrag formulieren.

## 2. Tom

### a. Ausganglage

**_Fallbeschreibung_**

▶ *Tom ist zehn Jahre alt, als er vom Familiengericht zu uns geschickt wird.*

*Die Eltern kommen zu getrennten Terminen, da die Mutter einen gemeinsamen Termin ablehnt.*

*Der erste Termin mit der Mutter musste verschoben werden, da sie ihren Sohn dabeihatte.*

*Die Mutter erzählte im ersten Gespräch, dass der Vater aus dem Ausland kommt und schlecht Deutsch spricht. Sie benannte Partnerschaftsgewalt in der Vorgeschichte. Der Vater habe sich nie für Tom interessiert. Sie verstehe nicht, wie er nach acht Jahren nun auf die Idee komme, dass sein Sohn ihn sehen wolle.*

*Sie trennte sich, als Tom zwei Jahre alt war. Danach gab es nur unregelmäßige Treffen, da der Vater sich auf keine verbindlichen Regeln einlassen wollte.*

*Der Vater wiederum berichtete, dass die Mutter ihn nach der Geburt von Tom aus allen Fragen, die Tom betrafen, herausgehalten hätte. Er konnte ihr nichts recht machen, durfte keine Minute mit dem Baby allein verbringen.*

*Nach der Trennung habe er stets versucht, Kontakt zu halten. Er stand oft vor verschlossener Tür oder erhielt Absagen, weil Tom angeblich krank sei. Die wenigen Treffen, die stattfanden, seien wunderbar gewesen. Sein Sohn habe jedes Mal geweint, wenn er wieder zur Mutter gehen musste.*

*Da er große Sehnsucht nach seinem Sohn habe, stellte er vor dem Familiengericht einen Antrag auf das Wechselmodell und das Aufenthaltsbestimmungsrecht. Der Richter entschied dann auf eine Kontaktanbahnung im Rahmen des Begleiteten Umgangs.*

*Laut der Mutter wolle Tom den Papa nicht treffen und er müsse das aus ihrer Sicht auch nicht. Sie fragte aktiv nach, ob ihr Sohn zu einem Gespräch kommen dürfe, um uns das persönlich zu sagen.*

Im Team sprachen wir ab, dass Tom einen eigenen/eine eigene Berater:in erhält und Mutter und Vater ebenfalls Beratung erhalten. Dies schien uns der beste Weg zu sein, um möglicherweise zu einem späteren Zeitpunkt eventuell einen Begleiteten Umgang anbieten zu können.

### b. Überlegungen im Team zu Tom und seiner Familie

Im Team beschäftigte uns die Frage, warum Tom seinen Vater nicht kennenlernen wollte.

Wir diskutierten dabei die Themen Entfremdung und Instrumentalisierung. Folgende Differenzierung ist dabei hilfreich (das Stufenmodell der Bindungsfürsorge geht auf Kemal Temizyürek zurück):

| **Bindungsfürsorge** | **Bindungstoleranz** | **Bindungsblockade** |
|---|---|---|
| Hierarchie zwischen Erwachsenem und Kind: Die Bedürfnisse des Kindes wahrnehmen, mitfühlen, als Erwachsener aktiv handeln und Verantwortung übernehmen → sich trotz Trennung als Eltern begreifen | Erwachsener und Kind auf Augenhöhe: Es wird keine Verantwortung wahrgenommen, Verantwortung wird delegiert, Parentifizierung | Keine Unterscheidung zwischen Elternteil und Kind: Inadäquate Wahrnehmung der kindlichen Bedürfnisse, die erwachsenen Bedürfnisse (nach Distanz) werden übergestülpt → für das Kind wird Distanz hergestellt, der betreuende Elternteil generiert einen eigenen Schutzauftrag |

Uns beschäftigten die Fragen:

- *Wurde Tom von seiner Mutter beeinflusst?*
- *Erlebte er tatsächliche Kränkung durch den Vater?*
- *Oder war er, wie der Vater sagte, ein „entfremdetes" Kind?*

Unter Entfremdung verstehen wir Folgendes:

- Die Geschichten, die das Kind erzählt, beruhen nicht auf realen Erfahrungen.
- Die erzählten Geschichten sind geborgte Szenarien.
- Das Kind lehnt den Kontakt ab, ohne inhaltlich eine Begründung geben zu können.
- Die Kinder stellen ihre gesamte Abstammung infrage.

Schon nach dem Erstgespräch war klar, dass Tom sich nur von seinem „Nein" wegbewegen kann, wenn auch seine Eltern sich bewegen.

### *c. Wissen für die Kinderberatung*

*„Als ich noch ein Baby war, hat Papa die Mama geschlagen, das weiß ich noch ganz genau. Mit so einem schlechten Menschen will ich nichts zu tun haben!"*

Mit diesem Satz startete Tom sein erstes Treffen in der Beratungsstelle. Er wollte erst mal alles Schlechte über den Vater loswerden und betonte mehrmals, dass er ihn auf gar keinen Fall treffen wolle. Er schien mächtig unter Druck zu stehen und hatte gar keinen Blick für seine Umgebung. Erst nach einer Weile sah er sich seinen Berater und das Spielzimmer genauer an.

Die Ritterburg in unserem Spielzimmer faszinierte ihn und er fragte seinen Berater, ob er damit spielen dürfe. „Klar!", war die freundliche Antwort.

Am Ende der Stunde wollte Tom gern gleich in der folgenden Woche noch mal seinen Berater treffen.

Für den Berater war wichtig, herauszufinden, welcher Zugang zu Tom gefunden werden könnte. Gab es neben der Lösung „Papa nicht sehen" möglicherweise eine zweitbeste

Lösung für Tom? Es ging darum, dem Kind einen Verhandlungsspielraum zu ermöglichen. Gleichzeitig war wichtig, wie sich Tom im Kontakt zu seinem Gegenüber verhält.

Nach einigen Stunden mit der Ritterburg setzten sich Tom und sein Berater mit dem Thema Vater auseinander: „Dir gefällt es nicht, den Papa zu sehen – was können wir tun, dass es einigermaßen erträglich ist?" oder „Du kannst es dir gerade nicht so gut vorstellen, hier deinen Papa zu treffen. Was könnten wir tun, dass du es probieren würdest?".

### *d. Methoden: Fragekatalog – Ideen*

- *Was müsste passieren, dass es dir im Umgang gar nicht gut geht?*
- *Was dürfen Mutter/Vater/Großeltern/Geschwister auf gar keinen Fall tun nach dem Umgang, was müssen sie unbedingt tun?*
- *Was wäre deinem Vater/Mutter/dir am liebsten beim Umgang? Wie wär's am besten, wie am zweitbesten? (-> Welche Spielräume hat das Kind?) Wie kommst du darauf? Woher weißt du das? (Kleine Kinder sind suggestiv leicht beeinflussbar)*
- *Woran merkst du, dass es dir (nicht) gefallen hat?*
- *Skala: Wie gut soll es dir mindestens gehen? Woran merkst du das?*
- *Wie ist es eine Woche, ein Tag, eine Stunde, eine Minute vor/nach dem Treffen?*
- *Wie geht es dir eine Woche, ein Tag, eine Stunde, fünf Minuten, bevor du den Vater triffst/nachdem du ihn getroffen hast?*

Eine Alternative ist es, herauszufinden, ob das Kind Bewältigungs- und Copingstrategien hat: „Jetzt erzähl mir mal, was du anderen Kindern raten würdest, bei denen es genauso ist wie bei dir…"

Die Arbeit mit den Kindern ist sehr komplex. Es reicht nicht, nur die Wünsche der Kinder zu berücksichtigen. Tom zum Beispiel rät: „Andere Kinder sollen nicht so oft dran denken, dann sind sie nicht so traurig." Tom will aber nicht, dass sein Vater diese Strategie erfährt: „Sonst denkt der Vater, Tom denkt nicht an ihn."

Mit älteren Kindern ist der Austausch über diesen Zwiespalt möglich. Dafür werden aber eine sehr tragfähige therapeutische Beziehung zum Kind und vielfältige Erfahrungen in der Beratung mit Kindern benötigt.

Wie gut ist es, dass der/die Elternberater:in nicht gleichzeitig mit dem Kind arbeitet und so nicht in die Gefahr gerät, die Eltern- und Kind-Ebene zu vermischen.

Im Laufe der Arbeit mit Tom stellte sich immer mehr heraus, dass seine parteiliche Reaktion die Übernahme der subjektiven Wahrheit des betreuenden Elternteils ist, z.B. mit dem eingangs zitierten Satz: „Mit so einem schlechten Menschen will ich nichts zu tun haben!"

Dies war keine eigene gemachte Erfahrung, sondern das negative Bild des Vaters hat Tom pauschal von seiner Mama übernommen.

Ab ca. sechs Jahren beginnt die Entwicklung der Fähigkeit, die Moralvorstellungen anderer miteinzubeziehen. Dazu übernehmen Kinder die Vorstellungen von wichtigen Bezugspersonen.

Da Tom zu seinem Vater lange keinen Kontakt hatte, fehlt ihm die Perspektive einer wichtigen Bezugsperson. Tom übernahm die Vorstellungen so, wie es ihm beigebracht wurde, und entwickelte dadurch eine feststehende Haltung. Hier hört man die subjektive Wahrheit des betreuenden Erwachsenen: „Meine Mutter hat recht!" Sein Berater hörte immer wieder pauschale Äußerungen über den Vater ohne situativen Bezug („Wir brauchen den nicht!") und triviale Begründungen („Der lacht immer so komisch"). Solche Sätze sind ein Hinweis auf Instrumentalisierung.
Die Einschätzung des Kindes bezüglich des Vaters wird von den Bindungspersonen übernommen. Eine eigene Reflexion und kritische Einordnungen finden noch nicht statt. Dafür ist Tom noch zu jung.

### *e. Elternberatung*

Für die Elternberatung ist es wichtig, dass der/die Kinderberater:in mit dem Kind abspricht, was die Eltern erfahren dürfen und müssen und was auf jeden Fall der Schweigepflicht bezüglich der Kindberatung unterliegt.

Veränderungen in Familien benötigen mindestens anderthalb bis zwei Jahre, bis sie etabliert sind. Die Eltern müssen also im Beratungsprozess darauf vorbereitet werden, dass ein Beratungsprozess ausreichend Zeit benötigt. Die Eltern können aufgrund dieser Information dann entscheiden, ob sie sich auf einen gemeinsamen Weg der Beratung einlassen wollen oder ob sie andere Lösungen (z.B. ein familiengerichtliches Verfahren) in Betracht ziehen wollen.

Toms Eltern wollten sich auf einen Beratungsprozess einlassen. Wir starteten mit Einzelgesprächen.

Ein Schlüsselmoment war, als der Vater die Verantwortung für die Umgangsverweigerung des Kindes nicht ausschließlich bei der Mutter sah, sondern Verantwortung für sein Tun bzw. Nichttun übernahm. Der Vater verstand, dass Tom seinen Rückzug als Desinteresse begriffen hatte.

Die Mutter war damit einverstanden, Berichte über Tom zu schreiben. Dies ist oft eine gute Intervention, weil es den verweigernden Kindern später hilft, wieder Kontakt mit dem abwesenden Elternteil aufzunehmen. Den abwesenden Elternteilen hilft es, das Kind in seiner Entwicklung durch die Berichte mitzuerleben und seine Interessen kennenzulernen. Ein späterer Kontakt ist dann für den Vater einfacher zu gestalten.

Wichtig und unerlässlich ist bei Umgangsverweigerung die eigenmotivierte Mitarbeit der Eltern!

Kommt es dann nach der Beratung des Kindes und der Eltern zu begleitetem Umgang, braucht es hier auch klare Vereinbarungen.

Das heißt konkret: Zur Mutter kann man z.B. sagen:

> *„Du hast jetzt dein Kind lange geschützt, indem du gegen den Umgang warst, weil du dir wegen X und Y Sorgen gemacht hast. Nun gibt es hier die Möglichkeit eines Schutzes durch den Begleiteten Umgang. Grundlage ist aber deine Zustimmung."*

Wichtig ist, das Kind nach dem Begleiteten Umgang willkommen zu heißen, es nicht auszufragen und vor allem dem Kind das Treffen nicht übel zu nehmen. Manche Eltern neigen dazu, das Kind mit Liebesentzug zu bestrafen und beleidigt zu sein. Der besuchsberechtigte Elternteil braucht Geduld, Geduld, Geduld und es braucht eine offene Zugewandtheit, sich auf das Kind mit seiner eigenen Persönlichkeit und seinen Bedürfnissen einzulassen.

Je weniger Erwartungen alle Beteiligten an die Treffen haben, desto günstiger ist es.

Über die Zeit wurde klar, dass Tom sehr viele Informationen über die Trennung hatte (ein Hinweis auf passive Instrumentalisierung). Von der Mutter wurden diese Informationen als Begründungen hergenommen, warum es zu einer Trennung kam. Diese Informationen sind aber auf der Paarebene relevant und berühren letztlich nicht die Elternebene.

Solche und weitere Themen wurden mit den Eltern in der Beratung besprochen. Es bedurfte sehr viel Psychoedukation und vieler Situationen zum Ausprobieren; ein langsames Vorgehen für Mutter, Vater und Tom. Wenn es den Eltern gelingt, sich wirklich auf die Beratung einzulassen, kann es Lösungen geben.

Bei Toms Familie sah die Lösung aus wie folgt:

Bei Tom wurde der Auftrag von „Wie soll der Kontakt zum Papa gestaltet werden?" verändert zu „Wie geht es dir und was brauchst du?".

Dadurch stand Tom nicht mehr unter Druck, zum Beginn jeder Stunde über den Vater schimpfen zu „müssen". Er konnte lockerer und offener mit seinem Berater in Beziehung treten.

Die Eltern kamen 14-täglich erst zu Einzelgesprächen. Mit der Zeit konnten gemeinsame Elterngespräche stattfinden. Klar war, dass der begleitete Umgang nicht unmittelbar starten würde.

Mit beiden Eltern wurde mit Hilfe der „Time-Line" biografisch gearbeitet. So konnten sie nochmals einen Blick auf ihre Liebesgeschichte werfen und die Beziehung reflektieren.

Im gemeinsamen Elterngespräch wurden diese zwei Linien dann nebeneinandergelegt und verbunden. So wurde deutlich, mit welcher Zuneigung Toms Leben begann.

Die Eltern hatten die Idee entwickelt, gemeinsam mit Tom unterstützt durch den Berater zu sprechen und so langsam einen Kontakt entstehen zu lassen.

Tom fand diese Idee zunächst unglaublich und war sehr ärgerlich auf seine Mutter. Er fühlte sich von ihr verraten und war zutiefst erschüttert.

Er hätte nicht damit gerechnet, dass seine Eltern sich „gegen ihn" verbünden. Mit Hilfe der Beratung konnte die Mutter mit Tom sprechen und beide fanden eine Lösung, wie der Vater einen Platz in ihrem Leben bekommen sollte.

Für Tom war der begleitete Umgang eine gute Lösung, da die Treffen dann losgelöst von zu Hause und seiner Privatsphäre stattfanden. So musste er den Vater nicht gleich ganz in sein Leben lassen, sondern konnte erst mal ausprobieren, „wie viel Papa" er mag.

Auch die Eltern dosierten ihren Kontakt sparsam, aus Sorge, dass sie die gemeinsamen Gespräche gefährden könnten.

Toms Sorge, dass der Vater wieder schnell das Interesse verliert, bestätigte sich nicht. Diese neue Erfahrung gab Tom den Mut, dem Vater eine neue Chance zu geben. Vater und Sohn haben sich lange „nur" im Rahmen des Begleiteten Umgangs gesehen. Mehr konnte Tom nicht zulassen. In größeren Abständen traf Tom seinen Berater. Die Eltern erhielten weiterhin Beratung.

## 3. Cem

### a. *Ausgangslage*

#### ***Fallbeschreibung***

▶ *Cem ist 13 Jahre alt, als wir ihn in unserer Beratungsstelle kennenlernen.*

*Cems Eltern wurden vom Jugendamt zu uns geschickt, damit es Begleiteten Umgang gibt.*

*Cems Eltern trennten sich vor gut einem Jahr und er lebt beim Vater. Nach der Trennung lehnte Cem ziemlich schnell den Kontakt zur Mutter ab. Diese war von seiner Ablehnung völlig überrascht. Sie versuchte, Cem an der Bushaltestelle zu treffen, oder wartete auf dem Pausenhof, um mit ihrem Sohn sprechen zu können. Die Eltern gerieten darüber sehr in Streit und überschütteten sich mit Vorwürfen.*

*Cems Mutter lebt inzwischen mit ihrem neuen Partner und dessen zwei Kindern zusammen.*

*Auch Cems Vater hat eine neue Freundin.*

Auch hier starteten wir nicht mit begleitetem Umgang, sondern mit Beratung für Cem, Mutter und Vater. Die Beteiligten bekamen jeweils einen eigenen Berater.

### b. *Überlegungen im Team zu Cem und seiner Familie*

Nach dem Kennenlernen der Familie überlegten wir uns, was hinter Cems Entscheidung steht, die Mutter nicht mehr sehen zu wollen.

Im Gegensatz zu Tom (3.2.2) benannte Cem nachvollziehbare und tatsächliche Erlebnisse als Gründe, warum er die Mutter nicht treffen wollte.

Gründe für Distanzierung können sein: Misshandlung, Sucht, Gewalt, Trostlosigkeit oder viele Anklagen.

Wir überlegten uns, ob Cem ein sogenanntes gekränktes Kind sei. Das würde bedeuten, dass er Partei für den Vater ergreift, ohne von diesem instrumentalisiert zu sein. Kränkungen und Rücksichtslosigkeit vor oder im Zuge der Trennung vermitteln dem Kind/Jugendlichen das Gefühl, nicht geachtet zu werden: *„So lasse ich mich nicht behandeln!"* – die emotionale Bindung wird jedoch nicht negiert (nicht!: *„Ich hab ihn nicht lieb!"*).

Im Zuge der Trennung oder danach wird ein älteres Kind tief gekränkt oder verletzt.

Kränkungen entstehen z.B. in Situationen wie:

- Eine neue Beziehung und die Verliebtheit stehen im Vordergrund, das Kind fühlt sich nicht mehr gesehen.

- Das Kind wird zum „Mitwisser" der neuen Beziehung von Mutter oder Vater, indem es für diese lügt: „Wenn Papa fragt, sagst du ihm, dass wir einkaufen waren, ja?"
- Das Kind wird mit der Sexualität der Eltern und dem neuen Partner konfrontiert und erlebt hier nicht ausreichend Schutz als Kind bzw. Heranwachsender.
- Das Kind erlebt durch Kinder des neuen Partners der Eltern die Gleichbehandlung aller Kinder in der Patchwork-Familie als Zurücksetzung. „Ich hab euch alle gleich lieb" hört sich für das eigene Kind an wie „Du bist zwar mein eigenes Kind, aber das macht keinen Unterschied".
- Das Kind erlebt das Erziehen und Regelneinfordern durch den Partner des Elternteils als Grenzüberschreitung.

Kränkungen können Kinder meist genau beschreiben, die Begründung ist nachvollziehbar und ein daraus folgender Wunsch wird klar formuliert, z.B. „Papa soll sich bei mir entschuldigen" oder „Ich will mein eigenes Zimmer bei der Mama". Kinder wollen gehört und gesehen werden und hoffen letztlich auf eine Lösung. Voraussetzung für eine Kränkung ist, dass es eine emotionale Bindung zwischen dem Gekränkten und demjenigen, der die Kränkung auslöst, gibt.

Mit diesen Überlegungen starteten wir in die Beratung mit der Familie.

### *c. Wissen für die Kinderberatung*

Cem kam gut mit seinem Berater in Kontakt. Sowohl über das Thema Familie als auch über andere Themen wie z.B. Freizeit, Schule, etc. konnte Cem offen und klar sprechen. Am liebsten sprayte Cem Bilder in unserem Atelier oder forderte seinen Berater beim Tischkicker heraus.

Cem formulierte, dass er sehr enttäuscht von der Mutter war, weil sie den Vater betrogen hatte und diese Beziehung schon lange bestand, ohne dass sie dies mit dem Vater offen besprochen hatte. Nun würde sie ihm ständig auflauern und sein Nein nicht akzeptieren. Auch der Vater sei ihm keine große Hilfe: Dieser würde ihn eher drängen, die Mutter zu sehen. Cem war fassungslos, dass sein Vater nicht sauer auf die Mutter wäre, immerhin hatte sie ihn betrogen …

Cem und sein Berater überlegten sich Folgendes:

Cems Nein zum Begleiteten Umgang und allgemein zu einem Treffen mit der Mutter haben wir gehört. Um dennoch die Dauerbelastung für Cem durch das Thema „Mutter treffen" für den Moment zu beenden, wurde die Mutter zu einer Spielstunde eingeladen. Der Berater versprach Cem, dass wir ihm keinen Begleiteten Umgang aufzwingen würden, nur weil er ca. 30 Minuten mit der Mutter verbringen würde. Es sollte nur ein Gespräch sein, sodass die Mutter versteht, dass Cem aktuell keinen Kontakt will.

Das Nein von Cem wurde von seiner Mutter respektiert und er hatte mit seinem Berater vereinbart, sich in einem halben Jahr nochmals mit ihm zu treffen und zu schauen, ob sich etwas an Cems Wunsch verändert hat.

Wichtig ist uns bei einem Nein des Kindes immer, dass es für „später" nochmals eine Tür oder einen Weg gibt, um doch Kontakt entstehen zu lassen.

Allgemein haben wir die Haltung, die Meinung des Kindes zu respektieren, und „in einem halben Jahr sprechen wir noch mal miteinander". Wenn das Kind das Gespräch nicht möchte, findet es auch nicht statt. Wir sagen den Kindern z.B.: „Wenn du den Papa vor sieben Jahren zuletzt gesehen hast und da warst du drei, ist das schon lange her. Um sicher zu sein, was für eine Person das ist, über die wir uns hier unterhalten, ist es hilfreich, ihn einmal zu treffen."

Unsere Erfahrung ist, dass die Kinder sich darauf gut einlassen können. Vor allem wenn dieses Gespräch nicht im Zusammenhang mit dem Begleiteten Umgang stattfindet, sondern der Elternteil eine Einladung in die Spiel- bzw. Beratungsstunde des Kindes erhält.

### *d. Elternberatung*

Für Cems Mutter war die Erfahrung wichtig, dass sich das Problem nicht auflöst, sobald Cem sie sieht.

Durch die Einladung der Mutter in seine Beratungsstunde erhielt die Mutter die Möglichkeit, mit Cem zu sprechen und sich zu entschuldigen. Gleichzeitig war es seine Stunde und er fühlte sich ausreichend sicher, ihr zu begegnen.

Sie konnte nach dem Gespräch mit Cem sehen, dass es aktuell keinen Sinn hatte, Cem weiter unter Druck zu setzen und Kontakt zu fordern. Die damit verbundene Trauer wurde Beratungsthema.

In den folgenden Beratungsstunden beschloss die Mutter, dass sie sich immer wieder freundlich bei Cem meldet (z.B. Postkarten, kleine Geschenke etc.). Hintergrund dieser Idee ist, dass es die Phase zwischen „Überlegung, wieder Kontakt aufzunehmen" und „erneute Kontaktaufnahme durch das Kind" verkürzt. Selbst wenn die Geschenke im Kontaktabbruch nicht gewürdigt werden, wissen die Kinder, dass Mutter oder Vater sich für sie interessiert.

Der Vater konnte mit Hilfe seiner eigenen Beratung auch eine klare Haltung entwickeln und Cems Nein unterstützen. Gleichzeitig ließ er Cem immer den Weg zur Mutter offen, ohne ihn zu drängen.

### *e. Fazit*

**Das aktive Warten ist nicht für „jetzt", sondern für „dann".**

Es ist aus unserer Erfahrung eher selten, dass kurz- oder mittelfristig Umgang installiert werden kann.

## III. Grundwissen zum Thema Umgangsverweigerung

Im Folgenden wird nochmals Wissen über das Thema Umgangsverweigerung zusammengefasst.

### 1. Der Versuch einer Altersübersicht

- **Vier- bis Siebenjährige**

Kinder zwischen vier und sieben Jahren können noch keine ambivalenten Gefühle äußern, sie können diese nicht differenzieren.

- **Sieben- bis Neunjährige**

Ab sieben Jahre können Gefühle, Einstellungen, Meinungen des einen Elternteils ohne dessen Anwesenheit aufrechterhalten werden. Erst so wird der Loyalitätskonflikt möglich.

Das Kind kann beide Perspektiven im Kopf behalten. Vorher kann das Kind im Kontext mit der Mutter deren Perspektive einnehmen, mit dem Vater ebenso. Wenn die Person nicht anwesend ist, behält das Kind die Perspektive nicht, versteht auch nicht, dass es gegebenenfalls widersprüchlich ist.

Das Kind fängt auch an, vorsichtig zu werden, unterscheidet zwischen Innen und Außen; es will keine Strafe mehr vermeiden, sondern aus innerer Haltung das Richtige tun.

Für viele Kinder konflikthafter Eltern ist es leichter, wenn beide Welten getrennt bleiben.

Kinder können außerdem selektive Geschichten erzählen. Sie verstehen aber nicht, was sie damit auslösen!

Die Kinder fangen an, selektive Geschichten zwischen den Haushalten zu übertragen, sie erzählen manche Dinge oder auch nicht und sie beginnen, Unwahrheiten zu sagen, weil sie glauben, zu wissen, was ein Elternteil gern hören will.

***Beispie***

*Ein Vorschulkind kommt heim und erzählt: „Beim Papa war's schön, da war die Julia (neue Freundin des Vaters), die kann supertoll spielen."*

*Das siebenjährige Kind wird vorsichtig und überlegt, ob es von Julia erzählt.*

*Das neunjährige Kind mag es nicht, wenn der Papa mit Julia knutscht, sagt es aber nicht, weil Mama sonst schlecht über den Papa spricht.*

- **Neun- bis 12-Jährige**

Ab ungefähr neun Jahren können wirkliche Loyalitätskonflikte bei Kindern entstehen, ihre Entwicklung ist nun so weit vorangeschritten.

Die Kinder gehen nun aktiv Bündnisse ein, um den Loyalitätskonflikt zu lösen (mit oder ohne Kontaktabbruch).

- **Ab ca. 13 Jahren**

... sind Bündnisse kein hilfreiches Mittel mehr.

## 2. Was passiert beim Elternstreit?

Wenn Eltern streiten, können sie – aus der Sicht der Kinder – gefährlich werden. Sie sind laut. Sie beschimpfen sich. Manchmal tun sie sich auch schlimme Dinge an. Auf Kinder wirkt das bedrohlich, sogar lebensbedrohlich und setzt sie unter enormen Stress. Ein Kind hat beide Eltern lieb und wird versuchen, den Streit zu schlichten. Diese Erfahrungen sind schädigend für die betroffenen Kinder und ihre gesunde Entwicklung. Denn wenn sich die Eltern streiten, kommen Kinder in einen Konflikt. Sie sind zwischen den Eltern hin- und hergerissen. Wenn ein Elternteil den anderen abwertet, wird immer auch ein Teil des Kindes abgewertet. Die Kinder reagieren auf diese Gewaltsituation mit Schuldgefühlen, fühlen sich einsam, verlassen und ihr Selbstwert leidet.

Manche Eltern denken: „Das Kind ist noch so klein, das bekommt den Streit gar nicht mit." Tatsächlich wirkt sich besonders auf sehr kleine Kinder der Streit massiv beängstigend aus. Sie verstehen noch nicht, was da gerade passiert. Sie achten dann auf die Stimmlage, die Lautstärke und die Bewegungen und diese vermitteln dem Kind: Es passiert etwas Gefährliches.

Erleben Kinder häusliche Gewalt, ist dies für sie eine traumatisierende Situation.

Wenn ein Elternteil gewalttätig gegenüber dem anderen Elternteil ist, ist immer auch das Kind betroffen. Kinder, die Gewalt beobachten, werden in gleichem Maße traumatisiert wie die Person, die die Gewalt erlebt.

Kinder haben völlig unabhängig von dem Streit der Eltern in der Regel eine Bindung zu Mutter und Vater aufgebaut. Wenn Eltern sich heftig streiten und sich dann trennen, bleibt diese Bindungserfahrung des Kindes trotzdem bestehen.

Werten sich Eltern nach der Trennung gegenseitig ab, führt dies – aufgrund der Identifizierung des Kindes mit den Eltern – auch zu einer Abwertung des Kindes. Dies belastet das Kind im Aufbau eines gesunden Selbstwertgefühls.

## 3. … und wer bin ich?

Biologisch besteht jeder Mensch zu einer Hälfte aus den Genen seiner Mutter und zu einer Hälfte aus den Genen seines Vaters. Natürlich sind wir Menschen mehr als nur unsere Gene. Wir werden stark dadurch geprägt, wo und mit wem wir aufwachsen. Dennoch hat die Genetik auch eine Auswirkung auf die Entwicklung der eigenen Identität. Menschen wollen wissen: Wo komme ich her? Wer waren meine Vorfahren? Wer sind meine Eltern? Schon sehr junge Kinder sind neugierig und interessiert und vergleichen sich mit ihren Eltern. Dies ist wichtig, um sich zu einem eigenständigen Menschen zu entwickeln.

„Mein Kind soll selbstbewusst sein, es soll wissen, dass es geliebt wird und dass es etwas Besonderes ist." Dieser Aussage stimmten die meisten Eltern zu. Sie wollen nur das Beste für ihr Kind.

Wenn Mutter oder Vater den anderen Elternteil vor dem Kind abwerten, werten sie immer einen Teil des Kindes ab. Und das ist sicherlich nicht das, was Eltern beabsichtigen.

Kinder verinnerlichen dieses negative Bild des anderen Elternteils in sich. Sie fühlen sich in der Folge oft schuldig oder beschämt.

## 4. Zusammenfassung Umgangsverweigerung[1]

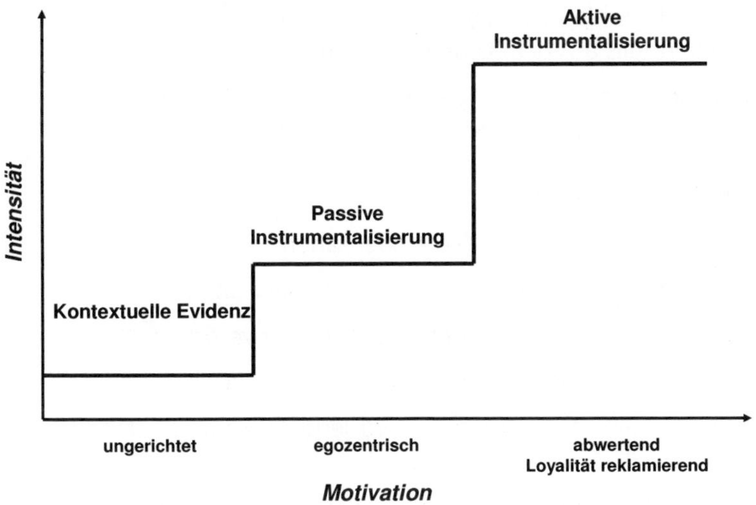


### *a. Kontextuelle Evidenz*

Haben die Eltern das Kind nicht im Blick und sind auf sich selbst fokussiert, entwickelt das Kind aus den gemachten Erfahrungen seine Vorstellungen über Schuldverteilung, z.B. wenn die Mutter jeden Abend in der Küche sitzt und weint.

Das Kind entwickelt Thesen darüber, wer daran schuld ist, und übernimmt diese Vorstellung. Diese Schlussfolgerungen können aber auch falsch sein. Das Kind erlebt vieles mit, es wird aber nicht informiert. Oft sind die Fantasien der Kinder schlimmer als die Realität.

1 Nach Dr. Katharina Behrend, Kindliche Kontaktverweigerung nach Trennung der Eltern aus psychologischer Sicht. Entwurf einer Typologie, Dissertation 2009, S. 140, online abrufbar unter https://pub.uni-bielefeld.de/download/2301270/2301273/Kindliche_Kontaktverweigerung_nach_Trennung_der_Eltern_aus-205.pdf (Abruf: 15.3.2023).

### *b. Passive Instrumentalisierung*

Hier ist die Intention, dass ein Elternteil sich glaubwürdig und ehrlich gegenüber dem Kind zeigen will. Die Zielstellung ist nicht, klarzustellen, wie gemein der Vater ist, sondern dass die Mutter recht hat. Beispiele für passive Instrumentalisierung sind, dem Kind das Anwaltsschreiben zu zeigen oder die Zusammenhänge der Trennung zu erklären.

Der Effekt, den die passive Instrumentalisierung auf die Beziehung des Kindes zum anderen Elternteil hat, steht dabei nicht im Fokus.

### *c. Aktive Instrumentalisierung*

Hier soll das Kind lernen, dass der andere Elternteil schlecht ist. Es werden Informationen geteilt, die direkt auf die Beziehung zwischen dem Kind und dem Elternteil abzielen. Diese betreffen oft die frühe Kindheit, an die sich das Kind nicht erinnert. Zum Beispiel: „Dein Vater wollte dich abtreiben."

Es geht dabei ums Grundsätzliche, nicht nur um die Trennung.

Hier haben wir hochgradig bedürftige Eltern. Mit einer gesunden, normalen Liebe zum Kind ist das nicht mehr vereinbar. Es wird wahrgenommen „Das Kind fühlt wie ich". Es wird nicht gesehen, dass den Gefühlen des Kindes eine völlig andere Ursache zugrunde liegt: Verlust des anderen Elternteils aus dem Leben, Trennung der Eltern, …

Weitere theoretische und fachliche Überlegungen sind bei Dr. Behrendt nachzulesen, „Kindliche Kontaktverweigerung nach Trennung der Eltern aus psychologischer Sicht"[2].

## 5. Und ganz wichtig: der Kinderwille

Der zentrale Kinderwille ist bedürfnisorientiert. Die Kinder sagen z.B.:

- *„Kannst du nicht machen, dass meine Eltern wieder zusammenziehen?"*
- *„Kannst du nicht machen, dass meine Eltern sich wieder besser vertragen?"*
- *„Kannst du nicht machen, dass meine Eltern sich nicht mehr streiten?"*

Dieses Bedürfnis bleibt aber ungehört. Stattdessen wird jede Aussage des Kindes zum Zünglein an der Waage.

Der vermeintliche „wahre Wille" des Kindes soll die Entscheidung vorgeben, sich für ein Elternteil zu entscheiden.

Die Folge ist, dass die Kinder lernen, sich nicht mehr zu äußern. Die Eltern interpretieren jede Äußerung als „für mich" oder „gegen mich". Dies ist vom Kind aber nicht beabsichtigt.

Wir beobachten in der Beratungssituation, dass die Kinder Abfragesituationen vermeiden, schweigen oder alles genau und gerecht aufteilen.

Hat das Kind keine eigenen Vorstellungen? Doch!

2 Dissertation 2009, online abrufbar unter https://pub.uni-bielefeld.de/download/2301270/2301273/Kindliche_Kontaktverweigerung_nach_Trennung_der_Eltern_aus-205.pdf (Abruf: 15.3.2023).

Kinder haben häufig gute und explizite Ideen dazu, wie ihre Trennungsfamilie gestaltet werden kann. Allerdings sind diese Ideen bedürfnisorientiert, z.B. Sehnsucht nach Einvernehmen oder Wiederversöhnungswünsche etc.

Wichtig ist, den Druck der Kinder „Ich soll das entscheiden" zu mildern. Gut ist, das Kind von der Verantwortung für die Entscheidung und von den Schuldgefühlen für die Trennung zu entlasten.

Gleichzeitig ist es wichtig, die Kinder mit ihren Ängsten und Sorgen, aber auch mit ihren Ideen für eine Lösung ernst zu nehmen.
Durch Zuhören gewinnt man einen Eindruck von der Belastung und dem Leidensdruck des Kindes.

Nur durch ausreichend Beratungszeit mit dem Kind ist es möglich, eine Einschätzung über die Situation des Kindes zu treffen (VI.8 Kind im Zentrum).

## 6. Gut zu wissen

- Ab sieben Jahre können Gefühle, Einstellungen des einen Elternteils ohne dessen Anwesenheit aufrechterhalten werden. Erst so wird der Loyalitätskonflikt möglich.
- Ungefähr mit sieben Jahren kann ein Kind beide Perspektiven im Kopf behalten. Vorher kann das Kind im Kontext mit der Mutter deren Perspektive einnehmen, mit dem Vater ebenso. Wenn die Person nicht anwesend ist, behält das Kind die Perspektive nicht, versteht auch nicht, dass es gegebenenfalls widersprüchlich ist.
- Auch wenn eine Meinung vom Kind übernommen wurde, ist es seine Meinung. Glaubt man ihm nicht, fühlt es sich nicht ernst genommen. Auch wenn es kontextbezogene Aussagen übernimmt, glaubt es diese. Es kann im anderen Umfeld seine Meinung wechseln.

## 7. Und wie geht's den Beratenden und dem Team?

Was wurde aus dem „Nein" vom Anfang? Blieb es bestehen? Wurde es ein „Vielleicht"? Woran lag es?

- Ein „Nein" des Kindes setzt Erwachsene in der Regel unter Druck. Ein kindliches Nein durchkreuzt die Pläne der Erwachsenen – Gerichtsbeschlüsse und Elternvereinbarungen lassen sich nicht umsetzen.
- Aber ein Nein des Kindes rüttelt auch auf.
- Es lässt die Erwachsenen nochmals miteinander sprechen und ihre Haltungen überprüfen.
- Es öffnet den Weg zu einem Beratungsangebot für das Kind.
- Es gibt auch Zeit: Zeit, herauszufinden, wovor wir das Kind im Begleiteten Umgang schützen sollen.
- Zeit, herauszufinden, ob und wie ein Elternteil schützt. Zeit, herauszufinden, ob ein Begleiteter Umgang heilsam sein wird oder zur Retraumatisierung beiträgt.

Auch wir Berater sind gefordert, sehr grenzachtend mit uns und unseren Ressourcen umzugehen. Durch den umfangreichen Austausch im Team, durch Tandemberatung, durch Ausprobieren sind wir den Familien ein Vorbild. Wir bieten Kontakt und Beziehung. Also genau das, was den Familien verloren gegangen ist.

Was macht das Nein vom Anfang mit den Familien? Was mit dem Netzwerk der Familie? Was mit dem Team? Was mit den Beratern?

Es ist jedes Mal ein neuer Anfang, ein Versuch. Es gibt keine richtige und falsche Lösung, kein klares Ergebnis, das am Ende stehen muss. Das ist mühsam und bedeutet gleichzeitig Freiheit für den Beratungsprozess, es ermöglicht Kreativität. Wir persönlich und wir als Team lernen uns selbst mit jedem Kind und jeder Familie wieder neu kennen.

Viele Kinder haben eine ähnliche Geschichte erlebt und trotzdem macht jedes Kind mit seinen Fähigkeiten und Stärken etwas anderes daraus.

Am Anfang steht das „Nein!"– und was kommt dann?

### *Hinweis*

▶ *Die fachliche Grundlage zu diesem Artikel waren folgende Fortbildungen:*

- *„Familien in Trennung beraten" von der bke mit den Referenten:*

  *Gesine Götting, Diplom-Psychologin, Leiterin einer Erziehungsberatungsstelle und psychologische Sachverständige. Siegmund Richter, Diplom-Psychologe, Leiter einer Erziehungsberatungsstelle und psychologischer Psychotherapeut. Ulric Ritzer-Sachs, Diplom-Sozialpädagoge, systemischer Berater, Erziehungsberater und Mitarbeiter der bke-Onlineberatung. Dr. Katharina Behrend, Diplom-Psychologin, psychologische Sachverständige und Gründerin des Fachverbands Systemisch-Lösungsorientierter Sachverständiger im Familienrecht*
- *„Von Null bis Drei – Babys und Kleinkinder nach Trennung und Scheidung": Diplom-Psychologe Hanspeter Bernhardt*

*Davon wurden Mitschriften angefertigt, die auch in diesem Artikel verwendet werden.*

# G Das Ulmer Konzept „Kind im Zentrum" – Beratung von Trennungskindern und deren Eltern im Begleiteten Umgang

*Bettina Müller/Sonja Kroggel/Anja Federle*

**Übersicht** Seite



Bis 2015 standen die Eltern im Mittelpunkt unserer fachlichen Arbeit im Begleiteten Umgang. Der Auftrag war, Eltern den Kontakt zum Kind zu ermöglichen. Damit standen die Problemlagen der Eltern und die Elternkonflikte im Zentrum unserer Arbeit. Wer in diesem Arbeitsfeld tätig ist, kennt die Dynamiken in den Familien. Die Bedürfnisse der Kinder geraten dabei rasch aus dem Blick – nicht nur bei den Eltern, sondern auch bei uns Fachkräften.

Ein Schlüsselerlebnis war für unser Team, als Mila, acht Jahre, ihrer Umgangsbegleiterin anvertraute, sie komme nur zu den Vater-Kind-Treffen, damit der Papa nicht nach Hause kommt und der Mama nicht mehr wehtut. Sie selbst wolle den Vater erst mal nicht sehen.

Diese Äußerungen des Kindes stellten unser Selbstverständnis als Institution, die die Bedürfnisse der Kinder im Blick hat und auf dieser Grundlage Hilfen anbietet, infrage. Mila übernahm die Verantwortung für den Schutz ihrer Mutter und stellte ihre Wünsche hinten an.

Die fachliche Auseinandersetzung mit Milas Geschichte war der Beginn des Konzepts „Kind im Zentrum".

Carlos war der erste Junge in diesem Projekt, das unsere Arbeit im Begleiteten Umgang so nachhaltig verändert hat.

## I. Carlos, der Basketballspieler

Carlos ist sechs Jahre alt. Als seine Eltern sich getrennt haben, war Carlos gerade fünf Jahre alt geworden.

Carlos hat ein oranges T-Shirt von „seinem" Club. Er träumt davon, einmal Basketballspieler zu werden. Sein Onkel geht mit ihm zu jedem Spiel der Mannschaft. Das sind gute Tage, dann vergisst Carlos alle Sorgen.

Carlos denkt nicht gern an die Zeit zurück: Er lag oft wach im Bett, wenn sich seine Eltern nachts gestritten hatten. Mama weinte, Papa schrie. Carlos wünschte sich dann weg, in ein anderes Land, wo es keinen Streit gibt und die Menschen lachen. Einmal flog ein Stuhl knapp an seinem Kopf vorbei. Papa war so wütend, dass er mit dem Stuhl auf Mama einschlug. Papa und Mama hatten ganz vergessen, dass Carlos da war. Carlos stand bewegungslos da und war fast mit der Wand verschmolzen. Äußerlich war er ganz ruhig und innerlich tobten Angst und Verzweiflung.

Eines Tages war Carlos aus der Kita heimgekommen. Die Wohnung war anders – Papa war weg. Mit Carlos hat keiner vorher gesprochen. „Es ist gut, dass Papa weg ist, schließlich hat er auch dich geschlagen, wenn er wütend war", sagte seine Mutter nur, dann räumte sie weiter die Spülmaschine aus.

Carlos war froh und traurig. Endlich gab es keinen Streit mehr, der ihn so geängstigt hatte. Aber gleichzeitig war er auch traurig: Er mochte seinen Papa. Papa hatte mit ihm Blödsinn gemacht und auf der Straße Fußball gespielt.

Einmal kam sein Vater nachts und trat die Tür ein, er wollte Carlos sehen. Die Mutter holte die Polizei.

Nach einem halben Jahr kam ein Brief ins Haus. Sein Vater hatte „Umgang" beantragt. Seine Mutter wollte das nicht, aber der Richter hatte entschieden, dass Carlos seinen Vater begleitet beim Kinderschutzbund sehen sollte.

Carlos war es nicht wohl dabei: Einerseits fand er die Idee gut, andererseits machte er sich Sorgen. Hoffentlich wurde Papa nicht wütend. Aber er wollte den Vater treffen, schon allein deshalb, damit er nicht wieder die Tür zu Hause eintreten würde.

Beim Kinderschutzbund wurde ihm erklärt, wie die Treffen mit seinem Vater ablaufen würden. Die Beraterin fragte ihn, ob er sich auf den Vater freue. Carlos nickte. Die Beraterin war ihm sympathisch, sie hörte genau zu und nahm ihn ernst. Gern hätte Carlos mehr erzählt: von den Erinnerungen, die ihm immer wieder in den Kopf kommen, von der Angst, dass Papa bei den Treffen wütend wird, wenn Carlos nicht gehorcht, und, und, und ...

Aber die wichtigste Frage für Carlos ist, ob er wohl schuld daran sei, dass Mama und Papa so viel gestritten haben.

## II. Umgangsrecht

Gemäß § 1684 Abs. 1 BGB haben Eltern das Recht auf Umgang mit ihrem Kind. Aus Sicht des Kindes bestimmt § 1626 Abs. 3 Satz 1 BGB zum Wohl des Kindes „in der Regel" den Umgang mit beiden Elternteilen. Hat das Kind allerdings massive Gewalt durch Mutter oder Vater, eskalierende Elternkonflikte oder häusliche Gewalt erlebt, kann Umgang zwischen Eltern und Kind zu einer angstauslösenden, hochbelastenden Situation werden.

Seit einigen Jahren ist die Zahl der Kinder aus Trennungsfamilien mit massiver Gewaltproblematik oder anderer hoher familiärer Belastung sehr stark gestiegen.

Für diese Kinder sind Kontakte zu dem z.B. früher gewaltausübenden Elternteil mit Ängsten und Unsicherheiten, aber auch mit Wünschen nach positiven Begegnungen verbunden.

Das bisherige Angebot des beaufsichtigten Umgangs ohne intensive Beratung des Kindes und der Eltern reicht für diese Familien in keiner Weise aus.

Das Ziel von „Kind im Zentrum" ist, Trennungskinder, die Gewalt oder andere belastende Situationen, z.B. eine psychische Erkrankung eines Elternteils, in der familiären Vorgeschichte erlebt haben, bei dem Angebot „Begleiteter Umgang" nicht allein zu lassen.

Parallel sollen die Eltern unterstützt werden, die bisherigen Erfahrungen des Kindes anzuerkennen und auf dieser Grundlage eine Umgangslösung zu entwickeln, die den Schutz der Kinder und aller Beteiligten als Ziel hat.

## III. Gesetzliche Grundlagen

Das **Kinder- und Jugendstärkungsgesetz** (KJSG)[1] schafft eine gesetzliche Grundlage für das Konzept „Kind im Zentrum". Nach § 1 Abs. 3 Nr. 2 SGB VIII soll Jugendhilfe jungen Menschen selbstbestimmte Teilhabe in allen sie betreffenden Lebensbereichen ermöglichen. Nach § 18 Abs. 3 SGB VIII haben Kinder einen Anspruch auf Beratung und Unterstützung bei der Ausübung des Umgangsrechts. Darüber hinaus benennt § 10a SGB VIII einen Beratungsanspruch für die Kinder – unabhängig von ihren Eltern.

## IV. Entwicklung „Kind im Zentrum"

Bei der Arbeit mit den Familien im Begleiteten Umgang stellten wir uns immer wieder folgende Fragen:

- *Was hat das Kind erlebt?*
- *Weiß das Kind, warum es Begleiteten Umgang gibt?*
- *Wovor sollen wir das Kind im Begleiteten Umgang schützen?*
- *Welche Wünsche und Sorgen hat das Kind beim Begleiteten Umgang?*
- *Welche Form des Begleiteten Umgangs passt?*
- *Wie erkennen wir eine Retraumatisierung durch den Begleiteten Umgang?*

Um diese Fragen zu klären, starteten wir 2016 mit „Kind im Zentrum". Dies wurde finanziell durch Spenden der Herzenssache ermöglicht. Herzenssache ist die Kinderhilfsaktion des SWR, SR und der Sparda-Bank.

1 Gesetz vom 3. Juni 2001, BGBl. I S. 1444.

Grundlage ist die Tatsache, dass Eltern das Recht auf Umgang haben und Kinder das Recht haben, vor Kindeswohlgefährdung geschützt zu werden.

Unsere Lösung ist hier, den Familien Begleiteten Umgang mit „Kind im Zentrum" anzubieten. Unsere Haltung dabei ist, dass das Kind am Begleiteten Umgang beteiligt wird. Seit 2021 ist dies auch im Kinder- und Jugendstärkungsgesetz bestimmt.

## 1. Kernprobleme beim Begleiteten Umgang

Bei dem bisherigen Angebot ohne die Beteiligung der Kinder können der Nutzen und der Schaden der Eltern-Kind-Treffen für das Kind bei Familien mit Gewaltproblematik bzw. einer hohen Belastung der Kinder nicht eingeschätzt werden.

Das Kind wird zu keinem Zeitpunkt des Angebots zu seinen bisherigen Erfahrungen mit den Eltern, seinen Ängsten und Wünschen bezüglich der Eltern-Kind-Treffen gehört. Auch bei der Nachbereitung der Treffen sowie der Entwicklung einer längerfristigen Perspektive bleibt das Kind mit seinen Erfahrungen ungehört.

Dieses Vorgehen berücksichtigt in keiner Weise die Schädigung der Kinder aufgrund der Gewalt, die im Erleben und Verhalten der Kinder noch lange nachwirkt. So antwortete beispielsweise ein achtjähriges Mädchen auf die Frage, ob es den Vater treffen wolle: „Ich will den Papa eigentlich nicht treffen, aber ich gehe hin, damit er die Mama nicht haut."

Parallel benötigen aber auch die Eltern Beratung:

Der sorgende Vater oder die sorgende Mutter brauchen Unterstützung, wie sie mit dem Kind und seinen Reaktionen auf die Treffen mit dem vorher z.B. gewaltausübenden Elternteil umgehen. Gleichzeitig ist auch wichtig, wie es zu der Gewalt kam und wie zukünftig der eigene Schutz und der Schutz des Kindes sichergestellt werden können.

Der besuchende Elternteil kann in Beratungsgesprächen für die Bedürfnisse des Kindes sensibilisiert werden und gewinnt dadurch einen veränderten Blick auf die frühere Gewalt in der Familie und deren Folgen für alle Beteiligten. So ist eine Verantwortungsübernahme für das Geschehene seitens der Gewaltausübenden möglich.

Nur durch begleitende Gespräche kann eine Einschätzung getroffen werden, ob die Treffen für das Kind ausreichend Schutz bieten und hilfreich oder schädigend sind.

Auch die Perspektive, inwieweit langfristig unbegleitete Umgänge möglich sind, kann nur auf Grundlage der Beratung der Kinder und Eltern entwickelt werden.

## 2. Unser Konzept

Eine eigene Beraterin bzw. ein eigener Berater begleitet und unterstützt die Kinder, die Gewalt durch Mutter oder Vater erlebt haben, zusätzlich zum Begleiteten Umgang. Dabei hat das Kind ein eigenes Anrecht auf Schweigepflicht auch gegenüber den Eltern. Dies wird mit den Eltern und dem Kind gemeinsam besprochen. Das bedeutet, was das Kind erzählt, wird nicht eins zu eins von dem/der Berater:in an die Eltern weitergegeben. Gemeinsam mit dem Kind wird geklärt, was mit den Eltern besprochen werden kann und soll. Diese Informationen werden an den/die Elternberater:in weitergegeben, der/die dann mit den Eltern spricht.

Das heißt, es arbeiten mindestens zwei Berater:innen mit einer Familie: eine/r für die Eltern, eine/r für das Kind. Je nach Situation arbeiten oftmals noch mehr Kolleg:innen mit: Mutter und Vater erhalten getrennte Berater:innen und jedes Geschwisterkind auch.

Durch die Arbeit mit den Kindern erhalten wir einen Eindruck davon, wie sehr das Kind in den elterlichen Konflikt einbezogen ist.

Grundlage ist ein intensiver Austausch zwischen den Kolleg:innen, die mit der Familie arbeiten. Fallverantwortlich ist dabei immer der/die Elternberater:in.

Zentral für das Gelingen der Beratungsarbeit ist, dass die Situation der Familie kontinuierlich fachlich eingeschätzt wird und mit dem entwicklungspsychologischen Fachwissen bezogen auf die Kinder verbunden wird.

Die Eltern erhalten immer auch psychoeduaktive Informationen in den Beratungsgesprächen.

### *a. Die Mitarbeitenden*

Zur Durchführung des Konzepts „Kind im Zentrum" sind Berater:innen mit therapeutischen Zusatzausbildungen notwendig. Notwendig sind in der therapeutischen bzw. beraterischen Arbeit mit Kindern und Eltern erfahrene Fachkräfte. Besonders wichtig ist in diesem Arbeitsfeld das Wissen über Bindung, Trauma, Umgangsverweigerung und die Folgen von Gewalt oder psychischer Erkrankung von Eltern auf die Dynamik in der Familie und für die Kinder.

### *b. Elternberatung*

Die Berater:innen der Eltern bieten Mutter und Vater getrennt ein Erstgespräch an.

Themen sind hier die Vorgeschichte der Familie und ihre Gewaltproblematik oder andere Belastungen, aber auch ihre Stärken und Ressourcen. Es findet ein Austausch über die aktuelle Situation der Familie und ihre Wünsche für die Eltern-Kind-Kontakte statt. Außerdem werden die Eltern über das Angebot des Begleiteten Umgangs informiert.

Innerfamiliäre Gewalt ist eine Beziehungsstörung. Die Kommunikation bricht ab. Oft wird nie über das Erleben der Gewalt gesprochen.

Umso wichtiger ist es, dass die Eltern im geschützten Rahmen von Einzelgesprächen mit dem/der Berater:in darüber sprechen, was sie erlebt haben.

Ausübung von familiärer Gewalt findet auf körperlicher, sexueller, finanzieller, psychischer Ebene usw. statt. Darum ist es wichtig, zu klären, inwieweit die Gewaltausübung tatsächlich beendet ist oder ob die Mechanismen der Gewalt immer noch wirksam sind. Eine Mutter, die mit allen Regelungen im Begleiteten Umgang einverstanden ist, weil sie immer noch Angst vor dem Vater hat (siehe Trauma), kann dies meist nur aufgrund einer tragfähigen Beziehung zum Berater in Einzelgesprächen benennen.

Nur wenn die Gewalt beendet ist, das Leid, das mit der Gewalt für das Kind verbunden war, benannt wurde und die Verantwortung für die Gewalt von den Gewaltausübenden übernommen wurde, ist es möglich, gemeinsame Lösungen im Sinne des Kindes zu finden.

Durch die Orientierung der Elterngespräche an den Bedürfnissen der Kinder wird das Kind, das die Gewalt erlebt oder miterlebt hat, Ausgangspunkt der Hilfe. Die Eltern bekommen

Unterstützung, um die Bedürfnisse der Kinder zu erkennen und sie bei der Gestaltung der Umgänge zu berücksichtigen.

Die Überlegungen zu den Eltern-Kind-Treffen richten sich dann nach den konkreten Wünschen der Kinder und nach dem Schutzbedürfnis der Kinder. Gleichzeitig erleben die Eltern, dass ihr Kind als eigenständige Person in Entscheidungen, die es selbst betrifft, altersentsprechend miteinbezogen wird.

„Kind im Zentrum" ist ein Konzept, das Eltern praxisnah einen gewaltfreien, partizipativen Umgang mit ihren Kindern zeigt.

Die Gespräche mit den Eltern und Kindern helfen, die Sprachlosigkeit über das Erlebte und die eigenen zukünftigen Wünsche zu überwinden. Nur so entstehen Perspektiven, gewaltfrei und respektvoll in Zukunft als Familie miteinander umzugehen.

### *c. Ziele der Elternberatung*

Durch die Beratung der Eltern erhalten die Mitarbeitenden zusätzlich eine Einschätzung über die Empathiefähigkeit der Eltern, deren Umgang mit Elternverantwortung, Respekt und Grenzachtung gegenüber dem Kind und dem anderen Elternteil sowie einer weiterbestehenden Gewaltdynamik. Auch werden Möglichkeiten aufgezeigt, das Kind bei einer guten Entwicklung zu unterstützen.

- Der sorgende Elternteil bekommt Unterstützung, wie er mit dem Kind und seinen Reaktionen auf die Treffen mit dem besuchenden Elternteil umgehen kann.
- Der sorgende Elternteil erhält Unterstützung, wie der Schutz des Kindes garantiert werden kann.
- Der besuchende Elternteil wird in Beratungsgesprächen für die Bedürfnisse des Kindes sensibilisiert.
- Die Beratenden der Eltern arbeiten mit den Eltern, die Wünsche und die Perspektive ihres Kindes wieder wahrzunehmen.
- Ziel ist, eine gemeinsame Regelung zum Begleiteten Umgang zu finden.
- Langfristiges Ziel ist eine gemeinsame Elternschaft im Sinne des Kindes.

### *d. Grenzen der Elternberatung*

Begleiteter Umgang wird häufig als Lösung eingesetzt, wenn einerseits die Gefährdung des Kindes nicht ausgeschlossen werden kann und anderseits das Umgangsrecht der Eltern umgesetzt werden soll.

Immer häufiger erleben wir Familien mit massiven Gewaltproblematiken, die zu einer Schädigung der Kinder oder eines Elternteils geführt haben. Hier wird bereits am Beginn der Beratung deutlich, dass vor der Einrichtung eines Begleiteten Umgangs Beratungen wie z.B. ein Antiaggressionstraining oder eine Psychotherapie der Eltern (Traumatherapie oder Ähnliches) notwendig sind, bevor das Angebot eines Begleiteten Umgangs starten kann.

Ein Umgang, bei dem ein traumatisiertes Elternteil bei Gedanken an die Begegnungen mit dem besuchenden Elternteil im Umgang immer wieder als Traumafolge dissoziiert, ist kaum durchführbar. Auch ein besuchender Elternteil, der eskalierendes Verhalten zeigt, weil sein aus der eigenen Kindheit stammendes Bedürfnis nach körperlicher Nähe vom Kind nicht erwidert wird, bringt das Angebot an seine Grenzen. Für das Kind ist das Erleben einer solchen Situation hochbelastend (siehe Trauma).

Häufig werden diese Ursachen und Folgen der Gewalt erst bei der Vorbereitung zum Begleiteten Umgang deutlich. Hilfreich ist, die Anzeichen von Traumfolgen mit den Eltern und den an der Hilfe beteiligten Fachkräften zu besprechen.

Dies ist dann auch die Grundlage für einen Start der Kinderberatung.

### *e. Beratung des Kindes*

Der kindorientierte Beratende bietet dem Kind je nach Alter Vorgespräche bzw. spielorientierte Stunden an. Am Anfang steht der Aufbau einer tragfähigen Beziehung zum Kind, auf deren Grundlage sich das Kind äußern kann. Hier sei auch auf das Kapitel „Der Umgang mit traumatisierten Kindern" verwiesen.

In den Beratungsstunden werden Themen wie der Alltag, die Stärken und Fähigkeiten der Kinder, die schönen und schwierigen Situationen mit den Eltern, erlebte Gewalt, wenn sie erinnert werden kann, angesprochen. Der/die Berater:in erklärt dem Kind kindgerecht den Ablauf des Begleiteten Umgangs.

Kinder, die Gewalt durch die Bezugsperson erlebt haben, sind in ihrem Vertrauen in ihre eigene Person und in die Welt massiv verunsichert.

Diese Kinder benötigen für den geplanten Kontakt mit der gewaltausübenden Bezugsperson eine professionelle Fachkraft als empathische Vertrauensperson.

- Das Kind wird zu seinen bisherigen Erfahrungen mit den Eltern, seinen Ängsten und Wünschen bezüglich der Eltern-Kind-Treffen gehört.
- Das Kind kann sagen, warum es vielleicht Mutter oder Vater vorerst nicht sehen möchte.
- Das Kind kann sagen, warum es gern Vater oder Mutter entgegen der Meinung des anderen Elternteils sehen möchte.
- Das Kind bleibt mit seinen Erfahrungen nicht allein.
- Das Kind kann eigene Vorstellungen zum Ablauf der begleiteten Umgänge entwickeln.
- Das Kind bekommt eine eigene Stimme.

### *f. Methoden*

Der Schlüssel mit der Arbeit der Kinder ist der Aufbau einer tragfähigen Beziehung zu den Kindern. Was einfach klingt, ist gerade mit Kindern aus Trennungsfamilien oft sehr schwierig. Zum einen ist Gewalt in der Familie ein Tabu, über das nicht gesprochen wird, zum anderen haben Trennungskinder oft vielfältige Erfahrungen mit Befragungen und Gutachten gemacht.

Ein wichtiger Schritt ist, dass die Kinder erleben, dass sie selbst Dinge erzählen können, die nicht unmittelbar verschriftlicht und für eine Entscheidung herangezogen werden. Stattdessen erleben die Kinder bei „Kind im Zentrum" einerseits einen Schutzraum, der ihnen ermöglicht, auch ungefiltert Ärger, Wut und Enttäuschung, aber auch Freude und Begeisterung im Zusammenhang mit den Eltern und der Familie zu benennen. Andererseits werden sie mit ihren Ideen und Gedanken in ihrer kindlichen Welt ernst genommen und können den Begleiteten Umgang gestalten.

Dabei können die Beratenden alle Methoden aus der Kinder- und Jugendpsychiatrie aus dem systemischen Arbeiten mit Kindern anwenden.

Beispiele für Materialien finden sich am Ende des Kapitels.

### *g. Die Haltung*

Immer wieder wird in der Arbeit mit den Kindern bei „Kind im Zentrum" deutlich, dass es auf die Haltung der Berater ankommt:

- Nehme ich das Kind als eigenständige Persönlichkeit wahr?
- Begegne ich dem Kind mit Offenheit und Wertschätzung?
- Möchte ich ehrlich die oft massiven Gewalterfahrungen des Kindes hören und glaube ich ihm?
- Nehme ich mir Zeit für das Kind und sein Tempo?
- Erfülle ich den Auftrag, nach den Bedürfnissen des Kindes zu fragen?
- Wie gehe ich mit einem Nein des Kindes zum Umgang um?

Nach dieser Phase des Kennenlernens der Familie entwickeln die Beratenden der Eltern und des Kindes gemeinsam ein passgenaues Angebot des Begleiteten Umgangs für die Familie.

Die Vereinbarung wurde von den Eltern und dem Kind mitunterschrieben.

Während der Eltern-Kind-Treffen sind zwei Umgangsbegleiter:innen mit einer pädagogischen Ausbildung anwesend. Dadurch ist der Schutz des Kindes vor Grenzverletzungen seitens des Besuchenden gewährleistet.

In der Phase der Umgangskontakte finden weiterhin begleitende Gespräche getrennt mit jedem Elternteil und dem Kind statt. Fragen sind hierbei z.B.:

- Wie erlebt das Kind den Kontakt zum besuchenden Elternteil?
- Welche Sorgen lösen die Kontakte bei dem sorgenden Elternteil aus?
- Wie kann der besuchende Elternteil den Kontakt positiv zu seinem Kind gestalten?

# V. Bisherige Erfahrungen mit dem Projekt „Kind im Zentrum"

## 1. Ergebnisse aus der Beratungsarbeit mit den Kindern

„Ich kann den Papa doch beim Kinderschutzbund nicht sehen. Den hat doch die Polizei in Handschellen weggebracht. Das habe ich genau beobachtet."

Simon, fünf Jahre

Grundvoraussetzung für die Arbeit mit den Kindern war die Zusicherung, dass nur Inhalte aus der Beratung weitergegeben werden, die mit dem Kind abgesprochen sind (eigenes Recht des Kindes auf Schweigepflicht).

- Die Kinder waren aufgrund der Beteiligung vieler Institutionen und Erwachsener oft verwirrt und verängstigt. Häufig waren die Kinder durch die Erfahrung von Befragungen oder Erzählungen der Eltern zusätzlich belastet. Das erschwerte den Zugang zu den Kindern.

„Bist du ganz, ganz sicher, dass Eltern ihre Kinder nicht schlagen dürfen?"

Julia 8 Jahre zu ihrer Beraterin

- Die Kinder brauchten real stattfindende Beratungsstunden, um das Angebot von Begutachtung, Richterbefragungen oder Gespräche mit Verfahrenspflegern unterscheiden zu können.
- Viele Kinder fühlten sich schuldig und mitverantwortlich, dass die Eltern sich getrennt hatten und dass sie Gewalt erlebt hatten.

„Was ich dir jetzt erzähle, weiß bisher nur Lucie, mein Kuschelhase!"

Leonie, sechs Jahre

- Die Kinder verschwiegen gegenüber Gleichaltrigen, dass ihre Eltern sich getrennt hatten. Dadurch fehlte ihnen die Unterstützung anderer Kinder.
- Trennungskinder brauchten sehr viel Zeit, bis sie sich den Berater:innen gegenüber öffnen konnten. Das Vertrauen in Erwachsene war sehr grundlegend erschüttert.

Fassten sie Vertrauen, konnten sie das Angebot der Beratung sehr gut für sich nutzen. Oft war es das erste Mal, dass sich die Kinder einem Menschen mit ihren Sorgen anvertrauten.

- Die Kinder schilderten meist sehr viel mehr und sehr viel massivere Gewaltsituationen als die Eltern. Oft hatten die Kinder schon Jahre vor der Trennung Gewalt, Demütigung und Vernachlässigung in der Familie erlebt.
- Häufig wurden neue Aspekte von Belastungen, z.B. eine gewalttätige Mutter und zusätzlich ein nicht schützender, vernachlässigender Vater, von den Kindern beschrieben.
- Die Kinder waren erleichtert, als sie ihr Schweigen über die erlebte Gewalt brachen, manche hatten danach mit massiven Schuldgefühlen und Ängsten zu kämpfen.
- Hier war es wichtig, dass die Kinder regelmäßig Kontakt zu ihren Berater:innen hatten, damit sie lernten, mit ihren Gefühlen umzugehen.

> „Wenn wir jetzt den Papa sehen, brauchst du keine Angst zu haben. Wir dürfen dann wieder zur Mama und in unserem Bett schlafen."
>
> Anna (sieben Jahre) zu ihrem Bruder Gregor (zwei Jahre)

- Die Kinder haben ganz eigene Erfahrungen mit Mutter und Vater gemacht, die ihre Beziehung prägten.

> „Hoffentlich bleiben wir in unserem Haus wohnen, ich bin doch jetzt Torwart in der Fußballmannschaft."
>
> Luca, zehn Jahre

- Die Kinder waren viel belasteter, als die Berater:innen je vermutet hatten.

Manche Kinder benötigten eine Traumatherapie, bevor die Beratung bei „Kind im Zentrum" fortgeführt werden konnte.

- Die Kinder wünschten sich bei den Eltern-Kind-Treffen alltägliche Normalität mit dem Besuchsberechtigten (reden, spielen, gemeinsam essen). Die Kinder wurden ermutigt, eigene Ideen zu äußern: „Wir grillen miteinander, wir bauen ein Schiff aus Lego ..."
- Konnten die Kinder die Treffen mit dem besuchenden Elternteil mitgestalten und die Vereinbarungen mitunterschreiben, fühlten die Kinder sich sicherer und entspannter.
- Für die Kinder war es nicht entscheidend, wie lange der Umgang war, sondern wie das Besuchstreffen gestaltet wurde.
- Die Kinder äußerten immer wieder, wie schlimm es für sie war, wenn die Eltern sich nicht an die vereinbarten Regeln im Umgang hielten, z.B. zu spät kamen, Fotos mit dem Handy machten und Ähnliches.
- Die Kinder waren oft mit ihren eigenen kindlichen Themen beschäftigt, anders als die Eltern vermuteten.

> „Wenn Kinder was Blödes tun, müssen sie sich entschuldigen. Warum tut die Mama das nicht?"
>
> Paul, neun Jahre

### a. *Zwischeninfo Umgangsverweigerung*

Viele Kinder wollten den Elternteil vorerst nicht sehen. Sie konnten sich aber vorstellen, nach einer Pause erneute Beratung im Projekt „Kind im Zentrum" zu haben. Manche Kinder wünschten sich, dass Mama oder Papa ihnen regelmäßig einen Brief schreiben oder ein Bild schicken, bevor es zu einem tatsächlichen Treffen kam. Auch die Lösung „nur einmal Mama oder Papa treffen" half den Kindern, zum Elternteil Kontakt aufzunehmen.

Die Umgangsverweigerung ist eine sehr individuelle Entscheidung des Kindes, mit der Trennungssituation umzugehen. Meist ist der Elternkonflikt nicht ausschlaggebend für die Ablehnung des Umgangs.

Druck oder eine richterliche Entscheidung lösen das zugrunde liegende Problem in keiner Weise. Hier hilft das Projekt „Kind im Zentrum", das Kind beim Thema „Beziehung zu Mama/Papa" längerfristig zu begleiten.

### b. *Fazit Beratungsarbeit mit den Kindern*

- Das Ausmaß an Gewalt, das die Kinder erlebt haben, hat die Berater:innen immer wieder zutiefst erschüttert.

- Umgänge wurden nicht begonnen, weil bei der Beratung des Kindes eine extreme Belastung deutlich wurde und eine Retraumatisierung zu befürchten war.
- Kinder brauchen Beratung begleitend zum Umgang und müssen bei der Gestaltung der Umgänge mitwirken können.

Die Arbeit im Projekt „Das Kind im Zentrum" hilft, Kinder vor erneuter Gewalt zu schützen, weil die Eltern sensibilisiert werden.

> „Wir haben doch immer die Tür zugemacht, damit Celine nicht hört, wenn wir streiten ..."
>
> Mutter, 33 Jahre

## 2. Ergebnisse aus der Beratungsarbeit mit den Eltern

Bis auf eine Familie waren alle Eltern gemeinsam einverstanden, dass ihr Kind am Projekt „Kind im Zentrum" teilnimmt. Für Eltern, die Alltagsentscheidungen zum Schlachtfeld gegen den anderen Elternteil erklären, ist dies eine sehr bemerkenswerte Tatsache.

- Brachten die Berater die Kindersicht ein, hörten die Eltern zu und waren eher zu Kompromissen bereit.
- Die Eltern brauchten Unterstützung in Konfliktsituationen, um nicht das Kind mit seiner Bedürftigkeit aus den Augen zu verlieren.

> „Glauben Sie wirklich, dass Ben sich noch an den Notarzt-Einsatz bei uns in der Küche erinnern kann? Er war doch noch so klein!"
>
> Vater, 28 Jahre

- Die Anregungen der Kinder, was sie gern mit dem besuchenden Elternteil spielen wollten, erleichterten den Eltern die Treffen mit den Kindern.
- Für Eltern war es ungewohnt, über die Bedürfnisse und Ängste der Kinder zu sprechen, die eng mit der erlebten Gewalt verknüpft waren.

- Viele Eltern lernten durch „Kind im Zentrum", was Gewalt mit Kindern macht.
- Viele Eltern hatten selbst massive Gewalt als Kind erlebt. Einige Eltern entschlossen sich durch die Gespräche, psychotherapeutische Hilfe in Anspruch zu nehmen.

Nur wenn die Eltern zu gemeinsamen Gesprächen mit dem/der Berater:in bereit waren, waren langfristige, tragfähige unbegleitete Umgangsregelungen möglich.

**Fazit Beratungsarbeit mit den Eltern: Reden hilft**

- Innerfamiliäre Gewalt ist eine Beziehungsstörung. Die Kommunikation bricht ab.

Erst wenn diese Gewalterfahrungen besprochen und die Verantwortung seitens des Gewaltausübenden übernommen wird, sind gemeinsame Gespräche möglich.

Dann helfen Gespräche mit den Eltern und Kindern, die Sprachlosigkeit zu überwinden. Nur so entstehen Perspektiven, in Zukunft gewaltfrei und respektvoll miteinander umzugehen.

- Eltern brauchen Unterstützung, um die Bedürfnisse der Kinder zu erkennen und sie vor Gewalt zu schützen.

Das Projekt bedeutet Partizipation für die Kinder im besten Sinne, sie werden an der Gestaltung der Umgänge direkt beteiligt. Die Kinder haben einen Schutzraum, um über das Erlebte, ihre Ängste und Befürchtungen zu sprechen. Väter oder Mütter erfahren oft erst durch „Kind im Zentrum", wie belastet ihre Kinder sind und was die Kinder brauchen. Nur so ist es zu erklären, dass Eltern ihre Wünsche nach Umgang zurückstellen, bis das Kind zu einem ersten Treffen wirklich bereit ist.

## 3. Fazit des Projekts

- **Früher Austausch mit anderen Hilfssystemen**

  Der Austausch mit den anderen Hilfssystemen wie Familiengericht, Jugendamt, Familienhilfe ist von zentraler Bedeutung bei Familien, die eine hohe Belastung aufweisen. Durch die Arbeit mit dem Konzept „Kind im Zentrum" im Begleiteten Umgang finden der Austausch und die Zusammenarbeit mit den Mitarbeitenden anderer Institutionen sehr frühzeitig statt. Dies hilft, die unterschiedlichen Perspektiven in das gesamte Konzept des Begleiteten Umgangs miteinzubeziehen, den Kinderschutz zu berücksichtigen und eine gemeinsame Haltung zu finden. So werden die oft komplexen Problemlagen der Familien angemessen berücksichtigt. Mit diesem Vorgehen sind Lösungen im Sinne des Kindes möglich.

- **Die Rahmenbedingungen**

  Damit der/die Berater:in mit dem Kind arbeiten kann, braucht es klare Vereinbarungen. Dazu gehört, dass beide Eltern dem Angebot „Kind im Zentrum" zustimmen und mit der Schweigepflicht bezogen auf die Äußerungen des Kindes einverstanden sind.

  Außerdem ist wichtig, dass die Mitarbeitenden des Jugendamtes oder des Familiengerichts ebenfalls dem Angebot und dem damit verbundenen zeitlichen Aufwand zustimmen.

Das Angebot braucht eine verlässliche Finanzierung, damit „Kind im Zentrum" den Familien angeboten werden kann.

- **Räumlichkeiten**

  Es braucht in der Einrichtung eigene Therapiezimmer für die Kinder, getrennt von den Zimmern für den Begleiteten Umgang und der Elternberatung. Die Zimmer sind kindgerecht und freundlich gestaltet und mit therapeutischen Spielmaterialien ausgestattet.

- **Finanzen**

  Sowohl die direkten Beratungsstunden mit der Familie als auch indirekte Fallarbeit für Dokumentation, Austausch etc. brauchen eine stabile Finanzierung. Idealerweise werden auch Supervision und Fortbildungen finanziert.

- **Personal**

  Es werden ausreichend Fachkräfte benötigt:

  - ein bis zwei Berater:innen für die Eltern,
  - pro Kind eine/n Berater:in.

  Für die Fachkräfte wird Folgendes benötigt:

  - Zeit für Teambesprechungen,
  - Fachlichkeit: Elterntrennung, Hochstrittigkeit, Entwicklungspsychologie,
  - multiprofessioneller Blick: Trauma, Psychodynamik, Kinderschutz,
  - Fortbildungsmöglichkeiten.

- **Neue Sichtweisen**

  Selten hat ein neues Konzept uns als Mitarbeitende so bewegt und unsere Arbeit im Begleiteten Umgang so verändert. Die Begegnungen mit den Kindern im Rahmen von „Kind im Zentrum" hat uns das Ausmaß der Not der Kinder sehr konkret vor Augen geführt. Es hat uns gezeigt, wie lange oft Konflikte und Gewalt auf die Kinder eingewirkt haben, bevor sie einen Ort hatten, um darüber zu sprechen. Wir haben in Ulm und für die ganze Region diesen Ort für Trennungskinder geschaffen.

Die Gespräche mit den Kindern haben unsere Haltung verändert: Eltern haben das Recht auf Umgang mit ihren Kindern, aber Kinder haben das Recht auf gewaltfreie Erziehung und auf Partizipation an sie betreffenden Hilfen. Dafür setzen wir uns ein.

Die Verantwortung für ein gesundes Aufwachsen von Kindern liegt bei beiden Elternteilen. Darum ist es von zentraler Bedeutung, dass wir Eltern im Begleiteten Umgang dabei unterstützen, diese Verantwortung wahrzunehmen. Dazu gehört aber auch, dass Eltern ihren Kindern zuhören und die Bedürfnisse der Kinder fest im Blick haben.

„Kind im Zentrum" ist ein Konzept, das bundesweit für Kinder beim Begleiteten Umgang eingesetzt werden soll. Die Mitgliederversammlung des Kinderschutzbundes hat auf Bundesebene im Mai 2022 die Weichen dafür gestellt.

Der Kinderschutzbund Ulm/Neu-Ulm e.V. bietet Fortbildungen zu „Kind im Zentrum" an, um so das Konzept bundesweit zu verbreiten.

Zum Abschluss: Kein anderes Projekt hat unsere Arbeit in den letzten Jahren so grundlegend verändert wie dieses.

Die Kinder sind zu Mitgestaltenden im Begleiteten Umgang geworden. Ihre Bedürfnisse sind der Schlüssel für kindgerechte Umgangslösungen.

## VI. Danksagung

Wir danken Herzenssache, der Kinderhilfsaktion des SWR, SR und der Sparda-Bank, für die langjährige Unterstützung des Projekts, das eine bundesweite Verbreitung möglich gemacht hat, und allen Unterstützern.

Wir danken den Kindern und Eltern, die uns ihr Vertrauen schenken und mit uns über ihre Erfahrungen, Gedanken und Gefühle sprechen und spielen.

# Anhang

## A Anhang I: Muster und Arbeitshilfen

**Übersicht** Seite



**Hinweis:** Die nachfolgenden Muster und Arbeitshilfen sind Vorlagen der DKSB Landesverbände Baden-Württemberg und Bayern.

## 1. Elternanschreiben

Adresse BU-Anbieter

An Frau/Herrn

Adresse

Ort, Datum

**Umgangskontakte**

Sehr geehrte Frau/sehr geehrter Herr ____,

wie Sie wissen, hat uns das Jugendamt ____ beauftragt, für Ihr Kind/Ihre Kinder ____ einen begleiteten Umgang durchzuführen.

Mit dem Angebot des begleiteten Umgangs möchten wir Kindern nach der Trennung der Eltern die Möglichkeit geben, sich auf neutralem Boden, d.h. in unseren Räumen, mit dem getrennt lebenden Elternteil zu treffen. Ein:e Mitarbeiter:in ist dabei anwesend und begleitet den Umgang.

Vor Beginn der Umgangstreffen führen wir mit jedem Elternteil ein getrenntes Elterngespräch, um über die Einzelheiten der begleiteten Umgänge zu informieren und die jeweiligen Sichtweisen und Vorstellungen zu erfahren. Darüber hinaus findet ein Vortreffen mit dem Kind statt, in dem es die Räumlichkeiten sowie die Umgangsbegleitung kennenlernt.

Als Termin für Ihr Erstgespräch bieten wir Ihnen an: ____ *(Tag, Uhrzeit).*

Wir bitten um Bestätigung des Termins unter folgender Telefonnummer ____ bis:

____ *(Termin).*

Sollten Sie diesen Termin nicht wahrnehmen können, bitten wir um Rückmeldung unter der zuvor genannten Telefonnummer, ebenfalls bis zum: ____ *(Termin).*

Mit freundlichen Grüßen

______________________________

Projektleitung/Fachkraft

## 2. Informationen für Eltern

Liebe Frau ____/Lieber Herr ____,/Liebe Eltern,

wir möchten Sie bei der Durchführung von Umgangskontakten unterstützen. Ihre Kinder mögen Mama und Papa und möchten (auch nach der Trennung) mit beiden Eltern Kontakt halten. Hierbei helfen wir Ihnen mit unseren Mitarbeiter:innen und Räumlichkeiten.

Da die Begegnungssituationen sowohl für die Eltern als auch für die Kinder teilweise nicht immer leicht sind, haben wir die **wichtigsten Regeln für den begleiteten Umgang (im Folgenden: BU)** zusammengestellt. Sie sollen Leitlinien für Sie sein, um mit der neuen Situation besser zurechtzukommen. Manche Punkte mögen auf Sie nicht zutreffen, wir haben nur vielen Gegebenheiten vorgegriffen, um ein gelingendes Miteinander zu ermöglichen und den Abbruch der Treffen zu vermeiden.

1. BUs dauern mindestens ____ Stunden. Die genaue **Zeitdauer** und die **Termine** werden vorher zusammen mit Ihnen festgelegt. Die Termine sind von allen Beteiligten **zuverlässig einzuhalten**. Dadurch lassen sich Konflikte vermeiden.
2. Wenn **Absagen aus triftigen Gründen** nötig sind, müssen diese rechtzeitig, spätestens einen Tag vorher bis 12:00 Uhr/spätestens bis XY, telefonisch oder per E-Mail bei uns eingehen, damit wir noch rechtzeitig die Umgangsbegleitung und den anderen Elternteil informieren können. Unsere Telefonnummer ____ und E-Mail-Adresse ____@____.
3. Unsere Nummer für den kurzfristigen Notfall am Wochenende (Stau, Zugverspätung usw.) lautet: ____.
4. Sagt ein Elternteil einen Termin aus triftigen Gründen ab (z.B. wegen Krankheit der Kinder), wird dieser Termin möglichst **zeitnah nachgeholt**. Sollte dies häufiger vorkommen, kann ein Attest verlangt werden.
5. Zwischen dem abgebenden Elternteil und der umgangsberechtigten Person dürfen während der Besuchszeit **keine Konflikte** ausgetragen werden. Bei Missachtung kann der Umgangskontakt zum Wohle des Kindes sofort abgebrochen werden. Vom **Austausch diverser Schriftstücke, Hausrat u.a. ist ebenfalls abzusehen.**

6. Während der Umgangszeit sind jegliche **abwertenden und beleidigenden Äußerungen sowie Unterstellungen** in Bezug auf den anderen Elternteil und dem Kind nahestehenden Personen zu unterlassen. Das Kind darf nicht über den anderen Elternteil ausgefragt werden.
7. Die Umgangsbegleitung hält sich **im Hintergrund**. Bei erkennbaren Schwierigkeiten kann sie dem Erwachsenen bzw. dem Kind unterstützend zur Seite stehen. Anweisungen erfolgen nur im Bedarfsfall und haben dann einen bindenden Charakter. Bei Missachtung der Anweisungen kann die Umgangsbegleitung den Umgangskontakt jederzeit abbrechen.
8. Sollten jüngere Kinder den Gang zur **Toilette** nicht selbstständig bewältigen, übernehmen unsere Umgangsbegleitungen diese Aufgabe.
9. Der BU findet nicht statt oder wird sofort abgebrochen, wenn **Alkohol** oder andere **Drogen** konsumiert wurden. Ebenso führen **Gewalt** oder Gewaltandrohungen zum Abbruch des Umgangskontaktes. Vor weiteren Umgangskontakten wird erst ein Gespräch mit der koordinierenden Fachkraft des Trägers XY geführt.
10. Kinder freuen sich über **Geschenke**. Die Geschenke sollen jedoch nicht den Eindruck der Bestechung erwecken. Für Kinder ist das Zusammensein mit dem abwesenden Elternteil das größte Geschenk. Gegebenenfalls wird hierfür auch eine Einzelvereinbarung mit Ihnen entwickelt. An die vorab getroffene Übereinkunft in Bezug auf **Geschenke** und „Mitbringsel" halten sich beide Elternteile.
11. Für den **Beziehungsaufbau** ist der direkte Kontakt mit gemeinsamem Spiel am förderlichsten. Die Beschäftigung mit dem Smartphone ist zu vermeiden. Fotografieren und Videos vom Kind sind nur nach vorheriger Absprache mit der zuständigen Fachkraft möglich.
12. **Anweisungen der Umgangsbegleitung** an die Eltern erfolgen nur im Bedarfsfall, haben dann allerdings bindenden Charakter. Bei Missachtung kann die Umgangsbegleitung den Umgangskontakt abbrechen. Sie hat das Hausrecht.
13. Die **Kontakte im BU gelten nur für den umgangsberechtigten Elternteil**. Nur nach vorheriger Absprache mit der Fachkraft können weitere Personen daran teilnehmen, wenn alle Beteiligten einverstanden sind.
14. Alle **zusätzlichen Kosten** während des Umgangskontaktes sind vom Umgangsberechtigten zu tragen (z.B. Eintrittsgelder, Getränke, Eis ...).
15. Die Ausgestaltung der **Umgangszeit** sowie die **Aufsichtspflicht** gegenüber dem Kind liegen grundsätzlich in der Verantwortung der/des **Umgangsberechtigten**. Die Räumlichkeiten und das Inventar sind in ordentlichem Zustand zu hinterlassen. Dafür sorgt die umgangsberechtigte Person. Für grob fahrlässige Schäden durch die Eltern und Kinder, die bei der Durchführung des begleiteten Umgangs entstehen, haften die Eltern.
16. Soll die **Rückgabe** der Kinder in Ausnahmefällen an eine andere Person als den Elternteil erfolgen, so muss dies vorab mit der koordinierenden Fachkraft vereinbart werden.

17. Für unsere Mitarbeiter:innen gilt der **Grundsatz der Vertraulichkeit**. Berichte von Mitarbeiter:innen zum Verlauf der begleiteten Umgangskontakte, die durch das Jugendamt angefordert werden, können ohne ausdrückliche Einwilligung der Eltern abgegeben werden. Die Eltern werden darüber informiert.
18. Von unserer Seite werden **keine Informationen an Rechtsanwältinnen oder Rechtsanwälte** oder weitere Personen gegeben.
19. Alle die BU betreffenden **Absprachen** werden ausschließlich mit der koordinierenden Fachkraft vereinbart. Die Umgangsbegleitung ist ausschließlich für die Begleitung des Umgangskontaktes zuständig.

**Sonderregelungen bezüglich der kurzfristigen Absage eines BUs:**

______________________________________________

______________________________________________

**Zusätzliche Vereinbarungen** (z.B. bezüglich Geschenke, Handynutzung, Verpflegung und gegebenenfalls Unverträglichkeiten, Medikamentengabe für das Kind, BU-Terminen und Dauer, versetzten Ankunftszeiten der Elternteile):

______________________________________________

______________________________________________

Herr/Frau ____ Herr/Frau ____

erkennen die Regeln und getroffenen Vereinbarungen an. Sie verpflichten sich, sie im Interesse des Kindes/der Kinder einzuhalten.

| | | |
|---|---|---|
| ____________ | ____________ | ____________ |
| Betreuender Elternteil | Umgangsberechtigter Elternteil | BU-Anbieter |
| ____________ | ____________ | ____________ |
| Ort, Datum | Ort, Datum | Ort, Datum |

# 3. Anamnesebogen Erstgespräch

BU-Anbieter: ______

Begleiteter Umgang für Familie: ______

Kinder: Name und Geb.-Datum: (davon Kinder im BU?)

- ______
- ______
- ______

Wo leben/lebt die Kinder/das Kind aktuell?

______

Wichtige Informationen zu den Kindern/dem Kind (Gesundheit, Medikamente, Allergien, Therapien usw.):

______

Mutter: Name/Adresse/Telefon/E-Mail: (□ geheim?)

______

Geb.-Datum: ______

Vater: Name/Adresse/Telefon/E-Mail: (□ geheim?)

______

Geb.-Datum: ______

Getrennt/Geschieden lebend seit wann? ______

Inhaber der elterlichen Sorge? ______

Neue Partnerschaft oder Ehe? ______

Überweisungskontext:

□ Selbstmelder:in □ Beratungsstelle □ Jugendamt □ Gericht □ Sonstige

Wartezeit (Tage, Wochen, Monate) bis zum Start des BU bisher: ______

Vorgaben vom Jugendamt oder Familiengericht bezüglich des BU?

______

Grund für den begleiteten Umgang: ______

Finanzierung durch: ______

Wie sah der bisherige Kontakt zum Kind/zu den Kindern aus (Anzahl der Kontakte/zeitlicher Abstand/Ort)?

______

______

______

Wann war der letzte Kontakt? ______

Der begleitete Umgang gilt für: ☐ Vater ☐ Mutter ☐ ___

Wenn ja, für welche Sprache wird ein:e Dolmetscher:in benötigt? ___

Termine für Umgangskontakte: ___

Geplante Anzahl der BUs: ___

Geplante Anzahl der Beratungen während des BU: ___

Geplante Anzahl Fachleistungsstunden: ___

Rhythmus der Umgangskontakte: ___

Uhrzeiten für Beginn und Ende: ___

Rahmenbedingungen für die Übergabe (kontaktlos, zeitversetzt usw.):

___

___

___

Ort der Umgangskontakte: ___

Zu besprechende Punkte:

☐ Vorstellung des BU-Anbieters

☐ Auftragsklärung

☐ Regeln für die Umgänge klären (siehe Formular „Vereinbarungen")

☐ Vorstellung der Räumlichkeiten

☐ Vorstellung der Umgangsbegleitung

☐ Datenschutzerklärung ausfüllen

☐ Schweigepflichtentbindung ausfüllen

☐ Vereinbarung der nächsten Schritte

☐ Absprache mit dem Kind/den Kindern

☐ ___

☐ ___

Sonstiges: ___

Name der Umgangsbegleitung: ___

Name der koordinierenden Fachkraft: ___

Ort, Datum: ___

# 4. Kooperationsvereinbarung

**Anmerkung:** Kooperationsvereinbarung nur für Begleiteten Umgang im engeren Sinne und Unterstützten Umgang.

*– Seite 1 nur für Träger, Folgeseiten auch für Eltern –*

***Name und Adresse des Trägers***

| | |
|---|---|
| **Kind/-er** (Name, Geburtsdaten, Alter): | |
| **Mutter** (Name, Adresse, Telefon, E-Mail-Adresse):<br><br>Kontaktdaten sind dem Vater bekannt?<br>☐ Ja ☐ Nein<br>Kontaktdaten sind geheim? ☐ Ja ☐ Nein | **Vater** (Name, Adresse, Telefon, E-Mail-Adresse):<br><br>Kontaktdaten sind der Mutter bekannt?<br>☐ Ja ☐ Nein<br>Kontaktdaten sind geheim? ☐ Ja ☐ Nein |
| **Auftraggeber** (Name des Jugendamtes, zuständige Person, Kontaktdaten): | |
| **Weitere Beteiligte/Ansprechpartner:** | |

| | | |
|---|---|---|
| Annäherungsverbot? | ☐ Ja | ☐ Nein |
| Aktuelles Gerichtsverfahren? | ☐ Ja | ☐ Nein |
| Dürfen im BU Fotos gemacht werden? | ☐ Ja | ☐ Nein |
| Darf Elternteil mit Kind zum WC/das Kind wickeln? | ☐ Ja | ☐ Nein |
| Aufenthalt draußen o.k.? | ☐ Ja | ☐ Nein |
| Weitere Informationen (z.B. Unverträglichkeiten beim Kind): | | |
| Mögliche BU-Termine: | | |

*Name und Adresse des Trägers*

**Kooperationsvereinbarung zwischen dem TRÄGER**

und

| **Frau** | **Herrn** |
|---|---|
| geb. am | geb. am |
| □ betreuend<br>□ umgangsberechtigt<br>□ Sorgerecht | □ betreuend<br>□ umgangsberechtigt<br>□ Sorgerecht |
| den Eltern von:<br>**Name und Geburtsdatum des Kindes/der Kinder:** | |

## I. Mitwirkung aller Beteiligten

### 1. Mitwirkungserklärung der Eltern

- Beide Eltern erklären sich bereit, alle Schritte zu unternehmen, um einen möglichst reibungslosen Verlauf der Terminierung sowie der Umgangskontakte zu ermöglichen. Sie verpflichten sich, die Termine pünktlich einzuhalten, im Fall einer Verhinderung frühzeitig abzusagen, den Grund darzulegen und auf Nachfrage eine Bescheinigung vorzulegen.
- Beide Eltern erkennen an, dass die Androhung/Ausübung von verbaler Gewalt (z.B. Beschimpfungen, Beleidigungen, Drohungen) und tätlicher Gewalt (z.B. Handgreiflichkeiten) nicht toleriert wird.
- Der umgangsberechtigte Elternteil erkennt an, dass das Erscheinen unter Alkoholeinfluss (Konsum vor dem BU, Restalkohol vom Vortag)/Drogeneinfluss einen BU ausschließt. Sollte sich am Vortag abzeichnen, dass eine Nüchternheit nicht erreicht werden kann, verpflichtet sich der umgangsberechtigte Elternteil, den BU abzusagen. Die Fachkraft kann diesbezüglich anschließend das Gespräch suchen.

### 2. Leistungserbringung – interne Zusammenarbeit

- Die am BU beteiligten Mitarbeiter:innen des TRÄGERS stehen in engem Austausch miteinander.
- Die Begleitung der Umgangskontakte erfolgt durch Fachkräfte/geschulte ehrenamtliche Mitarbeiter:innen, die ihre Freizeit hierfür zur Verfügung stellen.
- Die koordinierende Fachkraft übernimmt den Kontakt zum Auftraggeber und anderen beteiligten Stellen sowie die Gespräche, die Organisation und die Planung.

## II. Durchführung und Nachbereitung der begleiteten Umgangskontakte

### 1. Ort, Dauer und Terminierung

- Die Umgangskontakte und Gespräche finden im Regelfall in den Räumen des TRÄGERS statt. Nach vorheriger Absprache können Spaziergänge, Spielplatzbesuche etc. mit dem Kind/den Kindern unternommen werden. Die umgangsbegleitete Person ist stets anwesend.
- Die Umgangskontakte finden im Regelfall im Abstand von 14 Tagen für die Dauer von jeweils 2 Stunden statt. Bei besonderen kindlichen Bedürfnisse können die XX Stunden auch anders aufgeteilt werden (z.B. kürzere, dafür häufigere Kontakte bei sehr kleinen Kindern).
- Die Termingestaltung erfolgt in Absprache mit den Eltern.

### 2. Übergabe des Kindes/der Kinder und Begegnung zwischen den Eltern

- Die Übergabe zu Beginn und am Ende eines BU erfolgt durch den/mit Hilfe des TRÄGERS.
- Der umgangsberechtigte (oder nach Absprache der betreuende) Elternteil verpflichtet sich, ca. 10 Minuten vor Beginn des Umgangstermins zu erscheinen und am Ende wenige Minuten später zu gehen. Im Verlauf der Umgangstermine werden die Eltern unterstützt, sich im Beisein ihrer Kinder konfliktfrei begrüßen und gegebenenfalls austauschen zu können.

### 3. Gestaltung der Kontakte, Verantwortung, Informationen

- Der BU findet in deutscher Sprache statt (bzw. in der Sprache, die vom TRÄGER auch verstanden wird). Bei Bedarf wird ein:e Dolmetscher:in hinzugezogen.
- Auf Instrumentalisierung, Ausfragen sowie Abwertung des anderen Elternteils wird im BU verzichtet.
- Der umgangsberechtigte Elternteil ist frei in der Gestaltung der Kontakte und trägt die Verantwortung für die Betreuung, Versorgung und Verpflegung des Kindes während der Termine.
- Der betreuende Elternteil sollte während des BU die Räume des TRÄGERS möglichst verlassen. Sollte das Kind auf die Anwesenheit (im Nebenzimmer) nicht verzichten können, kann hier eine Ausnahme gemacht werden. Bei sehr kleinen Kindern wird die Anwesenheit des betreuenden Elternteils individuell besprochen und festgelegt.
- Beide Elternteile akzeptieren, wenn eine Begegnung mit dem jeweils anderen Elternteil vermieden werden soll (d.h., sie verbleiben im jeweiligen Raum, in dem sie sich (mit dem Kind) aufhalten). Das Kind kann bei Bedarf zwischen den Eltern hin und her wechseln/laufen, sofern der betreuende Elternteil im Nebenzimmer wartet.
- Zum Wohle des Kindes wird der betreuende Elternteil nach dem BU über Inhalte des Umgangs informiert.

**4. Begleitung und mögliches Einschreiten**

- Die Umgangsbegleitung erfolgt durch flexible Gestaltung, d.h. Anwesenheit im Raum (begleiteter Umgang im engeren Sinne) bzw. Anwesenheit in Rufnähe (unterstützter Umgang).
- Die begleitende Person kann gemäß den Regeln und vorherigen Absprachen Hilfestellungen und Anweisungen erteilen, vor allem dann, wenn das Kind Anzeichen einer Belastung zeigt.

**5. Teilnahme weiterer Personen/Mitbringen von Geschenken**

- Im Mittelpunkt der Umgangskontakte steht die Beziehung zwischen Kind und Elternteil. Weitere Personen können nur in Ausnahmefällen und nach vorheriger Absprache dazukommen.
- Ebenfalls aus oben genanntem Grund soll auf das Mitbringen von Geschenken verzichtet werden. Bei Geburtstagen oder anderen Festtagen kann nach vorheriger Absprache eine Ausnahme erfolgen.

**6. Gespräche mit den Eltern/Vereinbarung**

- Die Elterngespräche werden zu Beginn des BU vertraulich sowie getrennt voneinander geführt.
- Gemeinsame Gespräche mit beiden Eltern finden bei Bedarf/auf Wunsch statt.
- Spätestens vor Ablauf der genehmigten Umgangsbegleitungen findet ein gemeinsames Gespräch statt, um den Verlauf sowie weitere (unbegleitete) Umgangskontakte zu besprechen.

**III. Zusammenarbeit mit anderen Stellen**

**Zusammenarbeit mit den Eltern sowie dem Auftraggeber (Jugendamt/Allgemeiner Sozialer Dienst), Familiengericht, Anwälten/Anwältinnen der Eltern und sonstigen Stellen**

- Der TRÄGER steht im Austausch mit dem jeweiligen Auftraggeber, informiert diesen über den laufenden Stand, verfasst Dokumentationen (Zwischenbericht, Abschlussbericht), informiert diesen, wenn die Kooperation mit den Eltern nicht mehr gewährleistet ist oder sonstige Vereinbarungen nicht eingehalten werden.
- Ebenso kann der TRÄGER sich mit dem Familiengericht und entsprechenden Verfahrensbeteiligten in Verbindung setzen (Richter:in, Verfahrensbeistand/Verfahrensbeistänin, Umgangspfleger:in, Sachverständige:r).
- Der TRÄGER gibt keinerlei Auskünfte an die jeweiligen Anwälte/Anwältinnen der Eltern oder andere Personen/Stellen. Sollte einer der Eltern einen Austausch ausdrücklich wünschen, muss dies mit einer Schweigepflichtentbindung erlaubt werden.

## IV. Beendigung des begleiteten Umgangs

### 1. Reguläres Ende der Leistung

- Der BU endet mit Ablauf des Zeitraums, in dem er bewilligt ist und nicht verlängert wird.
- Er endet auch, wenn die Eltern eine einvernehmliche Umgangsregelung ohne Begleitung getroffen haben.

### 2. Vorzeitiges Ende

- Die Eltern können diese Vereinbarung jederzeit auf eigenes Risiko kündigen.
- Der TRÄGER kann die Kooperationsvereinbarung kündigen, wenn
  - das Wohl des Kindes oder Dritter gefährdet wird,
  - mindestens ein Elternteil das Kind durch unangemessene Verhaltensweisen belastet (z.B. Instrumentalisierung) und sich weigert, dieses Verhalten zu ändern,
  - die Kooperation mit den Eltern nicht mehr gewährleistet werden kann,
  - ein bestehendes Annäherungsverbot nicht eingehalten wird.

## V. Sonstige Vereinbarungen

- Frühzeitig abgesagte Termine (bis 3 Werktage vor dem Umgang) werden nachgeholt.
- Der umgangsberechtigte Elternteil trägt Sorge, dass die Gegenstände des TRÄGERS während der Umgänge achtsam genutzt und die Räume in einem ordentlichen Zustand verlassen werden.
- Alle Beteiligten haften für Schäden, die sie schuldhaft herbeiführen.

____________________________

Ort, Datum, Unterschrift der Mutter

____________________________

Ort, Datum, Unterschrift des Vaters

____________________________

Ort, Datum, Unterschrift des TRÄGERS

## 5. Vereinbarungen zwischen Träger und einem Elternteil

**Vereinbarungen zwischen TRÄGER und**

dem betreuenden Elternteil (BE) ______________________________

dem umgangsberichtigten Elternteil (UE) ______________________________

Name des Kindes/der Kinder ______________________________

**Das Umgangsrecht gilt für**

☐ Vater ☐ Mutter ☐ weitere Person: ________

**Planung des begleiteten Umgangs**

Wochentag _____ Rhythmus _____

Zeitlicher Umfang ______________________________

Die Zeitdauer und Anzahl der Termine orientieren sich an den Vorgaben bzw. Rücksprachen mit dem Gericht und/oder dem Jugendamt.

BE bringt das Kind und holt es wieder ab, um _____ Uhr und _____ Uhr.

UE erscheint um _____ Uhr in den Räumlichkeiten des TRÄGERS.

**Ort/-e des Treffens:** ______________________________

**Ort/-e der BUs:** ______________________________

**Bei Verhinderung** sagen Sie bitte rechtzeitig ab, bis spätestens 3 Werktage vor dem Termin. Falls niemand im Büro ist bzw. falls Sie den Termin wegen eines Notfalles **kurzfristig** absagen müssen, dann bitte per E-Mail oder unter der Notfall-Handynummer. Beide Kontaktdaten sind Ihnen bekannt (abc@mail de und 0123-…).

Sie, als BE/UE, sind unter folgender Nummer sowie E-Mail-Adresse erreichbar:

______________________________

Dem anderen Elternteil sind diese Kontaktdaten bekannt: ☐ ja ☐ nein

Diese Kontaktdaten sind insgesamt geheim zu behandeln: ☐ ja ☐ nein

**Geschenke**

☐ keine Geschenke

☐ kleine Geschenke/Mitbringsel

☐ Geschenke zu besonderen Anlässen, wie Weihnachten, Geburtstag usw.

☐ Es darf **nichts** mitgebracht oder geschenkt werden während des Umgangs

☐ sonstige Vereinbarungen zu dem Thema Geschenke

______________________________

______________________________

**Verpflegung/Getränke**

- ☐ Dafür sorgt der betreuende Elternteil
- ☐ Dafür sorgt der umgangsberechtigte Elternteil
- ☐ Das kann flexibel gehandhabt werden
- ☐ werden sollte von beiden auf ____________________
- ☐ Das Kind mag/Die Kinder mögen gern ____________________

**Wichtige Informationen über das Kind** (Medikamente, Allergien, Krankheiten, besondere Vorlieben usw.)

____________________

____________________

**Weitere Vereinbarungen:**

____________________

____________________

____________________

Der Umgang wird **abgebrochen** bei:

____________________

____________________

____________________

Ich kenne den oben genannten Inhalt, habe das Merkblatt zum begleiteten Umgang gelesen und akzeptiere alle Regelungen und Vereinbarungen.

____________________

Ort, Datum, Unterschrift

# 6. Schweigepflichtentbindung

Hiermit erkläre ich,

____________________

Nachname, Vorname, Geburtsdatum

mich damit einverstanden, dass mit nachfolgend konkret benannten Personen bei den bezeichneten Behörden, Institutionen:

- ☐ Justiz (Staatsanwaltschaft, Gericht) und Anwalt/Anwältin ____________________
- ☐ Beratungsstellen ____________________
- ☐ Krankenhaus, Hausarzt/-ärztin, behandelnder Facharzt/-ärztin ____________________
- ☐ Ämter, insbesondere Jobcenter und Jugendamt ____________________
- ☐ sonstige Behörde, Institution ____________________
- ☐ Gutachter:in ____________________

- ☐ Verfahrensbeistand/Verfahrensbeiständin ______________________________
- ☐ vorheriger BU-Anbieter ______________________________
- ☐ weitere ______________________________

uneingeschränkt sämtliche für die Maßnahme Begleiteter Umgang erforderlichen Informationen und Daten von mir und meinem Kind/meinen Kindern ausgetauscht werden dürfen.

Diese Schweigepflichtentbindung erfolgt gegenseitig mit den oben genannten Institutionen, Behörden, Personen sowie dem folgenden Anbieter des begleiteten Umgangs:

______________________________

Diese Erklärung endet nach Beendigung der Maßnahme Begleiteter Umgang.

______________________________

Ort, Datum, Unterschrift

# 7. Checkliste Sucht und Abhängigkeit

**1. Klärung der Gesamtsituation:**

- ☐ Art und Anzahl der Therapien?
- ☐ Dauer der Sucht?
- ☐ In welcher Form und zu welchem Zeitpunkt tritt das Suchtverhalten auf?
- ☐ Besteht eine Krankheitseinsicht?

**2. Bestehen einer Bindung zwischen Kind und suchtkrankem Elternteil:**

- ☐ Was ist der Wille des Kindes?
- ☐ Was ist der Wunsch des Kindes?
- ☐ Möchte das Kind den Elternteil überhaupt sehen?

  Haben Kind und Elternteil die Rollen getauscht?

  → **Es muss eine individuelle Entscheidung darüber getroffen werden, ob und in welcher Form der BU stattfindet!**

**3. Wichtig für die Eltern:**

- ☐ Ausarbeiten einer schriftlichen Vereinbarung
- ☐ Regeln deutlich machen und auf Konsequenzen hinweisen
- ☐ Auf den respektvollen Umgang untereinander achten
- ☐ Vorbereitung auf Fragen des Kindes und Suchen einer kindgerechten Erklärung

**4. Wichtig für den/die Umgangsbegleiter:in:**

- ☐ Bei Gefahr/Eskalation: Abbruch des Termins; Kind aus der Situation nehmen wichtig: Räumlichkeiten und Personal abklären!)
- ☐ Kenntnis über die Erkrankung/Diagnose

- ☐ Absprechen, ob das Kind Bescheid weiß, und sich selbst und die Eltern auf Fragen des Kindes vorbereiten
- ☐ Souveränität ausstrahlen
- ☐ „Psychohygiene" (eigene Grenzen erkennen und benennen)
- ☐ Supervision

**5. Wichtig für das Kind:**

- ☐ kindgerechte Erklärungen
- ☐ Schaffen einer harmonischen Atmosphäre
- ☐ Kind eventuell aus der Situation nehmen
- ☐ wichtig: Bezugsperson, die Sicherheit geben kann

# 8. Checkliste Raumausstattung

**Raumausstattung eines BU-Spielzimmers und weitere Vorbereitung**

- ☐ Notfalltelefon abgehört/E-Mails geprüft/Anrufbeantworter abgehört
- ☐ Liste mit Notfallnummern
- ☐ Abschließbarer Nebenraum
- ☐ Zugang zu Toiletten und Wickelraum
- ☐ Erste-Hilfe-Koffer und Desinfektionsmittel
- ☐ Barrierefreier Zugang
- ☐ Heller und freundlicher Raum, gute Raumtemperatur, gelüftet
- ☐ Getränke vorhanden
- ☐ Ideal: Zugang zu einem Garten (mit Spielplatz) oder Park mit Spielplatz in der Nähe
- ☐ Spielsachen für Kinder jeden Alters (z.B. Puppen, Lego, Playmobil, Bälle, Knete, Kicker, Tischtennis, Kissen und Decken, Bausteine, Puppenhaus, Verkleidungskiste)
- ☐ Rückzugsmöglichkeiten für Kinder, wie Kinderzelt oder Höhle im Raum
- ☐ Bücher für Kinder jeden Alters
- ☐ Mal- und Bastelsachen für Kinder mit Stiften, Scheren und Papier
- ☐ Abspielgerät für Hörspiele oder Geschichten
- ☐ Brettspiele für alle Altersgruppen
- ☐ Reizüberflutung vermeiden, gegebenenfalls Spielsachen wegräumen
- ☐ Tisch und Stühle für Kinder und Erwachsene
- ☐ Platz für Umgangsbegleitung

**Hinweis: Natürlich können Eltern oder Kinder auch selbst Spielsachen mitbringen, die sie gern gemeinsam spielen möchten.**

## 9. Umgangsprotokoll

| **Umgangsprotokoll** | | |
|---|---|---|
| Datum: | Umgang Nr. | Begleitung: |

| | |
|---|---|
| Kind/-er: | |

| | |
|---|---|
| Geplante Zeit (Uhrzeit/Dauer): | |
| Stattgefundene Zeit (Uhrzeit/ Dauer): | |
| Wer brachte das Kind? | |
| Wer holte das Kind ab? | |

| **Anfangssituation:** Wie gestaltete sich der Beginn, die Begrüßung? Wie war die Stimmung? Gab es zwischen den Eltern Kontakt/Begrüßung/Austausch? Blieb die Betreuungsperson in den Räumen des DKSB? Wie war der Abschied des Kindes von der bringenden Person? Wie begrüßte das Kind die wartende Person? Möchte eine der Bezugspersonen etwas besprechen? Halten beide Personen sich an die besprochenen Vorgaben? |
|---|
| |

| **Während der Umgangszeit:** Wie kamen Kind und Bezugsperson in Kontakt? Von wem ging die Initiative aus? Wie war die Stimmung zu Beginn/währenddessen/zum Ende? Konnten die Bedürfnisse des Kindes erkannt und berücksichtigt werden? Was lief gut? Wo gab es Schwierigkeiten? Womit beschäftigen sich umgangsberechtigte Person und Kind während der Umgangszeit? Wo fand der BU statt? |
|---|
| |

| **Abschiedssituation:** Wie gestalteten sich die letzten Minuten und der Abschied? Wie war die Stimmung? Gab es zwischen den Bezugspersonen Kontakt? Wie war der Abschied des Kindes von der umgangsberechtigten Bezugsperson? Wie verhielten sich die Bezugspersonen am Ende des Umgangs? Möchte einer der beiden etwas mit mir besprechen? Halten beide Bezugspersonen sich an die besprochenen Vorgaben (sofern vorhanden)? |
|---|
| |

| **Subjektiver Gesamteindruck:**<br>Wie ging es mir während der Umgangsbegleitung? Wie geht es mir am Ende? Was gefiel mir gut? Was gefiel mir nicht so gut? Wo habe ich mich unwohl gefühlt? Was gilt es aus meiner Sicht zu tun/zu besprechen? |
|---|
| |

| **Was ich sonst noch notieren möchte/Anmerkungen:** |
|---|
| |

| Nächster BU am: | |
|---|---|

## 10. Verlaufsprotokoll (Umgangsbegleitung kleine Kinder)

Umgangsbegleiter:in: ____________________

**Umgangsberechtigt**: ☐ Mutter ☐ Vater ☐ andere Person __________

Kind/-er: ____________________

Datum: _____ Uhrzeit von _____ bis _____

**Umgangsberechtigter Elternteil**

☐ pünktlich

☐ zu spät, wann: _____ ☐ entschuldigt ☐ unentschuldigt

☐ kam nicht, ohne Bescheid zu geben

**Betreuender Elternteil**

☐ pünktlich

☐ zu spät, wann: _____ ☐ entschuldigt ☐ unentschuldigt

☐ kam nicht, ohne Bescheid zu geben

**Verhalten der Elternteile untereinander**

| | | |
|---|---|---|
| ☐ reibungslos | ☐ leichte Probleme | |
| ☐ schwierig | ☐ konflikthaft | ☐ kein Kontakt |

Sonstige Anmerkung/Beobachtung: ____________________

____________________

**Verhalten des umgangsberechtigten Elternteils zu Beginn**

☐ emotional (weint) ☐ teilnahmslos ☐ neutral ☐ freut sich

Sonstige Anmerkung/Beobachtung: ______________________________

______________________________

**Verhalten des betreuenden Elternteils zu Beginn**

☐ emotional (weint) ☐ teilnahmslos ☐ neutral ☐ freut sich

Sonstige Anmerkung/Beobachtung: ______________________________

______________________________

**Verhalten des Kindes/der Kinder zu Beginn**

☐ neutral ☐ lacht ☐ weint ☐ schreit

☐ verabschiedet sich von der bringenden Person

☐ begrüßt den umgangsberechtigten Elternteil

☐ verweigert Kontaktaufnahme

☐ umgangsberechtigter Elternteil kann Kind ohne Probleme begrüßen

☐ versteckt sich hinter/klammert sich an betreuenden Elternteil

Sonstige Anmerkung/Beobachtung: ______________________________

______________________________

**Wickeln und An- und Ausziehen, Pflege**

☐ klappt gut ☐ Unsicherheit ☐ kann es noch nicht

☐ erkennt, wann gewickelt werden sollte ☐ „putzt" Nase

Sonstige Anmerkung/Beobachtung: ______________________________

______________________________

**Handlungen rund um Essen und Trinken**

☐ Flasche ☐ kein Problem ☐ Unsicherheit ☐ braucht Unterstützung

☐ Brei ☐ kein Problem ☐ Unsicherheit ☐ braucht Unterstützung

☐ bietet Flasche/Essen an ☐ bietet Flasche/Trinken an

☐ kennt Trink- bzw. Essverhalten ☐ kennt Trink- bzw. Essverhalten noch nicht

Sonstige Anmerkung/Beobachtung: ______________________________

______________________________

**Spielverhalten vom Umgangsberechtigten**

☐ kennt Vorlieben des Kindes ☐ geht auf Spielvorschläge des Kindes ein

☐ kann Spielanregungen geben ☐ lernt Kind immer besser kennen

☐ fordert Kind/Kinder angemessen ☐ Kind/Kinder bestimmen das Spiel

☐ spricht viel mit dem Kind ☐ spricht wenig mit dem Kind

Sonstige Anmerkung/Beobachtung: ______________________________

______________________________

**Umgangsberechtigter erkennt körperliche und geistige Entwicklungen**

□ ja □ nein

**Umgangsberechtigter Elternteil hat die Sicherheit des Kindes/der Kinder im Blick**

□ ja □ nein

**Nutzung Smartphone:**

□ nimmt Anrufe an □ ruft selbst jemanden an □ spielt damit allein

□ zeigt etwas □ zeigt Fotos □ zeigt Video/-s

□ fotografiert □ filmt □ spielt dem Kind bekannte Musik/Kinderlieder vor

□ keine Nutzung

Sonstige Anmerkung/Beobachtung: ______________________________

______________________________

*Anmerkung: Die Absprachen bezüglich Fotografierens bzw. Filmens während des Umgangs sollten der Umgangsbegleitung bekannt sein.*

**Aufräumen:**

□ Umgangsberechtigter Elternteil räumt mit dem Kind/mit den Kindern auf

□ Kind/-er werden zum Aufräumen aufgefordert bzw. motiviert

□ Es wird nicht aufgeräumt

□ Es wird nach Aufforderung der Umgangsbegleitung aufgeräumt

Sonstige Anmerkung/Beobachtung: ______________________________

______________________________

**Abschied:**

□ reibungslos □ schwierig □ konflikthaft □ emotional

Sonstige Anmerkung/Beobachtung: ______________________________

______________________________

**Regeln wurden von den Elternteilen eingehalten:** □ ja

□ nein – welche Regeln wurden verletzt?

______________________________

□ Es wurden keine Regeln vereinbart

**Verlauf des Umgangs/Notizen** ______________________________

______________________________

______________________________

**Nächster Termin:** ______________________________

# 11. Umgangsvereinbarung

**Umgangsvereinbarung**

Zwischen

---

Nachname, Vorname, Geburtsdatum

und

---

Nachname, Vorname, Geburtsdatum

für unser Kind/für unsere Kinder:

---

Nachname/n, Vorname/n, Geburtsdatum

| **Umgang an Wochenenden und Wochentagen/konkrete Daten und Zeiten** |
| --- |
| |

| **Regelung des Abholens und Bringens des Kindes** |
| --- |
| |

| **Regelung der Übergabe** |
| --- |
| |

| **Umgang mit besonderen Ereignissen auf Seiten des Kindes** |
| --- |
| |

| **Umgang mit besonderen Ereignissen mütterlicherseits** |
| --- |
| |

| **Umgang mit besonderen Ereignissen väterlicherseits** |
| --- |
| |

| Umgang mit Feiertagen |
| --- |
| |

| Ferienregelung (Sommer, Herbst, Weihnachten, Winter, Fasching, Ostern, Pfingsten, Brückentage) |
| --- |
| |

| Umgang mit anderen engen Bezugspersonen |
| --- |
| |

| Umgang mit Aktivitäten und Hobbys des Kindes |
| --- |
| |

| Gemeinsame Erziehungsziele |
| --- |
| |

| Arztbesuche etc. |
| --- |
| |

| Umgang mit Konflikten und Benennung einer Beratungsstelle o.Ä. |
| --- |
| |

**Gültigkeit dieser Regelung bis: ____**

**Besprechung der Folgeregelung entsprechend ____ Monate vorher**

______________________________

Ort, Datum, Unterschrift

## 12. Information für Eltern zum Ende des begleiteten Umgangs

Liebe Eltern von ____,

nachdem Sie nun die Umgangsregelung wieder selbst in die Hand nehmen, möchten wir Ihnen dazu erst einmal herzlich gratulieren und Sie nachträglich noch auf einige Punkte hinweisen, die für einen weiteren friedlichen Verlauf zum Wohle Ihres Kindes/Ihrer Kinder hilfreich sein können.

- Je genauer Ihre Absprachen sind, desto weniger Schwierigkeiten werden später auftauchen. Es ist wichtig, dass Sie miteinander über unterschiedliche Auffassungen in der Erziehung, Terminplanung, bezüglich Geschenken und alle anderen Ihr Kind/Ihre Kinder betreffenden Themen sprechen, telefonisch oder noch besser mündlich. Vielleicht können Sie sich z.B. vierteljährlich zu einem gemeinsamen Gespräch zusammensetzen, um gegebenenfalls mit Unterstützung einer dritten unparteiischen Person wichtige Punkte zu klären.
- Auch **Kinder haben Rechte!** Dazu gehört das Recht auf Information. Erklären Sie Ihrem Kind/Ihren Kindern, was Sie gemeinsam für seine/ihre Zukunft planen. Beziehen Sie Ihr Kind/Ihre Kinder altersentsprechend in diese Gespräche mit ein oder informieren Sie Ihr Kind/Ihre Kinder altersentsprechend über die Ergebnisse. Gehen Sie achtsam mit sich selbst, dem anderen Elternteil sowie Ihrem Kind um. Schützen Sie seine körperliche und seelische Unversehrtheit. Holen Sie sich gegebenenfalls professionelle Hilfe bei Erziehungsberatungsstellen für diese Gespräche.
- Wenn Sie Meinungsverschiedenheiten haben, was normal ist, streiten Sie nur vor Ihrem Kind, wenn Sie Konflikte inzwischen gemeinsam konstruktiv lösen können, oder teilen Sie Ihrem Kind zumindest nach einem weniger gelungenen Streit mit, dass Sie sich wieder vertragen haben. Es braucht und liebt in der Regel beide Eltern, unabhängig davon, ob Sie als Paar noch zusammen sind.
- Respektieren Sie den anderen als eigenständige unabhängige Person, mit der Sie ein gemeinsames Interesse teilen: Ihr Kind/Ihre Kinder! Vermeiden Sie Vorwürfe, Unterstellungen, Ironie und Sarkasmus. Achten Sie gegenseitig auf Wünsche und Bedürfnisse, welche das Kind betreffen, und bemühen Sie sich beide, einen Kompromiss zum Wohle des Kindes zu finden.
- Bei Schwierigkeiten oder Problemen können Sie sich jederzeit Hilfe holen, z.B. bei der örtlichen Erziehungsberatungsstelle. Diese Angebote sind in der Regel kostenlos. Es ist ein Zeichen von Stärke, sich Unterstützung zu holen.

Denken Sie bei allem daran, dass Sie selbst es in der Hand haben, Ihr Leben und das Ihres Kindes/Ihrer Kinder angenehm zu gestalten. Ihr Kind/Ihre Kinder ist/sind jede Anstrengung von Ihnen beiden wert.

Wir wünschen Ihnen bei Ihren Bemühungen viel Erfolg und alles Gute für die Zukunft.

Ihr

*[Name BU-Anbieter]*

# 13. Abschlussbericht Fachkraft

Kind/-er: ______________________________

Vor- und Nachname, Geburtsdatum., wohnhaft bei/Anschrift

Mutter: ______________________________

Vor- und Nachname

☐ Sorgeberechtigt ☐ umgangsberechtigt

Vater: ______________________________

Vor- und Nachname

☐ Sorgeberechtigt ☐ umgangsberechtigt

Andere Personen: ______________________________

______________________________

Vor- und Nachname

☐ Sorgeberechtigt ☐ umgangsberechtigt

**Anlass der Maßnahme**

☐ „Begleiteter Umgang“ ☐ „Begleitete Übergabe“

Datum Beginn: ____ Datum Ende: ____

**Folgende Termine fanden statt:**

☐ Begleitete Umgangstermine:

______________________________

Datum und Dauer

☐ Umgangscafé-Besuche

______________________________

Datum und Dauer

☐ Begleitete Übergaben

______________________________

Datum und Dauer

☐ Gespräche mit der Mutter

______________________________

Datum und Dauer

☐ Gespräche mit dem Vater

______________________________

Datum und Dauer

☐ Gespräche mit anderen Umgangsberechtigten

______________________________

Datum und Dauer

- ☐ Eingewöhnungstermine mit dem Kind/den Kindern

  ______________________________

  Datum und Dauer
- ☐ Gemeinsame Elterngespräche

  ______________________________

  Datum und Dauer
- ☐ Telefonate und E-Mail-Kontakte mit beiden Eltern

  ______________________________

  Datum und Dauer
- ☐ Berichtswesen

  ______________________________

  Dauer

**Verlauf der Maßnahme Begleiteter Umgang/Begleitete Übergabe:**

Vorbereitungsphase:

- ☐ Auftragsklärung
- ☐ Rahmenbedingungen für BU
- ☐ Vorgespräche Eltern/Umgangsberechtigte
- ☐ Vorgespräche Kind

Durchführungsphase/Umgangskontakte:

- ☐ Eltern-Kind-Interaktion
- ☐ Einhaltung der Rahmenbedingungen
- ☐ Elternebene
- ☐ Kindebene
- ☐ Beratungsebene

**Abschlussphase – Einschätzung/Empfehlung des/der Unterzeichner:in:**

- ☐ Verselbstständigung des Umgangs
- ☐ Alternative Maßnahmen (wie Briefkontakt usw.)
- ☐ Abbruch
- ☐ Begleitende Maßnahmen
- ☐ Weiterführende Maßnahmen

______________________________

Ort, Datum

______________________________

BU-Anbieter/Titel und Name der Fachkraft

# 14. Bericht an das Jugendamt

*Anschrift Jugendamt* *Datum*

**Betreff: Begleiteter Umgang/XY**

Sehr geehrte:r Frau/Herr____,

hiermit berichte ich Ihnen über den Verlauf des begleiteten Umgangs zwischen ____ *Name* , geb. am ____, und dem Elternteil ____.*Name*

Beteiligte Personen/Institutionen:

Mutter des Kindes (MdK) Frau ____

Vater des Kindes (VdK) Herr ____

Gemeinsames Kind ____

Lebensmittelpunkt des Kindes: bei ____________________

Umgangsbegleitung (UB): ____________________
Name der Umgangsbegleitung (UB)

**Betreuungszeitraum:**

Datum Beginn: ____ Datum Ende: ____

**Vorbereitung des BU:**

- Kennenlernkontakt Kind am ____________________
- Erstgespräch MdK am ____________________
- Erstgespräch VdK am ____________________

**Begleitete Umgänge:**

- Datum 1. BU ____________________
- Datum 2. BU ____________________
- Datum 3. BU ____________________
- ____________________

**Elterngespräche:**

- Datum Zwischengespräch ____________________
- Datum Abschlussgespräch ____________________

**Sonstiges:** ____________________
Diverse Telefonate, kurze Gespräche

**Dokumentation**

**1. Grund für den begleiteten Umgang**

**2. Einstellung der Eltern zum begleiteten Umgang**

**3. Kooperationsbereitschaft der Eltern**

**4. Differenzierungsfähigkeit zwischen Paarkonflikt und Elternaufgabe aus Sicht des BU-Anbieters**

**5. Vorbereitung des Kindes/der Kinder und seine/ihre Haltung zum begleiteten Umgang**

**6. Umgangskontakte**

**7. Einschätzung des Umgangsverlaufes aus fachlicher Sicht**

**8. Empfehlung**

Mit freundlichem Gruß

_______________________

Name, Unterschrift

# 15. Basisabrechnung – Begleiteter Umgang/Begleitete Übergabe

**Kürzel Familie:** ____ **Name Kind(er):** ____

☐ **Begleiteter Umgang (BU)** ☐ **Begleitete Übergabe (BÜ)**

**Datum Beginn:** ____ **Datum Ende:** ____ **Datum Beginn:** ____ **Datum Ende:** ____

**Zuständiges JA:** ____ **Ansprechperson:** ____ **Telefonnr.:** ____ **E-Mail-Adresse:** ____

**Umgangsbegleitung:** ____ **Koordinierende Fachkraft:** ____

| Gespräch/Tel. mit | BU | BÜ | Sonstiges (Berichte etc.) | Tag | Datum | Uhrzeit (von-bis) | Std./Zeit | Bemerkungen |
|---|---|---|---|---|---|---|---|---|
| | | | | | | | | |
| | | | | | | | | |
| | | | | | | | | |
| | | | | | | | | |
| | | | | | | | | |

## 16. Wünsche von Kindern an ihre Eltern[1]

Liebe Mama, lieber Papa,

1. Denkt immer daran, ich bin das Kind von euch beiden. Ich wohne zwar jetzt vielleicht hauptsächlich bei einem Elternteil, aber ich brauche euch beide.
2. Bitte erlaubt mir, dass ich immer zu meiner Mama nach Hause und zu meinem Papa nach Hause kommen darf, wenn ich das möchte. Ich kann verstehen, wenn es manchmal nicht möglich ist. Ich möchte aber, dass ihr versteht, wenn ich den anderen vermisse.
3. Helft mir, zu dem Elternteil, bei dem ich nicht wohne, Kontakt zu halten. Gebt mir Adresse und Telefonnummer. Oder ruft für mich an und gebt mir den Hörer. Lasst mir Bilder und Gegenstände vom anderen Elternteil.
4. Unterstützt mich, an den Geburtstag des anderen zu denken und ein Geschenk zu basteln oder zu kaufen. Diese Hilfe wäre auch für andere Festtage toll!
5. Bitte wartet nicht darauf, bis ich sage, dass ich den anderen sehen möchte. Das traue ich mich nämlich manchmal nicht, aus Angst, jemanden zu verletzen. Helft mir, indem ihr mir sagt: *„Ich möchte, dass du deinen Papa/deine Mama regelmäßig siehst!"*
6. Fragt mich nicht, wen ich von euch beiden lieber mag. Ich habe euch beide gleichermaßen lieb. Ich habe nur eine Mama, die ich lieb habe wie eine Mama. Und ich habe nur einen Papa, den ich lieb habe wie einen Papa. Eine Mama kann ich nicht lieb haben wie einen Papa und einen Papa kann ich nicht lieb haben wie eine Mama.
7. Redet bitte nett von dem jeweils anderen. Wenn ihr schlecht redet, dann tut mir das weh.
8. Bitte fragt mich nicht über den anderen aus. Das bringt mich in Schwierigkeiten. Es bringt mich auch in Schwierigkeiten, wenn ich etwas erzähle und ihr das dann gegen den anderen verwendet. Bitte macht das nicht, denn sonst weiß ich nicht mehr, was ich erzählen möchte.
9. Bitte akzeptiert, dass ich auch mal schlecht gelaunt sein kann. Das alles ist schwierig für mich. Gerade die Übergänge von einem zum anderen fallen mir nicht leicht. Auch, wenn ich mich in dieser Zeit komisch verhalten sollte, bedeutet das nicht, dass ich einen von euch nicht mag. Es heißt nur, dass ich Mühe mit der Situation habe.
10. Redet normal miteinander, so wie Erwachsene das können. Denkt bitte daran, dass ich von euch lerne, ihr seid meine Vorbilder. Lasst mich bitte Kind sein und besprecht und klärt Dinge miteinander und nicht mit meiner Hilfe.
11. Gönnt es mir, wenn ich zum anderen Elternteil gehe. Ich möchte gerne gehen und kein schlechtes Gewissen haben müssen. Das macht mich traurig. Ich möchte ja am liebsten

1 Wünsche von Trennungs- und Scheidungskindern an ihre Eltern/Bezugspersonen – gesammelt von DKSBBU-Anbietern, der Ursprung ist angelehnt an die formulierten Bitten von Karin Jäckel, siehe Klinkhammer/Prinz (Hrsg.), 3. Auflage, Anhang, S. 398

immer mit euch beiden zusammen sein und kann nichts dafür, dass das nicht möglich ist.

12. Wenn ihr mich zum anderen bringt, gebt mich bitte nicht wie ein Päckchen vor der Haustür ab. Bitte begrüßt euch wenigstens kurz, seid höflich zueinander und klärt das Nötigste. Es macht mich sonst so traurig, wenn ich euch das nicht wert bin. Wenn ihr noch nichts davon schafft, dann lasst mich lieber von anderen holen und bringen, so lange, bis ihr es wieder übernehmen könnt.
13. Streitet nicht vor mir, sobald ihr euch seht. Klärt das bitte unter euch. Es tut mir so weh, wenn ihr streitet, und ich denke dann, dass ich schuld daran bin.
14. Erzählt mir nichts von Dingen, die ich nicht verstehe (z.B. Gerichtsbriefe, Scheidungsangelegenheiten) oder die mich nichts angehen (z.B. Sexualität). Klärt das bitte unter euch – persönlich oder schriftlich.
15. Benutzt mich nicht als Druckmittel, um den anderen zu etwas zu zwingen. Ich kann nichts dafür, dass ihr euch getrennt habt. Das ist unfair.
16. Lasst mich Freunde treffen und Hobbys haben. Manchmal sind sie mir wichtiger als die Zeit mit euch und das ist auch wichtig für meine Entwicklung.
17. Lasst mich Freunde zu Besuch haben. Ich möchte, dass sie euch beide kennenlernen.
18. Einigt euch fair über strittige Themen, wie z.B. das Geld oder Dinge, die ich brauche. Ich möchte, dass es uns allen gut geht.
19. Versucht nicht, mich um die Wette zu verwöhnen. *„Wer schenkt mir mehr und wer macht die tolleren Ausflüge"*– das tut mir nicht gut. Verbringt lieber Zeit mit mir zu Hause oder draußen. Spielt mit mir. Das ist das Wichtigste und Schönste für mich.
20. Sagt mir offen, wenn wir nicht genug Geld für bestimmte Dinge haben. Die Zeit mit euch ist mir wichtiger als materielle Dinge.
21. Bitte antwortet ehrlich, wenn ihr eine Frage von mir nicht beantworten könnt. Damit komme ich besser zurecht, als wenn ich eine erfundene Antwort erhalte.
22. Bitte lasst möglichst viel in meinem Leben so, wie es vor der Trennung für mich war, z.B. mein Kinderzimmer, bestimmte Abläufe und Regeln. Das gibt mir in dieser schweren Zeit Sicherheit und das Gefühl von Geborgenheit.
23. Lasst mich bitte weiterhin Omas und Opas sehen. Das ist wichtig für mich und gibt mir Sicherheit, wenn ich neben euch noch andere gewohnte Familienmitglieder um mich habe. Nehmt sie mir nicht auch noch weg.
24. Seid fair gegenüber dem neuen Partner/der neuen Partnerin, den eine/-r von euch findet. Lasst mich bitte selbst entscheiden, ob ich ihn/sie mag. Gebt mir eine Chance.
25. Ihr seid kein Paar mehr, aber immer noch beide meine Eltern. Denkt daher trotz all eurer Gefühle und Gedanken bei allen Worten und Handlungen auch an mich und versucht die Trennung mit meinen Augen zu sehen, mit meinem Herzen zu fühlen. Versucht bitte zu unterscheiden, was eure Gefühle und was meine Gefühle sind.

Danke

euer Kind

# 17. Literaturliste für Kinder und Eltern

**Für Kinder**

*„Die Krokobären – eine Geschichte für Kinder, deren Eltern sich trennen“,* ab 4 Jahren – Eva Orinsky, Iskopress Verla

*„Papa bleibt Papa – Königsehrenwort!“,* ab 3 Jahren – Betina Gotzen-Beek, Ursel Scheffler, Ravensburger Verlag

„*Wir* sind immer für Dich da“, ab 4 Jahren – Harriet Grundmann, Marc-Alexander Schulze, Coppenrath Verlag

*„Mein Papa ist der Größte“,* ab 3 Jahren – Stephen Michael King, Esslinger Verlag

*„Heute ist Papa-Tag“,* ab 4 Jahren – Sybille Rieckhoff, Jürgen Rieckhoff, Thienemann Verlag

*„Greta und die magischen Steine“,* ab 4 Jahren – Paul Maar, Helge Bansch, Annette Betz Verlag

*„Wir sind trotzdem beide für Dich da“,* ab 4 Jahren – Friederun Reichenstetter, Jürgen Rieckhoff, Arena Verlag

*„Ich hab euch beide lieb“,* ab 4 Jahren – Claire Masurel, Kady MacDonald Denton, Brunnen Verlag, ISBN 978-3-7655-6669-1

*„Papa wohnt nicht mehr bei uns“,* ab 6 Jahren – Sylvia Schneider, Mathias Weber, Annette Betz Verlag

*„Wir alle für immer zusammen“,* ab 10 bis 12 Jahren – Guus Kuijer, Alice Hoogstad, Oetinger Verlag

*„Fips versteht die Welt nicht mehr: Wenn Eltern sich trennen“* – Jeanette Randerath, Imke Sönnichsen, Thienemann Verlag

*„Was, wenn Eltern auseinandergehen?“* Bilderbuch zum Thema Scheidung – Emotionale Entwicklung für Kinder ab 5, Bilderbuch – Dagmar Geisler, Löwe Verlag,

*„Die Sehnsucht des kleinen Orange: Was Kinder brauchen, wenn Eltern sich trennen“* – Judith Zacharias-Hellwig, Papierfresserchens MTM-Verlag

**Für Eltern**

*„Eltern bleiben nach der Trennung: Was Ex-Partner für sich und ihre Kinder wissen sollten“* – Marianne Nolde, Knaur HC

*„Glückliche Scheidungskinder: Was Kinder nach der Trennung brauchen“* – Remo H. Largo, Monika Czernin, Piper Taschenbuch

*„Mit Kindern durch die Trennung – ein therapeutisches Lesebuch“* –Ute Steffens, edition claus

*„Geborgen und stark“,* Elternratgeber – Wie Eltern in Trennung Orientierung und Halt geben, Jesper Juul, Mathias Voelchert, Kösel Verlag

# B Anhang II: Qualitätsstandards für den Begleiteten Umgang im DKSB

**Übersicht** Seite



Beschluss zur Praxis der Kinderschutzarbeit der Bundesmitgliederversammlung 2022 des Deutschen Kinderschutzbundes

**„Qualitätsstandards für den Begleiteten Umgang im DKSB"**

Antragsteller: Bundesvorstand

Beschluss: Die Mitgliederversammlung beschließt die nachfolgend beschriebenen Qualitätsstandards als verbindlich für den Begleiteten Umgang im DKSB. Damit wird der Beschluss von 2012 „Die Qualitätskriterien zur Umsetzung des Begleiteten Umgangs im Deutschen Kinderschutzbund" aufgehoben.

## 1. Einleitung

Die Mitgliederversammlung des Kinderschutzbundes hat 2012 „die Qualitätskriterien zur Umsetzung des Begleiteten Umgangs" beschlossen. Verbunden damit ist die Verpflichtung, diese Standards angesichts weiterer gesellschaftlicher Veränderungen zu überprüfen und ggf. anzupassen. Da der DKSB deutschlandweit einer der größten Anbieter des Begleiteten Umgangs ist, ist diese Verpflichtung besonders ernst zu nehmen.

Grundlage für alle Aktivitäten des Kinderschutzbundes sind die Kinderrechte nach der UN-Kinderrechtskonvention, die Kindern und Jugendlichen nach Art. 9 ein Recht auf beide Eltern garantiert. Für den Arbeitsbereich des Begleiteten Umgangs gelten – wie für alle Tätigkeitsbereiche im Kinderschutzbund – die gesetzlichen Regelungen, die sich insbesondere aus dem SGB VIII ergeben. Da Kindeswohlgefährdungen beim BU in vielen Fällen ein Thema sind, muss der entsprechende Schutzauftrag nach § 8a SGB VIII unbedingt Berücksichtigung finden. Besonderes Augenmerk sollte auch auf den psychischen Schutz der Kinder gerichtet werden.

## a. Die Stellung des Kindes im BU

Ausgangspunkt jedes Angebotes des Kinderschutzbundes ist der Blick auf die Bedürfnisse des Kindes. Dabei werden Kinder als eigenständige Persönlichkeiten mit eigenen Rechten, Bedürfnissen und Wünschen – unabhängig von denen der Erwachsenen, gesehen. Aufgabe der beim Kinderschutzbund tätigen Fachkräfte und Ehrenamtlichen ist dementsprechend Kindern Partizipation bei dem Angebot des Begleiteten Umgangs zu ermöglichen. Dies bedeutet mit Kindern respektvoll und auf Augenhöhe zu sprechen und ihre Bedürfnisse, Wünsche und Ängste bei dem Angebot des Begleiteten Umgangs sowie dessen Ausgestaltung zu berücksichtigen.

Der Blick auf das Kind verändert die Arbeit im Begleiteten Umgang grundlegend – weg von den oft hohen Konflikt- und Problemlagen der Eltern, hin zu Fragen gelingender gemeinsamer Elternschaft im Sinne des Kindes, eines Bindungs- und Beziehungsaufbaus zu dem getrenntlebenden Elternteil, des Kennenlernens der eigenen Wurzeln. Gleichzeitig wird der Begleitete Umgang zunehmend häufiger als Instrument im Kinderschutz eingesetzt, um Kinder konkret vor Gefahren durch unbegleiteten Kontakt zu einem Elternteil zu schützen. Die Kinderbeteiligung hilft, ein konkretes Schutzkonzept zu entwickeln.

Rückt man das Kind ins Zentrum seines Handelns, verändert das auch die Zusammenarbeit mit den beteiligten Eltern und Institutionen. Der gemeinsame Blick zum Wohle des Kindes lässt den Begleiteten Umgang von einem oft angeordneten Kontaktangebot zu einem Unterstützungsangebot werden, das einem Kind bzw. Kindern nachhaltig Beziehung zu beiden Elternteilen oder anderen wichtigen Bezugspersonen ermöglicht, Kinder vor erneuter Gewalt und Traumatisierung schützt und Eltern die Chance eröffnet, sich wieder voll und ganz auf ihr Kind zu konzentrieren, den Blick wieder auf ihr Kind zu richten.

Gleichzeitig werden dadurch sowohl die Problemlagen der Kinder, aber vor allem der Eltern deutlich – BU bedarf heute zunehmend zusätzlicher flankierender Hilfeangebote für die Familien, um das Ziel eines unbegleiteten Kontaktes zu erreichen.

Nur wenn Kinder eine eigenständige Position in dem Angebot des Begleiteten Umgangs erhalten, werden Eltern langfristig kindorientierte Umgangsmodelle entwickeln können.

### Familien in Trennungs- und Scheidungssituationen

Es gibt für die vielfältigen Familienformen wenig normative Vorgaben. Stattdessen müssen Beziehungen und die Organisation des Zusammenlebens individuell gestaltet werden. Dies gilt grundsätzlich für alle Familien, stellt jedoch die Beteiligten vor besondere Herausforderungen, wenn es zu Trennung und Scheidung kommt. Entscheidend für eine gute Aufrechterhaltung der bestehenden Beziehungen, aber auch für die Ausgestaltung damit einhergehender neuer Beziehungen, ist ein konstruktiver Umgang, insbesondere der Elternteile im Umgang mit ihren Kindern, aber auch zwischen den Erwachsenen. Ein gemeinsames Sorgerecht nach Trennung und Scheidung ist erfreulicherweise mittlerweile der Regelfall und die überwiegende Zahl der Familien finden gute, gemeinsame Lösungen im Hinblick auf ihre Kinder. Der DKSB unterstützt dies vielerorts mit Beratungsangeboten oder speziellen Kursen für Kinder bzw. getrenntlebende Eltern.

## b. BU als Leistung der Kinder- und Jugendhilfe

Es gibt Familien, denen in Trennungs- und Scheidungssituationen oder anderen schwierigen Lebenslagen keine konstruktiven und für die Kinder befriedigenden Lösungen gelingen. In diesen Fällen gibt es die Möglichkeit des Begleiteten Umgangs. Dieser ist in § 18 Abs. 3 im SGB VIII geregelt, genauso wie die Beratung und Unterstützung bei Ausübung der Personensorge und des Umgangsrechts. Darin heißt es:

„Kinder und Jugendliche haben Anspruch auf Beratung und Unterstützung bei der Ausübung des Umgangsrechts nach § 1684 Abs. 1 des BGB. Sie sollen darin unterstützt werden, dass die Personen, die nach Maßgabe der §§ 1684, 1685 und 1686a des BGB zum Umgang mit ihnen berechtigt sind, von diesem Recht zu ihrem Wohl Gebrauch machen. Eltern, andere Umgangsberechtigte sowie Personen, in deren Obhut sich das Kind befindet, haben Anspruch auf Beratung und Unterstützung bei der Ausübung des Umgangsrechts. Bei der Befugnis, Auskunft über die persönlichen Verhältnisse des Kindes zu verlangen, bei der Herstellung von Umgangskontakten und bei der Ausführung gerichtlicher oder vereinbarter Umgangsregelungen soll vermittelt und in geeigneten Fällen Hilfestellung geleistet werden." Wie dieser Rechtsanspruch allerdings in der Praxis umgesetzt wird, ist nicht genauer definiert oder festgelegt. Umso wichtiger ist eine Verständigung im DKSB, nach welchen Standards der Begleitete Umgang im Verband erfolgt. Verbunden mit dieser gesetzlichen Regelung ist die Sicherstellung des Angebotes durch den öffentlichen Träger der Kinder- und Jugendhilfe. In aller Regel werden freie Träger der Kinder- Jugendhilfe beauftragt, den Begleiteten Umgang durchzuführen, wozu jedoch eine Verständigung über Rahmenbedingungen, Standards und somit die Qualität gehört sowie eine ausreichende Finanzierung.

Auch wenn der BU zumeist auf Anordnung des Familiengerichts oder durch Vermittlung des Jugendamtes erfolgt, muss für den DKSB das Wohl und Interesse des Kindes im Mittelpunkt dieses Angebotes stehen. Das Ziel des Begleiteten Umgangs im DKSB muss durch alle Beteiligten und entsprechende Rahmenbedingungen so ausgerichtet sein, dass es eine gute und förderliche Maßnahme für das Kind darstellt. Dazu zählen Hilfestellungen für die Eltern und passende Vorgaben im Hinblick auf die Dauer des BU, die Häufigkeit, die Tageszeiten, aber auch Umgangsbegleitungen, die kontinuierlich als Bezugspersonen für die Kinder zur Verfügung stehen. Ein wichtiges weiteres Kinderrecht in diesem Zusammenhang ist die alters- und entwicklungsentsprechende Beteiligung der Kinder an den Vereinbarungen, die die Ausgestaltung des BU im Einzelfall regeln. Alle zu ergreifenden Maßnahmen und Regelungen müssen sich am Kind orientieren und nicht umgekehrt.

Ein weiteres Ziel beim Begleiteten Umgang im DKSB ist die Verselbstständigung des Umgangs des Kindes mit dem Elternteil, mit dem es nicht zusammenlebt, was aus unterschiedlichen Gründen nicht in allen Fällen gelingt.

## c. Anlässe für den BU

Die Tätigkeit im Arbeitsfeld BU ist somit für die Mitarbeitenden sehr herausfordernd. Festzustellen ist, dass sich die Anlässe und Ausgangslagen für einen Begleiteten Umgang in den letzten Jahren deutlich verändert haben. Aus der Praxis ist von der Zunahme hochstrittiger Familienkonstellationen zu hören, aber auch Fälle häuslicher Gewalt und von Gewalt gegen Kinder oder von psychischen Erkrankungen bei Elternteilen haben deutlich zu genommen. Weitere Anlässe für Begleiteten Umgang sind:

- Erstanbahnung eines Umgangs, wenn dieser bisher nicht bestand oder es zu einem Kontaktabbruch kam,
- wenn Bedenken im Hinblick auf die Erziehungsfähigkeit des Elternteils bestehen wenn eine Kindesentziehung befürchtet wird
- ein nicht ausgeräumter Verdacht von Gewalt gegen das Kind.

Diese Entwicklungen und Veränderungen im Arbeitsfeld führen zu einer Anpassung der Standards im DKSB, da diese zeitgemäß sein und den veränderten Gegebenheiten ausreichend Rechnung tragen müssen.

## d. Ausschlussgründe für einen BU im DKSB

Es gibt auch Fälle im DKSB, bei denen der BU ausgeschlossen werden sollte, auch wenn er vom Gericht angeordnet wurde. Familiengerichte erhoffen sich teilweise eine Klärung über den BU, wenn sie aufgrund der Komplexität der Fälle Unsicherheiten im Hinblick darauf haben, welche Maßnahmen die geeigneten sind. Insofern sollte sehr individuell fachlich geprüft werden, ob für ein betroffenes Kind in seiner Situation tatsächlich zuvörderst ein BU angemessen ist oder zunächst andere Hilfs- und Unterstützungsmaßnahmen sinnvoller wären. Beispielsweise Beratungsgespräche oder therapeutische Angebote, die dem Kind Raum geben, ohne die Eltern seine Erlebnisse zu verarbeiten. Der BU kann dann immer noch eine später einsetzende Möglichkeit sein.

Im BU des DKSB sollten auch Fälle von erwiesener sexualisierter Gewalt aufgrund der spezifischen Missbrauchsdynamik ausgeschlossen werden. Es kann Ausnahmen geben, die dann jedoch sehr erfahrene Fachlichkeit in einer Beratungsstelle mit mehreren angestellten Fachkräften voraussetzen und sehr enge Regeln für den BU bedeuten.

Auch bei Hochstrittigkeit muss fachlich genau geprüft werden, ob ein BU tatsächlich eine sinnvolle Maßnahme für betroffene Kinder ist, wenn im Grundsatz keinerlei Perspektive für einen eigenständigen Umgang entwickelt werden kann.

# 2. BU ganz konkret

Der Hilfebedarf rund um den BU hat in den letzten Jahren deutlich zugenommen.

Themen wie häusliche Gewalt, psychische Erkrankung eines Elternteils, Hochstrittigkeit oder ein Verdacht auf sexualisierte Gewalt sind zunehmend Zugangsgründe geworden und haben die Verunsicherung und Belastung der Kinder verstärkt.

Es ist notwendig, die Maßnahme individuell abgestimmt auf die Bedürfnisse des jeweiligen Kindes zu gestalten und den Fokus auf eine kindeswohlorientierte und entwicklungsgerechte Durchführung zu legen. Der körperliche und seelische Schutz des Kindes muss daher im Mittelpunkt stehen.

Dies erfordert von den Mitarbeitenden eine sorgfältige Überprüfung, ob und in welcher Weise der BU durchgeführt werden kann.

Für die unterschiedlichen Gefährdungssituationen und für die individuelle Planung der Maßnahme sind gesteigerte fachliche Anforderungen an die Mitarbeitenden und ihre Arbeitsmethoden zu stellen.

## a. Freiwilligkeit und Verbindlichkeit

Der DKSB als freier Träger hat die Möglichkeit zu entscheiden, ob ein angefragter BU angenommen oder abgelehnt wird. Die Entscheidung ist am Kindeswohl orientiert und fordert eine fundierte, fachliche Begründung. Ein nachhaltig entgegenstehender Kindeswille schließt einen BU im DKSB aus! Die klare fachliche Haltung des Trägers schafft für alle Beteiligten Orientierung und gibt Sicherheit. Die Verbindlichkeit der getroffenen Absprachen vermittelt einen verlässlichen Rahmen für alle Beteiligten. Sicherheit, Schutz und Verbindlichkeit sind wichtige Grundpfeiler der Arbeit. Dies spielt bei belastenden Umgangskontakten und einer möglichen Traumatisierung der Kinder eine besondere Rolle.

## b. Beratung und Begleitung in Zwangskontexten

Der Begleitete Umgang kann als freiwillige Jugendhilfemaßnahme sowie als gerichtliche Auflage eingesetzt werden. Die Bereitschaft der Eltern zu einer kooperativen Zusammenarbeit kann im Rahmen des Zwangskontextes nicht vorausgesetzt werden.

Dennoch hat die Elternarbeit im Kinderschutz eine zentrale Rolle und ist beim BU die Voraussetzung für eine kindeswohlorientierte Arbeit.

In der Beratung soll der Blick auf die Bedürfnisse und Wünsche der Kinder gelenkt werden. Das Wohlergehen der Kinder soll die Voraussetzung für das Handeln der Eltern sein.

Aufgrund der komplexen und belasteten Familiensituationen und der häufig unterschiedlichen, eigenen Interessen der Eltern, kann es Widerstände bei den Eltern geben.

Eine wertschätzende Gesprächsatmosphäre, die auf Akzeptanz und Vertrauen basiert, kann die Kooperationsbereitschaft der Eltern stärken.

## c. Phasen des BUs

Parallel zu den Umgangsterminen finden Beratungsgespräche mit einer oder mehreren angestellten Fachkräften statt.

Die Umgangsbegleitung hat die Bedürfnisse des Kindes im Blick, vertritt diese nach außen und schafft durch die Begleitung der Treffen einen sicheren Rahmen. Dafür benötigt sie eine vorbereitende Zeit mit dem Kind und macht ihm ein Beziehungsangebot.

Die Beteiligung der Kinder an der Planung und am Verlauf der Maßnahme, bedeutet eine Stärkung der Kinder.

Die Fachkraft für die Elternarbeit koordiniert die Interessen der beteiligten Institutionen und ist Ansprechperson und Unterstützung für die Eltern und das Jugendamt sowie andere beteiligte Personen und Institutionen. In der Regel findet der Elternkontakt zu Beginn des BU getrennt mit den beiden Elternteilen statt und hat im Verlauf gemeinsame Elterngespräche zum Ziel. Bei Fällen von häuslicher Gewalt können die Kontakte mit beiden Elternteilen über die gesamte Maßnahme als getrennte Elternarbeit stattfinden.

Um den Schutz und die Sicherheit für die Kinder zu gewährleisten, sollte die Umgangsbegleitung für das Kind möglichst konstant bleiben.

Verschiedene Umgangstypen:

Aufgrund der unterschiedlichen Zugangsgründe für die Umgangsmaßnahme werden in der Fachwelt drei Formen von Begleitetem Umgang benannt, die sich durch den Grad der Belastung für das Kind, bzw. den Schutzaspekt und durch die Begleitintensität unterscheiden: **Unterstützter Umgang, Begleiteter Umgang, Geschützter bzw. Beaufsichtigter Umgang.**

Im DKSB sprechen wir übergeordnet vom „Begleiteten Umgang", da aus unserer Sicht in jedem Fall immer individuell entschieden werden muss, welche Form der Intensität von Begleitung nötig ist, um den Schutz des Kindes sicherzustellen. Das bedeutet, dass immer mindestens eine Umgangsbegleitung beim Umgang anwesend ist. Je nach Fall wird entschieden, welche Personen und mit welchem fachlichen Hintergrund als Umgangsbegleitung eingesetzt werden.

In der Praxis hat sich die Einteilung in folgende Phasen des BUs als wirksam erwiesen:

**Vorbereitungsphase:**

- Information über Hintergründe und Belastung/Erleben des Kindes, Prüfung über die Annahme des Falles, Klärung der Modalitäten mit den kooperierenden Institutionen, die ebenfalls Hilfen im Einzelfall leisten, Klärung der Fragen zur Schweigepflicht/Schweigepflichtentbindungen und zum Datenschutz (Muster Formulare finden sich im Extranet des DKSB)
- Gespräche mit den beteiligten Elternteilen (falls nötig auch getrennt)
- Information über die Beteiligung der Kinder mit einer eigenen Schweigepflicht und einer eigenen Beratung/Umgangsbegleitung
- Gespräche des*der Berater*in für das Kind/Umgangsbegleitung mit den Kindern über ihre Sichtweisen und ihre Wünsche und Befürchtungen bzgl. des Umgangs, Kinder gestalten die Umgangsmaßnahme mit
- ggf. Gespräche mit weiteren Bezugspersonen
- Aushandeln des Vertrages und Festlegung von Regeln unter Berücksichtigung der Kinderinteressen; Klärung der Motivation, der Leistungserbringung konkret, Zeitablauf, Kostenübernahme. (Muster Formulare für Vereinbarungen mit Eltern und Kindern finden sich im Extranet des DKSB, ebenso die allgemeinen Regeln)

- Entscheidungsfindung für die Durchführung
- Gespräch mit dem Kind über die getroffenen Vereinbarungen und den Ablauf des BUs, Bekanntmachen des Kindes mit der Umgebung und der Umgangsbegleitung

Die begleiteten Umgangskontakte starten erst, wenn das Kind im Rahmen dieser Vorbereitung beteiligt wurde.

**Durchführungsphase:**

Entsprechend den Vereinbarungen finden die Kontakte statt.

- In der Regel hält sich die (ehrenamtliche) Umgangsbegleitung im Hintergrund und unterstützt in Situationen, in denen es nötig/hilfreich i.S. der getroffenen Vereinbarung ist. Die Umgangsbegleitung beobachtet und dokumentiert die Umgänge
- Die (ehrenamtliche) Umgangsbegleitung muss dafür sorgen, dass die getroffenen Absprachen
- eingehalten werden und bei Kindeswohlgefährdung eingreifen. Dazu gibt die (ehrenamtliche) Umgangsbegleitung der zuständigen angestellten Fachkraft nach jedem Umgangstermin eine zeitnahe Rückmeldung
- Parallel zu den Umgangsterminen werden in dieser Phase regelmäßig Beratungsgespräche zwischen der angestellten Fachkraft und den Eltern durchgeführt
- Zusätzlich finden Beratungsgespräche zwischen dem Kind mit einer eigenen Beratung/ Umgangsbegleitung statt
- Die Fachkraft ist im Austausch mit dem Jugendamt und ggf. mit anderen am Verfahren Beteiligten (in Absprache mit den Eltern)
- Die für den Fall verantwortlichen Umgangsbegleitungen stehen in Teamsitzungen und durch Absprachen im stetigen Austausch
- Nach Kooperationsabsprache mit dem Jugendamt wird von der angestellten Fachkraft ggf. ein Zwischen- bzw. Abschlussbericht über den Umgangsverlauf verfasst

**Abschlussphase:**

- Ziel der Abschlussphase ist es, eine Regelung für den weiteren Fortgang des Umgangs zu erarbeiten. Schrittweise kann die Begleitintensität reduziert werden, bis schließlich die Unterstützung nicht mehr nötig ist. Der Umgangsradius kann sich dabei erweitern und neue gemeinsame Orte können gefunden werden. Auch die sogenannten Umgangscafés können als Angebot des DKSB beim Übergang in den selbständigen Umgang helfen, genauso wie begleitete Übergaben
- Abschlussgespräch mit den Eltern
- Abschlussgespräch mit dem Kind
- Im Falle eines Abbruchs der Umgangsbegleitung ist ein Abschlussgespräch anzustreben, um den Verlauf zu reflektieren. Die Nachbereitung sollte in jedem Fall durch die angestellte Fachkraft erfolgen

## d. Berichtswesen

Die Übermittlung von Daten durch die BU Anbieter gegenüber dem Jugendamt und dem Familiengericht befindet sich immer in einem Spannungsfeld und wird in der Fachwelt kontrovers diskutiert. Entscheidend ist, dass jeder BU Anbieter vorab für sich klären muss, wie er das Berichtswesen handhaben möchte und ob darin Empfehlungen ausgesprochen werden. Dies muss dem jeweils zuständigen Jugendamt gegenüber kommuniziert und fachlich begründet werden. Die ausgehandelte Handhabung zum Berichtswesen von Gericht, Jugendamt und BU Anbieter findet dann Eingang in die Leistungsvereinbarung.

Um ein Ineinandergreifen der jeweiligen Arbeit der Institutionen durch ein geregeltes Rückmeldesystem zu gewährleisten, sollte ein Einverständnis der Eltern zur Weitergabe personenbezogener Daten (Schweigepflichtentbindung) hinsichtlich kindeswohldienlicher Folgeentscheidungen eingeholt werden. Aus fachlicher Sicht soll der Zeitpunkt des Einholens der Schweigepflichtentbindung vor Beginn des BUs liegen und zwar als verbindliches Merkmal der Rahmenbedingungen der Zusammenarbeit. Dieser Empfehlung liegt die Erkenntnis zugrunde, dass gerade Eltern, die sich in kindeswohlgefährdende Machtkämpfe verstricken, bei steigendem Konfliktniveau die Bedürfnisse und die Situation des Kindes zunehmend aus dem Blick verlieren. An diesem Punkt ist es unserer fachlichen Auffassung nach für die notwendige weitere Entscheidung des Gerichtes oder des Jugendamtes hilfreich, vor allem über die seelische und soziale Entwicklung des Kindes/der Kinder sowie die Entwicklung bei den Eltern Ue nach Auftrag und Anlass für den BU) Informationen zu erhalten. Zwischen- oder Abschlussberichte für das Jugendamt oder das Gericht werden auf der Basis der beschreibend formulierten Verlaufsprotokolle (Dokumentation) der Umgangsbegleitung verfasst. Sowohl den beschreibend formulierten (reine Beobachtung und ggf. Eltern bzw. Kind Zitate) BU Protokollen als auch dem sorgfältigen Berichtswesen/Rückmeldesystem kommen somit große Bedeutung zu. Es muss klar zwischen BU Verlaufsprotokoll und Berichtswesen, ggf. mit Empfehlung unterschieden werden! Die Berichte werden in der Regel an die Jugendämter geschickt und diese leiten sie an die Gerichte und beteiligten Eltern weiter (Musterformulare für Berichte und Verlaufsprotokolle finden sich im Extranet des Bundesverbandes).

Grundlage der Arbeit im BU ist die respektvolle Beziehung mit den Kindern und Eltern. Vor diesem Hintergrund sind die Berichte gerade im Hinblick auf Äußerungen von Eltern oder Kinder kritisch zu überprüfen und die Inhalte der Berichte sollten mit den Eltern und Kindern altersentsprechend besprochen werden. Dabei ist das besondere Vertrauensverhältnis zwischen den Kindern und Eltern zu berücksichtigen.

Zusammenfassend bleibt festzuhalten, dass bei der Entscheidung über Inhalt und Umfang der Berichte die Aspekte Vertrauensschutz bei Hilfeprozessen, Informationsbedarf der Entscheidungsinstanzen und Schutzverantwortung für das Kind im Einzelfall immer neu auszutarieren sind. Diese Protokoll- und Berichtsqualität verlangt eine gute fachlich unterstützende Teamstruktur und eine hohe Professionalität des Berichtswesens.

# 3. Kooperation und Vernetzung

Familien, die den BU als Hilfestellung in Anspruch nehmen, haben in aller Regel schon zu anderen Institutionen Kontakte hergestellt, sind in Familiengerichtsverfahren involviert oder erfahren durch andere Einrichtungen Hilfe und Unterstützung. Sehr häufig steht die Inanspruchnahme des DKSB am Ende einer Reihe bisher erfolgloser Versuche, den Familienkonflikt zu beenden.

Eine weitere Voraussetzung für das Gelingen des Beratungsprozesses im BU ist demnach die Kooperation des DKSB vor Ort mit dem Jugendamt bzw. dem Familiengericht, denn häufig überschneiden sich bei (hoch-)strittigen Elternkonflikten die Zuständigkeit bzw. der Wirkungskreis von Professionen oder Institutionen. Die Konsequenz daraus lautet: Im Sinne einer Verantwortungsgemeinschaft der Professionen sollte den Eltern ein eindeutiger und abgestimmter Rahmen gegeben werden, in dem sie mit Nachdruck gefordert und unterstützt werden, zum Wohl ihrer Kinder eine tragfähige und kooperative Lösung zu finden.

Es ist sinnvoll, Kooperationsstandards und konstruktive Konfliktlösungsstrategien auf professioneller Systemebene in Form von Arbeitskreisen oder Runden Tischen zu etablieren. So kann, unabhängig vom Einzelfall, der Fokus auf Gemeinsamkeiten und Ziele im Sinne des Kindeswohls gerichtet werden. Unterschiedliche Erfahrungen, Sicht- und Arbeitsweisen können wechselseitig und konstruktiv zum gemeinsamen Entwickeln neuer Ideen genutzt werden. Dabei ist die gleichberechtigte Einbeziehung aller an der Lösung der Umgangsfragen beteiligten Fachleute notwendig. Eine wechselseitige Wertschätzung, Achtung und Akzeptanz der jeweiligen Professionen, Disziplinen und Institutionen ist hilfreich für das Gelingen des Kooperationsvorhabens.

Zusammengefasst bedeutet dies: Kooperation kann gelingen, wenn

- jede Institution ihre Möglichkeiten zur Unterstützung des Kindes und zur Wahrnehmung ihrer Aufgaben ausschöpft,
- alle beteiligten Institutionen ihr Leistungsspektrum wechselseitig transparent machen,
- die Einschaltung einer anderen Institution nicht als Abgabe eigener Verantwortung oder Konkurrenz gesehen wird, sondern als Hinzuziehung weiterer Verantwortlichkeit, zusätzlicher Kompetenzen und Ressourcen.

# 4. Finanzierung

Der Begleitete Umgang ist ein Leistungsangebot der Kinder- und Jugendhilfe und begründet sich im § 18 SGB VIII. In den Fällen, in denen das Jugendamt den Hilfebedarf anerkennt, entscheidet der öffentliche Träger über den Umfang der Leistungserbringung. Bei einer gerichtlichen Anordnung wird der zeitliche Umfang unter Mitwirkung des Jugendamtes vereinbart. Aufgrund dieser Systematik ist die Finanzierung durch den öffentlichen Träger der Jugendhilfe beim Leistungserbringer sicherzustellen.

In der Leistungserbringung soll dem anerkannten freien Träger der Jugendhilfe ein bedingter Vorrang gegenüber dem öffentlichen Träger (Jugendamt) gern. § 4 SGB VIII eingeräumt werden. Zur Finanzierung der Leistung kann der öffentlichen Träger Vereinbarungen gern. § 77 SGB VIII abschließen. Die Finanzierung kann beispielsweise über Pauschalverträge als auch über Fachleistungsstunden erfolgen. Bei ehrenamtlich geleisteten Stunden besteht die Möglichkeit einer Abrechnung über die Ehrenamtspauschale oder einer Aufwandsentschädigung. Zumindest sollte eine Auslagenerstattung gewährleistet sein.

Ein Kostenbeitrag bzw. Gebühren der Eltern oder sonstiger Umgangsberechtigten bei der Inanspruchnahme des BUs ist unzulässig.

Somit sind in Bezug auf die Leistungserbringung und die ausreichende Finanzierung des Angebotes der Vorstand bzw. Geschäftsführung der Orts- und Kreisverbände gefordert, hier entsprechende Verträge und Vereinbarungen mit den Jugendämtern zu schließen.

Auch Kosten für notwendige Dolmetscher*innen müssen Berücksichtigung finden. Folgende fallbezogene Leistungen können entstehen:

- Persönliche Beratungen (Kind/er; hauptversorgender Elternteil, Umgangsberechtigte*r, Dritte)
- Elterngespräche
- Beratungen per Telefon
- Beratungen per Mail
- Beratungen per Video
- Kollegiale Beratungen
- Begleitete Umgangskontakte
- Teilbegleitete Umgangskontakte
- Begleitete Übergaben
- Besuche im Umgangscafe
- Helfer*innenkonferenzen
- Gerichtstermine
- Fortbildung
- Supervision
- Erstellung von Berichten
- Sonstiges (Ausfallzeiten durch kurzfristige Absagen)
- Mehrbedarf im Clearing = Lesen von Gutachten, Dokumenten des Gerichts, von Anwält*innen, die den üblichen Rahmen überschreiten)
- Verwaltungs- und Sachkosten
- Betriebskosten

Die Umgangskontakte im BU können je nach Falllage sowohl von geschulten ehrenamtlichen Umgangsbegleitungen erbracht werden als auch von angestellten bzw. bezahlten Fachkräften. Es ist Aufgabe der angestellten Fachkraft zu entscheiden, durch wen im einzelnen Fall die Umgangsbegleitung erfolgen kann und welche Absprachen für die Zusammenarbeit im Team notwendig sind.

Die Kosten für die Schulungen der ehrenamtlichen Umgangsbegleitungen sind ebenso mit dem öffentlichen Träger abzurechnen.

## 5. Die Zusammenarbeit von angestellten Fachkräften und ehrenamtlich Tätigen

Ehrenamtliches Engagement ist im DKSB schon immer die tragende Säule gewesen. Eine Besonderheit ist dabei die Zusammenarbeit von ehrenamtlichen Mitarbeiter*innen und angestellten Fachkräften. Dies bedeutet, dass Ehrenamtliche durch eine angestellte Fachkraft im Sinne des § 72 SGB VIII mit Vertretungsvollmacht ausgewählt, ausgebildet und angeleitet werden und dabei das Ausmaß an Unterstützung erhalten, welches sie benötigen. Was bedeutet dies nun für die Leistung BU?

Auch der Begleitete Umgang im DKSB vor Ort wird durch die enge Zusammenarbeit von ehrenamtlichen Umgangsbegleitungen und angestellten Fachkräften möglich und erhält dadurch seine besondere Qualität. Es gibt innerhalb des DKSB verschiedene Modelle, nach denen im BU gearbeitet wird: Manche DKSB Orts- und Kreisverbände arbeiten im BU ausschließlich mit angestellten Fachkräften oder zusätzlich mit (Honorar-)Fachkräften; in anderen Orts- und Kreisverbänden übernehmen angestellte Fachkräfte, neben der Einsetzung von ehrenamtlichen Umgangsbegleitungen, je nach Fall auch selbst die Durchführung von Umgangskontakten und es gibt Mischformen, in denen die angestellte Fachkraft und ehrenamtliche Umgangsbegleitung einen BU gemeinsam begleiten. Das hängt jeweils von den herausfordernden Gegebenheiten des Falles ab und von den dafür notwendigen Schutzmaßnahmen für Kinder (Schutzauftrag) und Mitarbeitende des DKSB im BU (Fürsorgepflicht). Es ist Aufgabe der angestellten Fachkräfte, in jedem Fall fachlich und individuell zu prüfen, welche Umgangskonstellation die passende ist.

### a. Die angestellten Fachkräfte: Aufgaben und Anforderungen im BU

Umgangsbegleitung ist ein Angebot, das Kontinuität und hohe Kompetenz zum Wohle aller Beteiligten, vor allem der Kinder, erfordert. Deshalb ist die verantwortliche Mitarbeit einer angestellten Fachkraft (mit sozialpädagogischer bzw. psychologischer Ausbildung, möglichst mit einer therapeutischen/beraterischen Zusatzausbildung) insbesondere für die Beratung von Anfang an unerlässlich. Zur Unterstützung werden vielerorts Fachkräfte auf Honorarbasis im BU beschäftigt. Zur Erläuterung: Die personelle Trennung von Umgangsbegleitung und Beratung hat sich für den Prozess des BUs bewährt und sollte nach Möglichkeit angestrebt werden.

Dabei sollten die ehrenamtlichen Umgangsbegleitungen nur die Daten und Hintergrundinformationen über die Familie haben, die für den Ablauf der Besuchskontakte notwendig sind. Dadurch sind die Begleitpersonen so wenig wie möglich in die aktuellen oder historischen Familienstreitigkeiten einbezogen. Dies betont ihre Parteilichkeit für das Kind und die gleichzeitige Neutralität im Familienkonflikt. Dem besuchenden Elternteil eröffnet dies die Möglichkeit, sich in Anwesenheit einer neutralen Person ganz auf den Kontakt zum

Kind zu konzentrieren, die Beziehung zum Kind fortzusetzen bzw. neu zu gestalten. Auch für den abgebenden Elternteil ist es leichter, das eigene Kind einer neutralen Umgangsbegleitung zu überlassen, die sich ganz auf das Wohl des Kindes während des Umgangskontaktes konzentriert.

Die Beratung der Eltern und Kinder in Form von regelmäßigen und verbindlichen Gesprächen muss immer durch eine angestellte Fachkraft erfolgen. Zu den weiteren Aufgaben der angestellten Fachkraft gehören:

- Klärung der Rahmenbedingungen bzw. Vereinbarungen und fallbezogene Regeln für den Umgang zwischen Eltern und Kindern (Siehe Musterformulare im Extranet)
- Einführung der Umgangsbegleitungen in die Familie
- Kenntnisse über Inhalte der BU Schulung,
- fachliche Beratung der ehrenamtlichen Umgangsbegleitung
- Kooperation mit der Umgangsbegleitung
- Schutz der Umgangsbegleitungen
- Kooperation mit anderen Fallbeteiligten (z.B. Gutachter*in)
- Regelung des Umgangs bei Abschluss der Maßnahme
- Fallvertretung nach außen (Gericht, Jugendamt)
- Ggf. Aussagen vor Gericht
- Berichtswesen
- Organisation von BU Schulung, Fortbildungen und Supervision für ehrenamtliche Umgangsbegleitungen und angestellte Fachkräfte im BU
- regelmäßiger Austausch mit Vorstand bzw. Geschäftsführung zu den Rahmenbedingungen im BU und ggf. Beratung des Vorstandes/ der Geschäftsführung für Finanzierungsverhandlungen mit dem Jugendamt
- Teilnahme an einem Arbeitskreis auf Landes- und Bundesebene sowie an kommunalen Koordinierungskreisen

In regelmäßigen Abständen tauscht sich die Fachkraft mit den ehrenamtlichen Umgangsbegleitungen über den Verlauf des BUs aus. Die Fachkräfte sind für die ehrenamtlichen Umgangsbegleitungen somit feste und verlässliche Ansprechpartner*innen und können jederzeit, insbesondere bei schwierigen und herausfordernden Situationen, um Unterstützung gebeten werden. Die Abschätzung der Zumutbarkeit eines Falls mit seinen spezifischen Hintergründen liegt immer in der Verantwortung der angestellten Fachkraft.

## b. Die ehrenamtlichen Umgangsbegleitungen: Aufgaben und Anforderungen im BU

Die Kontakte zwischen Kindern und Umgangsberechtigen werden im DKSB auch von geschulten ehrenamtlichen Umgangsbegleitungen kontinuierlich begleitet, wenn es der Fall zulässt. Während der Umgangskontakte beobachtet und dokumentiert die ehrenamtliche Umgangsbegleitung hauptsächlich und unterstützt bzw. greift ein, wenn die vorab vereinbarten Regeln nicht eingehalten werden oder es dem Kindeswohl nicht dienlich ist. Das Kindeswohl bzw. die Abwehr von Kindeswohlgefährdungen stehen immer im Mittelpunkt der Bemühungen. Die ehrenamtliche Umgangsbegleitung arbeitet nach dem Prinzip der Parteilichkeit für das Kind: Sie beziehet weder für den Vater noch die Mutter Position. Stattdessen ist sie ausschließlich für das Wohl des Kindes verantwortlich.

Grundsätzlich gilt außerdem:

Die ehrenamtlichen Umgangsbegleitungen

- sollten zusätzlich bzw. in Ergänzung zu ihrer Vorqualifikation geschult und fähig sein, Eltern- Kind-Interaktionen zu beobachten und Dynamiken zu erkennen;
- sollten kindliches Erleben nachvollziehen können, um eine Einschätzung über Verlauf und
- Inhalt der Umgangskontakte zu gewährleisten;
- sind stets freigestellt, einen Fall zu übernehmen, abzulehnen oder wieder abzugeben;
- sollten kontinuierlich als Umgangsbegleitung für das Kind da sein, dies gilt im Übrigen auch für Vertretungsregelungen.

Weitere Anforderungen an die ehrenamtlich Tätigen im BU:

- Verpflichtende Teilnahme an der BU Schulung des DKSB
- Eine Kennenlernphase mit Eltern und Kind
- Die ehrenamtliche Umgangsbegleitung hat die Telefonnummern der Eltern für Notfälle (Absage, Abbruch, Krankheit usw.)
- während bzw. nach jedem BU verfasst die ehrenamtliche Umgangsbegleitung ein internes Verlaufsprotokoll (Beschreiben statt Bewerten!)
- Es muss jederzeit die Möglichkeit zur Beratung mit der angestellten Fachkraft gegeben sein
- Regelmäßige Angebote zur Supervision
- Die ehrenamtliche Umgangsbegleitung hat die Befugnis, den BU abzubrechen, wenn Eltern sich nicht an die vorab gemeinsam vereinbarten Regeln halten
- Die ehrenamtliche Umgangsbegleitung kennt die eigenen Grenzen und erbittet notfalls Unterstützung von der angestellten Fachkraft
- Die ehrenamtliche Umgangsbegleitung berät nicht die Eltern oder Dritte und gibt keine Auskunft. Dies ist ausschließlich Aufgabe der angestellten Fachkraft.
- Die ehrenamtliche Umgangsbegleitung ändert nicht selbständig die Rahmenbedingungen im BU, z.B. wer noch am BU teilnehmen darf. Dies ist ausschließlich Aufgabe der angestellten Fachkraft

Der DKSB vor Ort verpflichtet sich außerdem, seinen Ehrenamtlichen höchstmöglichen Schutz in seinen Räumen zukommen zu lassen. Dazu gehört neben einer fachgerechten Ausstattung und ausreichendem Versicherungsschutz auch die fachliche Einschätzung, ob in einer Maßnahme im BU die persönliche Sicherheit der Betreuungsperson zu gewährleisten ist.

Weitere notwendige Sicherheitsmaßnahmen sind:

- Die ehrenamtliche Umgangsbegleitung hat Schlüssel für die Räume im DKSB vor Ort und hat während des BU das Hausrecht
- Die ehrenamtliche Umgangsbegleitung hat einen Raum zur Rückzugsmöglichkeit und auch zum Abschließen bei drohender Gefahr oder wenn der Umgang durch Anwesenheit in einem anderen Raum großzügiger begleitet werden kann
- Die ehrenamtliche Umgangsbegleitung hat Notfallnummern, wenn sie*er Hilfe braucht

Grenzen des Ehrenamtes

Der Einsatz von ehrenamtlichen Umgangsbegleitungen stellt keinen kostenfreien Ersatz für bezahlte Arbeit dar. Insofern ist auf eine angemessene Beanspruchung der Ehrenamtlichen zu achten.

An Grenzen stößt ehrenamtliches Engagement im BU dann, wenn

- es sich um Fälle häuslicher Gewalt handelt,
- ein Vorwurf sexualisierter Gewalt vorliegt,
- psychische Erkrankungen von Elternteilen bestehen,
- traumatisierte Kinder betroffen sind,
- persönliche Überforderung des Ehrenamtlichen, ggf. durch die Problematik des spezifischen Falles, zu erwarten ist

Prinzipiell gilt somit: Ehrenamt ersetzt nicht die angestellte Fachkraft, sondern ergänzt sie. Im BU ist eine ehrenamtliche Tätigkeit nur in Verbindung mit einer angestellten Fachkraft geboten und umsetzbar.

## c. Der ehrenamtliche Vorstand bzw. die Geschäftsführung: Aufgaben und Anforderungen im BU

Der ehrenamtliche Vorstand als Träger der Maßnahme hat die Verantwortung für die vertragliche Sicherung der Finanzierung, was entsprechende Verhandlungen mit dem Jugendamt erfordert. Er hat für die in diesen Standards beschriebenen Rahmenbedingungen zu sorgen, wozu beispielsweise auch geeignete Räumlichkeiten gehören. Als Arbeitgeber ist er u.a. zuständig für die:

- Auswahl der Fachkraft bzw. Fachkräfte,
- Umsetzung von Verfahren zur Gewährleistung eines zeitgemäßen Kinderschutzes,
- Fürsorge gegenüber seinen Mitarbeiter*innen,
- Einhaltung der verbandlichen Standards (Sicherheitskonzept, Beschwerdemanagement), wobei gerade im BU dem Vorhandensein eine institutionellen Kinderschutzkonzeptes eine besondere Bedeutung zukommt,
- Berücksichtigung aktueller gesetzlicher Vorgaben,

- Gewährleistung der Qualitätssicherung (Qualifikation der Fachkräfte speziell für den BU, Fortbildungen und Qualifizierungsmaßnahmen gemäß den im Anhang befindlichen Mindeststandards, Teilnahme an Arbeitskreisen etc.),
- kontinuierliche Bereitstellung von Supervisionen.

Als problematisch hat es sich in der Praxis erwiesen, wenn Vorstandsmitglieder gleichzeitig als Umgangsbegleitungen BU tätig sind. Dies führt zu Rollenkollisionen und ist nicht selten der Anlass für Beschwerden.

# 6. Qualitätssicherung

Der Bundesverband verpflichtet sich, die Handlungsleitlinien und Standards des BUs kontinuierlich fortzuschreiben. Den Landesverbänden obliegt es, sich an überörtlichen Arbeitskreisen zu beteiligen und Landesarbeitsgemeinschaften zu führen. Der fachliche Austausch sowie die Aus-, Fort- und Weiterbildung der Umgangsbegleitungen vor Ort wird durch die Orts- und Kreisverbände in Kooperation mit dem Landesverband sichergestellt.

Ein Großteil der Beschwerden, die den DKSB auf seinen unterschiedlichen Ebenen erreichen, sind Beschwerden im Kontext des BUs. Von daher kommt der Umsetzung des verbandlichen Beschwerdemanagements vor Ort eine besondere Bedeutung zu. Verwiesen sei an dieser Stelle auf den Beschluss C31 der Mitgliederversammlung von 2018.

Für eine umfassende Qualitätssicherung sowie Öffentlichkeitsarbeit und den Berichtspflichten über den BU ist das Führen einer Statistik hilfreich und unverzichtbar. Eine Statistik ist zunächst eine Form der quantitativen Dokumentation, welche veranschaulicht, wie viele Umgangsbegleitungen, in welchen Konstellationen und aus welchen Anlässen erfolgen. Durch die Erfassung bestimmter Daten und deren übersichtlicher Darstellung wird die Arbeit vor Ort und im Gesamtverband dokumentiert und nachweisbar. Ein OV/KV kann sich anhand dieser Ergebnisse und der damit verbundenen Analysen kontinuierlich weiterentwickeln.

Außerdem ergeben sich dadurch Möglichkeiten, mit den zuständigen Jugendämtern die vorhandenen Finanzierungsgrundlagen der Jugendhilfeleistung „Begleiteter Umgang" vor Ort zu prüfen und weiterzuentwickeln.

Um eine bundesweit einheitliche DKSB-Statistik sicherzustellen und für die Weiterentwicklung des Angebotes auswertbare Daten zu erheben, bietet der Bundesverband ein Statistikprogramm an, das den Orts- und Kreisverbänden ermöglicht, die jährlichen Falldaten einzugeben. Die Ergebnisse werden auf der Landes-, Kreis- und Ortsebene differenziert dargestellt und diesen für eine eigene (regionale) Auswertung zur Verfügung gestellt.

# 7. Ausblick

Der Begleitete Umgang ist in den zurückliegenden Jahren von einem tiefgreifenden Wandel gekennzeichnet. Die Novellierung der rechtlichen Grundlagen, das vertiefte Verständnis hinsichtlich des Rechtes des/r Kindes/rauf beide Eltern, das große Engagement des Elternteils, welches nicht mit dem Kind zusammenlebt und dennoch den Kontakt kontinuierlich gestalten und damit für das Kind sorgen will, aber auch die intensive Inanspruchnahme der Leistung durch Jugendämter und Familiengerichte, haben der Leistung des Begleiteten Umgangs eine größere Aufmerksamkeit geschenkt. Diese Entwicklung fordert eine intensive Auseinandersetzung hinsichtlich der fachlichen Ausgestaltung im Einzelfall sowie die Verabschiedung von Qualitätsstandards für das Leistungsangebot bei den freien Trägern, die diese Leistung auf kommunaler Ebene anbieten. Der DKSB will mit seinen weiterentwickelten Standards Impulse für eine stärkere fachpolitische Auseinandersetzung zu diesem Leistungsbereich des SGB VIII anstoßen.

Die Erfahrungen im Verband zeigen, dass die Umsetzung, Ausgestaltung und Finanzierung des BU in Deutschland von immensen Unterschieden gekennzeichnet sind. Es ist an der Zeit, diesem Leistungsfeld deutlich mehr Aufmerksamkeit als in der Vergangenheit zu schenken und damit zu einer vergleichbareren Praxis von Jugendämtern, Familiengerichten und freien Trägern zu gelangen.

In diese umfassende Entwicklung einbezogen sind die Kooperationspartner*innen, die die Leistung an Familien, Eltern, Kinder und Jugendliche vermitteln bzw. zur Erfüllung ihres Auftrages nutzen. Künftige Anforderungen und notwendige Entwicklungen beziehen sich daher auf die Verantwortungsgemeinschaft, die im besten Interesse des Kindes handelt und die Rechte des Kindes, insbesondere die Sicherung des Kindeswohls, gewährleistet.

Im Folgenden werden die künftigen Anforderungen sowie notwendigen Entwicklungen auf unterschiedlichen rechtlichen, institutionellen, sozialpädagogischen, aber auch fachpolitischen Ebenen aufgeführt, um die Leistung des Begleiteten Umgangs zukünftig weiterhin qualitativ gut zu gestalten und zu sichern.

## a. Institutionelle Herausforderungen

Der DKSB vor Ort wird sich den organisatorischen und konzeptionellen Herausforderungen einer frühzeitigen Beratung und Unterstützung (Prävention und Intervention vor Eskalation) stellen und nach Wegen suchen, um

- möglichst noch vor einer Einschaltung des Familiengerichts passgenaue Hilfen anbieten zu können,
- frühzeitig, d.h. ggf. schon beim ersten Anhörungstermin, präsent zu sein,
- den Anforderungen von immer jünger werdenden Kindern (unter einem Jahr) im BU gerecht zu werden und
- Familienrichter*innen über unsere Möglichkeiten im Vorfeld informieren zu können.

Dies gilt insbesondere auch im Hinblick auf Eltern und Kinder mit Migrationserfahrung. Hier sieht der DKSB folgende Anforderungen:

- Hinzuziehung muttersprachlicher Berater*innen und Umgangsbegleitungen bei der Vorbereitung und Durchführung eines BU,
- Verbreitung mehrsprachiger Informationsmaterialien und
- Stärkung der interkulturellen Haltungs- und Handlungskompetenz der Berater*innen und Umgangsbegleitungen (siehe hierzu auch: Leitbild des Kinderschutzbundes).

Um die in den Standards benannten qualitativen Anforderungen des BU erfolgreich umsetzen zu können, bedarf es:

1. einer ausreichenden Finanzierung des Begleiteten Umgang als Leistungsverpflichtung der
2. Jugendhilfe gegenüber Eltern und Kindern,
3. verbindlicher Kriterien der Zusammenarbeit aller Beteiligten aus der öffentlichen und freien Jugendhilfe (Berater*innen, Umgangsbegleitungen und Leitungskräfte gleichermaßen), Richter*innen – unter Achtung ihrer institutionellen Möglichkeiten und Grenzen,
4. eines Ausbaus und der Finanzierung nachsorgender Angebote (z.B. Besuchs-Cafés, Erziehungsberatung, Elternkurse).

## b. Sozialpädagogische Herausforderungen

Die Erfahrung in der Beratung und Begleitung hochstrittiger Eltern zeigt, dass die Handlungskompetenzen der beteiligten Fachkräfte im Umgang mit körperlicher und/oder verbal geäußerter Gewalt nicht immer ausreichend sind. Interaktionen zwischen den am Umgang beteiligten Fachkräften, den Eltern/Elternteilen, Kindern und sonstigen Bezugspersonen der Familie lehnen sich zu häufig an die therapeutisch orientierten Konflikt- und Streitlösungskonzepte an. In vielen Fällen sind neue Methoden/Techniken der Deeskalation zielführender (sensitiver Dialog, eigene Möglichkeiten entdecken und einsetzen, Besonnenheit und Betroffenheit zeigen). Der DKSB wird hierzu seinen Mitarbeiter*innen Fortbildungen anbieten.

Weiterhin ist es zur Umsetzung des Rechtes von Kindern auf Beteiligung und Mitbestimmung erforderlich, diese selbst frühzeitig in die Planung und Ausgestaltung des Begleiteten Umgangs einzubeziehen.

## c. Fachpolitische Herausforderungen

Zur Umsetzung eines qualifizierten Leistungsangebotes fordert der DKSB die Kommunen und Landkreise auf:

1. Das Angebot BU als Jugendhilfeleistung zur Vermeidung eskalierender Konflikte zwischen Personensorgeberechtigten – in der Regel den Eltern – und weiteren wichtigen Bezugspersonen des Kindes offensiv auf- und auszubauen und dafür verbindliche Standards zu vereinbaren. Entsprechend sind dafür finanzielle Mittel bereitzustellen, die ein qualitativ gutes und im Interesse betroffener Kinder umsetzbares Angebot ermöglichen.
2. Das Angebot des Begleiteten Umgangs personell und sachlich so auszustatten, dass auch Träger der Jugendhilfe den Anforderungen des FamFG nach einer vorrangigen und zeitnahen Bearbeitung gerecht werden können.

Die Praxis geht derzeit von einem steigenden Bedarf an der Leistung BU aus. Dem muss mit ausreichender Finanzierung und damit verbundenen Qualitätsstandards entsprochen werden.

Von Bund, Ländern und Kommunen erwartet der DKSB deshalb die Bereitstellung finanzieller Mittel für

- die Evaluation der Praxis des Begleiteten Umgangs,
- Forschungsvorhaben zu Fragen der angemessenen Beteiligung von Kindern und Jugendlichen,
- eine Längsschnittstudie zur Bedeutung des Begleiteten Umgangs in Fällen hochstrittiger Elternschaften,
- Zielgruppenwirksame Impulse für eine angemessene Sensibilisierung junger Menschen im Umgang mit kritischen Lebensereignissen wie Trennung und Scheidung. Hierzu sind Konzepte für den Schulunterricht, für die Familienbildung und für die Öffentlichkeitsarbeit zu entwickeln. Männer und Frauen, Jungen und Mädchen mit Migrationshintergrund müssen mit ihren kulturellen Hintergründen hierbei eine besondere Beachtung erfahren,
- Vorgaben für die örtliche Ausgestaltung und fachlichen Standards des Begleiteten Umgangs,
- da die Umsetzungspraxis in den Jugendämtern außerordentlich unterschiedlich ist. Damit verbunden sind einheitlichere Finanzierungskonzepte.

## d. Rechtliche Entwicklungen

Mit der Verabschiedung der SGB VIII Reform im Sommer 2021 sind weitere Vorgaben im Hinblick auf die Beteiligung, aber auch Information von Kindern geknüpft, insbesondere auch mit Blick auf Kinder mit Behinderungen. Dies betrifft auch den Arbeitsbereich des Begleiteten Umgangs.

Relevant für den Begleiteten Umgang ist darüber hinaus das ebenfalls im Sommer 2021 verabschiedete Gesetz zur Bekämpfung sexualisierter Gewalt gegen Kinder. Es sieht die verpflichtende Fortbildung für Familienrichter*innen sowie verbindliche Standards für die Qualifikation von Verfahrensbeiständen vor. In der Praxis vor Ort haben sich interdisziplinäre runde Tische bewährt, an denen gerade auch Familienrichter*innen und Jugendämter beteiligt sind. Es wäre wünschenswert, diese Möglichkeiten würden sich mehr verbreiten. Auch muss der DKSB prüfen, wie er die zunehmenden Anfragen nach Fortbildungen zum Begleiteten Umgang durch Familienrichter*innen, Jugendämter und andere Anbieter des Begleiteten Umgangs beantworten will bzw. kann.

Zu erwarten ist in dieser Legislaturperiode die schon länger angekündigte Sorge- und Umgangsrechtsreform, die u.U. auch Auswirkungen auf den Bereich des Begleiteten Umgangs haben könnte. Hier gilt es, die möglichen Neuregelungen auf diesen Arbeitsbereich des DKSB zu prüfen und ggf. die fachlichen Standards für den Begleiteten Umgang anzupassen.

# 8. Anhang – Mindeststandards für die Qualifizierung von ehrenamtlichen Umgangsbegleitungen

Qualifizierungsziele:

1. Vermittlung von fundierten Fachkenntnissen aus Theorie und Praxis
2. Persönliche und fachliche Befähigung zur Begleitung von Umgängen

Wünschenswert wäre eine längere Zusammenarbeit zum Wohle der Kinder im BU mit den ehrenamtlichen Umgangsbegleiter*innen nach der vom DKSB angebotenen BU Schulung. Dieser Punkt sollte im Bewerbungsgespräch angesprochen werden.

**Ausbildungsdauer:**

Mindestens 50 Unterrichtsstunden (a 60 min.) in Form einer BU Schulung, regelmäßige Auffrischungstreffen, den BU betreffende Fortbildungen und eine regelmäßige Beratung in Form von Praxisbegleitung (Supervision, Kollegiale Fallberatung)

**Themenfelder der Schulung:**

- Der DKSB und seine Standards
- Leitbild
- Prinzipien helfenden Handelns
- Theoretische Einführung

**Rechtliche Grundlagen**

- UN-Kinderrechtskonvention, SGB VIII insbesondere § 8a
- BGB, FamFG, Kindschaftsrecht, Datenschutz

**Grundlagen der Familiensoziologie**

- Familienmodelle/Familienkonstellationen/Familienbilder
- Trennungs-/Scheidungsfamilien
- Trennung/Scheidung als kritisches Familienereignis
- Interkulturelle Besonderheiten

**Grundlagen der Entwicklungspsychologie**

- bindungstheoretische Grundlagen
- Grundbedürfnisse
- Kindeswohl und Kindeswille
- Kindeswohlgefährdung (spezielle Kenntnisse)
- Trennung und Scheidung als kritisches Familienereignis aus der Perspektive des Kindes

**Grundlagen der Kommunikation**

- Gesprächsführung
- Kontakt im Konflikt Krisensituationen
- Emotionsregulation
- Grenzen setzen und wahren

**BU bei Gewalt**

**BU bei Pflegekindern**

**BU bei Psychischen Erkrankungen oder Sucht**

- Einführung in das Praxisfeld

**Rahmenbedingungen**

- Ziele, Prinzipien, Aufbau

**Der*die Umgangsbegleiter*in**

**Chancen und Grenzen des Ehrenamtes**

**Auftragsklärung und Aufgabenprofil**

- Verschwiegenheit
- Stärken-/Schwächen-Profil
- Selbstreflexion
- Umgang mit Nähe und Distanz, Problemen, Konflikten und Krisen
- Einbindung ins Hilfesystem

**Interventionsmöglichkeiten**

- besondere Problemfelder
- besondere Problemsituationen
- Vernetzung und Kooperation
- weiterführende Hilfesysteme
- Praxisberatung, Fortbildung
- Anbindung an den DKSB
- Dokumentation

**Methoden**

- Impulsreferate
- Kleingruppenarbeit
- Brainstorming und Plenumsdiskussionen
- Übungen zur Gesprächsführung
- Wahrnehmungsübungen
- Rollenspiele

**Sonstiges**

- Eignungsvoraussetzungen z.B. Auswahlverfahren, Reflektion der Beratung
- Zugangsvoraussetzungen z.B. erweitertes Führungszeugnis
- Verbindlichkeit z.B. Schweigepflichtserklärung
- zusätzliche einmalige Schulung zur Prävention sex. Gewalt (Sensibilisierung)

Selbstverständlich können auch neue angestellte Fachkräfte DKSB intern oder extern an der BU Schulung des DKSB teilnehmen.

# Literatur


*Abdallah-Steinkopff, Barbara.* Interkulturelle Erziehungskompetenzen stärken. Ein kultursensibles Elterncoaching für geflüchtete und zugewanderte Familien. Vandenhoeck & Ruprecht, Göttingen 2018.

*Aichinger, Alfons.* Einzel- und Familientherapie mit Kindern. Kinderpsychodrama Band 3. Springer VS, Wiesbaden 2013.

*Ainsworth, Mary et al.* individual differences in strange situations behavior of one-year-olds. In: Schaffer, Heinz Rudolph: the origins of human social relations. Academic Press, London, 1971.

*Ainsworth, Mary et al.* Infant-mother attachment and social development. In: M.P. Richards (Hrsg.), The introduction of the child into a social world. Cambridge University, London 1974.

*Alberstötter, U.* Hocheskalierte Elternkonflikte – professionelles Handeln zwischen Hilfe und Kontrolle. Kindschaftsrechtliche Praxis (Kind-Prax), 2004, S. 90–99.

*Altrogge, Alexandra.* Umgang unter Zwang: Das Recht des Kindes auf Umgang mit dem umgangsunwilligen Elternteil. Gieseking Verlag, Bielefeld 2007.

*Ansgar, Max.* Familienrecht für soziale Berufe. Ein Leitfaden mit Beispielfällen, Muster und Übersichten. 4. Auflage, Reguvis Fachmedien, Köln 2022.

*Arbeitskreis Neue Erziehung e.V.* Extrabrief Häusliche Gewalt, 2018. Online abrufbar unter: www.kinderschutz-in-nrw.de/fachinformationen/materialien/sammlung/extrabrief-haeusliche-gewalt/ (Abruf: 25.3.2023).

*Balance.* Kinder-, Jugend- und Familienhilfe GmbH, Bremen und Delmenhorst (2018). Konzept Begleiteter Umgang gem. §§ 1684/1685 BGB i.V.m. § 18 SGB VIII, https://www.diebalancefinden.de/wp-content/uploads/2019/03/Konzept-Begleiteter-Umgang-Stand-05.11.2018neu.pdf (Abruf: 28.2.2023).

*Ballof, R./Vogel, H.* Verfahrensbeistandschaft und die Datenschutzgrundverordnung (EU-DSGVO), ZKJ 2021, S. 292–296

*Bärsch, Tim/Rohde, Marian.* Kommunikative Deeskalation. Praxisleitfaden zum Umgang mit aggressiven Personen im privaten und beruflichen Bereich. Books on Demand GmbH, Norderstedt 2008.

*Beebe, Beatrice Lachmann, Frank M.* Säuglingsforschung und die Psychotherapie Erwachsener. Wie interaktive Prozesse entstehen und zu Veränderungen führen. Klett-Cotta, Stuttgart 2004.

*Bieresborn, Dirk.* Sozialdatenschutz nach Inkrafttreten der EU-Datenschutzgrundverordnung – Anpassungen des nationalen Sozialdatenschutzes an das europäische Recht, NZS 2017, S. 887, S. 926 ff. und 2018, S. 10 ff.

*BIG e.V. – Berliner Initiative gegen Gewalt an Frauen (Hrsg.).* Begleiteter Umgang bei Häuslicher Gewalt, Berlin 2010. Online abrufbar unter www.big-berlin.info/sites/default/files/medien/begleiteter_umgang.pdf (Abruf: 25.3.2023).

*Bowlby, John u.a.* Bindung. Eine Analyse der Mutter-Kind-Beziehung. Kindler Verlag, München 1975.

*Brisch, K. H./Grossmann, K. E./Grossmann, Karin/Köhler, Lotte.* Bindung und seelische Entwicklungswege. Klett-Cotta, Stuttgart 2002.

*Brisch, K.H./Hellbrügge, Th. (Hrsg.).* Bindung und Trauma: Risiken und Schutzfaktoren für die Entwicklung von Kindern. Klett-Cotta, Stuttgart 2019.

*Brisch, Karl-Heinz.* Bindungsstörungen. Von der Bindungstheorie zur Therapie. Klett-Cotta, Stuttgart 1999.

*Bundesministerium für Familie, Senioren, Frauen und Jugend.* Deutsche Standards zum Begleiteten Umgang – Empfehlungen für die Praxis, Verlag C.H.Beck, München 2008.

*Büte, Dieter.* Das Umgangsrecht bei Kindern geschiedener oder getrennt lebender Eltern. Erich Schmidt Verlag, Berlin 2005.

*Conen, Marie-Luise.* Wie kann ich Ihnen helfen, mich wieder loszuwerden. Carl-Auer Verlag 2007.

*Czernin, M./Largo, R.H.* Glückliche Scheidungskinder: Trennungen und wie Kinder damit fertig werden. Piper Verlag, München 2010.

*Dachverband Begleiteter Umgang Berlin e.V.* Berliner Standards für Begleiteten Umgang (2019). Online abrufbar unter https://www.begleiteter-umgang-berlin.de/aktuelles-2/ (Abruf: 28.2.2023).

*Deinert, Kirsten.* Sieben Säulen der Resilienz. Online abrufbar unter https://isi-hamburg.org/download/0_2018%20Kongress%20WS%201.4%20Deinert,%20%C3%9Cbersicht_S%C3%A4ulen_Strategien_Modelle_Literatur_Resilienz.pdf (Abruf: 22.2.2023)

*Dettenborn, H.* Kindeswohl und Kinderwille. Reinhardt Verlag, München 2001.

*Deutsche Liga für das Kind in Familie und Gesellschaft e.V. u.a. (Hrsg.).* Wegweiser für den Umgang nach Trennung und Scheidung. 19. Auflage, Berlin 2021.

*DKSB Bundesverband e.V.* Der Begleitete Umgang im Deutschen Kinderschutzbund – Handlungsleitlinien zur Umsetzung in Orts- und Kreisverbänden des DKSB, Berlin 2012.

*Dürbeck, Werner.* Die Vergütung des Umgangspflegers für die Begleitung des Umgangs durch die Landesjustizkasse - Umgangsbegleitung auf Kosten der Eltern?, ZKJ 2019, S. 141–143.

*Dürbeck, Werner.* Die Verweigerung des begleiten Umgangs durch das Jugendamt – Zugleich Besprechung der Entscheidung des BVerfG vom 29.7.2015 (1 BvR 1468/15), ZKJ 2015, S. 457–460.

*Eickhorst, Andreas/Cierpa,Manfred.* Triade. In: Jan V. Wirth und Heiko Kleve, Lexikon des systemischen Arbeitens, www.carl-auer.de/magazin/systemisches-lexikon/triade (Abruf: 31.02.2023)

*Ekman, Paul.* Gesichtsausdruck und Gefühl: 20 Jahre Forschung von Paul Ekman (Hrsg.: Salisch, Maria), Jungfernmann, Paderborn 1988.

*Elmauer, E./Schindler, H.* Datenschutzfragen freier Träger, SRa 2007, S. 81 ff.

*Ernst, R./Lohse, K. (Hrsg.).* Praxishandbuch Familiengerichtlicher Kinderschutz, Reguvis Fachmedien, Köln 2022.

*Ernst, S./Höynck, T.* Zeugnisverweigerungsrecht der Jugendhilfe im Strafverfahren?, ZJJ 2018, S. 228–234.

*Fichtner, Jörg/Dietrich, Peter/Halatcheva, Maya/Hermann, Ute/Sandner, Eva.* Kinderschutz bei hochstrittiger Elternschaft, Deutsches Jungendinstitut, München 2010. Online abrufbar unter: www.dji.de/fileadmin/user_upload/bibs/6_HochkonflikthaftigkeitWissenschaftlicher Abschlussbericht.pdf (Abruf: 15.2.2023).

*Fichtner, Jörg/Fthenakis, Wassilios.* Der begleitete Umgang gemäß § 1684 IV BGB: Wie wirken mitwirkungsbereite Dritte mit? Familie, Partnerschaft, Recht, 06/2022. S. 231–236.

*Figdor, Helmuth.* Patient Scheidungsfamilie. Psychosozial-Verlag, Gießen 2012.

*Figdor, Helmuth.* Scheidungskinder. Wege der Hilfe. 7. Auflage, Psychosozial-Verlag, Gießen 2011.

*Fischer, Gottfried/Riedesser, Peter.* Lehrbuch der Psychotraumatologie. UTB-Verlag, Basel 2003.

*Fivaz-Depeursinge, Elisabeth/Corboz-Warnery, Antoinette.* Das primäre Dreieck. Vater, Mutter und Kind aus entwicklungstheoretisch-systemischer Sicht. Carl- Auer-Systeme, Heidelberg 2001.

*Fonagy Peter/Target, Mary.* Frühe Bindung und psychische Entwicklung. Beiträge aus Psychoanalyse und Bindungsforschung. Psychosozial-Verlag, Gießen 2005.

*Fonagy, Peter/Campbell, Chloe.* Attachment theory and mentalization. In: Elliott/Prager (Hrsg.), The Routledge Handbook of Psychoanalysis in the Social Sciences and Humanities. Routledge, London 2015.

*Ford, Julian D./Courtois, Christine, A.* Definition und Verständnis komplexer Traumata und der komplexen traumatischen Belastungsstörung. In: Courtois, C.A., Ford, J.D. (Hrsg.): Komplexe traumatische Belastungsstörungen, Junfermann Verlag, Paderborn 2011.

*Freund, R./Shagdar, A.* Sozialdatenschutz – europäisch? – Sozialdatenschutzrecht im Lichte der Datenschutz-Grundverordnung (Teil I + II), SGb 2018, S. 135 ff. und 267 ff.

*Frijia, Annika.* Traumatisierte Kinder und Jugendliche in der stationären Jugendhilfe Traumafolgen als Herausforderungen für den pädagogischen Alltag. Diplomarbeit, Hochschule für Angewandte Wissenschaften Hamburg Fakultät für Soziale Arbeit und Pflege Fachbereich Sozialpädagogik, 2009. Online abrufbar unter https://reposit.haw-hamburg.de/bitstream/20.500.12738/9739/1/sp_d.09.1230.pdf (24.3.2023)

*Fröschle, Tobias.* Sorge und Umgang. Elternverantwortung in der Rechtspraxis. Gieseking Verlag, Bielefeld 2013.

*Fthenakis, Wassilios E.* Begleiteter Umgang von Kindern. Ein Handbuch für die Praxis. Verlag C.H. Beck, München 2008.

*Gajewski, U.* Trends und (Hypo) Thesen-Statistik im Betreuten Umgang am Beispiel des Kinderschutzbundes Neustad- Bad Dürkheim. In: Klotmann/Prinz, Handbuch Begleiteter Umgang, S. 123–138. Bundesanzeiger Verlag, Köln 2004.

*Galm, Beate/Hees, Katja/Kindler, Heinz.*Kindesvernachlässigung-verstehen, erkennen und helfen. Ernst Reinhardt Verlag, München 2010.

*Geist, Gisela.* Cortisol-Studien und Neurobiologie – Ergebnisse von Studien zum Stresshormon Cortisol und Erkenntnisse der Neurobiologie. Online abrufbar unter https://gute-erste-kinderjahre.de/stresshormon-cortisol/ (Abruf: 15.3.2023).

*Gerlach, F./Johannsen, S.* Datenschutz in der Kinder- und Jugendhilfe. Eine Praxishilfe für Einrichtungen, VPK, Berlin 2018.

*Großer-Kaya, Carina/Karadeniz, Özcan/Treichel, Anja.* Väter in interkulturellen Familien, Erfahrungen – Perspektiven – Wege zur Wertschätzung, Brandes & Apsel Verlag GmbH, Frankfurt a.M. 2014.

*Güthoff, F.* Deutscher Kinderschutzbund Landesverband NRW e.V. (2008). Standards im Begleiteten Umgang: Eine fachliche Orientierung zum Schutz von Kindern. Online abrufbar unter https://www.kinderschutzbund-nrw.de/pdf/Standards%20im%20Begleiteten%20Umgang%20April%2008.pdf (Abruf: 28.2.2023).

*Hahne, Meo-Micaela/Schlögel, Jürgen/Schlünder, Rolf (Hrsg.).* Beck'scher Online-Kommentar FamFG, 45. Edition, Stand: 1.1.2023 (zitiert: BevkOK-FamFG).

*Hauck, K/Noftz, W. (Hrsg.).* SGB VIII Kommentar (Loseblatt), Erich Schmidt Verlag Berlin.

*Heilmann, Stefan (Hrsg.).* Praxiskommentar Kindschaftsrecht, Bundesanzeiger Verlag, Köln 2015.

*Heilmann, Stefan (Hrsg.).* Praxiskommentar Kindschaftsrecht. 2. Auflage; Reguvis Fachmedien, Köln 2020.

*Heilmann, Stefan.* Der Umgang des Pflegekindes mit seinen leiblichen Eltern, ZKJ 2014, S. 48–54.

*Heilmann, Stefan.* Die Gesetzeslage zum Sorge- und Umgangsrecht, NJW 2012, 16-22.

*Heinz, Thomas K.* Das neue Datenschutzrecht und seine Auswirkungen auf Sachverständige und Verfahrensbeistände, Rechtspsychologie 2019, S. 6–25.

*Hermann, Ute/Dietrich, Peter S.* Psychische Probleme und Suchterkrankungen des Umgangsberechtigten, NZFam 2018, S. 500-509.

*Hoffmann, B.* Ausgewählte Fragstellungen zum Datenschutz in familiengerichtlichen Kinderschutzverfahren, ZKJ 2020, S. 45–50.

*Hoffmann, B.* Einwilligung der betroffenen Person als Legitimationsgrundlage eines datenverarbeitenden Vorgangs im Sozialrecht nach dem Inkrafttreten der DSGVO, NZS 2017, S. 807–812.

*Hoffmann, B.* Notwendige Praxisumstellung bei Einwilligung in datenverarbeitende Vorgänge. Neuerungen mit der Datenschutzgrundverordnung (DSGVO) zum 25.5.2018, JAmt 2018, S. 2–4.

*Hoffmann, B.* Tätigkeit von Verfahrensbeistand und Sachverständigen in kindschaftsrechtlichen Verfahren. Eine Betrachtung aus datenschutzrechtlicher Perspektive, ZKJ 2020, S- 249–254.

*Hofmann, Andrea/Besserer/L.-U.* Psychotraumatologie bei Kindern und Jugendlichen. In: Brisch, Karl- Heinz/Hellbrügge, Theodor (Hrsg.), Bindung und Trauma. Risiken und Schutzfaktoren für die Entwicklung von Kindern, Klett-Cotta, Stuttgart 2012.

*Holdt, Sabine/Schönherr, Marcus.* Lösungsorientierte Beratung mit getrennten Eltern, Klett-Cotta, Stuttgart 2015

*Horizonte für Familien gemeinnützige GmbH.* Konzept: Begleiteter Umgang. Begleiteter Umgang für Trennungs- und Scheidungsfamilien gemäß der Maßnahme § 18, 3 SGB VIII, 215. Online abrufbar unter https://www.horizonte.biz/wp-content/uploads/BU_Konzept_2015-1.pdf (Abruf: 28.2.2023).

*Humberg, J.* Scheidung ohne Tränen? Auswirkungen elterlicher Trennung auf das Sozialverhalten der Kinder. Diplomoca Verlag, Hamburg 2010.

*Hundt, M.* Datenschutz in der Kinder- und Jugendhilfe: Praxishandbuch für die sozialpädagogische Arbeit, Walhalla, Regesburg 2019.

*Hüther, Gerald.* Die neurobiologische Verankerung traumatischer Erfahrungen: Psychosozial 18 (2002), S. 69–79.

*Hüther, Gerald.* Die neurobiologischen Auswirkungen von Angst und Stress und die Verarbeitung traumatischer Erinnerungen. In: Streeck-Fischer/Sachse/Özkan (Hrsg.), Körper, Seele, Trauma. Vandenhoeck& Ruprecht, Göttingen 2001.

*Jans, K./Happe, G./Saurbier, H./Maas, U.* SGB VIII Kommentar (Loseblatt). Deutscher Gemeindeverlag Kohlhammer, Stuttgart.

*Jegodtka, Renate/Luitjens, Pete.* Systemische Traumapädagogik. Vandenhoeck & Ruprecht, Göttingen 2016.

*Johannsen, Kurt/Henrichs, Dieter/Althammer, Christoph.* Familienrecht, 7. Aufl. 2020.

*Kasper, B.* Der Datenschutz und die Soziale Arbeit – Pflichtprogramm oder Haltung, ZfF 2014, S. 265–270.

*Kavemann, Barbara/Kreyssig, Ulrike.* Handbuch Kinder und häusliche Gewalt. VS Verl. für Sozialwissenschaften, Hamburg 2006.

*Kepert,Jan.* Sozialdatenschutz in der Kinder- und Jugendhilfe, KSV Medien, Wiesbaden 2020.

*Keuter, Wolfgang.* Begleiteter Umgang - Familienrichter ohne Entscheidungskompetenz? JAmt 2011, S. 373–376.

*Keuter, Wolfgang.* Beschleunigungsrüge und Beschleunigungsbeschwerde: Präventive Rechtsbehelfe bei überlanger Verfahrensdauer in Kindschaftssachen, FamRZ 2016, S. 1817–1823.

*Keuter, Wolfgang.* Der Umgangspfleger als Umgangsbegleiter – ein Dauerthema, FamRZ 2022, S. 581-584.

*Kipker, D./Voskamp, F. (Hrsg.).* Sozialdatenschutz in der Praxis, Nomos Verlag, Baden-Baden 2021.

*Klinkhammer, Monika/Prinz, Susanne.* Handbuch Begleiteter Umgang, Pädagogische, psychologische und rechtliche Aspekte, 3. Auflage, Reguvis Fachmedien, Köln 2017.

*Knödler, Christoph.* Zur Strafbarkeit von Sozialarbeitern und Sozialpädagogen – Teil 2, ZKJ 2019, S. 17–21.

*Kötter, Sabine.* Besuchskontakte in Pflegefamilien. Das Beziehungsdreieck : Pflegeeltern – Pflegekinder – Herkunftsfamilie, S. Roderer Verlag, Regensburg, 1997.

*Krüger, Andreas.* Powerbook – Hilfe für die Seele. Elbe & Krüger Verlag, Hamburg 2011.

*Kuckartz, U. et al.* Qualitative Evaluation: Der Einstieg in die Praxis. VS-Verlag für Sozialwisenschaften, Hamburg 2008.

*Kunkel, P./Kepert, J./Pattar, A.* Lehr- und Praxiskommentar SGB VIII. 8. Auflage, Nomos Verlag, Baden-Baden 2021 (zitiert: LPK-SGB VIII/Bearbeiter).

*Kunkel, P.-Ch./Rosteck, H./Vetter., H.* Schweigepflicht und Sozialdatenschutz versus Zeugnispflicht, StV 2017, S. 829–835

*Lehmann/Radewagen, Ch./Stücker.* Vertrauensschutz in der Kinder- und Jugendhilfe, Jugendhilfe 2018, S. 429 ff.

*Lenz, Albert.* Kinder psychisch kranker Eltern, Hogrefe Verlag, Göttingen 2005.

*Lenz, Albert.* Ressourcen fördern. Materialien für die Arbeit mit Kindern und ihren psychisch kranken Eltern, Hogrefe Verlag, Göttingen 2010.

*Lenz, Albert/Leffers, Lena/Rademaker, Anna Lena.* Ressourcen psychisch kranker und suchtkranker Eltern stärken. Ein modularisiertes Programm zur Prävention von Kindesmisshandlung. Verhaltenstherapie mit Kindern & Jugendlichen 12/2016, S. 17–34.

*Lenz, Albert.* Ressourcen fördern. Mentalisierungsbasierte Interventionen bei Kindern psychisch kranker Eltern und ihren Familien. Hogrefe Verlag, Göttingen 2021.

*Lenzenweger, Mark/Johnson, Matthew/Willett, John.* Individual Growth Curve Analysis Illuminates Stability and Change in Personality Disorder Features: The Longitudinal Study of Personality Disorders, Archives of General Psychiatry 61(10), 2004, S.1015–1024.

*Leyhausen, Daniela.* Der beschützte Umgang nach § 1684 BGB, 2000.

*Lima Curvello, Tatiana/Merbach, Martin.* Psychologische Beratung bikultureller Paare und Familien, Anforderungen, Kompetenzen, Methoden. Brandes & Apsel Verlag GmbH, Frankfurt a.M. 2012

*Lohse, K.* Elterliche Sorge und Umgang aus Sicht der Kinder- und Jugendhilfe. In: Prenzlow, R. (Hrsg.), Handbuch Elterliche Sorge, 3. Auflage, Reguvis Fachmedien, Köln 2022.

*Luthe, E./Nellissen, G.* Juris-Praxiskommentar SGB VIII (online), Saarbrücken (zitiert: jurisPK-SGB VIII/ Bearbeiter).

*Luthin, Horst.* Eine Mitwirkung Dritter: Begleiteter Umgang, FamRB 2016, S. 69–73.

*Mattejat, Fritz/Lisofsky, Beate (Hrsg.).* Nicht von schlechten Eltern. Kinder psychisch kranker Eltern. Psychiatrie Verlag, Bonn 2008.

*Mayring, P.* Einführung die qualitative Sozialforschung. Eine Anleitung zum qualitativen Denken. Beltz Verlag, Weinheim und Basel 2002.

*Mayring, P.* Qualitative Inhaltsanalyse. Grundlagen und Techniken.Beltz Verlag, Weinheim und Basel 2010.

*Mayring, P./Gahleitner.* Qualitative Inhaltsanalyse.In: Bock/Miethe, Handbuch Qualitative Methoden in der Sozialen Arbeit, S. 295–304, Verlag B. Budruch Opladen/Farmington Hills 2010.

*Meinunger, Larissa.* Datenschutz als qualitatives Element der Kinder- und Jugendhilfe, NDV 2019, S. 102 ff.

*Meysen, Thomas,* Familiengericht und Jugendamt: produktives Ringen oder Machtkampf? NZFam 2016, S. 580–585.

*Meysen, Thomas/Lohse, Katharina.* Umgang in Fällen häuslicher Gewalt. In: Meysen, Thomas (Hrsg.), Kindschaftssachen und häusliche Gewalt. Umgang, elterliche Sorge, Kindeswohlgefährdung, Familienverfahrensrecht. SOCLES, Heidelberg 2021. Online abrufbar unter www.bmfsfj.de/resource/blob/185888/8061cc0422a8178cc976a968625e93ff/kindschaftssachen-und-haeusliche-gewalt-data.pdf (Abruf: 25.2.2023).

*Möller, Winfried (Hrsg.).* Praxiskommentar SGB VIII - Kinder- und Jugendhilfe, 3. Auflage, Reguvis Fachmedien, Köln 2022.

*Mörsberger, Thomas.* Was passiert da mit der ärztlichen Schweigepflicht? ZKJ 2018, S. 94–96.

*Müller, Brigitte.* Erfahrungen mit dem begleiteten Umgang aus Sicht der Umgangsbegleiterin. Familie, Partnerschaft, Recht 6/2002, S. 237–240.

*Münchener Kommentar zum BGB.* Band 10, §§ 1589–921 BGB, 8. Auflage, Verlag C.H. Beck, München 2020 (zitiert: .

*Münder, Johannes.* Kindeswohl zwischen Jugendhilfe und Justiz. Zur Entwicklung von Entscheidungsgrundlagen und Verfahren zur Sicherung des Kindeswohls zwischen Jugendämtern und Familiengerichten. Beltz Juventa Verlag, Weinheim und Basel 2017.

*Münder, J./Meysen, T./Trenczek, T.* Frankfurter Kommentar zum SGB VIII, 8. Auflage, Nomos Verlag, Baden-Baden 2022 (zitiert FK-SGB VIII/Bearbeiter).

*Niedersächsisches Ministerium für Soziales, Frauen, Familie, Gesundheit und Integration und Justizministerium, Niedersächsisches, (Hrsg.).* Das familiengerichtliche Verfahren bei Trennung und Scheidung und bei Verfahren wegen Kindeswohlgefährdung. Zu Aufgaben und Vorgehen der professionellen Akteure nach dem FamFG. Heidelberg 2010. Online arufbar unter https://www.mainz-kwasniok.de/app/download/5784542963/Familiengerichtliches_Verfahren_bei_Trennung_Scheidung_und_Kindeswohlgefaehrdung_MS_MJ.pdf (Abruf: 23.2.2023).

*Oetker-Funk, Renate/Maurer, Alfons (Hrsg.).* Interkulturelle psychologische Beratung, Entwicklung und Praxis eines migrantensensiblen Konzeptes. Books on Demand GmbH, Norderstedt 2009

*Ogette, Tupoka.* Und jetzt du. Rassismuskritisch leben. Penguin Verlag, München 2022

*Palsherm, Ingo.* Freie Träger und der Datenschutz im Sozialbereich, ZFSH/SGB 2021, S. 14–15.

*Papaousek, Mechthild/Papaousek, Hanus.* Intuitive parenting: A dialectic Counterpart to the infant's integrative competence. In: Osofsky, Joy D., Handbook of infant development. Wiley, New York 1987.

*Papoušek, Mechthild/Schieche, Michael/Wurmser, Herald (Hrsg.).* Regulationsstörungen der frühen Kindheit: Frühe Krisen und Hilfen im Entwicklungskontext der Eltern-Kind-Beziehungen. Huber Verlag, Bern 2004.

*Pehl, M./Knödler, Ch.* Datenschutz und Schweigepflicht in der Sozialen Arbeit, Wahalla, Regnsburg 2020.

*Pfeiffer, Wolfgang.* Selbst-Kontrollverlust durch Stress, siehe www.human-innovation.de/selbst-kontrollverlust-durch-stress (Abruf: 25.2.2023).

*PiB – Pflegekinder in Bremen gGmbH.* Begleiteter Umgang. Ein Angebot zur Unterstützung bei der Ausübung des Umgangsrechtes zwischen Eltern und deren Kindern, die nach §§ 33 und 42 SGB VIII in Pflegefamilien untergebracht sind. Online abrufbar unter www.pib-bremen.de/sites/default/files/2022-01/PiB-Konzeption-Begleiteter-Umgang.pdf (Abruf: 28.2.2023).

*Plass, Angela/Ohntrup, Janna Marie/Wiegand-Grefe, Silke.* Die Genderperspektive. Psychische Auffälligkeiten von Jungen und Mädchen, Kinder mit psychisch kranken Eltern – Klinik und Forschung. Vandenhoek & Ruprecht, Kornwestheim 2011.

*Plattner, Anita.* Manual – Dyadic Emotional Interaction Style (D-EIS): Scoring der Marschak-Interaktions-Methode (MIM), Deutsche Übersetzung der englischen Version nach Salo, Saara/Mäkelä, Jukka, München 2019a.

*Plattner, Anita.* Erziehungsfähigkeit psychisch kranker Eltern richtig einschätzen und fördern. Ernst Reinhard Verlag, München 2019b.

*Prenzlow, R. (Hrsg.).* Handbuch Elterliche Sorge, 3. Auflage, Reguvis Fachmedien, Köln 2022.

*Prinz, Jan.* Kompetenzverteilung zwischen Familiengericht und Jugendamt bei der Anordnung und Durchführung begleiteter Umgangskontakte – Analyse und Ausblick, NZFam 2022, 477–487.

*Propp, Ola/Müller, Miriam/Kliem, Sören.* Erziehungstraining für Eltern mit einer psychischen Erkrankung – eine Pilotstudie. Zeitschrift für Klinische Psychologie und Psychotherapie 42, 2013, S. 118–126.

*Prütting, Hanns/Helms, Tobias.* FamFG, 6. Auflage, Otto Schmidt Verlag, Köln 2023.

*Rake, Ulrich.* Pandemiebedingte Verhaltenspflichten während des Umgangs, FamRZ 2021, S. 1087–1094.

*Reddemann, Luise/Dehner-Rau, Cornelia.* Trauma – verstehen, bearbeiten, überwinden. Trias-Verlag, Stuttgart 2020.

*Retz, E.* Hochstrittige Trennungseltern in Zwangskontexten. Springer Fachmedien, Wiesbaden 2015.

*Ritter, S.* Begleiteter Umgang im Corona-Jahr: Erfahrungen aus Sicht der Umgangsbegleitenden. JAmt 2021, 78.

*Ritter, S.* Begleiteter Umgang in Zeiten von Corona. JAmt 2021, S. 369.

*Roth-Sackenheim, Christa/Vogel, Christian.* Nehmen psychische Erkrankungen durch die COVID-19-Pandemie zu? NeuroTransmitter 31(11), 2020, S. 28–29.

*Rudolph, J.* Du bist mein Kind. Die „Cochemer Praxis" – Wege zu einem menschlicheren Familienrecht. Schwarzkopf & Schwarzkopf, Berlin 2007.

*Salgo, Ludwig.* Häusliche Gewalt, Traumatisierung und Umgangsfragen. In: Fegert, Jörg M./Ziegenhain, Ute/Goldbeck, Lutz (Hrsg.), Traumatisierte Kinder und Jugendliche in Deutschland, 2. Auflage, S. 121-139, Beltz Juventa Verlag, Weinheim und Basel 2016.

*Schäder, Birgit.* Umgangspflegschaft und Umgangsbegleitung – Zwei Rechtsinstitute im Spannungsfeld zwischen Theorie und Praxis, JAmt 2021, S. 2–8.

*Schellhorn/Fischer/Mann/Kern.* SGB VIII Kommentar, 4. Auflage, Luchterhand Verlag, Neuwied 2016.

*Scheuer-Englisch, Hermann.* Auswirkungen traumatischer Erfahrungen auf das Bindungs- und Beziehungsverhalten. In: Stiftung Zum Wohl des Pflegekindes (Hrsg.), 1. Jahrbuch zum Pflegekinderwesens. Schwerpunktthema: Traumatisierte Kinder (3. Auflage), Schulz Kirchner Verlag, Idstein 2002.

*Schmidbauer, Wolfgang:* Helfer: Über die seelische Problematik der helfenden Berufe. 19. Auflage, Rororo, Berlin 2013.

*Schmidt, Christopher.* Umgang in Pandemiezeiten, NZFam 2021, S. 865–867.

*Schmidt, Marc/Ziegenhain, Ute (Hrsg.).* Traumapädagogik und ihre Bedeutung für pädagogische Einrichtungen. Ein Projekt des Universitätsklinikums Ulm mit dem CJD e.V. Schöneworth Verlag, Hannover 2014.

*Schruth, Peter.* An der Zeit: Die Reform des Zeugnisverweigerungsrechts für die Soziale Arbeit, ZKJ 2018, S-84–89.

*Schulz von Thun, Friedmann.* Miteinander Reden, Band 1–3. Rororo, Berlin 2011.

*Schwab, Dieter/Ernst, Rüdiger (Hrsg.).* Handbuch Scheidungsecht, 8. Auflage, Verlag C.H. Beck, München 2019.

*Schwing, Rainer/Fryszer, Andreas.* Systemisches Handwerk. Werkzeug für die Praxis. 3. Auflage, Vandenhoeck & Ruprecht Verlag, Göttingen 2009.

*Sendera, Alice/Sendera, Martina.* Borderline – die andere Art zu fühlen. Beziehungen verstehen und leben. Springer Verlag, Wien 2010.

*Siebrecht, I.* Schweigepflicht in der Berufspraxis sozialer Einrichtungen, ZfF 2014, S. 271

*Simon, T./Zeyn, J./Leinenbach, M./Bec, R.* Zeugnisverweigerungsrecht und Soziale Arbeit, Soziale Arbeit 2021, S. 289 ff.

*Simon, Titus.* Sozialarbeit benötigt unverändert ein umfassendes Zeugnisverweigerungsrecht, FORUM sozial 2/2016, 37–40.

*SkF – Sozialdienst katholische Frauen Karlsruhe e.V.* Erweiterte Konzeption Begleiteter Umgang, 2021. Online abrufbar unter www.skf-karlsruhe.de/sites/default/files/artikel-2023-01/konzeption-bu-skf-2021.pdf (Abruf: 28.2.2023).

*SkF – Sozialdienst katholischer Frauen Rhein-Erft-Kreis e.V.* Konzept Begleiteter Umgang bei Trennung und Scheidung und Umgang von Kindern mit ihrer Herkunftsfamilie, 2016. Online abrufbar unter https://caritas.erzbistum-koeln.de/export/sites/caritas/rheinerft-skf/.content/.galleries/downloads/Konzept-Begleitete-Umgaenge-2016.pdf (Abruf: 28.2.2023).

*Spindler, Manfred.* Begleiteter Umgang bei hochkonflikthafter Trennung und Scheidung. Kindschaftsrechtliche Praxis (Kind-Prax) 2003, S. 53–57

*Splitt, Alexander.* Einschränkungen und Ausschluss des Umgangsrechts, FF 2016, S. 146–152.

*Staatsinstitut für Frühpädagogik (Hrsg.).* Deutsche Standards zum begleiteten Umgang; Empfehlungen für die Praxis, BMFSFJ-Projekt Entwicklung von Interventionsansätzen im Scheidungsgeschehen: beaufsichtigter und begleiteter Umgang (§ 1684 Abs. 4 BGB). Verlag C.H. Beck, München 2008.

*Statistisches Bundesamt.* Sonderauswertung zur Familiengerichtsstatistik, Deutscher Bundestag, 2018, Artikelnummer: 2100220187004. www.destatis.de/DE/Themen/Staat/Justiz-Rechtspflege/Publikationen/Downloads-Gerichte/familiengerichte-2100220187004.pdf;jsessionid=30764FC87A37BADB8EE9DE343FB095CB.live712?__blob=publicationFile (Abruf: 26.2.2023).

*Staudinger, J. von.* BGB, §§ 1684–717, Neubearbeitung, Sellier/de Gruyter , Berlin 2019.

*Stephan, H. R.* Betreuter Umgang – Ein Berichtaus der Praxis. Kindschaftsrechtliche Praxis (Kind-Prax) 2000, S. 141–143.

*Stephan, H.R./Wolf, C.* Betreuter Umgang: Wem hilft er? Kindschaftsrechtliche Praxis (Kind-Prax) 2002, S. 44–46.

*Stern, Daniel.* Die Lebenserfahrung des Säuglings. Klett-Cotta, Stuttgart 1992.

*Stiftung zum Wohl des Pflegekindes (Hrsg.).* Kontakte zwischen Pflegekind und Herkunftsfamilie. 3. Jahrbuch des Pflegekinderwesens. Schulz Kirchner Verlag, Idstein 2005.

*Strube, Julie.* Änderungen für das Beschwerdeverfahren in Kindschaftssachen durch das Gesetz zur Bekämpfung sexualisierter Gewalt gegen Kinder, NZFam 2021, S. 901–906.

*Tazi-Preve, M. I. et al.* Väter im Abseits. Zum Kontaktabbruch der Vater-Kind-Beziehung nach Trennung und Scheidung. VS Research, Wiesbaden 2007.

*Terr, Lenore.* Schreckliches Vergessen, heilsames Erinnern. Kindler Verlag, Berlin 1995.

*Thun-Hohenstein, Leonard et al.* Psychodrama Soziom- Resilienz – Geschichte, Modelle und Anwendung. Online abrufbar unter https://link.springer.com/content/pdf/10.1007/s11620-020-00524-6.pdf (Abruf: 25.2.2023).

*Tschrepp, Anne-Cathrine.* Umgang und Pflegekindschaft im BGB, FamFG, SGB VIII, Gieseking Verlag, Bielefeld 2021.

*Verband binationaler Familien und Partnerschaften iaf e. V. (Hrsg.).* Positionspapier Familiäre Mehrsprachigkeit – die vergessene Ressource, 02/2014. Online abrufbar unter www.verband-binationaler.de/fileadmin/Dokumente/mehrsprachig/Papier_Mehrsprachigkeit_Feb_2014.pdf (Abruf: 25.3.2023).

*Verband binationaler Familien und Partnerschaften iaf e. V. (Hrsg.).* Wie Kinder mehrsprachig aufwachsen – Ein Ratgeber. Brandes & Apsel Verlag, Frankfurt a.M. 2010.

*Verband binationaler Familien und Partnerschaften iaf e. V. (Hrsg.).* Die Balance finden. Brandes & Apsel Verlag, Frankfurt a. M. 2008.

*Verband binationaler Familien und Partnerschaften iaf e. V. (Hrsg.).* Trennung und Scheidung binationaler Paare: Ein Ratgeber. Brandes & Apsel Verlag, Frankfurt a. M. 2002.

*Vergho, C./Buchholz-Graf, W.* Wie Eltern den begleiteten Umgang bewerten. Kindschaftsrechtliche Praxis (Kind-Prax) 2005, S. 43–52.

*Vogel, Harald.* Umgangspflegschaft --Umgangsbegleitung, FF 2016, S. 441–48.

*Völker, Mallory/Clausius, Monika.* Das familienrechtliche Mandat. 6. Auflage, Deutscher Anwaltverlag, Bonn 2014.

*von Klitzing, Kai.* Psychotherapie in der frühen Kindheit. Vandenhoeck & Ruprecht, Göttingen 1998.

*von Schlippe, Arist von/Schweitzer, Jochen.* Lehrbuch der systemischen Therapie und Beratung. Das Grundlagenwissen. 3. Auflage, Vandenhoeck & Ruprecht Verlag, Göttingen 2016.

*Walper, S./Fichtner, J.* Zwischen den Fronten. Psychosoziale Auswirkungen von Elternkonflikten auf Kinder. In: Walper, Sabine/Fichtner, Jörg/Normann, Katrin, Hochkonflikthafte Trennungsfamilien. Forschungsergebnisse, Praxiserfahrungen und Hilfen für Scheidungseltern und ihre Kinder. 3. Auflage, Beltz Juventa Verlag, Weinheim und Basel 2013.

*Walper, S./Gerhard, A.-K.* Konflikte der Eltern, Trennung und neue Partnerschaft: Einflüsse auf die Individuation von Kindern und Jugendlichen in Ostdeutschland. Juventa Verlag, 1999.

*Walper, S./Schwarz, B. (Hrsg.)* Was wird aus den Kindern? Chancen und Risiken für die Entwicklung von Kindern aus Trennungs- und Stieffamilien. Juventa Verlag, Weinheim 2002.

*Weber, Martin.* Auswirkungen der DS-GVO für Berufsbetreuer und Sachverständige in Kindschaftssachen, NZFam 2018, S. 865–872

*Weber, Martin.* Sorgerecht und Umgang bei Substanzmissbrauch, NZFam 2018, S. 510–516.

*Weber, Matthias/Alberstötter Uli.* Psychologische und sozialpädagogische Grundlagen beim Sorge- und Umgangsrecht. Handlungsempfehlungen, Praxisbeispiele, Arbeitshilfen. Reguvis Fachmedien, Köln 2022.

*Wiesner, R./Wapler, F.* SGB VIII. Kommentar. 6. Auflage, Verlag C.H. Beck München 2022.

*Witte, Susanne.* Geschwister im Kontext von Misshandlung, Missbrauch und Vernachlässigung. Beltz Juventa Verlag, Weinheim 2018.

*Ziegenhain, Ute et al.* Frühe Förderung von Resilienz bei jungen Müttern und ihren Säuglingen. Kindheit und Entwicklung 13 (2004) 4, S.226–234.

*Ziegenhain, Ute/Fegert, Jörg M.* Kindeswohlgefährdung und Vernachlässigung. 2. Auflage, Ernst Reinhardt Verlag, München 2008.

*Zorn, Dagmar.* Das Recht der elterlichen Sorge. Voraussetzung, Inhalt und Schranken. 3. Auflage, de Gruyter, Berlin 2016.

# Stichwörter

## A



## B

## F



## G



## H

## S



## T



## U